Histoire du Christianisme
Pour mieux comprendre notre temps

キリスト教の歴史

現代をよりよく理解するために

Sous la direction de Alain Corbin

アラン・コルバン編

浜名優美監訳

藤本拓也・渡辺優訳

藤原書店

HISTOIRE DU CHRISTIANISME
Pour mieux comprendre notre temps

un collectif sous la direction de Alain CORBIN,
avec Nicole LEMAITRE, Françoise THELAMON et Catherine VINCENT

日本の読者へ

初めて日本に滞在したとき、多くのフランス人旅行者と同じように、わたしは奈良に行った。お寺の美しさを目の前にして、建物に対してこのうえない賞賛の念にとらわれたわけだが、わたしの目にはそれらの建物は多くの奇妙さを保っていた。魔法をかけられたように魅惑されると同時に後悔の念が入り交じっていた。つまりこのような傑作の建物造営に至った信仰のあり方も世界のとらえ方も理解できていないという後悔であった。

それ以来、パリのノートルダム大聖堂に押し寄せる多数の日本人観光客を目にすると、わたしは自分が奈良で味わった気持ちを思い出し、このような記念建造物を出現させた中世の人々のこころをきちんと理解することが多くの日本人観光客にとっていかに難しいかを推し量ってしまう。建造物は日本人観光客には奇妙なものと映るにちがいない。ところで、彼ら観光客の目には、そのような奇妙さは、おそらくヨーロッパ中で、特にローマで、あるいはラテンアメリカで、またその他の場所でも修道院や大聖堂や城のなかのチャペルに対面する際にも見られるのだ。

記念建造物やバッハの音楽の意味や美術館で宗教的場面を描いた絵画などの意味をたどろうする際の困難は、今日では、かつてキリスト教世界を構成していた国々のなかでさえ強まってきている。本書の計画は、まえがきでも述べたように、キリスト教を知らない人々のために、可能なかぎり明快に、キリスト教の歴史の物語を提供することであった。

さいわいなことに、専門家たち——このキリスト教の歴史の分野で最も偉大な専門家たち——がその役目を果たしてくれ、二千年にわたる歴史のなかのエピソードの一つひとつを理解できるような短いテクストを提供することを引き受けてくれた。ほぼ二十年前から、キリスト教の初期の時代の歴史は根本的に修正されてきた。特に本書の執筆者のうちの何人かによって。したがって、本著作によって、日本人読者はこの長く、波瀾に富んだ——この点はしっかり認めておかなければならない——、時には人々をひどく苦しめ、対立を生じさせたキリスト教の歴史をたどることが可能になるだけでなく、この分野における歴史学のきわめて今日的な一覧表を手にすることもできるだろう。わたしとしては、奈良の建造物の豊かさをフランス語でもっとよく理解できるようになる著作を探しているところである。

アラン・コルバン

キリスト教の歴史／目　次

第2章　現代世界に直面するキリスト教教理　459

第3章　地球規模でのキリスト教　481

キリスト教の歴史

——現代をよりよく理解するために

凡　例

・原文中の《　》は「　」で示した。但し、それ以外に意味のまとまりを示すために「　」を使用したところもある。
・原文中のイタリックで強調されている箇所には傍点を付した。
・訳文中の［　］は原文中の補足である。
・訳文中の〔　〕は訳者による補足である。
・必要に応じて原語をルビ、または〔　〕内に記した。
・聖書の訳文は基本的に日本聖書教会の新共同訳によるが、原著のフランス語訳に従ったところもある。
・アウグスティヌス『神の国』からの引用は原則として服部英次郎訳（岩波文庫）によるが、文脈の都合でフランス語のテクストに従った場合もある。その他邦訳のある場合、同様の処理をした。

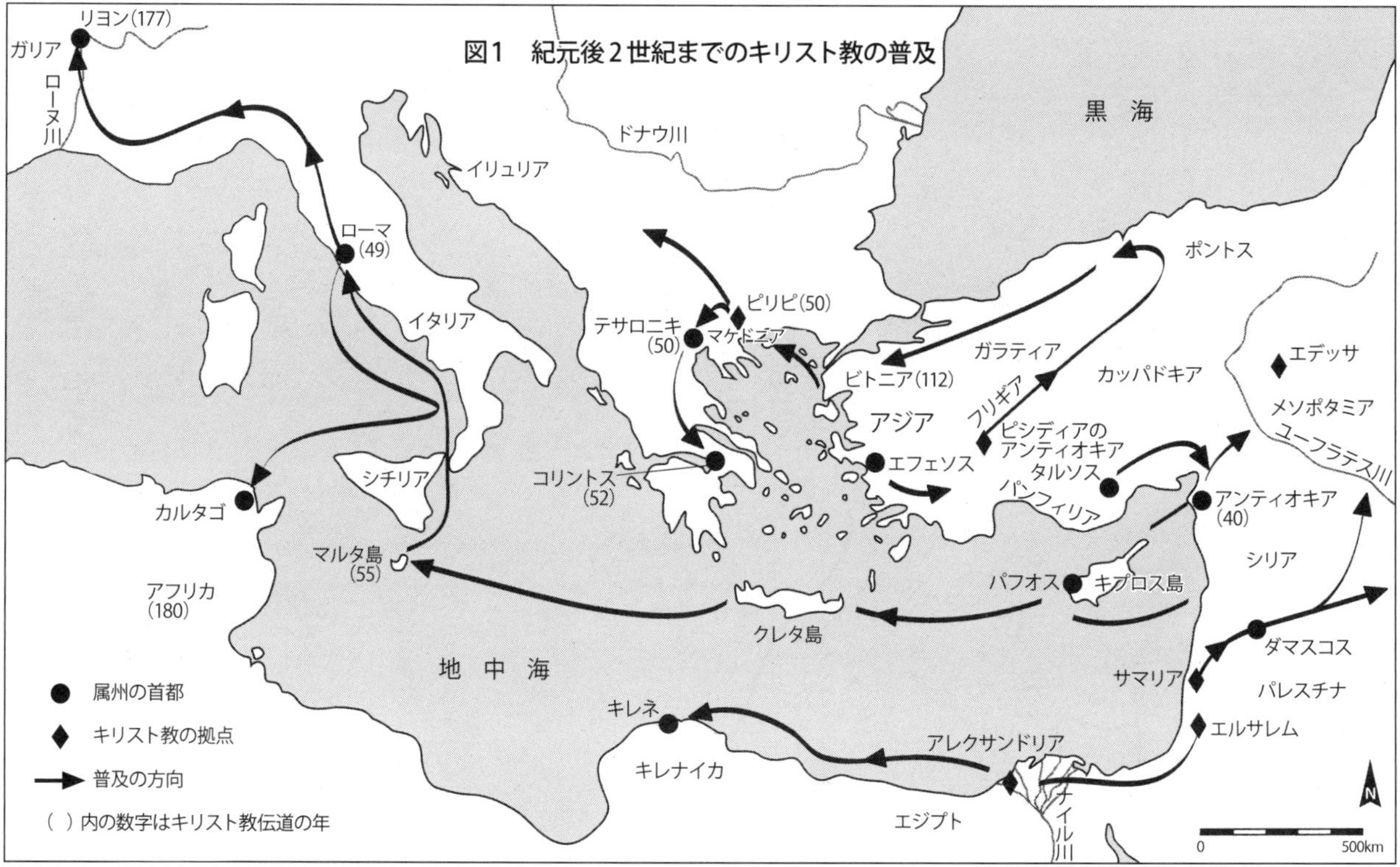

図1　紀元後2世紀までのキリスト教の普及

図2　ユスティニアヌス帝時代の教会組織（527-565年）

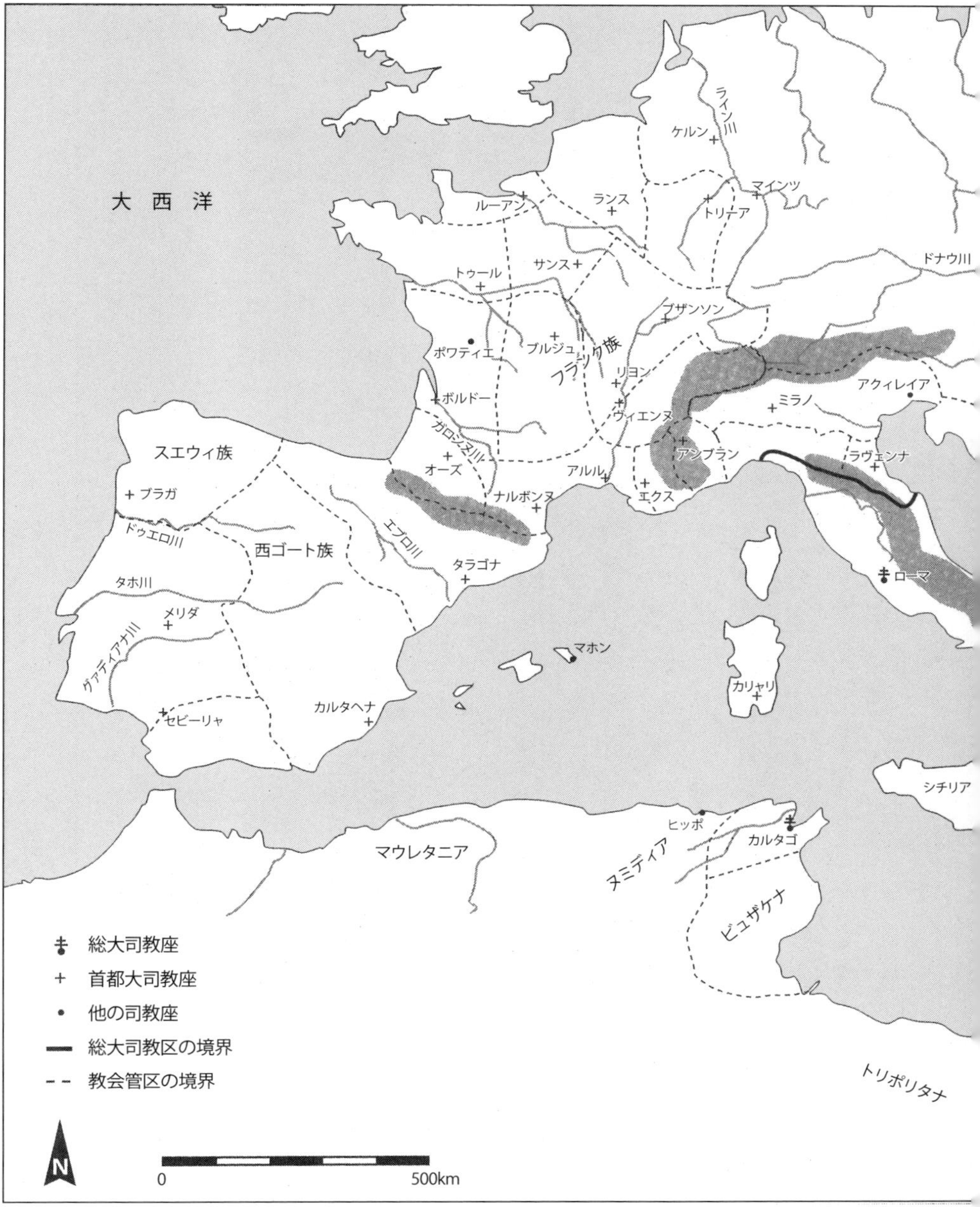
大西洋
ライン川
ケルン
マインツ
ランス
トリーア
ルーアン
ドナウ川
トゥール
サンス
ブザンソン
ポワティエ
ブルジュ
フランク族
リヨン
アクィレイア
ボルドー
ヴィエンヌ
ミラノ
ガロンヌ川
スエウィ族
アンブラン
ラヴェンナ
オーズ
アルル
プラガ
ナルボンヌ
エクス
ドゥエロ川
西ゴート族
エブロ川
タホ川
タラゴナ
ローマ
メリダ
グァディアナ川
マホン
カリャリ
セビーリャ
カルタヘナ
シチリア
ヒッポ
カルタゴ
マウレタニア
ヌミディア
ビュザケナ
総大司教座
首都大司教座
他の司教座
総大司教区の境界
教会管区の境界
トリポリタナ
N
0
500km

ニダロス（またはトロンヘイム）
1152
ウプサラ 1164
ノヴゴロド
北　海
リガ
ルンド 1104
ハンブルク
834
ブレーメン
グニエズノ
1000
マグデブルク
968
ケルン 800
キエフ
リヴォフ
ドリーア
800
マインツ 782
プラハ
ランス
ヴィンデスハイム
オロモウツ
レーゲンスブルク
クレルヴォー
アウクスブルク
パッサウ
グラン 1001
ス
バーゼル
トー
ブザンソン
ザルツブルク 798
ニー
コンスタンツ
カローチャ 1006
リヨン
アクィレイア
タランテーズ
ヌ
ミラノ
アンブラン
ラヴェンナ
ジェノヴァ
アヴィニョン
ザーラ 1145
ピサ
1092
スパラト 928
エクス
フィレンツェ
ンヌ
ラグーザ 1022
アッシジ
コンスタンティノポリス
マンフレドニア
アンティヴァリ 1062
ローマ
バルレッタ
カプア
トラニ 1059
モンテ・カッシーノ
バリ 1000
サッサリ
ベネヴェント
ブリンディジ
ナポリ
ソレント
オリスタノ
アマルフィ
オートラント
カリャリ
サレルノ 983
パレルモ
1156
メッシーナ
1131

図3　11—15世紀における西洋の宗教的状況

❶ ノルウェー王国
❷ スウェーデン王国
❸ スコットランド王国
❹ アイルランド
❺ ウェールズ
❻ アングロ・サクソン王国
❼ デンマーク王国
❽ ゲルマニア王国
❾ ポーランド王国
❿ キエフ公国
⓫ ハンガリー王国
⓬ フランス王国
⓭ ブルゴーニュ王国
⓮ イタリア王国
⓯ クロアチア、セルビア、ブルガリア
⓰ レオン王国
⓱ カスティーリャ王国
⓲ ナバーラ王国
⓳ バルセロナ伯領
⓴ コルドバのカリフ領
㉑ 聖ペトロの世襲領
㉒ ビザンティン帝国

教皇座
大司教座
（年代は大司教座の設置年）
◎ 公会議開催地
● 修道院
▲ その他

紀元千年の政治的境界
固定した境界
国境範囲

図４　16世紀末ヨーロッパにおける宗派

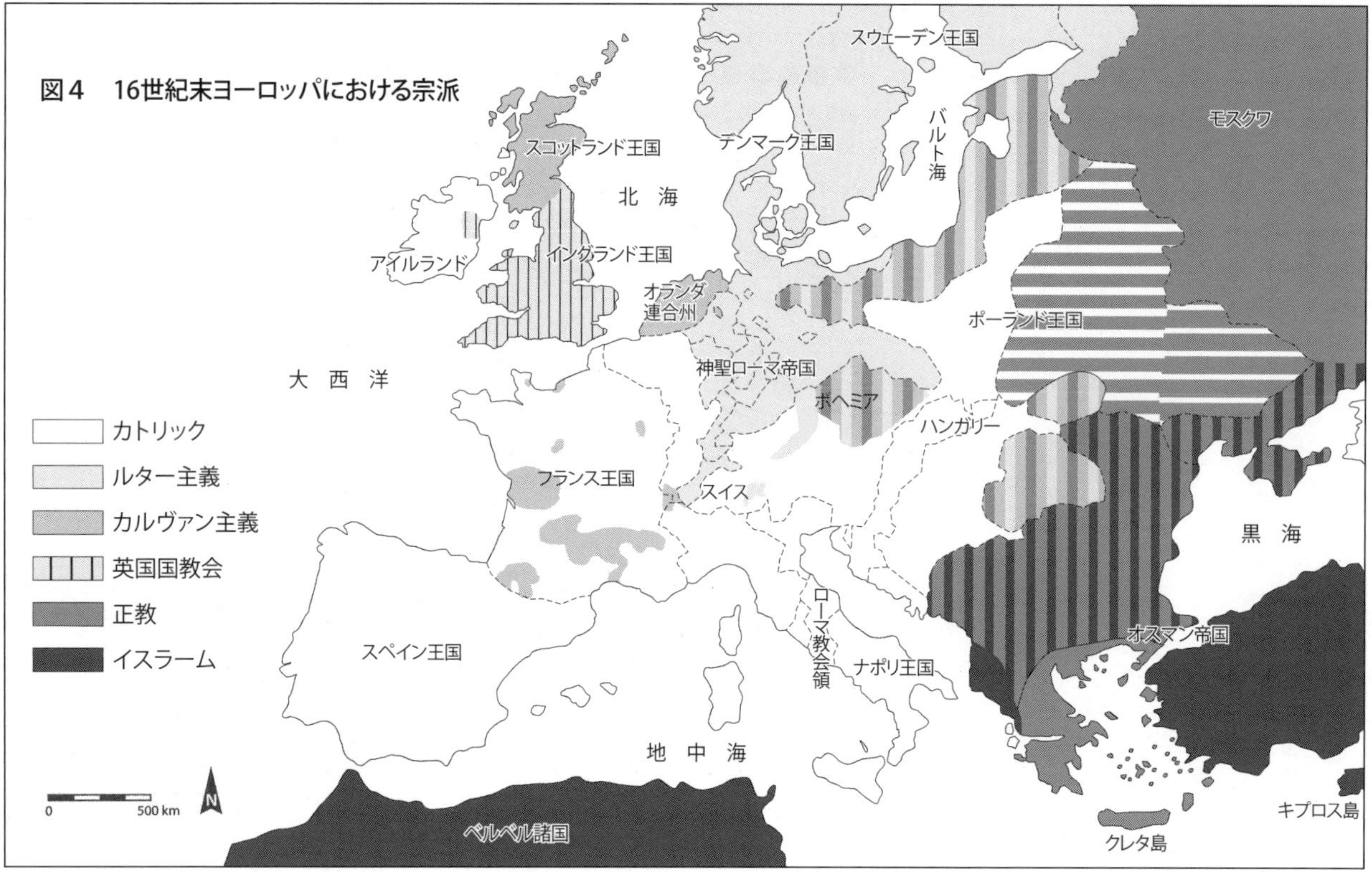

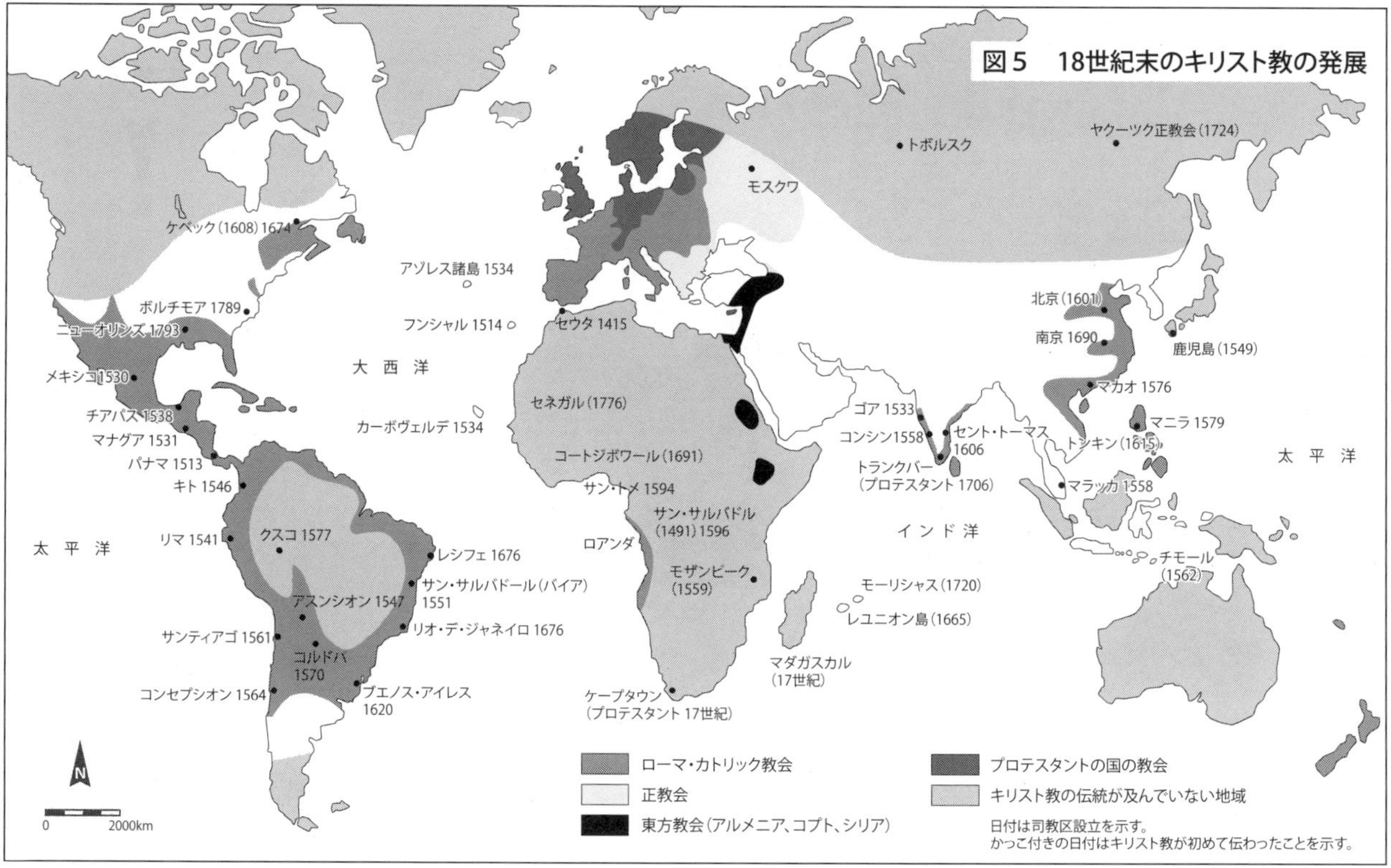

図５　18世紀末のキリスト教の発展

図6—1　今日のキリスト教（カトリック）

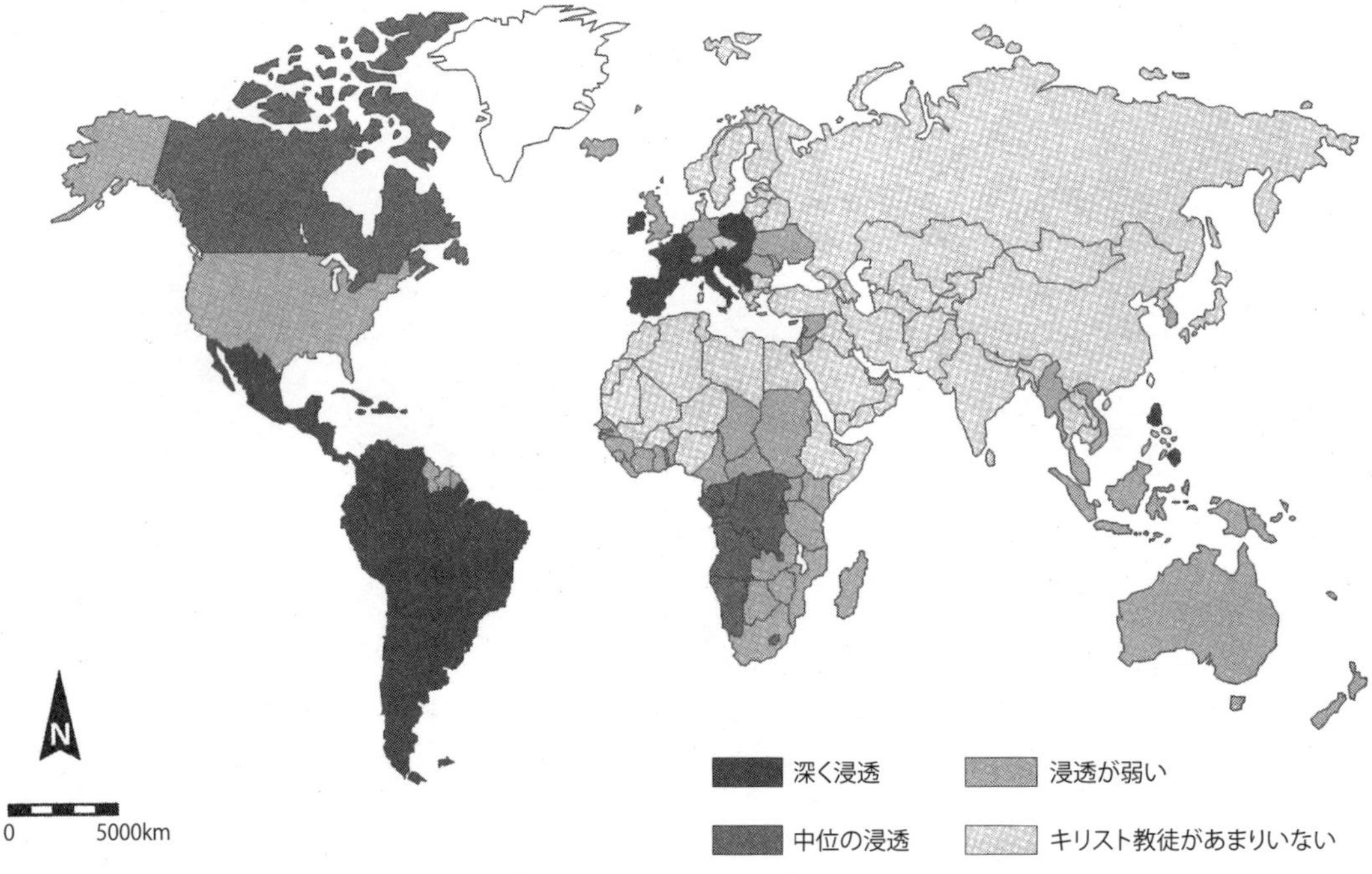

図6―2　今日のキリスト教（正教会）

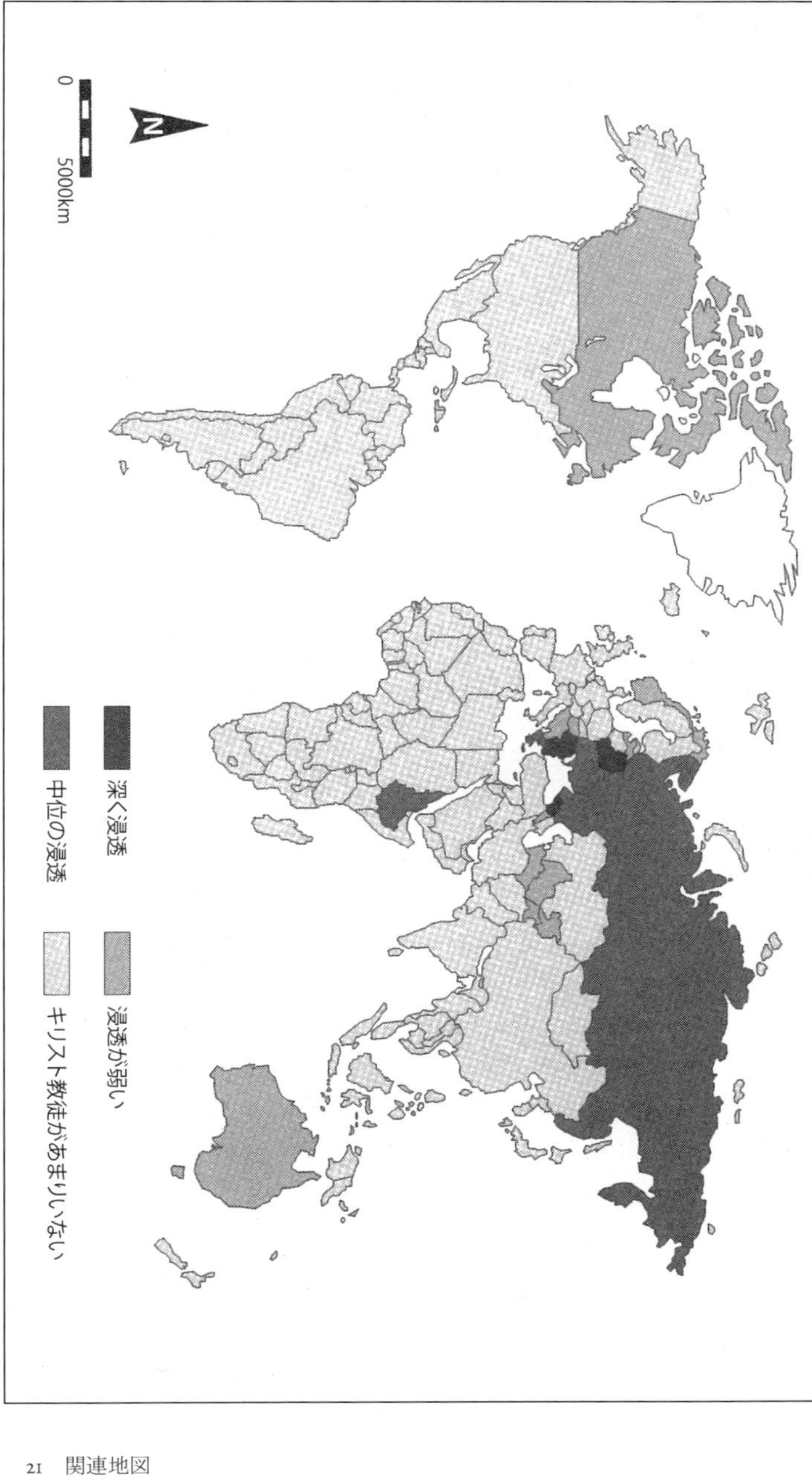

図6—3　今日のキリスト教（プロテスタント）

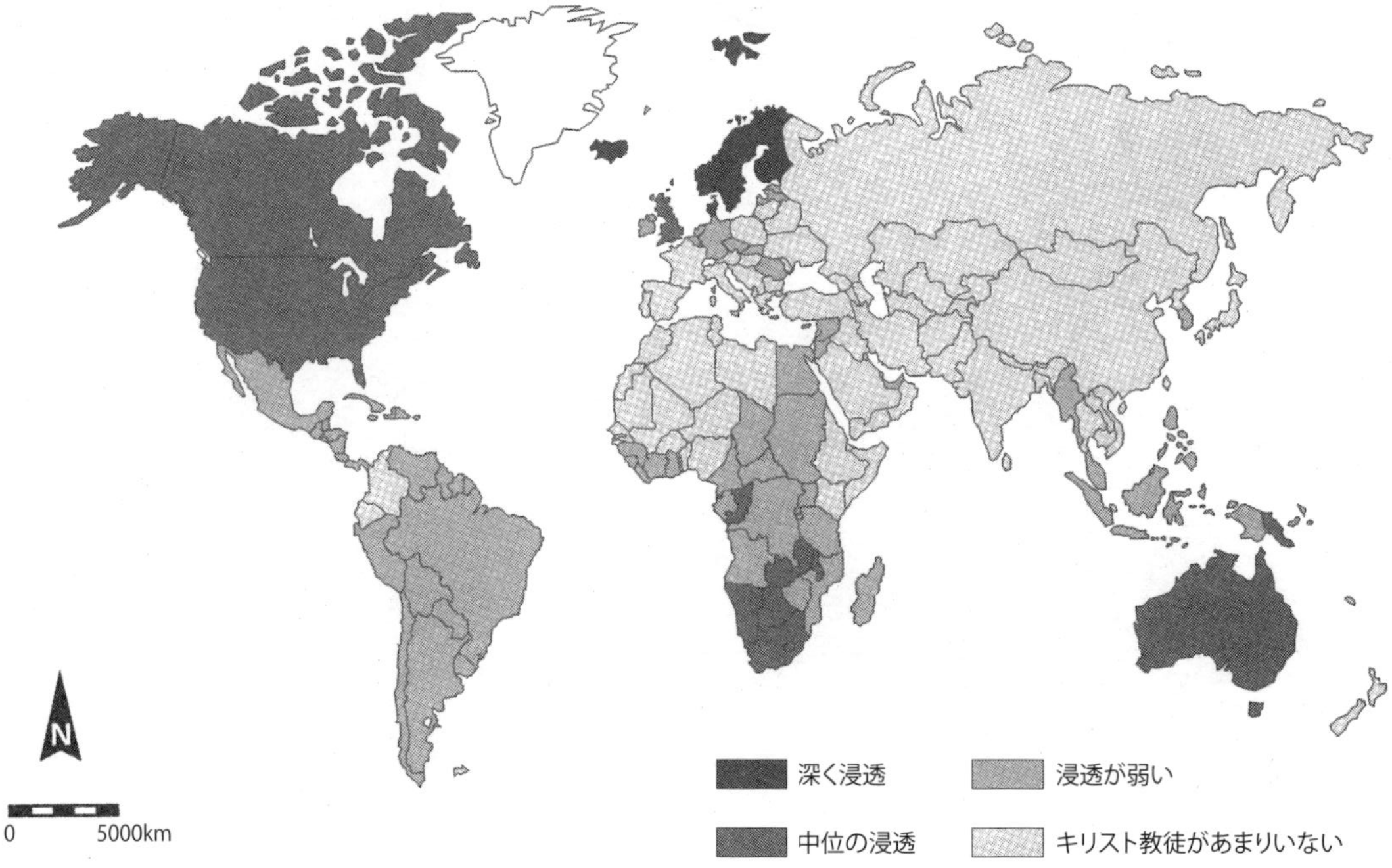

まえがき

はっきりと目につくかたちであれ、あまり目立たないかたちであれ、キリスト教のことをよく知らない人びとにとってさえキリスト教はその日常生活に浸透し、生活の価値観や審美的選択にも浸透している。田舎や町の風景のデザインにも貢献し、時には時事問題の話題にもなる。ところでこのようにキリスト教が存在していることの解釈に必要となる知識は、急速に消えつつある。それと同時に、無理解が広がっている。

モン・サン・ミシェルをすばらしいと思い、ローマやプラハやベレム〔ポルトガル〕の記念建造物に感嘆の声をあげ、バッハやメシアンの音楽を聞いて存分に楽しみ、レンブラントの絵画に見とれ、スタンダールやヴィクトル・ユゴーのいくつかの作品を本当に味わうには、作品の舞台となっている場所やこれらの傑作の美しさのもととなっているキリスト教の典拠を解読できることが前提となる。植民地化に関するごく最近の議論を理解すること、人道的な活動を実際に行なうこと、生命倫理や文化の衝突といったことも、キリスト教の知識を前提としているし、キリスト教教理の基本原理、キリスト教の歴史に区切りを付けてきた様々な波乱に富んだ出来事、キリスト教が世界に適応してきたその様々な段階を知っていることが必要になる。

　そのような展望をもって、わたしたちはそれぞれの分野で著名な専門家に執筆を依頼した。わたしたちは専門家の方々にそのご専門の知識を教養ある一般読者が理解できるようにすることをお願いした。専門的知識の重苦しさのないように、またあまりにも専門的すぎる用語を使わないように、さらに今ではもう実在しないようなよく知られた仮説を場合によってほのめかすことのないように、そしてもちろんのことだが、伝道を目指すことのないようにお願いした。

　この共同の著作は自分の持っている知識を深めたいと思っているキリスト教徒の読者の興味を引くと思うが、それ以上に、単なる知的好奇心から、あるいは自分の身の回りの環境と他者の文化をよりよく理解するために、これまで不透明であり続けた一つの宗教の歴史を知りたいと願うすべての人の関心を引くことになるだろう。

アラン・コルバン、ニコル・ルメートル
フランソワーズ・トラモン、カトリーヌ・ヴァンサン

第Ⅰ部　はじめに

――キリスト教の歴史の始まり（一―五世紀）

サン・クレメンテ教会

（地下1階部分の祭壇は4世紀にコンスタンティヌス皇帝が建造した当時のもの）

現代の文化の構成要素であるキリスト教は、地中海世界と中近東世界の歴史のある時期、すなわち古代の、ある国、つまりユダヤ王国で生まれた。この国は当時ローマ帝国の一部であった。ユダヤの信仰と文化に根を下ろしたキリスト教は、ギリシャ・ローマ文化の中で急速に発展する。

キリスト教は、ユダヤ人の預言者ナザレのイエスの説教から生まれたものである。キリスト教徒はこのナザレのイエスを人間の救済のために受肉し、死んで、のちに復活した神の子として認めている。彼らの信仰は最初の弟子たちの証言に基づいたものであり、弟子たちはイエスを預言者たちが預言していたメシアまたはキリストと認めたのである（このことからキリスト教徒という名前が付けられた）。弟子たちが明言したのは、人間の手によって死に至らしめられた人を神がその身体とともに蘇らせたこと、弟子たちはその身体に触れたこと――キリスト教徒の信仰の基礎は肉体の復活を信じることにある――、そしてその後彼らの目から消えたキリストは弟子たちに聖霊を遣わし、聖霊は、イエスが弟子たちに委ねていた使命に従って、この「よき知らせ」（福音）を「地の果てまで」知らせるよう弟子たちをかり立てたということである。

小さな信者共同体が初めにパレスチナのユダヤ人と非ユダヤ人（または「異邦人」）の中に形成された。次いでローマ帝国の東部とローマにおいて、その後はローマ帝国の西部で、さらにはまたその外側の地域――メソポタミア、そしておそらく使徒時代からすでにインドやアルメニアやグルジアやエチオピア――で、また四世紀、五世紀には西ゴート人や東ゴート人やヴァンダル人といった蛮族の中に信者共同体が形成された。

最初の数世紀のキリスト教信者たちは、それぞれの時代の世界の現実的な条件の中でその信仰を生き、信仰の務めを果たした。イエス・キリストの福音と新約聖書を構成するその他のテクストは、アラム語やヘブライ語やシリア語が場合によって同時に使われることがあったとしても、ギリシャ語で書かれた。聖書（旧約聖書と新約聖書――旧約聖書にはすでに『七十人訳聖書』というギリシャ語の翻訳があった）は、ラテン語、ゴート語、シリア語、コプト語、アルメニア語、スラヴ語といった様々な言語に翻訳された。また信仰表明の最初の決まり文句はギリシャ語で概念化され、述べられた。古代のキリスト教徒は時代につれて洗練されてゆく神学を述べるために、ユダヤの思考様式やギリシャ思想の哲学のカテゴリーやギリシャおよびラテンの修辞学の演説技法を用いた。神学をつくってきた人びと――公会議に集まった司教たちや護教論者や教父たち――は、聖霊の啓示を受けて自分の考えを述べているのだという確信があった。

初期のキリスト教徒が待ち望んでいたキリストの再来が間近に迫っていないことが明らかになったとき、キリスト教共同体は聖体拝領の絆によって結ばれ、組織された。霊的には、教会はその頭であるキリストの霊的な身体として定義され、洗礼を受けた者はすべてその一員であるとしても、具体的には、カトリック教会は、信仰と基本的な典礼(洗礼と聖体の秘蹟)という共通の財産を通して結びついたそれぞれの地方の教団をもとにしてつくられた。そして、異端と正統の概念を借りて、少しずつ練り上げられ、いくつかの宗派を周辺に追いやって、「偉大なる教会」の構築に至る一つの教理が定義されていった。

初めからユダヤ当局から迫害されたキリスト教徒は、いったんキリスト教徒として身元を確認されると、今度はローマ当局から迫害された。ローマ当局は万人に共通の神々を崇めるのを彼らが拒んだことを罰したのである。国家と権力に従い、国家のために祈りを捧げてはいても、キリスト教徒は、彼らの信仰と、彼らが同時代人とともにではあるが、「この世ではない世界で」生きるようにしている価値観や生活様式への執着によってはっきりそれとわかる。そのために、キリスト教徒は民衆の敵意と教養ある人びとの軽蔑の的になる。両者に対してキリスト教徒の知識人は反駁するが、そのあいだに迫害の時代には男も女も自分たちの信仰を証明し、キリスト教徒としての身分を要求して最後は死に至る。こうした殉教者たちは崇拝されるモデルとなるが、精神的指導者たちは、適切な悔い改めが果たされた暁には、〔迫害の下で〕挫けて信仰心を失った人びとの教会復帰を容認する。迫害が終わるとともに、禁欲主義がキリストとの完全な一体化によって聖性に至る手段としての殉教に取って代わった。

迫害の失敗に直面して宗教的自由が認められ、コンスタンティヌス帝が個人的にキリスト教を信仰するようになり（三一二年以降）、その後もユリアヌス帝を除いてコンスタンティヌス帝の後継者たちがキリスト教の信者になったために、まったく新しい条件が生まれた。これ以後、皇帝はキリスト教徒に特別の計らいをするようになり、そのために空間と時間の一定のキリスト教国化が可能になる。皇帝は、教義上の決定も含めて、教会のもめ事にも介入する。そのことが四世紀には紛争の原因となった。皇帝は少しずつ伝統的な祭儀を抑圧するようになり、四世紀の終わりにはそれらを禁止して、キリスト教を国家の宗教とする。この変化は政治権力と歴史に関するキリスト教神学に裏付けられたものであった。キリスト教徒はキリスト教徒たる君主と教会の中での君主の位置を考えなければならなかっただけでなく、ローマが脅威にさらされたときには、教会の運命がいかなる国家とも——たとえキリスト教国であろうと——関係がないということを最終的に理解するために、神の摂理の計画の中でのローマ帝国の役割も考えなければならなかった。こうしてキリスト教徒は自らを「天国の市民」と考え、「いかなる終わりも持たない御国」（アウグスティヌス『神の国』第二二巻・第三〇章）を熱望することを学んだのである。

フランソワーズ・トラモン

第1章　キリスト教の出現

ナザレのイエス――ユダヤ人の預言者か、それとも神の子か

人はナザレのイエスの生涯をどのように知っているか

イエスは話をしたが、何も書かなかった。つまりイエスの手になる資料は何一つとして残っていない。したがってわたしたちが手にしている資料の典拠はすべて間接的なものである。だがそれらは多種多様である。最も古いのは五〇年から五八年のあいだに書かれた使徒パウロの手紙である。それはナザレの人が十字架にかけられて死んだことその「復活」を信じることについて述べている。さらに、使徒は「主の御言葉」を集めたものに精通していて、「主の御言葉」を自らの論証において（時には引用することもなく）利用している。その次に、「福音書」が来る。古い順で言えば、『マルコによる福音書』は四〇年代に遡る言い伝えをもとにして六五年頃に書かれた。『マタイによる福音書』と『ルカによる福音書』は『マルコによる福音書』を敷衍するかたちで七〇年から八〇年のあいだに書かれた。『ヨハネによる福音書』は九〇―九五年のものである。こうした書き物は歴史的な年代記ではない。それらはナザレの人の生涯の回想録となっているが、様々な事実とその神学的な解読を同時に示す信仰の観点から書かれている。新約聖書には入っていないやや遅れた福音書、いわゆる外典は、先の四つの福音書には入らなかった言い伝えを時には受け継いだ。特にペトロによる福音書（一二〇―一五〇年）、ヤコブの原福音書（一五〇―一七〇年）、そしてトマスによるコプト語の福音書（一五〇年頃）である。

非キリスト教徒による典拠は非常に数少なく、ローマの歴史家たちは語られるにふさわしい出来事とは判断しなかった。しかしユダヤの歴史家フラウィウス・ヨセフスは、『ユダヤ古代誌』（九三―九四年）の中で次のような註釈を行なっている。「その時代にイエスという名の賢人がいた。その行動は正しいものであった。またその美徳は認め

られた。だから多くのユダヤ人とその他の国民が彼の弟子になった。そしてピラトゥス〔ピラト〕は彼を十字架にかけて死罪にする有罪宣告を行なった……」（一八・三・三）それよりももっと遅く、ユダヤのタルムード〔口伝律法集〕は「イェシュ」に十五回ほど言及している。それらは治癒者としてのイエスの活動と、民衆をたぶらかしたとして、死刑になったことについて述べている（『バライタ・サンヘドリン』四三a、『アボダー・ザーラー』一六b―一七a）。

何が確かなのか

イエスの生涯の再構成は入念な文献調査の対象である。しかし古代のどんな人物に対してもそうであるように、絶対的に確信の持てることはほとんどない。それでもいくつかの事実はある程度確実に示すことはできる。

イエスが生まれた日付は知られていないが、おそらく紀元前四年（ヘロデ大王の死よりも前）であろう。イエスは洗礼者ヨハネによってヨルダンで洗礼を受け、その弟子となって、その後、自分自身の仲間の組織をつくった。ヨハネに倣って、歴史の中での神の間近な到来を予期する。また救われるためには、イスラエルの民に属しているだけでは十分ではないという確信も持つ。愛と正義を実践することが不可欠なのだ。三十歳の頃には、イエスは人気のある説教師となり、ガリラヤにおいてある程度の成功を収める。当時のラビ（律法学者）よりも単純な言葉遣いで教えを説いた。イエスのたとえ話は、人に近しく人を歓待する神の思いがけない贈り物を語るために聴衆に馴染み深い舞台（田舎、湖、ブドウ畑）をうまく用いている。イエス以前の他のラビと同様に、「戒律」に従うということを他者への愛という一点にしぼって分かりやすく単純化している。イエスが行なった数々の治療行為は、イエスが才能に恵まれ、高く評価されていた治癒者であったことを明らかにしている。自分の仲間と一緒に、イエスはあちこち移動する生活を送る。その集団はイエスが立ち寄る村々で食事を与えられ、宿を提供される。十二人のガリラヤ人からなる一団のほかに、男も女もイエスに付いて行き、その日々の教えを共有した。

エルサレムへの入場がイエスの死の原因となる。イエスはエルサレム神殿で度を超した行為をなし、預言者としての態度をとる。それがイスラエルの政治的エリートの敵意を引き寄せることになる。つまり生贄《いけにえ》の動物を売る者たちの店をひっくり返したのであるが、それはおそらく神とその民とのあいだに割って入る祭儀が増えることに抗議するためであった。サドカイ派にそそのかされて、民衆騒擾の罪で総督ポンティウス・ピラトゥス〔ピラト〕にイエスを密告することが決められた。敵意が優位になりそうな気配を察して、イエスは最後の食事（「最後の晩餐」）のときに友人たちに別れを告げた。その食事の場でイエスは自分の体と血による聖体拝領の典礼を作り出した。つまりちぎったパンと全員が飲む杯は、来るべきイエスの死を象徴していたのであり、またイエスの記憶を思い起こすものであった。弟子の一人ユダの手引きで逮捕された後、イエスは総督の前に召喚され、死刑宣告を言い渡されて、傭兵隊に引き渡され、傭兵隊はイエスを十字架に釘付けにしたのである。イエスの断末魔の苦しみは数時間しか続かず、そのことがピラトゥスを驚かせた。ナザレの人は丈夫とは言えない体の持ち主であったにちがいない。イエスが亡くなってまもなく、弟子たちが生きているイエスを見た、イエスは神に招かれたのだという噂が流れた。

イスラエルの改革者

ナザレのイエスは特別な宗教を創始するという計画は持っていなかった。イエスの野心はイスラエルの信仰を改革することにあった。イエスに従った十二人の弟子たちの集団がそのことを象徴している。この男たちは十二の部族の民衆、すなわちイエスが夢見た新しいイスラエルを象徴的に表している。イエスはユダヤの信仰を改革したいと思ったが、失敗した。それはなぜなのか？

イエスは、神の強烈な体験に恵まれた神秘主義者であった。イエスの目には神は人間に近い存在であり、非常に人間に近いので、神に祈るためには、神に「父よ」（アラム語で「アバ」）と呼びかけるだけで十分であった。イエスの言葉と行ないにはやむにやまれぬ切迫感が見られる。イエスに付いて行こうという呼びかけは、この上なく神聖不可侵の連帯意識をすでに一変させる。つまり家族に暇乞いをすることも、父親に対して葬式の務めを果たす義務があることももはや問題ではないのだ(『ルカによる福音書』九章五九―六二)。葬儀や家族の務めに対するこのような侵害はまったく恥知らずのことと判断されたにちがいない。他の切迫感のしるしとして、「神の支配」を告げる必要性がそれほどまでに差し迫っていたので、弟子たちは財布も履物も持たずに、また途中で誰にも挨拶せずに、神の国が近づいたことを知らせるために出発せよとの命令を受ける(『ルカによる福音書』一〇章四)。

イエスが安息日の掟を破ったこともまた人びとに衝撃を与えた。イエスは安息日に何度も人びとの病気を治し、自己を正当化するために命を救うことが絶対に必要であると主張した(『マルコによる福音書』三章四)。イエスが神の教えを集めたモーセの五書(「律法」)を解説するときには、他者への愛という至上命令が他のすべての教えの価値を下げるのである。エルサレムの神殿での祭儀さえも、敵との和解の必要性があるときには中断されなければならない(『マタイによる福音書』五章二三―二四)。要するに、治療を行なうこともモーセの五書を読むことも、神の到来が近いことが引き起こす切迫状態の性質を帯びているのだ。イエスはまもなく神の国がやってくるという確信を持っているのであり、イエスの判断では、神の国がやってくればすべての苦しみの原因がなくなり、自分のまわりに家族が集まることになる。これ以後、回心への呼びかけ以上に大切なものはなくなる。

社会的連帯というショッキングな選択

福音書とユダヤのタルムードは、ショッキングなほどにあちらこちら人づきあいの多いイエスの自由を述べている点では一致している。イエスは、社会的軽蔑からにせよ、政治的嫌疑からにせよ、宗教的差別からにせよ、当時のユダヤ社会がのけ者にしていたすべての社会階級の人びとと連帯した。女や病人やのけ者にされていた人びとを自分の集団に迎え入れたことがスキャンダルを引き起こしたのである。実際、彼らとのいかなる接触も禁止している純血の規則は神の赦しに反するのだとイエスは考えた。「わたしが来たのは、正しい人を招くためではなく、罪人を招くためである」(『マルコによる福音書』二章一七)。イエスは政治的理由から徴税人を、また宗教的理由からサマリア人を排斥する考え方を持たない。イエスは女たちが被っていた宗教的な権利の剥奪状態をもうち破って、女たちが自分の取り巻きの中に入るのを認める(『ルカによる福音書』八章二―三)。病人たちが近づいたりイエスに触ったりするのも許し、治療行為を行なって、病人たちを健康な人びとの中に戻すのである。田舎の民に話しかけるのだが、この「地の民」は純血の規範を満たすことができず、あらゆる生産物に要求される十分の一税を払うこともできないためにファリサイ人から中傷されていたのである。

神から見捨てられた者たちやふしだらな生活を送っている女たちと一緒にイエスが食事をしたことは、いかなる特定主義〔神の恩寵は人類全体ではなく、ある選ばれた予定者に限られているという考え方〕をも拒否する身振りを最も強く示している(『マルコによる福音書』二章一五―一六)。このような食事は社会的および宗教的寛容という選択を示しているだけでなく、すでに、神の国が未来において迎え入れる予定のすべての人を含めることで、この世の終りの晩餐を先に行なっているのだ。社会の脱落者たちと食事を共にすることは、当時の社会を包囲する神の国の支配へのイエスの期待を表している。この期待は、モーセの五書と神殿に基礎を置く宗教的秩序がユダヤ社会の中で築いていた細分化された構造とは矛盾する。ユダヤの信仰心の構造に対するこのような攻撃は冒瀆的と判断され、また社会の脱落者に開かれた態度は、イエスに対する当時の宗教的権威者の致命的な敵意を買うことになった。

メシア信仰

イエスは自ら「メシア」または「神の子」と言っただろうか。イエスの言い伝えを後から神学的に再構成したものである『ヨハネによる福音書』を別にすれば、最も古い福音書は、自分の身分についてイエスの口からは一人称では決して表明させてはいない。群衆はわたしのことを何と言っているのか、とイエスは弟子たちに尋ねる。その後で、「それでは、あなたがたはわたしを何者だと言うのか」(『マルコによる福音書』八章二九)と尋ねる。イエスは、自分の身分については黙っている。初期の福音書の作者たちが唇にのせる唯一の称号は「人の子」であり、これは預言者ダニエル以来イスラエルが天空に到来することを待ち望んでいる人の大昔からの称号である。イエスは神から遣わされたこの天上の人と連帯したのである。自分をその人になぞらえ、最後には同一視するに至る。

それに引き替え、「神の子」、「メシア」、「ダビデの子」といった称号は、初期のキリスト教徒によってイエスに与えられたものである。このことに驚いてはならない。イエスはメシア〔聖油を注がれた者〕という称号を自分のものにすることを避けたのである。それはおそらくメシアという称号が民族主義者の期待と、自分が望まない暴力的な権力の重みを過剰に背負っていたからだろう。イエスが亡くなった後、信者たちはイエスが到来したこととその行ないが何を意味するのかに気づいた。彼らはイエスが未決のまま放っておいたものに一つの名前を付けた。要するに、イエスは自分が何者であるかを言うことはなかったが、自分が何者であるかを行なったのである。それを言うのは、信仰告白における信者の役割である。キリスト教徒が「復活」と呼ぶ、復活祭の出来事は、このような啓示として理解されうる。イエスの友人たちは、イエスの死後すぐに、神は死刑執行人の側にいるのではなく、木に吊るされた犠牲者と共にいるのだということに気づいて、このような啓示を経験した。復活祭はこのように神を見る出来事であり、その出来事においてイエスの友人たちは自分たちがイエスから受け取ったもの、またイエスと共に体験したことが神自身に由来するものであることを実感したのである。そこで彼らは次のように断言した。「神はこの方を死者の中から復活させてくださいました。わたしたちはこのことの証人です」(『使徒言行録』三章一五)。最初の弟子たちはすぐに、神がイエスを生き返らせることによって復活させたのだと告げた。そして何世紀にもわたって確認されてきたこの信仰こそ、キリスト教の歴史の理解のために最も重要なのである。

ダニエル・マルグラ

最初の契約の中で――ユダヤの社会環境

イエスの時代のユダヤ教は一枚岩と言うにはほど遠いものである。首都としてエルサレムを持つ古代ユダ王国と、バビロニアから西地中海にまで広がるきわめて大規模な「離散ユダヤ人共同体」とのあいだに分散したユダヤ教は、ユダヤ王国の中でもいくつもの派に分かれていた。

様々な宗派の出現

バビロンの捕囚からの帰還（紀元前五三八年のキュロスの命令）とセレウコス朝シリアの王、アンティオコス四世エピファネスの支配下で勃発したマカバイ戦争（紀元前一六七年に勃発したセレウコス朝に対するユダヤ人の反乱）のあいだの第二神殿時代のユダ王国のユダヤ教についてはほとんど何もわかっていない。

この混乱した時期に、最高聖職者は正統王朝から追放されてしまった。ユダ・マカバイは、三年間の中断はあったが、紀元前一六四年にエルサレム神殿の祭式を復活させることに成功した。ユダ・マカバイの死後、その弟ヨナタンは、シリアにおける王位継承の争いに乗じて領土を拡大し、紀元前一五二年に偉大なる大祭司の称号を与えられる。その弟シモン、次いでシモンの息子、ヨハネ・ヒルカノス一世が政治と宗教の二つの職務でヨナタンの跡を継ぐ。最後に、紀元前一〇四年からはアリストブロス一世が、次いでアレクサンドロス・ヤンナイオス（紀元前一〇三―紀元前七六年）が、この「ハスモン朝」と言われる王朝で公式に王位と大祭司を兼務することになる。

このような文脈の中で、一世紀半以上にわたって、ユダ王国のユダヤ教を動揺させたにちがいない分裂が生じたのである。ユダヤ人歴史家フラウィウス・ヨセフス（三七―九五／一〇〇年）は、ヨナタンの時代からサドカイ派、ファリサイ派、エッセネ派の三つの宗派があったことを指摘している。名前からすると、サドカイ派は唯一の正統聖職王朝の祖、ソロモン王の時代の大祭司、サドクの名を持ち出しているようだ。ファリサイ派は文字通り「分離した者」、「離反者」であるが、どの派からの離反者なのか。エッセネ派は社会から離れて禁欲生活を送っている。クムランで死海文書の中に発見されたのがエッセネ派固有の文献の一部であるとするなら、彼らの「宗派」の創始者、「義の教師」は「不敬虔な祭司」から迫害されていたのかもしれない。多くの学者は、この不敬虔な祭司は大祭司の地位の簒奪者であるヨナタンではないかと考えている。

ハスモン朝の時代にも政治的対立ゆえにこの三つの宗派に分かれている。サドカイ派は、初めは王朝に対立していたが、最後には味方になった。おそらくユダ・マカバイの味方をして戦ったあの敬虔な人びと（ハシディムの人びと）から出てきたファリサイ派は、ヨハネ・ヒルカノス一世のもとでの職務の兼務に敵意を示した。彼らはヨハネ・ヒルカノス一世の息子で後継者のアレクサンドロス・ヤンナイスの治下では厳しく迫害された。しかしながらアレクサンドロス・ヤンナイスは彼らが民衆に及ぼす影響が大きくなることを意識して、ファリサイ派の人びとと共に統治するよう妻に助言して、死ぬ前に王座を妻のサロメ・アレクサンドラ（紀元前七六―紀元前六七年）に譲った。

ファリサイ派とサドカイ派のあいだの緊張は、ヒルカノス二世とアリストブロス二世の二人の兄弟の争いにおいて大きな役割を果たす。この争いに乗じてローマの司令官ポンペイウスは、紀元前六三年にローマによるユダ王国のほぼ直接的な統制を始めた。イドマヤ出身のヒルカノス二世の顧問アンティパトロスの息子ヘロデが、ローマ帝国の支援を受けてユダ王国の王座に就くと、ファリサイ派は再び野に下った。

六年、ローマ帝国が直接支配を押しつけたとき、「第四の哲学」が現れる。これは少し後でローマ帝国に対する反乱の原動力となったユダヤ人急進派のゼロテ党とゼロテの過激派（シカリ党）を産み出し、ローマ帝国は七〇年に神殿を破壊するに至る。

さらに他の集団がヨセフスの著作ではつかの間現れる。ヘロデ大王の死後に現れた様々なリーダーに付き従う者たち、奇跡を告げる熱狂的な説教師に付いて砂漠まで行く者たち、洗礼者ヨハネの呼びかけに応えて、罪を洗い落とすためにヨルダン河に体を沈める者たちなどである。ヨセフスはまた「フラウィウスの証言」〔testimonium Flavianum〕という名で知られている有名な一節で、新しい集団「キリスト教徒」のもとになったイエスという名の「賢人」、「奇跡を行なう者」に言及している。キリスト教徒という名称はギリシャ語のクリストス〔christos、日本語の「キリスト」〕によるもので、これはヘブライ語のマーシアハ〔mashiah〕、「聖油を注がれた者」にあたり、このことから「メシア」〔救世主〕となったのである。

信仰と信者の務め

これらの集団のいくつかを区別する信仰と信者の務めについての主な情報源は、相変わらずフラウィウス・ヨセフスである。新約聖書に見られるファリサイ派とサドカイ派の論争にもかかわらず、新約聖書の中にいくつかの情報を得ることもできる。エッセネ派については、ユダヤ人哲学者アレクサンドリアのフィロン（紀元前二〇―五〇年？）によっても知られているが、ラビによる典拠として福音書の中では無視されている。さらに、種々の翻訳でローマ教会によって伝えられてきた正典ではないユダヤの文献はすべて、クムラン写本〔死海写本〕に描かれた黙示録的な動向の力を証言している。

サドカイ派とファリサイ派のあいだの主な不和は、ファリサイ派によって述べられてきた「口伝の律法」をめぐって起きている。「ファリサイ派は古代の人びとから受け継いだ多くの慣習を民衆の中に持ち込んでいたが、それらの慣習はモーセの掟の中に刻まれていたわけではなく、そのためにサドカイ派は書かれていないものを掟と見なすべきではないと主張して、それらの慣習を拒絶したのである。」(『ユダヤ古代誌』XIII、二九七)

ユダヤのすべての宗派は、すでに資料体が構成されていたヘブライ語の同じ聖書を拠り所としていた。ファリサイ派は聖書の最良の解釈者であるという評判があって、他の宗派以上に若者を教育することに気を配っていた。そのなかでも最も学識のある人びとはラビ(「師」)という称号を授かっていて、この称号は福音書の中ではイエスにも付けられている。マタイによる福音書は、七〇年以後に、ユダヤ人とユダヤ・キリスト教徒とのあいだの論争の雰囲気の中で書かれたので、とりわけファリサイ派の人びとに敵対しているのに、ヨセフスは、三つの主要な宗派をひとわたり検討したのちに、ファリサイ派の教義を選んで、その教義を特徴付けている高いモラルと洗練された慇懃《いんぎん》さを強調している。ファリサイ派が民衆に人気があったためにサドカイ派は、神殿におけるファリサイ派の習わしに従わざるをえなかった。「なぜなら他のやり方をすれば民衆がサドカイ派を支援することがなくなるからである。」(『ユダヤ古代誌』XVIII、一七)

七〇年以前のユダヤ教の三つの主な宗派を三つの「哲学」として紹介しながら、ヨセフスは人間の自由の問題に立ち返る。サドカイ派は人間の自由は完全無傷であると言い、反対にエッセネ派は神の予定を主張し、ファリサイ派はこの二つの教義を両立させている。これらの集団のそれぞれは、見つけるのが容易な聖書の論拠を拠り所としている。エッセネ派は未来を予言できるという評判であったが、すべては書かれているのだということを考えれば、これは何も驚くにはあたらない。クムランで見つかった預言者たちの解説は、聖書解釈の技術、すなわち「註解」〔pesher〕をわたしたちに発見させたのであるが、それは昔の預言が現在において実現していると見るのである。

第四の宗派は、独立を失ったばかりのユダ、サマリア、イドメアといった地域でローマによる人口調査の時期である六年に出現し、ファリサイ派の教義を踏襲するが、「神以外には主はいない」と表明する。神の王国の到来のために戦うのだという確信に鼓舞されて、この宗派はローマの権力に対して猛烈な抵抗をする。

黙示録の文献によって広まった思想は、ゼロテ党とシカリ党〔ゼロテの過激派〕に影響を与えた可能性がある。大帝国が次から次へと続いたが、今や神の支配が近いのだ。マカバイの反乱のあいだに書かれたダニエル書は、「至高者の聖人の群れ」を表す「人の子」を神の傍らに描いていた。エノク書はこの「人の子」を救済論的な個人の像としていた。ハスモン朝とヘロデ大王の支配が原因となった失望の後、人びとは王としての塗油を授かる予定の理想化されたダビデの子孫である真の正統の王を夢見るようになった。かくて「聖油を注がれた者」あるいは「メシア」待望が「人の子」への期待と重なったのである。

熱に浮かされた期待の雰囲気は、当時の不幸な人びとの気持ちによって補強されて、洗礼者ヨハネや律法の監視者であるファリサイ派において様々なかたちで見出される純血を積極的に求める態度の説明になりうる。洗礼者ヨハネの場合には、水に漬かることで肉体的、精神的な清めとなるのであり、またエッセネ派においては、大多数は独身であることを好み、厳格な禁欲生活を守りながら共同体で暮らすのである。こうした集団はすべて、サドカイ派とは異なって、復活を信じることを共有している。この信仰は、聖書に書かれていることに根拠を置くのは難しい（ここから共観福音書の中に述べられているサドカイ派の嘲笑が生じる）が、『ダニエル書』（一二章二）と『マカバイ記・二』にだけは明文化されている。この信仰を広めるファリサイ派の教義では、これは預言者たちによって告げられた「最後の審判」と関連する「来るべき世界」において正義が示されることを保証するために非常に重要なことなのである。ファリサイ派が人気があるのは大部分、このような慰めの側面による。天使と悪魔を信じることもファリサイ派とエッセネ派において大いに広まったが、そのような信仰はサドカイ派からは拒絶されたのである。

聖書に記述されている通りのイエスの教えは、いくつもの点でファリサイ派の教義と一致しており、その教義を他の点でも改革することを目指している。クムラン写本の発見以来、「義の教師」は時にはイエスの前触れと見られることがあった。少なくとも洗礼者ヨハネをエッセネ派の一人とすることが多かった。ところでエッセネ派の教えの古い記述はすべて、外部との接触を断って生活する集団であることを示しているが、ヨハネとイエスは群衆の前で説教をしたのである。

復活や天使と悪魔を信じる人たちとそうしたことを信じない人びととのあいだ、書かれた律法しか遵守しない人びとと書かれた律法に口伝の律法を付け加える人びとのあいだ、神殿のまわりで生活する人びととエッセネ派のように神殿から遠く離れて生活する人びとのあいだ、そしてユダ王国のユダヤ人と非常に数多くの離散ユダヤ人共同体の人びとのあいだで、多くの分派が生じた可能性があるが、歴史は彼らに分派している暇を残さなかった。ローマ人に対するユダヤ人の反乱（六六—七三年）は、エルサレム占領と七〇年の神殿破壊をもたらし、神殿破壊と共にサドカイ派、シカリ党、ゼロテ党、エッセネ派の命を奪った。メシアがやってきたと信じるユダヤ人といまなおメシアを待ち望むユダヤ人の対立をそのまま残したのである。

パレスチナのユダヤ教起源のキリスト教共同体

ミレイユ・アダス＝ルベル

パレスチナのユダヤ教起源のキリスト教共同体の歴史を書くことは、キリスト教の誕生に触れることである。これは容易なことではない。資料がばらばらに細分化された状態なので、次々とあたりをつけるやり方をせざるをえず、本当の意味での総合は可能ではないのだ。

イエスは独立した宗教としてのキリスト教の創始者ではない。イエスはせいぜいのところ、当時のユダヤ教の枠組みの中でのエルサレムのキリスト教共同体の創始者なのだ。パレスチナのユダヤ教起源のキリスト教共同体について語ることは、義人ヤコブ、ペトロ、パウロのような重要人物であるイエスの弟子たちについて検討することを意味するのであり、彼らはユダヤ人の社会にも異教徒の社会にもイエスのメッセージを徐々に伝えていったのである。

ガリラヤ出身で二年前から巡回説教師をしていて、神の国が近いことを預言していたナザレのイエスは、三〇年にエルサレムで、政治的・宗教的理由から逮捕され、裁判にかけられ、処刑された――ポンティウス・ピラトゥスはユダ王国のローマ属州総督であった。師の亡くなった翌日、イエスの弟子たちは、初めのうちは、パレスチナ全域に散らばっていったようである。しかしながら、その後、十字架にかけられた「人」が復活させられたと叫びながら、弟子たちがエルサレムにいる姿が見られる。彼らは新しい時代が来て、イエスの復活の時には、イスラエルの神がその先祖たちに行なっていた昔からの救いの約束が実現したのだと告げたのである。預言に起源を持ち、ますますメシア的な傾向を持つ一つの宗教運動が生まれつつあった。それはイエスの弟子としてイエスの「霊」によって生きるユダヤ人によって構成された。弟子たちはイエスの創造者としての能力を受け継ぎ、病人を治し、師が弟子たちより先に行なったように悪魔を追い払った。

このことは、ほぼ一世紀以上も前からローマの支配下にあったユダヤ教の聖地エルサレムで起こった。イエスの弟子たちの新しい共同体は比較的均質ではなく、非常に様々な地域からやってきたユダヤ人で構成されていた。つまりある者はヘブライ語とヘブライ文化の出（ヘブライ人）であり、他の者はギリシャ語とギリシャ文化の出（ユダヤ系ギリシャ人＝ヘレニスト）である。この共同体は万人の欲求を満たすために売った財産を共有することによって生活し、シオンの丘にあった「シナゴーグ」を中心としたらしい。そこはイエスが最も近くにいた弟子たち（使徒たち）

と一緒に最後の食事をとった場所である。

新しい信徒は清めの洗浄というかたちでの入信の祭儀——救世主イエスの名において洗礼を行なうこと——を通して「聖人」の仲間に迎え入れられる。この呼称は彼らが自らに与えたものである。信徒は神殿に熱心に通う。これはイエスの兄弟である最初の責任者、義人ヤコブのケースである。

この共同体は時にはユダヤの宗教当局から迫害されることがあり、そのために信徒の何人かは散り散りになるのを余儀なくされ、それがディアスポラのユダヤ人共同体の中に神の国の支配のメッセージを広めることにつながる。もともとユダヤ人でギリシャ語を話すキリスト教徒の中で、三三年にステファノが神殿冒瀆の罪で投石による死刑の宣告を受ける。おそらく同じ年にタルソスのパウロがイエスの弟子たちの運動のメンバーになった。パウロは有名なキリスト教徒の宣教師の中でも最も偉大な宣教師の一人となる。こうしたキリスト教徒が「よき知らせ」(すなわち救世主イエスの福音)と見なしたものを広めてゆくのである。こうして、三三年に、ユダヤ系ギリシャ人(ヘレニスト)によって「食卓の礼拝」に選ばれた七人のうちの一人であるフィリポ(すなわち彼らの共同体の財政担当)は、よき知らせをサマリアで広める。三四年に、ユダヤ出身でギリシャ語を話すキリスト教徒は〔シリアの〕アンティオキアでとうとう一つの共同体をつくることになった。このアンティオキアで信者たちは初めて「キリスト教徒」、すなわち「メシアを信仰する者」という名を授かる。

ペトロやヤコブ(ヨハネの兄であってイエスの兄弟ではない)のようにユダヤ出身でヘブライ語を話すキリスト教徒もまた、四三—四四年には迫害される。ヤコブはヘロデ・アグリッパ一世の命令で斬首刑にされた。一方、ペトロは奇跡的と言われる状況の中で逃亡せざるをえなかった。そこでペトロは、イエスを救い主として信じる「よき知らせ」をローマ帝国の首都ローマにまで広めるに至る。義人ヤコブもまた、六二年に——ローマの代官職が不在の時——当時実権を握っていた大祭司の命令でモーセの律法への冒瀆の罪で投石による死刑に処せられる。したがってエルサレムの共同体は解散させられて、六八年のローマ軍団によるエルサレム包囲のあいだ、ペラ（トランスヨルダン）に避難せざるをえなくなったようである。この共同体の一部が七〇年になってようやくエルサレムに戻ってくる。

キリスト教のメッセージの普及は、初めはユダヤ人の社会階層で行なわれ、その後で異教徒の社会でも行なわれた。しかしこのメッセージに触れた非ユダヤ人の大部分は、実際には、この時代にローマ帝国のユダヤ人共同体の中で比較的数の多かった、ユダヤ教に共鳴していた異教徒である。

三〇年から一三五年まで、異教徒が共同体に参入するに伴って様々な問題が生じ、次にはキリスト教運動を貫く種々の傾向のあいだで対立を生むことになる。ヤコブ、ペトロ、パウロはそうした紛争の中心にいるが、紛争の争点は次のような言い方で要約できる。すなわち、新しいメシア信仰は異教徒に対してユダヤの戒律を、特に割礼を強制しなければならないのか。答えは様々で段階的な違いもあったようだ。つまり戒律はユダヤ人にとってはそのまま存続しているが、異教徒には必ずしも強制すべきものではない——しかしながらユダヤ人も異教徒も、少なくとも聖体の秘蹟が行なわれているあいだは、同じ食卓を囲まなければならない。

この問題をめぐって一方にはヤコブとペトロ、他方にはパウロがいて、両者が対立した四九—五〇年のアンティオキアの紛争とエルサレムでの使徒会議の前に、ペトロはカイサリアで割礼を受けない者とその一家を「聖人」の中に加えさせていたのだが、そのためにエルサレムの共同体に対して釈明をせざるをえなくなった。問題になったのは、ユダヤ教に対してすでに共鳴していたローマ帝国の百人隊隊長のコルネリウスであった。

ペトロとパウロのあいだで伝道の地域を分担していたというのは、キリスト教の文献に後から登場する考えである。実際、この二人の偉大な人物のあいだには、キリスト教のメッセージ普及において競争があったのである——そのことはアナトリアにおいて確認できるが、ローマにおいても確認できる。そのうえ義人ヤコブから派遣された者たちが、このライバル関係において無視できない役割を果たしたのである。実際、解釈にあたっては対立があり、ある者はメシアを信じるだけで救いには十分であると考えている（パウロは、もっぱら異教徒出身のキリスト教徒についてそのように考えた）が、他の者は律法を遵守することとメシアを信じることは切り離せないもので、必要なことだと考えている（ヤコブ、そしてある程度、ペトロはそのように考えた）。

いずれにせよ、六〇年代には、ローマ支配のオリエントの至るところにキリスト教徒が見つかるだけでなく、ローマにも存在した。おそらくその数は多くないが、至るところで自分の身を守るために密かに信仰の務めを果たしている。しかし、たとえあちこちに散らばって共同体を構成しているとしても、キリスト教徒は、イエスはイスラエルの神から遣わされたメシアまたはキリストであるという信仰を何らかの方法で基本的には共有しているのであり、イエスは、死刑になったにもかかわらず、暗闇の権力から引き離されて「父」の右に座るようになって、そこで近い将来の再来を待ちつつ、人びとの心を変える能力を持ち、罪人を赦すことができる「聖霊」を派遣したのだという信仰を共有していたのである。

こうした共同体は、その内部にギリシャ出身のキリスト教徒を抱えていたにもかかわらず、相変わらずユダヤ教の内部にあった。正確に時期を確定するのは難しいのだが、六六―七四年、一一五―一一七年、一三二―一三五年のローマに対するユダヤ人の反乱の結果にもかかわらず、キリスト教共同体はユダヤ教のふところの中にとどまっている。この段階でキリスト教を、制定宗教として、ある程度人びとに受け入れられた宗教として――認知されるとしても、それは二世紀後半以降である――語るのは難しい。それ以前には、キリスト教は、ユダヤ教の内部にせよ、ユダヤ教の外部にせよ、存在しているのだが、だからといってユダヤのルーツから解放された一つの宗教をなしていたわけではない。

二世紀の中頃、キリスト教はユダヤ教に対して比較的自立したものになるのだが、それでも一切の関係を断ち切ったわけではない。つまりこの宗派は本当の意味では誕生の日付がない。なぜならそれが確立して自由に活動できるようになるまでには一世紀以上もかかったからである――ユダヤ教とキリスト教は互いに対して破門したにもかかわらず、両者の分裂は一度も口にされることがない。ユダヤ教との分離または絶縁（?）は様々な争いの種があちこちに蒔かれた結果であるが、争いは初めのうちはユダヤ人同士（キリスト教徒のユダヤ人と非キリスト教徒のあいだ）の対立の形態をとり、その後で反ユダヤ（キリスト教徒とユダヤ人のあいだ）の対立の形態を帯びるようになった。

二世紀には、異教徒出身のキリスト教共同体（異教的キリスト教）が有利になって、ユダヤ出身キリスト教共同体（ユダヤ・キリスト教）が周辺的存在になるのが見られる。徐々に「偉大なる教会」を自認するようになるのは、異教徒的キリスト教の方である。

三〇―一五〇／一八〇年代に、「偉大なる教会」への帰属を自ら表明する人びとによって伝えられた資料が明らかに統一を断言しているとしても、キリスト教徒は統一のユートピアをまだ実現してはいない。実際、「偉大なる教会」のキリスト教は、異端の概念や教義の概念といった新しい概念を入念につくりあげながら、二世紀と三世紀を通じてつくりあげられたのである。それらの新しい概念によってキリスト教は、周辺の闇に追い払われた他の様々な分派の犠牲の下に確立されたのである。他の分派とは、律法を厳格に守る人びと（ナザレ派、エビオン派、エルカサイ派など……）、グノーシス主義（バシリオ会修道者、ウァレンティヌス派など……）、マルキオン信奉者（マルキオン）、モンタノス主義者（モンタノス）、タティアノス派（タティアノス）などである。こうした周辺的分派の中から別の宗派が姿を現してくる。つまり三世紀には、マニ教はエルカサイ教団〔への批判〕から生まれるのである。

シモン・C・ミムニ

パウロとキリスト教の最初の発展

ローマ帝国のキリスト教国化は、三世紀かけて実現したのだが、それは驚くほど速かった。それには二つのプロセスがあった。新しい宗教がエルサレムから地理的に拡大したことと、ギリシャ・ローマ世界のネットワークと生活環境の中に浸透したことである。初期のキリスト教の歴史、すなわち『使徒言行録』は、パウロの伝道の旅に従ってエルサレムからローマまで、東地中海域へと地理的に拡大した段階を再構成できるという印象を与えるけれども、ユダヤ教からヘレニズムまでキリスト教が通過してゆくことを示す聖人伝記が書かれた目的こそ重要である。そこでは、たとえばローマやアレクサンドリアにキリスト教が到来したというような、伝道の数々の側面は闇に残されたままで、しかもパウロの伝道の全体は考慮に入れられていない。パウロがローマに到達するとすぐに、聖人伝作者は叙述を止めてしまうのである。新約聖書の書き物は、伝道の行程についてよりも福音を説かれた人びとについてより多くの情報をもたらし、いくつかの地域にキリスト教が浸透したことについてはかなり細かい分析が可能になる。そうした地域の中で小アジア、現在のトルコを特別扱いしなければならない。この地域に種々の情報が途切れることなく集中しているからである。実際、パウロの伝道活動は使徒たちの手紙の中心をなしている。まずパウロの手紙〔ローマの信徒への手紙〕は、かけがえのない自伝的証言となっている。ヨハネの名で書かれた手紙は、ヨハネの黙示録の受け手となる教団に宛てられたものであり、ペトロの名で書かれた手紙は、小アジアでこの使徒がつくった組織に属する人びとに宛てられている。そして牧会書簡と言われるものは、この同じ地域のパウロ系教団からパウロの第三世代の弟子に向けて発せられたものである。キリスト教教団の各地の歴史は、はるかに緩慢なものであり、特に二世紀半ばからの殉教者の物語に基づいてつくられたのである。

パウロは「最後の使徒」であり、最も偉大な使徒でもある

パウロは、その神学からも伝道の戦略からも、また強烈な書き方からも、使徒の世代全体を圧倒している。その強烈な書き方は今日でもなお特別な存在感がある。パウロは他の弟子たちと同じような弟子ではなかった。というのもパウロは生きているときのイエスを知らなかったからである。パウロの信仰とキリストへの帰依は一連の神秘体験の結果であり、その神秘体験はキリストとの神秘的合一による信者の再創造という人間学的な考え方のもとになった。最初の神秘体験はダマスコス〔ダマスクス〕に行く途中で起こった。すなわちパウロは、逸脱者で不敬虔な者と見なしていた党派を戦闘的なファリサイ派として徹底的に批判する側にいたのだが、幻《まぼろし》にとらわれて、呼びかけを受け取り、その呼びかけによってただちに改宗し、福音と戦うときに示していたのと同じ情熱で今度は福音書の教えを説くことに参加したのである。パウロはつねにイエスの弟子たちの集団とは無関係であったが、ヤコブ、ヨハネ、ペトロの個人的な権威は認めていた。パウロはこの人たちの教えを受けたのである。したがってギリシャ人に向けて語ったことでその内容はイエスの説教からかなり離れていたとしても、パウロを新しい宗教の創始者とするのは言い過ぎであろう。実際には、パウロの全生涯はパウロに文化の渡し守になるように宿命づけていたのだ。ギリシャへのディアスポラのユダヤ人として、また数カ国語を話す人間として、パウロは自分の生まれ故郷の町であるタルソスで受けたギリシャの教育と、エルサレムで受けたファリサイ派としての教育を結びつけたのである。パウロが国際的なスケールの家族（おそらく織物商売の分野〔テントを織る職人〕）に属していたことは間違いなく、ローマ帝国が切り開いた移動と出会いの可能性の大きさを即座に理解できた。パウロのたどった道は、アンティオキアやコリントスやローマで何度もペトロの伝道経路と交わっている。

伝道の重要な拠点

実際、使徒たちの伝道の目的は、伝道可能な大きな空間をくまなく覆い尽くすことではなく、各地にキリスト教を根付かせることにある。教会の言い伝えは、伝道の出発点として非常に大きな役割を果したいくつかの拠点があったことを示唆している。最初の拠点は当然エルサレムである。聖霊降臨の大祝日の日に、イエスの弟子たちによる集団伝道の地平は三つの方向に広がる。第一に、メソポタミアとダマスコスの先のイラン山脈のオリエントの離散ユダヤ人共同体である――これらの地域は実際にエルサレムとの関係が続いていたが、シリアのキリスト教共同体が出現し、三世紀から使徒トマスに関係する言い伝えが現れてくるまでは、この地域のその後に関していかなる情報もない。エルサレムから生まれた伝道の第二の軸は、小アジアにおいて東から西へと展開する。アナトリア高原の大陸の地方から始まって、最後には海岸側の最もギリシャ文明の影響を受けた町に至る。使徒たちの手紙の証言によれば、これはパウロとペトロの伝道に一致している。パウロとペトロはヨハネの教団の発展につれてエフェソス〔聖書ではエフェソ〕周辺のアジアの地方に精力を注いだ。したがってエフェソスは残っている資料が最も多い伝道の地である。第三の伝道範囲は、アレクサンドリアに支配されていた地域である――クレタ島、アラビアの砂漠地帯であるキレナイカ、そしてエジプト。そこでは一世紀の沈黙の後、二世紀半ばに知的に輝かしいキリスト教が出現してくる。エルサレムとアレクサンドリアのあいだの移動と交換は絶え間ないものであった。オリエントでの最初のキリスト教の地域は、一世紀のギリシャ文明の影響を受けたユダヤ人の地理的分布とかなり一致する。たとえばアレクサンドリアのフィロンの活躍した地域である。これは、離散ユダヤ人共同体の支えが初期の伝道プロジェクトの入念な準備において決定的であったということを意味している。

帝国の首都ローマも、聖霊降臨の大祝日にすでにかかわりをもっていた。祝いのためにエルサレムにやってきたローマのユダヤ人のことが言及されているからである。キリストの宗教はペトロとパウロがやってくる前に、おそらくすでに四九年のクラウディウスの治世とその後の数年のあいだにこの町に到達していた。ローマとキリスト教徒の資料が首都のシナゴーグ〔ユダヤ教会堂〕の中での騒乱を指摘している時期である。ローマは実際に中継地であって、ここからガリアやアフリカやイベリア半島といった西側の属州へのキリスト教国化の運動が始まったのである。アフリカでは、一八〇年の最初の殉教までキリスト教は歴史には登場しないが、ローマの港であるオスティアからやってきたユダヤ人によってキリスト教がもたらされたらしい。というのも、そこはラテン語を話すキリスト教共同体だったからである。ガリアでは、同じ頃、一七七年に、つまりリヨンとヴィエンヌの教会が迫害を被ったときに、キリスト教は出現している。初期のキリスト教共同体はローヌ渓谷に局限されるが、もとはアジアから来たのだと主張する。しかし宣教師の派遣においてはローマが仲介者の役目を務めたようだ。リヨンのキリスト教共同体は、ローマの教会とシナゴーグと同様に、ギリシャ語を話す共同体である。それはオリエントからやってきた仲買人やその他の職業を持つ階層の中にあったので、すべての人がギリシャ語を話すのである。イベリア半島におけるキリスト教の始まりの日付を確定することはできない。パウロはギリシャ世界への三度にわたる伝道の終わりにローマに行く準備をしたときに、イベリア半島への伝道という目標を定めた。そのとき、つまり六〇年代においては、それはまったく革新的な目標であった。というのは、ギリシャ文明の影響を受けたオリエントの人びとは、自分たちの伝道の旅の範囲を東地中海に、つまり『使徒言行録』の限られた地域に限定していたからである。したがってパウロは、ローマによって支配されていた空間の全体と帝国の普遍主義を統合することを考えた最初の人物の一人であった。パウロはこのようにして教会の普遍性を徐々に構想するに至ったのだ。この西の果てという目標は、九〇年代にローマのクレメンス〔ローマ教皇クレメンス一世〕によって再び言明される。

ローマ帝国の組織網の中でのパウロの伝道

かくて重要な拠点がいったんはっきりすると、パウロの手紙のおかげでキリスト教拡大のプロセスをより正確に分析することが可能になる。パウロの伝道は、アンティオキア、キプロス島、アナトリア、マケドニア、ギリシャ、そして最後にはエフェソスの地方にわたっている。さいわいなことに年代的な目印がある。パウロは五二年にはコリントスにいた。これは、パウロの伝道の全体は、五〇—六〇年代に位置づけられることを示している（その周期については相変わらずきわめて仮説的ではあるが）。パウロが伝道の旅について抱いていた考え方はまったく伝統的なものである。というのは、いつもエルサレムから出発してエルサレムの教会に報告するために出発点に戻ってくるという周遊旅行または巡回旅行だからであり、三回目に至っては巡礼のための旅だからである。パウロはしばしば大旅行家と見なされるが、とはいえ冒険家や探検家と考えるべきではないだろう。こうした大旅行は当時としては何も特別なことではないのだ。パウロは可能な限り広大な空間を占有しようとしたのではなく、むしろ福音を次から次へと伝えるためにローマ帝国の道路網を利用しながら、いくつものキリスト教の拠点をつくろうとしたのである。

結局のところ、パウロはローマ領オリエントの属州首都を一周したのである。つまりシリアの首都アンティオキア、キプロス島の首都パフオス、マケドニアの首都テサロニキ〔聖書ではテサロニケ〕、古代ギリシャにあたるアカイアという属州の首都コリントス、アジア属州の首都エフェソスである。これに付け加わるのがローマの退役軍人の植民地への福音伝道であり、これらの退役軍人は、ピシディアのアンティオキアやマケドニアのピリピのように、道路網を支配下に置いていたのであり、パウロ自身は、つねにこうした場所をギリシャへの伝道の出発点であり支えであると見なした。同様に、もう少し大きな規模で言えば、キリスト教がローマの属州へと普及していったのは、いつもアレクサンドリアやカルタゴやリヨンといった属州の首都からなのである。属州の首都はその地方の住民にとって結集の拠点であって、住民たちはローマの行政機関があることと重罪裁判の開催によって定期的に首都に呼び出されていた。

これらの町がコリントスやエフェソスのように巡礼と祭典の拠点にもなったとき、こうした機能は著しく増大した。こうしたローマ文化圏の一大中心地では、パウロは総督の側近であるローマ人のエリートにおそらく狙いを定めた。このようにして『使徒言行録』はパウロをキプロス島に登場させたのである。特に、『テサロニケの信徒への手紙』の中で説明しているように、パウロはニュースの伝播網を利用した。その結果、パウロのメッセージはつねにパウロがその国に到着するよりも先に伝わったのである。ある首都からの情報が伝わるのは、およそ三〇〇キロメートルのところまでと推し測ることができる。パウロが『ローマの信徒への手紙』でギリシャにおける伝道の総括を行なうとき、「イリュリア」にまで達していたと述べているが、これはイリュリア語を話す地域ということしか意味していないが、ここでギリシャ語地域が止まり、その先に北の野蛮な世界が始まるのである。というのも、アドリア海に沿ったイリュリア人の国にはずっと遅れてキリスト教が伝道されたからである。この言語的境界は、ピリピからおよそ三〇〇キロメートル離れた、バルカン半島の中心、すなわちオフリド湖〔現在のマケドニアにある〕がある国にある。三〇〇キロメートルというのはまた、エフェソスからヒエラポリス、コロサイ、ラオディケアにパウロが築いた組織までの距離でもある。なぜパウロがコミュニケーションの要であり、情報の中継地であるこうした首都に長く滞在したのかが理解できる。パウロはコリントスには十八カ月、エフェソスには三年いたのだ。

パウロの行程を検討し、ある地方から別の地方への移動の経路を検討してみれば、パウロがネットワークの人間であったことが明らかになる。アンティオキアの教会から派遣された者として、パウロは、キプロス島出身で、この島に伝道のために来ていたバルナバの協力を得ていた。二人の使徒は馴染み深い世界にいたわけだ。というのもキプロス島は、シリアとパウロの祖国であるキリキア島との中間にあったからである。最初の驚くべき、しかも意味のある選択は、キプロス島からアナトリアの中心にあるピシディアに渡ることであった。ピシディアのアンティオキアは、パウロの出会ったキプロス島属州総督の家族の出身地であったので、属州総督家はアンティオキアに親戚が残っていたのだ。ローマ市民であるパウロは、当時の著名な旅行家がしていたのと同様に、その時代の公式な道路網の支え、つまり推薦状、公式の隊列護衛などを利用した。これもまた決定的に重要であった二回目の旅は、アジアからヨーロッパへ、つまりトロアスからマケドニアへ行くものである。『使徒言行録』は、幻を見たこの出来事を厳粛なものにしているのだが、その具体的な状況ははっきりと述べてはいない。しかし物語の構造からは、ピリピのマケドニア人からの招きに応じたものと推測することが可能である。ピリピのマケドニア人は、その頃、周囲の人びとに対して決定的な役割を果たしていたのだ。したがって伝道は、出会いや歓待を利用して、徐々に発展してゆく。たとえヨーロッパに渡ったことが大いに象徴的なことに見えるとしても、現実の出来事の中ではすでにトラキアの海の両岸のあいだでの横断と交換は絶えざるものであった。アジアのティアティラの出身で、ピリピの町の深紅の服を着た女性貿易商リディアの像は、マケドニアの都市とリディアの都市のあいだの織物取引や移住について碑文が明らかにしていることと完全に一致する。エフェソスで、のちにはローマで、パウロは、アキラスという巡回職人の親方の後を辿り、また彼に呼ばれたのだが、パウロはコリントスではこの人のために働いていたのだ。オリエント人やフェニキア人やユダヤ人の民族離散の場合にしばしばあったように、マケドニアからコリントスまで、パウロもかなりの数の親戚縁者を頼みにしていた。

キリスト教伝道のネットワーク

パウロの伝道は、実際に研究できる唯一の伝道であるが、毛細管現象による浸透のようなものとして組織された。それは古代都市のあらゆるネットワークを利用した。古代都市は、最も小さな共同体――家族――から最も大きな共同体――都市――に至る、共同体の絡み合いのようなものとして機能しているからである。伝道の最小単位はオイコス、つまり「家族」であり、これは家族共同体であると同時に農場、職人、店といった経営の共同体である。現代の核家族とは反対に、古代のオイコスは、女も子どもも、また奴隷も、さらには有力者の家族においてはかなりの数の解放奴隷もいるというように、様々な身分の人の集まりである。すなわちその構成は、ギリシャ人と蛮族、男と女、自由民と非自由民という古代都市の区分を超えている。一つの都市のキリスト教徒は、オイコス単位で、有力者の広い家に集まってくる。こうした慣行は二世紀にわたって続いた。ローマでも、シリアのドゥラ・エウロポスでも、三世紀の半ばに、市街地で確認できる最初のキリスト教建築物は、都会の大きな邸宅に手を入れたものである。つまり「住宅兼教会」である。

オイコス構成員の活動と関係は、家族の発展、あるいは親戚関係に従って、あらゆる種類の社交ネットワークにオイコスを組み込んでいった。これによって、親睦団体やシナゴーグのような移民の共同体やスポーツや文化の団体の中で、職業上の利害や相互扶助のサービスに応えるのである。キリスト教がローマ属州に普及してゆく時代に、団体生活は、ローマ領オリエントの各都市の特徴の一つをなしている。パウロは織物業の職業上の連帯をきわめて明確に利用した。彼自身、織物業に属し、その拠点に立ち寄った際には業務に携わったのである。つまりアキラスの仕事場は、コリントスからエフェソスとローマに移動した巡回教会の手本になっている。共食〔convivialité〕に基づく連帯関係の重要性が、異教徒との共卓や生贄の可食性といった問題を通してコリントスで確認された重要性を裏づけている。結局、イメージや記念碑は欠きながらも、キリスト教徒が相互扶助の仕組みを発展させたやり方は、キリスト教に最初の可視性を与えることで、作家のルキアノスから皇帝ユリアヌスに至る同時代の人びとに強い印象を与えた。したがって、キリスト教徒は六人、十人、十二人といったきわめて個人的な小さな共同体として組織されていたのであり、この組織は二世紀および三世紀の殉教者たちの最初の物語の時代にもまだ残っている。彼らキリスト教徒は、偏狭な党派主義者と見なされる危険を伴いながらも、都市の様々な集団の中で彼ら自身の集団を形成していたのであるが、パウロはコリントスにおいてこの危険性を完全に自覚していた。

パウロの伝道についてのこうした叙述は一般化されうるにちがいない。そのうえ、パウロ、ペトロ、そしてヨハネの名を借りた伝道は、同じ行程をたどったのであり、たとえヨハネの説教とペトロの説教がユダヤ人の人口が多い都市を特に重視し、エフェソスの地方ではパウロ派と他の派が互いに侵害し合うという問題を抱えながらも、同じく小アジアに狙いを定めていたのである。カリスマ性のある人物を中心とした都会への点的な定着を起点として、拠点となる人物としての司教を中心とする、また司教たちが旅行や特に司教たちの手紙のやりとりによって築き上げた新しいネットワークによる同じようなダイナミクスによって、非常にゆっくりとではあるが、教会の統一が成し遂げられていった。

キリスト教の普遍性

使徒パウロの神学思想とその省察は、ユダヤのメシア信仰をローマ帝国のすべての住民のための救済の宗教へと変えていった。キリスト教の出生証書は、空っぽの墓を前にしたガリラヤ人の一団の信仰行為にこそあると考えられる。「復活」は新しい信仰の核心にあるのだ。すなわちそれは、ファリサイ派やエッセネ派といったユダヤ教の一部においても、オルフェウス教においても、またギリシャ・ローマ世界のディオニュソス的、エジプト的神秘においても、すでに生きた望徳であった。キリスト教は肉体の復活という聖書的な概念を保持しているが、魂の再生や転生というギリシャ的な思想には立ち入らない。このような考え方の相違が、おそらくアテネにおけるパウロの失敗の説明になる。

キリスト教の信仰告白は、イエスをキリストとして、すなわち聖書の啓示によって告げられていたメシアとして認め、イエスは預言者たちの神託を実現しに来られたのだと見なす。新約聖書の著者たちは、そのことを強調するために絶えず旧約聖書を参照している。メシアとイエスの同一視は、ユダヤ教徒とキリスト教徒とのあいだに共通の神学的概念があるにもかかわらず分離を生み出す。そしてこの分離は、もともとユダヤ教徒であったキリスト教徒に選択を強いた一三五年のバル・コクバのメシア信仰による反乱以後さらに加速する。しかしこの日付の後でも、またマルキオンの試み〔イエスはユダヤ教の待ち望んだメシアではないとする思想〕にもかかわらず、キリスト教は、ヘブライ人の聖書をわがものとする聖書の宗教であり続け、それと同時に、ギリシャ・ローマ世界の有力者を対象としたプロパガンダ文献が登場してくる。

ローマ帝国内のその他の救済の宗教と同じく、キリスト教は、民族的出自や身分とは無関係に、個人に向けられた。すなわちパウロの共同体での実生活では、ユダヤ人とギリシャ人、男と女、自由民と奴隷、ローマ帝国住民と蛮族のあいだにもはや違いはない。こうしてパウロの教会論は、すべての人が対等であり互いに助け合うのだという考えに基づいて築かれた。このことは、たとえば、もともと存在していた女性蔑視を排除するものである。〔キリスト教世界においては〕女性蔑視は、社会の全体的な変化に合わせて、二世紀になって初めて現れてくるのだ。キリスト教の倫理は完全にキリストに倣《なら》うことに基づいている。つまり迫害の時期には、キリストに倣うことは殉教において成就される。新しい宗教は、その構成員を「キリストに従う者」〔christiani〕として、ローマ人がその創始者に基づいて名指した唯一の宗教である。

キリストの宗教は、他のいかなる宗教以上に、個人的入信に基盤を置いており、このことはキリスト教を一つの党派《セクト》のように思わせてしまうことがあった。宗教なのか党派なのかという、この両義性についてはパウロは、コリントスで対立する人物たちのあいだでキリスト教共同体が分裂するのを見て気づいていたが、ローマ帝国内における教会の普遍的使命をはっきりと示すことで、また自ら築いた初期の教団同士の団結を書簡で促すことで、この両義性を乗り越えていったのである。

マリー゠フランソワーズ・バスレ

第2章

「この世にあってこの世のものではない」キリスト教徒として生きる（『ディオグネートスへの手紙』）

迫害されるがローマ帝国に服従する（三一一年まで）

キリスト教徒は、いったんキリスト教徒と見なされると、もはやユダヤ人の特権的身分の恩恵に浴することがなくなって、迫害された。初めは局所的であり各地で散発的であった迫害が、三世紀半ばには組織的なものになった。あれほど多くの様々な祭儀に対して「寛容」という評判のあったローマ帝国の中で、キリスト教徒はなぜ迫害されたのか。

「カエサルのものはカエサルに、神のものは神に返しなさい」（『マタイによる福音書』二二章二一）というイエスの言葉は、キリスト教徒の政治的忠誠と彼らの国家への服従の基礎となったが、政治と宗教が錯綜していることが古代世界の標準的規範であるなかで、これが政治と宗教の領域の分離の基礎にもなった。キリスト教徒は排他的な一神教を公言し、ローマの神々の崇拝を拒否したため、ローマ帝国の救済という観点からは悪い市民、危険な市民と見なされたのである。彼らキリスト教徒の「無神論」は、神々と人間たちとのあいだで必要な調和のとれた協約、すなわち公の祭儀を厳密に実施することによって、ローマ世界の正常なはたらきを保証する神々の平和を危険に陥れた。いかなる権力も神に由来するからキリスト教徒は支配者に服従している。またたとえ迫害されても、皇帝とその代理人のために神に祈るのだが、皇帝崇拝は拒否する。

反キリスト教的法律がない場合には、「危険かつ常軌を逸した迷信」の頑固な信奉者に対しては、各地の総督の異常なまでの熱意が決定的に重要であり、新しい不法な宗教に対しては共和国時代の法律を適用するだけで十分であった。これは、軽罪ではなく、死刑として処罰されるのはキリスト教徒であったという事実に示されている。これがトラヤヌス帝が小プリニウスに出した返事によって確定した一一二年の法的解釈であった。小プリニウスはビスュニア

（小アジア）の総督に任命され、そこに多数のキリスト教徒がいることを発見したのだが、皇帝はキリスト教徒を探し出さないこと、匿名の密告は無視することを勧めていた。キリスト教徒は、何を行なうかではなく、キリスト教徒であるがゆえに罰せられるのであって、世評を活気づけ、時には大虐殺にまで至る憎悪の犠牲者であり、弾圧という政治的意志の犠牲者というよりも総督の激烈な気持ちの犠牲者だったのである。

六四年、ローマで、この町に大きな被害を与えた火災の後で、キリスト教徒が処刑された。「火災の罪によるのではなく、人類への憎悪のせいだ」と一一五―一一六年頃に歴史家のタキトゥスは書いている。キリスト教徒は皇帝ネロの庭園での円形劇場の遊びのあいだに野獣の餌食にされたり、十字架にかけられたり、火だるまにされたりした。おそらく使徒ペトロは「一大スペクタクルの拷問」として十字架にかけられたのである。ローマ市民であって、オリエントから連れてこられたパウロも、裁判にかけられてから、六六年か六七年に首をはねられた。

二世紀のあいだには様々な局所的で一時的な迫害が各地で起こった。トラヤヌス帝治下ではビスュニアとアンティオキアで（九八―一一七年）、ハドリアヌス帝治下では民衆のデモが続いたアジアの属州で（一一七―一三八年）迫害が起こり、アントニウス帝治下では（一三八―一六一年）、ローマのキリスト教徒プトレマエウス、スミルナの司教ポリュカルポスがキリスト教を信仰していることを告白しただけで有罪になった。哲人皇帝マルクス・アウレリウスの治下で（一六一―一八五年）迫害が再び激しくなったことが記録されている。マルクス・アウレリウスは、死に際しての殉教者たちの勇気にもかかわらず、キリスト教徒に対しては軽蔑の念しか抱いていなかった。キリスト教徒は時代の不幸の責任者とされ、贖罪の儀式の犠牲者にいつでもなりえた。こうして哲学者であり、キリスト教護教論者であったユスティノスはローマで死刑になり、他方フランスのリヨンでは、一七七年に、年老いた司教ポテイノスと何人ものキリスト教徒が牢獄で死ぬ。ヴィエンヌの教会の助祭であったサンクトゥス、アッタロス（ローマ市民であったのだが）、奴隷のブランディーヌ、少年ポンティクス、その他の人びとが「ガリア三州の円形劇場」で野獣の餌食にされた。彼らの死体は犬に食われ、その後で火あぶりにされて、灰はローヌ川に捨てられた。イタリアのペルガモでは、キリスト教徒は拷問にかけられた後、円形劇場で生きたまま火あぶりにされた。一八〇年には、北アフリカで初めてキリスト教徒がその信仰を理由に斬首刑になった。ローマでは、何人かのキリスト教徒がサルデーニャ島の鉱山での強制労働の宣告を受けた。しかしキリスト教徒を放免する総督も見られ、コンモドゥス帝は、側近の影響もあってキリスト教徒であることを告白した者たちに大赦を与えた。というのは、キリスト教が宮廷も含めて、すべての社会階層に浸透していたからである。

キリスト教徒の数はこれ以降、増加してゆく。各都市において、地方の教会がその頭に一人の司教を置いて組織されていった。司教を補佐したのは司祭と助祭である。この団体は、当局から公的なものとして認められ、同業者組合の団体と同列に置かれるようになり、これによって祭式の場と墓地を持つことができるようになる。しかしながら様々な迫害はあった。改宗者、すなわち洗礼志願者と新たに洗礼を受けた者、ならびに改宗者に公教要理を教える者を対象とした迫害もあった。すなわち、アレクサンドリアでは二〇二―二〇三年に迫害があり、また洗礼志願者が連行されてきたカルタゴでは、二人の若い女性、ペルペトゥア〔乳飲み子のいた二十二歳の貴婦人〕と〔その女奴隷〕フェリキタスを含む改宗者たちは、裁判を受けて野獣の餌食にされる刑の宣告を受け、牢獄で洗礼を授けられた後で、改宗者に公教要理を教えた者と一緒に、二〇三年三月七日に処刑された。彼ら改宗者は、自分たちの殉教がローマ領アフリカの神々への生贄に変えられてしまわないために、男は農耕神サトゥルヌスの司祭の服を、女は穀物神ケレスの秘儀を行なう者の服を着せられるのを拒んだのである。密告と民衆の圧力は、たとえば二四九年のアレクサンドリアにおける反キリスト教徒による大虐殺のように、つねに燃え上がるほどの暴力をかき立てた。死の危険にさらされたキリスト教徒は、殉教の理想を賞揚した。殉教は信仰の絶対的な証であり、十字架にかけられたキリストに倣うキリスト教徒としての完徳の成就であって、見かけ上の失敗は勝利に自己昇華するのである。

三世紀のあいだ、ローマ帝国は神々の平和の解消のしるしとして解釈される深刻な試練（ゴート族の侵入、自然災害）に直面した。この神々の平和を取り戻すために、二五〇年一月三日にデキウス帝は大祈願の命令を出した。すなわちすべての市民（実際には二一二年以来のローマ帝国の自由民すべて）とその家族は、神々に敬意を表して宗教的行動をとらなければならない――香を奉納すること、神酒奉納の儀式を行なうこと、生贄を捧げ、聖別された肉を食べることとである。またその証書――その証書を買った者もいた――が交付された。厳密に言えば、迫害の勅令ではなかったのだが、彼が迫害の引き金を引いたのである。なぜなら彼は、服従を拒んだ者たちに宣誓の上、棄教させようとし、棄教しなければ有罪に処さんとしたからである。多数のキリスト教徒が自発的に帰順し、強制されて宣誓した者も、拷問にかけられても抵抗した者もいた。すなわち彼らは迫害に屈しなかった信仰告白者である。死刑を宣告された者もいた。すなわち彼らは殉教者である。迫害は、二五一年にデキウス帝が〔ゴート族との戦いで〕亡くなったことで終わったが、その後継者がペスト流行の災厄を払いのけるために新たな公の供犠を命じたときに再開された。キリスト教に敵意を持つ群衆は、再び「キリスト教徒をライオンに食わせろ！」と叫んだ。特にアフリカでは、殉教者や信仰を守り通した者よりも棄教した者の方が多かった。厳格主義と過度の寛容主義の二つの危険を共に避けながら、カルタゴの司教キュプリアヌスは、ローマの司教コルネリウスと一体となって、アフリカ司教会議〔二五一年〕によって採択された罪に見合った贖罪を推奨した。こうして普遍教会にとって贖罪と赦しの規則が定められたのである。

二五七―二五八年に、とりわけ深刻な社会状況を理由に、キリスト教徒全体の迫害がウァレリアヌス帝によって命じられた。民衆の不満をそらせて不満の責任はキリスト教徒にあるとするためであった。二回にわたる勅令が初めて、明示的に、しかももっぱらキリスト教徒を対象として出された。つまり二五七年には、集会と墓地に近づくことが禁止される。司教、司祭、助祭は生贄を捧げなければならず、もしそうしなければ追放され、財産を没収される。二五八年には、聖職者と高位者は死刑と定められた。迫害はさらに血なまぐさいものになる。つまりローマでは、司教と四人の助祭が斬首刑になり、さらにキュプリアヌスと他のアフリカの司教たち、スペインの司教たち、ルテチアのドニ〔パリのディオニュシウス〕もまた斬首刑になった。

ウァレリアヌス帝がペルシャ人に捕らえられた後、その息子ガリエヌスは、市民の平和を気遣って、現実主義を自らもって示し、二六〇年に迫害を停止し、キリスト教徒が祭式の場と墓場を取り戻すことを許可した。宗教としてのキリスト教は合法的なものとして認められたわけではないが、キリスト教徒はその後、四十年間にわたって平和の時代を享受し、この時期に教会は、もちろん地域によって違いはあるものの、発展することができた。この教会の拡大を過大評価はしない方がよいが、キリスト教徒が人口の五パーセントから一五パーセントに達することもあり、オリエントとアフリカではそれ以上に達した。西方のほとんど都市化されていない地方でははるかに少なかった。

二八四年からは、皇帝ディオクレティアヌスが帝国の再編成に着手し、同僚たち〔コンスタンティウスを含む他の三人の将軍〕を据え付けて、この同僚たちが二九三年に四人の皇帝による合同統治（四分割統治）を行なう。この措置は伝統的宗教の枠組みにおける厳密な宗教的一貫性を前提としていた。そのために伝統的宗教を拒んだ者たちへの迫害が起こった。つまり二九七年のマニ教徒、三〇三年からはキリスト教徒への迫害である。四回にわたる勅令が発布され、禁止と刑罰がますます厳しくなっていった。つまり教会を取り壊し、聖書を燃やし、キリスト教徒の将校と役人を罷免し、次の段階では教会の指導者を逮捕し、最後には全員に対して犠牲を捧げることを強制し、それに従わない場合には死刑とした。この措置の適用のされ方は様々であった。オリエントでは三一一年まで（およびそれ以降も）迫害は大変厳しかったし、スペイン、アフリカ、イタリアでは三〇六年まで容赦なきものであり、キリスト教の共鳴者でないまでも寛容であったコンスタンティウスの領土であるガリアでは限定的であった。

三一一年に、執念深い迫害者であったガレリウス帝〔ローマ帝国東方の旧ユーゴスラビア・ギリシャ地域を統治〕は、迫害の失敗を認めた。迫害がいかに凄惨を極めたとしても、キリスト教を根絶することには成功しなかったのである。現実主義者として、ただし後悔することもなく、彼は「寛大さ」を示した。キリスト教徒である権利、集会の場所を再建する権利を認め、「キリスト教徒は、われわれの救いのために、つまり国家の救いと彼ら自身の救いのために彼らの神に祈らなければならない」と付け加えた。彼らキリスト教徒は、三世紀前からこれ以外のことは求めていなかったのだ！　キリスト教が合法的に認められたのであった。

個人的に改宗していた皇帝コンスタンティヌスとリキニウスによって、三一三年にミラノで下された決定〔ミラノ勅令〕は、「天の滞在地の選択に神々の自由があることが博愛と恵みに満ちたものとなりうるよう、万人に対してもキリスト教徒に対しても己の選択した宗教に従ってゆくことのできる自由」を認めた。宗教と信仰の自由が認められたのである。これは根本的に新しいことであった。殉教は——少なくとも当面のあいだ——もはや聖性に至る王道ではなくなった。殉教者の崇拝と殉教者たちの聖遺物の崇敬が広がっていった。他のかたちでの信仰の証、完徳な生活に至るための他の方法も発見された。特に禁欲主義である。

フランソワーズ・トラモン

「わたしたちはあなたがたとともに生きている」のだが——キリスト教徒とその時代の風俗

妥協を被ることのない排他的な信仰に勇気づけられて、キリスト教徒は伝統的な祭儀へのいかなる参加も拒否する。つまり神々を祀る儀式や祭礼だけでなく、生贄の肉を食べることと同様に、宴会や見せ物のような伝統的な祭儀の一部である社交性のあり方も拒否するのである。

ある種の職業や身分は洗礼と相容れないが、その場合には洗礼は拒否されるか延期されなければならない。すなわち祭儀や神殿や占い、さらには魔術に関わりのあるすべての人の場合である。円形劇場、円形競技場、劇場、売春に関わりのある人だけでなく、兵士の職にある者、剣の力および／または神々や皇帝たちを祝う儀式の遂行に関わりのある司法官も含まれる。したがってキリスト教徒は公的な生活の一部には関わらない。そのためにキリスト教徒は、人間嫌いであって「人類への憎悪」を抱いているのだと非難される（タキトゥス）。キリスト教徒は、自分たちの信仰が教える自分たちに固有の宗教的、個人的、集団的な実践を行なうので、「根拠のない常軌を逸した迷信」に没頭した危険な党派をつくっていると疑われる。というのも、彼らはローマの司法官によって拷問の中でも最もおぞましい磔《はりつけ》の刑を正式に宣告された犯罪者を神のように崇めているからである。キリスト教徒は、恐ろしい儀式または不道徳な儀式——幼児殺し、人食い、魔術——を行なう者、そして異常な性的風習を持つ者として非難される。最後には、知識人や教養ある人びとがキリスト教徒を軽蔑する。たとえば、哲学者のケルソス（一七八年頃）が言うには、教養もなく「教育も受けていない」「最下等の無知」な者たちこそが、盲信を利用して、弱い人びと（女と子ども、職人、奴隷、そして解放奴隷）をだまし、家族と社会を危機に陥れるのである。

こうした非難に対して、キリスト教徒は次のように答える。「わたしたちは何も悪いことはしていない」、わたしたちの生活習慣は清純である。「わたしたちは、あなたがたと同じ生活の仕方で、あなたがたとともに生きている」と、一九七年頃、テルトゥリアヌスは書いている。そして次のように主張する。キリスト教徒は土地を耕し、商売を行ない、広場、市場、共同浴場、店、宿屋、定期市に出入りする。ひと言で言えば、キリスト教徒は同国人とともに、同国人と同じように生活している。ところが実際には、キリスト教徒は、当時の社会の生活習慣や社交性のあり方が彼らの信仰と価値観と相容れない場合には、そこから距離をとる。

キリスト教徒が共同で食事をすること、愛餐——あれこれ悪口を言われた——は、キリスト教徒の社交性の象徴である。つまり神の眼差しのもとで、キリスト教徒は慎み深さ、恥じらい、節制の刻印を押されている（飲み過ぎず、神を祝って賛美歌を歌う)。キリスト教徒は共同浴場に行くことがあるが、それは体を洗うためである。また死者に敬意を表して香を用いることがある。「見せ物《スペクタクル》を、わたしたちは見ない」とまたもやテルトゥリアヌスは書いて、円形競技場のばか騒ぎを告発している。円形競技場で行なわれる競争は感情の熱狂的爆発を誘発するからである。また劇場の不道徳性、円形劇場の残忍さを告発している。そこでは、観客は、剣闘士同士が互いに殺し合うのを強制されるか、または猛獣の餌食になって死に至る場面に立ち会うという残忍な喜びを味わうのである。さらにスポーツの競技の下らなさも告発している。競争や円形劇場の血なまぐさい競技に対するキリスト教徒の批判が、ある種の哲学者(ストア派)の批判と意見を同じくしているとすれば、そこに、ある種の信仰実践の偶像崇拝的、したがって悪魔的な性格に対する告発が付け加わる。というのも、そうした実践において神々は悪魔と同一視されるからであるが、おそらく同時代の人びと自身、こうしたことをもはや自覚していなかった。たとえば円形競技場で、競争の前に行なわれる行列の宗教的性格や、剣闘士の闘いも、死者に敬意を表して人間を生贄として捧げたのが始まりである。こうして見せ物を見るのを放棄することがキリスト教徒であることを示すしるしになる。だが、このような放棄はつねに守られてきたのだろうか。厳命や監視が五世紀まで定期的に繰り返されたということは、守られてきたかどうか疑わしいということになる。

キリスト教徒の妻たちに「夫にだけ気に入られるようにすること」、したがって化粧、宝石、贅沢な服やみだらな服といった誘惑の手管を使わないことを勧めて、テルトゥリアヌスは、それこそ一般的な規範であり、夫は、キリスト教徒であれ、非キリスト教徒であれ——こちらの場合の方が多かったのだが——、貞潔こそ最も美しい装いと見なしているのだと述べている。キリスト教徒の道徳はこの点では、しきたりと一致しているとは言わないまでも、一般的な道徳とは完全に一致しているのである。しかしテルトゥリアヌスは、キリスト教徒の女性たちに家から外出して貧しい者を助けに行き、ミサ聖祭に参加し、神の言葉を聞きに行くように勧めている。また非キリスト教徒の女性を親愛のしるしとして訪ねることを認めている。非キリスト教徒の女性にとってキリスト教徒の女性が模範になりうるからである。同じく、アレクサンドリアのクレメンス（一九〇年頃）は、『教育者』の中で、「キリスト教徒と呼ばれる者がその全生涯においてあるべき姿を示す」ことに尽力しながら、この世で質素に、節度をもって、自己を抑えながら生き、また神のお作りになったものを正しく用いるためのきわめて実践的な助言を与えている。しかしこうした倫理的助言および日常生活の助言は、裕福な一定の社会階層の人びとに向けられた規範的言説となっていることを考慮に入れなければならない。男にしろ女にしろ、キリスト教徒にしろ非キリスト教徒にしろ、大多数の無名のふつうの人びとの具体的生活については、わたしたちは大したことは知らない。そのうえ、都市の有力者たちにしてみれば、ほとんど免れられない務めや社会的圧力は別としても、死が近づくまで洗礼を先延ばしして「以前のように」生活し続けることもできたのであった。

キリストと教会の結合を結婚のモデルとすることによって、キリスト教徒は、自制心と夫婦相互の貞節に基づいた夫婦関係についてのキリスト教特有の倫理の基礎を築いた。こうして内縁関係を続けている男は、洗礼を許されるためには結婚しなければならないが、主人の子どもを育て、他の男と性的関係を持たないで主人と内縁関係にある奴隷の女は、洗礼を受けることができる。様々な教派のあいだで、たとえば男に対しても女に対しても絶対的な禁欲を勧めるマルキオン派、処女性の優位を否定する者たち（ヨウィニアーヌス）、あるいは既婚女性を嘲弄する人びと（ヒエロニュムス）、これらの教派の均衡は共同体の責任者たちによって維持されてきた。たとえ聖なる処女性のモデルが禁欲主義の発展とともに四世紀に賞揚されるとしても、彼ら責任者はまず結婚の価値を強調したのである。女の不倫とまったく同様に男の不倫を、また若者の性的慣行を糾弾し、自由民と奴隷との差別をせずに、キリスト教の説教者たちは、人びとに人間として等しく尊厳を持っていることを自覚させることに貢献した。既成の慣行に反して、五体満足でない子どもが生まれた場合も含めて、望まれない新生児を遺棄する習慣をキリスト教徒が拒否するときも、事情は同じである。

キリスト教徒に死刑を宣告する権限を持っていた司法官に、「わたしはキリスト教徒だ」、そしておそらくより多かった女性の場合、「わたしは女のキリスト教徒だ」と答えることによって、未来の殉教者である彼ら／彼女らは、自分の身分を名乗ること、また家族の身分や市民としての資格を示すことを拒否し、彼ら／彼女らの信仰の名において、一人の人格としての尊厳と己に固有の運命の主体としての尊厳に近づこうとした。最初の殉教者テルトゥリアヌスは、化粧についての論文で女性たちに向けて書いた。これはその後にも続く一つの革新であった。キリスト教徒の説教者、雄弁家、哲学者は、少年の教育も少女の教育も同様に論じ、その後で四世紀には、しばしば女性たちを対象とする手紙や論文で、処女性、結婚、そしてやもめ暮らしについて論じて、初めは裕福で教養のある階層における新しい家族倫理を発展させることに貢献したが、この新しい家族倫理はその後次第に社会全体に広がっていった。

実際には、『ディオグネートスへの手紙』の著者が説明しているように、キリスト教徒は逆説的な状況に置かれている（この手紙は、おそらくキリスト教徒に対する調査を担当した司法官のために一九〇年から二一〇年のあいだにアレクサンドリアで書かれた）。「キリスト教徒は他の人間と何一つ違いはない（中略）。彼らは自分たちだけの町で生活しているわけではないし、現地の慣習に従っているのだが、彼らの精神的な共和国の（中略）特別な掟にも従っている。」似ていると同時に違ってもいるキリスト教徒は、同国人とは別の価値観を持ち、別の行動をとる。「この世の市民」であろうとするストア派とは違って、キリスト教徒は「この地上で人生を送るが、天国の市民なのである」。この世のあらゆる都市に住みながら、肉体の中に魂があるように存在している。ところで「魂は肉体の中に宿るのだが、魂は肉体に属しているのではない。こうしてキリスト教徒はこの世に住んでいながらも、この世に属してはいない。」自分の身分とその身分が前提とするものを自覚しながらも、キリスト教徒は、いくつかの宗派の場合を除いて、それでもやはり一つの家族に、都市に、ローマ帝国に自分が属していること、そしてギリシャ・ローマ文化に愛着を持っていることを主張する。

フランソワーズ・トラモン

様々な批判に答えて――アリステイデスからテルトゥリアヌスまでの護教論者

キリスト教の新興共同体と多数の民衆、知的エリート、行政当局との対立は、その中で同宗者を弁護する〔apologesthai〕ために最も教養ある学者たちに発言させるに至り、彼らは権力に対して嘆願をしたり、同胞に公開書簡を送ったりした。これが一般に「護教論者」と呼ばれる著者たちであり、この「護教論者」という言葉は、とりわけ二世紀のギリシャ語で書いた著者たちに適用される。この護教運動は三世紀の前半や四世紀（エウセビオス、アタナシオス）にも続き、さらには五世紀の初め（アウグスティヌス、アレクサンドリアのキュリロス、テオドレトス）まで続いた。

初期のキリスト教護教論はユダヤの伝承に大幅に依存しているように思われる。それは、一二四―一二五年頃、皇帝ハドリアヌスがアッティカに滞在したときに、皇帝に中傷文書を手渡したアテネ人アリステイデスによって示されている。あまり洗練されていない内容のこの著作は、非常に単純な構想に従っている。すなわち、真の神の存在と性質についての序論の後、アリステイデスは蛮族の誤り（元素崇拝）、ギリシャ人の誤り（エジプトの動物崇拝と関係のある多神教）、そして真の神を知らずにその神を崇めるユダヤ人の誤りを一つひとつ検討し、キリスト教徒の敬虔論を述べているのである。この四つの「民族」への分割は、教会とシナゴーグの分離に関する日付のはっきりした最初の証言である。アリステイデスには信仰表現の断片も見つかる。それは唯一の創造者である神の単一性の確認を含み、また人間たちの救済を約束するために「聖霊によって」肉の中にやってきた神である、十字架にかけられ、死んで、復活した「子」の告白を含む。

一五〇年から一五五年のあいだにアントニヌス・ピウスと元老院に二つの嘆願〔biblidia〕を出したユスティノスの活動は、この種の護教論の絶頂を示している。ギリシャの植民者の家系で〔イスラエル北方サマリアの〕ネアポリスで生まれ、割礼を受けず、異教の哲学で教育を受けたユスティノス（彼自身はプラトンの弟子と言っている）は、霊的な道程をたどった後で改宗した。これについては、あるときは死を前にしたキリスト教徒の勇気の模範的な価値を強調し、あるときはエフェソスで出会った洗礼志願者に教育する人（教師）とこの教育者が彼に教えた書き物の確信の力を強調しながら、二つの話を物語っている。彼は二度ローマに滞在した。一回目は犬儒学派の哲学者クレスケンスとのいざこざがあり、二回目は一六三年から一六八年までのマルクス・アウレリウス治下での彼の殉教で終わっている。ユスティノスについては、ユダヤ人トリュフォンとの対話も伝えられている。これはこの後、数世紀にわたって展開される反ユダヤ人の論証をそっくり萌芽的に含み、また非正統の、おそらくグノーシス主義のキリスト教徒に向けられた『復活論』も伝えられている。ユスティノスは形式よりも内容によって定義される新しい文学ジャンルの始まりである。タティアノス〔二世紀、シリア生まれのキリスト教弁証家〕、アテナゴラス〔『キリスト者のための申立書』〕、テルトゥリアヌスは、ユスティノスから借用したことを暗に引き合いに出している。ユスティノスの聖書の使い方、特にキリスト論の証言〔testimonia〕の使い方は、キリスト教註解の言明において重要な段階を示している。要するに、ユスティノスはキリスト論考察を決定的に進歩させた。つまり、「子」を「もう一人の神」、順位からすると第二の神として定義し、「父」との同質性を断言しながらも、子は従位にあるという見通しで両者の同質性と区別を両立させるのであり、これが第一ニカイア公会議〔三二五年、現トルコ共和国ブルサ県イズニクにて開催〕まで規範となる。

次の世代――マルクス・アウレリウス治下の終わりに活躍したタティアノス、アテナゴラス、メリトン〔サルディスの司教〕、アレクサンドリアの総司教テオフィロスは、護教論の多様化の世代である。異教からの改宗者でローマではユスティノスの弟子だったシリア人タティアノスは、ユスティノスの死後「偉大なる教会」から距離をとって、オリエントでエンクラテイス（禁欲者）と称する自分自身の教派（「節制派」）を指導した。彼については、師の影響がまだ著しく残っている、異教と同一視されるギリシャ文化への激しい攻撃である『ギリシャ人への講話』と、五世紀までシリアの教会の公式版であった福音書を統合して作った『ディアテッサロン』〔調和福音書〕のいくつもの翻訳が残っている。これらの文献によってタティアノスの教義の異端の度合いを判断することはできないし、その書き物がオリエントで大騒ぎになったとも思われないが、アレクサンドリアのクレメンス、次いで異端反駁者サラミス司教エピファニオス〔キプロス島〕はそれらの著作をグノーシス主義の中に分類した。

アテネの「哲学者」アテナゴラスは穏健であるように見える。たとえ歴史家のシデー〔現トルコ南部の港町〕のフィリッポスが彼をアレクサンドリアの「キリスト教哲学校」〔didaskaleion〕の最高の先生と名付けているとしても、彼については確かなことは何一つ知られていない。一七六―一七七年頃、アテナゴラスは皇帝マルクス・アウレリウスに向けて『キリスト教徒のための嘆願』を執筆した。この嘆願書でアテナゴラスは、祭儀で人肉を食べる風習、オイディプス的近親相姦、「無神論」という、キリスト教徒への三つの不満の種を次から次へと論駁し、同宗者の習慣と信仰を異教徒のそれと対比して、異教徒の生活と信仰を非難している。また『復活論』も執筆し、この復活という教義についてグノーシス派が行なってきた霊的な解釈と戦っている。『嘆願』は理性の眼差しのもとで、特に「父」と「子」を結びつける関係の定義において、キリスト教のメッセージを提示しようとする明らかな意思を示している。創造されずに存在する唯一神と創造された神々とのきわめてプラトン的な対比を用い、多邪神教という概念を使って神殿における偶像の作用を説明し、神話史実説〔神話上の神々や英雄たちは実在の人物が死後神格化されたものにすぎないとする古代ギリシャの神話学者のエウエメロスの説〕という概念を使って偶像伝説と偶像崇拝の存在の根拠を証明するなど、異教に対する反駁もまた理性的に根拠づけられている。同じ時代に、サルディス〔トルコ〕の司教メリトンは皇帝に対して弁明を行なったが、その弁明についてはいくつかの断片しか残っていない。そこでは教会と帝国の一体化というユートピア的な見方が展開されたのだが、これは事実とは食い違っていた。メリトンの別の著作『過越の祭について』という説教は、キリストにおける二つの本性〔duo ousiai〕の単一性を初めて定義したが、これはユスティノスにおいては暗黙のうちにしか出てこない。

アンティオキアの司教テオフィロスについては、ある異教の友人との対話の要約である『アウトリュコスに送る』という三冊しか残っていない。彼自身異教の出身ではあるが、創世記の最初の数章の註解を続けて行なった最初の人であり、その註解にはラビの方法の影響が見られた。彼はまた、特に「父」と「子」と「聖霊」を名指すために「三位一体」〔trias〕という語を初めて用いることによって、教義の確立にも重要な貢献をした。また最初から神の中に含まれる「言《ことば》」の神との永遠共存と、「言」の言明とを、「言」の存在における二つの契機として両立させる「ロゴス」の発出の教義を体系化したことによって重要な貢献をした。キリスト教の聖書が最も古いことを証明するために彼が最後の編で示している世界の年代記によって、彼の活動が比較的穏やかな時期に行なわれたと位置づけることができるが、それはコンモドゥスが権力の座に就くまで（一八〇年）続いた。

多くの歴史家は『ディオグネートスへの手紙』を護教論に結びつけている。この著作は作者不詳で、いつどこで書かれたかもはっきりしない（三世紀初めのアレクサンドリアか？）が、またもやある異教の友人から著者に投げかけられた質問への回答となっている。「キリスト教徒の信仰はどのような神に向けられているのか、キリスト教徒はその神に対してどんな礼拝を行なうのか、この世に対する彼らの一致した軽蔑と死をものともしない態度はどこから来るのか、なぜ彼らはギリシャ人が認めている神々をまったく尊重しないのか、なぜユダヤの迷信を守らないのか、彼らが互いに抱くあの大きな愛とはいかなるものか、最後に、この新しい民、この新しい生活様式は、なぜもっと早く到来しなかったのか。」これらこそはキリスト教護教論の主要なテーマである。

護教はその目標に到達したとは思われない。皇帝たちの政策は十分な寛容という方向に変わることはなかったし、キリスト教共同体が広がり続けたとしても、それはどちらかと言えば個人の宣教と模範的人物の力によるものである。すなわち、テルトゥリアヌスの言葉を借りれば、キリスト教徒の血こそが最良の種となったのであり、またおそらく彼らの道徳の厳格さとなったのである。しかし護教論者がキリスト教の確立に貢献したことは、共同体を守り、多神教を問題にするという役割にはとどまらなかった。多神教批判は、教義を教養ある一般の人びとに理解しやすいものにするために、教義の合理化という努力を伴ったのであり、こうして教義の確立自体に貢献したのである。

キリスト教護教論の活動は三世紀にも続いた。アレクサンドリアのクレメンス（一五〇―二一五年頃）は、単に説教者、良心の導き手、まだ正統のうちにある「グノーシス主義者」、秘教の秘密を守る秘教教義の保持者であっただけでなく、『ギリシャ人への勧告』における雄弁な異教告発者であると同時に、キリスト教の礼賛者でもあった。ラテン教父の中で、アフリカ人のテルトゥリアヌス（一六〇―二二五年頃）は、厳格な道徳家、才気に満ちた神学者である（西洋で一般に用いられる神学用語、「位格」〔persona〕、「三位一体」〔trinitas〕などは彼がつくったものである）とともに痛烈な雄弁家で、大量の、しかも実に多様な著作を書いて、『護教論』（一九七年頃）において、それまでほとんど無視されてきたテーマである、迫害の法律的根拠の脆弱さを強調した。晩年になってからは、タティアノスと同じように、「偉大なる教会」から離れて、モンタノス派に加わった。少し後で、弁護士のミヌキウス・フェーリクスは『オクタビアヌス』において、一人は異教徒（セシリウス）、もう一人はキリスト教徒（オクタビアヌス）という二人の友人の論争を舞台に乗せたようだが、この論争は後者の勝利で決着がつく。最後に、アレクサンドリアの註解派の祖であり、最も優れた代表者であるオリゲネスは、『ケルソス駁論』（二四八年頃）で、ほぼ七十年前の哲学者ケルソスの『真理の言葉』という反キリスト教徒の立場で書かれた最初の大きな著作を徹底的に論駁している。しかしこうした著作家にとって、闘いはその性質を変えた。つまり中傷的な非難はこれからは過去のものになり、対決はもっと知的なものになる。キリスト教文学もキリスト教思想もこれからは異教の競争相手と張り合うことになるのである。

ベルナール・プードロン

第3章　ローマ帝国がキリスト教国化するとき

コンスタンティヌスからテオドシウスまで――皇帝の改宗から帝国の改宗まで

同時代の他の多くの非キリスト教徒と同様、コンスタンティヌス帝は当初単なる一神教の徒にすぎなかったようである。彼は至高の創造主たる神を信じていたが、それは様々な名前で知られ、また種々のやり方で崇拝される神だった――たとえば三〇八年以後、「不敗太陽神《ソル・インウィクトウス》」が彼の統一した帝国貨幣に刻印されて登場する。コンスタンティヌスが自ら書いた諸々の文書においてキリスト教への信奉を明示的に表明するに至るのは、徐々になのだ。彼のキリスト教への信奉が真正なものであることに対して、少なからぬ歴史家がそうしてきたように、異議を差しはさむ余地はない。たとえこの信奉によって、彼が自らを神によって独自に選ばれた道具として定位できるようになり、神とのこの独自の関係が政治的影響力を帯び得るようになるとしても。というのも、人びとは当時、異教徒もキリスト教徒も、皇帝を宗教的に傑出した個人と見なすような世界にいたのである。そもそも、改宗は突然に行なわれたのではなく、むしろ進展、覚醒が徐々に起こったことを想像すべきである。これについて、コンスタンティヌスの伝記作者であるカイサリア〔パレスチナの港湾都市〕のエウセビオスその人〔第一ニカイア公会議の主導者の一人〕は、かの皇帝が幾度も神からもたらされたしるしを受け取ったと言っている。

いずれにせよ明らかなのは、ミルウィウス橋畔の戦い（三一二年）の後ローマに入ったコンスタンティヌスは、自らの帝国の統一性――唯一なる神を認めること――と、神より授かった独自の使命を根拠とする自己に固有の正当性とを、共に確かなものにしてくれるような共通点を見出した、ということである。これによって彼が宗教に関して不寛容な態度をとることはなかった。三一三年の「ミラノ勅令」は、帝国の安全は（もはや四頭制《テトラルキア》の神々、つまりユピテルとヘラクレスによってではなく）至高の神によって保障されているという考え方と、宗教は強制され得ないという事実の公認とを、同時に表明している。それが示しているのは、キリスト教徒と異教徒とが共に賛同できる、合意形成のための政策、つまり統一を目指す共通原則である。この共通原則とは一神教であるが、それは諸々の宗教的差異に対して寛容であり、強制を排除する一神教である。三〇三年にディオクレティアヌスによって開始され、キリスト教を根絶するという試みには失敗した大迫害に終止符を打つことで、コンスタンティヌスは、キリスト教徒たちを味方につけること、彼らを帝国と帝国伝来の政治に組み込むことを目指したのである。

だがいずれにせよ、その後まもなく、コンスタンティヌスがキリスト教会に対する特別な好意を表に出すようになるのは事実である。すなわち金銭、土地、建物の寄贈を行ない、ローマやエルサレムのバジリカ式聖堂建造のための融資を行なう。時を同じくして、司教たちは自分たち内部の問題に対する皇帝の介入を求める。初めのうちは、皇帝は司教たちの争いを合意の形成によって収めようとしたのだが、諸々の抵抗にぶつかるや、たちまち離反者を厳しく処罰するようになる。離反者とはドナトゥス派、そしてアレイオス派である。これと反対に、皇帝はローマ伝来の宗教に対しては寛容な態度(やや軽蔑的ではあるが)を保ち、すでに開明的な異教によっても忌避されていたいくつかの慣行(供犠、魔術、私的な占い)を禁じるにとどまっている。コンスタンティヌスは司教たちおよび彼らの激しい神学論争を抑え込むことはできなかったかもしれないが、彼はその統治のあいだに、反異教の戦闘的キリスト教を和らげることはできたのだった。

コンスタンティヌスに続くキリスト教徒の後継者たち(とりわけコンスタンティウス二世、ウァレンス帝、そしてテオドシウス帝)も、ひき続き教会の問題に介入する。この目的のために彼らは、カイサリアのエウセビオスによりその晩年の著作において練り上げられた政治神学をよりどころにすることができた。なかでも『統治三十年記念頌詞』と『コンスタンティヌス大帝伝』がそれである。著者はその中で、それ自体もキリスト教国である帝国の頂点に君臨する、キリスト教徒たる「王《バシレウス》」の模範を提示している。このことは以下の事柄を含意している。すなわち、皇帝は「真理の敵どもを制圧する」こと、万人に対して「真の敬虔さの規範」を布告すること、万人の救いを確かなものにするべく注意を払うこと。この保護という使命、さらには監督という使命を与えられて、キリスト教徒たる皇帝たちは、アレイオス派がもたらした危機のあいだ、様々な信条を支持し、または認めさせるのだが、それを容認する者を優遇する一方、拒む者には迫害を加えている（離反者たち、ことに司教たちは、罷免されて追放された――たとえばアレクサンドリアのアタナシオスやポワティエのヒラリウスがそうである）。五十年の論争の果てに、テオドシウス一世（三七九―三九五年）の即位は、「正統」への決定的な回帰を示している。「正統」は三二五年にニカイア公会議で明確にされ、三八一年のコンスタンティノポリス公会議の際に再確認された。つまり、「正統」が皇帝の支持を受け、皇帝はそれを万人に対する一つの法にするのである。一連の法令は、しだいに抑圧的なものとなり、表現の自由やあらゆる非正統派の祭儀の自由を制限し、非正統派は異端者と見なされてそのために訴えられるようになる。

ところでエウセビオスは、皇帝が果たすべき多くの義務のうちに、「無神論の誤謬」すなわち異教と戦う義務も数えていた。かくして、キリスト教内の離反者に対する抑圧措置と平行して、コンスタンティヌスの後継者たちは、異教に対してはまた別の抑圧措置を講じるのだが、それは異教徒の祭儀の自由を制限し、後には禁止するに至る。コンスタンティヌスの息子たち、つまり彼の第一の後継者たちは、異教の祭儀を攻撃する。三四一年のコンスタンス一世の勅令は次のように布告している。「迷信は滅ぼされるべきであり、ばかげた供犠は廃止されるべきである」。しかしながらそれはまだ、すでに権威を帯びた異教徒の祭儀一切を絶対的に禁止することを意味するものではなく、コンスタンティヌスによって課された諸々の制限を単に新しくしたものにすぎない。実際、同じコンスタンス一世が発布した勅令の一つは、神殿の破壊を禁じているのである。「あらゆる迷信は完全に根絶されなければならないが」、神殿は許容されているのである。コンスタンティウス二世はもっと踏み込むことになるが、その諸々の理由には政治が関与しているようである。というのも、三五三年から三五七年にかけて、それは夜間の供犠を改めて認可した簒奪《さんだつ》者マグネンティウスの敗北の後のことであるが、この時期にいくつかの法令によって神殿の閉鎖が命じられ、また異教の祭儀の全面的な禁止が図られているからである。すなわち、あえて供犠を執り行なおうとする者は皆、「懲罰の剣に突かれ」、財産を没収される危険にさらされた。偶像を崇拝することは禁止され、違反者は死刑に処せられた。これらの措置は、しかしながら非常に部分的にしか適用されなかった。二人の息子の宗教政策は、したがって異教の徹底的な抑圧にまでは至らず、ただ異教をはっきりと疎んじたにすぎない。

キリスト教徒として生まれながらローマ伝来の宗教に改宗したユリアヌス帝は、これらの抑圧措置を廃止してローマ伝来の宗教に再び活力を与えようとする。とはいえ彼の短い治世（三六一―三六三年）では、この企てを成功させるべくもない。キリスト教徒の教師が異教の財産と見なされた古典文化遺産の普及に携わることを禁じようとしたユリアヌスの教育法は、すぐに彼の後継者ヨヴィアヌスによって廃止されてしまう。しかしながらヨヴィアヌスに続く後継者たち、すなわちウァレンティニアヌス帝とウァレンス帝の政策は、異教に対してなお比較的寛容なものであり続ける。彼らの初期の法令の一つは、三七〇年に新しくされるが、祭儀の自由の維持を布告している。しかし、その治世の終わり頃、ウァレンスはふたたび供犠を禁止する。

グラティアヌス帝とテオドシウス一世東西両皇帝の宗教政策、次いで協同者だった前者の死亡後にテオドシウス帝が単独で行なった宗教政策は、それよりはるかに決定的な措置を採用する。それはついに異教を法の保護外に置くことになる。まずテオドシウスが、自らの即位の際に「大神官職《ポンティフェクス・マクシムス》」の称号とマントを受けることを拒否し、すぐ後でグラティアヌスもこれを放棄する。諸々の勅令によって異教に改宗したキリスト教徒が咎められ、彼らは三八一年以後遺言書を作成する権利を失う。この勅令は三八三年に新しくされるが、洗礼を受けた後で信仰を棄て、「ローマ市民権の対象から除外された者たち」と見なされたキリスト教徒に対して厳格に適用される一方、洗礼志願者にとどまった者には家族のために遺言書を作成する権利を残している。この勅令はテオドシウスにより三九一年にさらに厳格化されることになるが、そのねらいは、キリスト教徒としての聖体拝領を放棄することが「他のすべての人びとからの孤立」にも等しくすることにあった。他方で、伝統的な宗教的慣行を対象とする旧来の禁止事項が刷新される。三八一年と三八二年には供犠が禁じられ、違反者は国外追放に処せられることになる。三八五年には占いを行なうと死刑に処せられることになった。二人の皇帝はまもなく、異教の祭儀の制度化した慣行すら咎めるようになる。三八二年の秋、グラティアヌスはローマの元老院から勝利の女神の像と祭壇を撤去させ、次いでウェスタの巫女や異教の祭司たちの特権を廃止して、彼らの歳入と手当を没収する。またテオドシウスは神殿の閉鎖を命じている。ただ諸々の芸術品を抱えている神殿だけが、単に文化的な目的のためか、そこで公的な集会が開催されることを目的として、なお開いていることを許可された。三八四年にはいくつもの神殿が閉鎖されるか、あるいは取り壊される。

だが、あらゆる異教の祭儀の執行を禁じることでこうした企てを完成させるのは、三九一年から三九四年にかけて発布された一連の勅令である。三九一年二月二四日の勅令はローマを対象にこれを実行し、六月一六日の勅令はエジプトを、三九二年一一月八日の勅令は帝国全域を禁止の対象地域にする。一切の供犠は、たとえ屋内の祭儀での目立たない供犠であっても禁止され、公的なものであれ私的なものであれ、またいかなる社会階級の人間であれ、違反者は極めて重い罰金刑に、またさらに重い刑罰に処せられた。ローマ伝来の宗教が自己表現の合法的な権利を失った以上、まさにこの勅令によって、これ以後キリスト教が帝国の宗教となる。すなわち（時おり言われるようにコンスタンティヌスではなく）テオドシウスをもって、ローマ帝国は公式にキリスト教国化したのである。

ピエール・マラヴァル

キリスト教国としてローマ帝国を考えること――政治神学と歴史神学

コンスタンティヌスによるキリスト教の選択、迫害の停止および万人の宗教的自由の承認は、キリスト教徒にとってまったく新しい状況を生み出すことになる。これ以後は、神の計らい、救いの理法の中にあるローマという国家を考えること、また、キリスト教徒である統治者と神との関係、および統治者が教会の中で占める位置を考えることが求められるようになったのである。

古代国家の中心にあって、人間の王権は神の王権の地上における像《イマージュ》と見なされ、神の王権を担う者は天上の統治者の地上における代理人と見なされていた。権力の行使は神のはたらきの神聖なる模倣であった。当のローマにおいても、すでにアウグストゥス〔尊厳者の意〕の称号が表しているような、皇帝のある種の神聖化が、帝国の祭儀を含む多様な形態で発展しており、また最高聖職者としての皇帝は、ローマ伝来の宗教の長としてそれに対する責任を負っていたのである。

三一三―三一四年頃にパレスチナのカイサリア司教となったエウセビオスは、三二四年以降コンスタンティヌス帝に接近した護教論者、神学者そして歴史家であるが、様々な弁論や著作において、権力および歴史に関わるキリスト教神学を最初に形にした。彼は以下のことを指摘している。神の言《ことば》すなわちロゴスの、イエスのペルソナにおける受肉は、人類史の決定的な点であり、人類史に方向を与えているということ。あるいは、その出来事がアウグストゥスの時代にローマ帝国に起こったということ、そしてそれは偶然の一致ではなく神の計らいの実現であるということ。そしてその時から、「唯一なる神が万人に対して宣言され、また同じ時代に唯一の王権、すなわちローマ人の王権が万人に受け入れられ強勢を誇った［……］まさにその時［……］全面的な平和が全世界に行き渡った」（『コンスタンティヌス称賛』一六・四）ということ。以後は唯一の神と唯一の皇帝が存在する――一神教と君主制が相伴うのである。たとえそれまで、数世紀にわたって皇帝がキリスト教徒ではなく、キリスト教徒が迫害されてきたのだとしても、ローマの平和は、この神の摂理が実現したことの客観的なしるしであった。かくしてローマ帝国はそのすべてがよしとされる。神の計らいにおいてローマ帝国は、人類の統一と調和を確かなものにすることをその使命とする。帝国の拡大とローマの平和によって、次のことを実現し得る状況が生まれる。「あなたがたは行って、すべての民をわたしの弟子にしなさい」（『マタイによる福音書』二八章一九、前掲書一六・八にエウセビオスによる引用がある）。歴史についてのこの省察により、エウセビオスは彼の同時代人をして、自分が全きローマ人でありかつキリスト教徒である、と考えることを可能にしたのであるが、それは、彼の言うところでは「われわれの時代において」帝国のこの召命が達成されたというのだから、なおさらのことであった。コンスタンティヌスをもって皇帝がキリスト教徒となり、皇帝は真の意味で地上における神の像となり得たのである。皇帝が担う王権は、ロゴス、すなわち子なるキリストが持つ王権の像であるが、父なる神、すなわち全世界の全能なる統治者は、その御子を通じて地上における自らの王権を行使するのである。「神に愛されたる王は、天上の王権を象《かたど》って統治をなし、全能なる神に倣いつつ、地上に存在するすべてのものを導く」（前掲書一・六）。「神に最も愛されたる者」、キリスト教徒たる皇帝は、諸々のカリスマ的な美徳を備えている。それはすなわち、理性、叡智、善良、正義、節制、勇気、そして何よりも敬虔であるが――これらは哲学の伝統が理想としていた統治者の美徳である――、皇帝はこれらの徳を個人的な美質ではなく、天より授かった賜物と見なす。その点において、皇帝は真の意味で「哲人」である。なぜなら「皇帝は自分自身を知っている」から。自らの地位が低きものであることを知り、天上の王国を切望しながら、皇帝は自己の救いと、自己が責任を負っている人びとの救いのために、天上の父なる神の加護を祈るのである。だが、死の床の上で初めて洗礼を受けたコンスタンティヌスは、具体的に教会の中でどのような使命を帯びていたのであろうか。それはすべて新しく考え出される必要があった。

真の教義を教示すること、公会議によって定められた信条に法的な効力を与えること、諸々の決定を施行させること、教会の建造を命じること、ローマ伝来の祭儀に対する抑圧措置をとること。これらのことが以後はキリスト教徒たる皇帝の役割になるとすれば、たとえ彼が洗礼を受けていないとしても、教会の中に占める皇帝の地位はどれほど大きなものだろうか。あるいは、たとえ重大な神学論争の場で万人に受け入れられない正統を強いるとしても、いったいいつ皇帝が異端と見なされることがあろうか。早くもコンスタンティヌスの息子コンスタンティウス二世（三一七—三六一年）の治世から、皇帝と司教たちとの衝突が公然化する。司教たちは、ニカイア公会議（三二五年）で確立された信条を擁護して、その後に続く教会会議において皇帝に強いられた諸決定に異を唱えたために、司教座から追い出され国外に追放される。だが反動は激烈である。たとえばポワティエの司教ヒラリウスは、特段に攻撃的なパンフレットの中で、コンスタンティウスをなんとアンチキリスト呼ばわりしている！　再考されるべきは、教会における皇帝の地位と、教義上の決定に関する皇帝の権限である。

「皇帝は教会の中にあり、教会の上にはいない」。ミラノ司教アンブロシウス（三三九／三四〇—三九七年）のこの表現は、四世紀の最後の数十年間、特に西ローマ帝国の司教たちが考えていたことを端的に示している。三八六年、アンブロシウスは、まだ洗礼を受けていなかった若き皇帝ヴァレンティニアヌス二世に対し、「祭司の権利」を忘れぬようしっかりと念を押している。つまり、信仰に関しては「皇帝の裁き手となるのは司教である」のであって逆ではなく、ことに皇帝に異端の嫌疑がある場合や、重大な罪を犯した場合はなおさらだということである。三九〇年には、テオドシウス帝に対して、怒りに駆られてテサロニキ〔ギリシャ〕市民の虐殺を命じたことを咎め、公開の懺悔《ざんげ》をするまでは教会に近づくことを認めなかった。皇帝はそれに従ったが、屈服した皇帝が取った態度は、アンブロシウスが事後によき模範として強調しないはずはない、極めて従順なものだった。コンスタンティヌスなら自称したであろう「教会外の事柄の司教」である皇帝から、アンブロシウスが考えるような「一般信徒の最初の一人」へと、キリスト教徒たる皇帝をめぐる見方は四世紀のあいだに変化していったのである。それより後、理想的なキリスト教君主の雛型は、コンスタンティヌスよりもテオドシウスとなる。彼にはその資質があった。それはすなわち、神への畏れと敬虔さ、寛大さ、自制心と謙遜である。ゆえにテオドシウスは勝利してしかるべきであり、彼自身と彼の統べる人びとには、かの「神が真に敬虔な魂に惜しみなく与え給う永遠の至福」(アウグスティヌス『神の国』第五巻第二六章)がふさわしい。謙遜はそれ以後、キリスト教徒たる皇帝の持つ最も重要な徳となるようである。「死ぬまで自らを従順にした」キリストに倣って、信仰や振る舞いにおいて、そして権力を行使するやり方においてすら、皇帝は神に対して、そしてまた教会に対しても服従しなければならないのだ。

ただし、ローマ帝国は神に望まれた国と見なされるようになり、キリスト教帝国化を実現したけれども、蛮族の攻撃による帝国の動揺と四一〇年のゴート族によるローマ陥落によって、キリスト教徒は次のことを余儀なくされた。すなわち、永遠のローマという考えを断念すること、教会の運命を、たとえキリスト教国であろうと、何であれ地上の国家の運命とは結びつけないこと、そして、福音を宣べ伝えるべき「地の果て」を帝国の国境と取り違えないことである。「なんということだ、世界が崩壊してゆく」とヒエロニュムスは書いている(書簡一二八)が、同時に悔い改めることを求めてもいる。「蛮族の力を生み出しているのはわれわれの罪である」(書簡六〇)。かのアウグスティヌスも、ローマの歴史を読み直して世界の衰亡を振り返ってみるよう促している。世界は消滅に向かっているが、しかしイエスが、自らの受肉によって、世界に救いをもたらした。この世と同じ空間的広がりを持つような場所として空想上の国を表象するのではなく、アウグスティヌスははっきりと次のように述べている。「二つの愛が二つの国をつくったのである。すなわち、神を侮るまでになった自己愛が地の国をつくり、自己を侮るまでになった神の愛が天の国をつくった」(『神の国』第一四巻第二八章)。完全に悪に染まった地の国と、時間の外にあって肉を超脱した天の国とを対置させることが重要なのではない。肝心なのは二つの愛である。二つの国は相反するものではない。しかし、平和と和合の持続を可能にするところの地の国は、軽視されるべきものではないとしても、不十分なものであって目的とはなり得ないのである。天の国は、地上を遍歴するとき、国家のあらゆる形態を越えて、それらを超越してゆく。それは「すべての種族から［……］地上のすべての場所から市民たちをその下へと招き寄せ」、彼らを「いかなる終わりも持たない御国へと」至らせるのである（『神の国』第二一巻第三〇章）。

フランソワーズ・トラモン

「キリスト教ローマ」、「永遠のローマ」——古代後期にローマ教会が獲得した地位

三一二年一〇月二八日、ミルウィウス橋畔の戦いにおいて、コンスタンティヌスが宿敵マクセンティウスに対する勝利を収めたことは、コンスタンティヌスにローマと権力に至る門を開いただけではなく、古代後期の到来を示すものだった。およそ三世紀の長きにわたるこの時代の中で、教会史にとって最も意義深い年代は二つの年に端を発する。この二つの年を他から区別するのは、それぞれ首都ローマの外で突然に起こった出来事ではあるが、しかしそれはローマに重大な未来を招く出来事だった。二つの年とは三三〇年および四二九年である。

一方では、三三〇年五月一一日、新皇帝はコンスタンティノポリスを建立した。彼はこの新都から帝国の属州細分化政策に取り組んだのであり、これはテオドシウスの治世に完成を見た。そしてこれに準じてキリスト教徒の共同体も同じく地方分権化していった。その証拠となるのが、三八一年に開かれた第二コンスタンティノポリス公会議の決議第三項である。「コンスタンティノポリス司教はローマ司教に次いで栄誉における首位権を持つべきである。なん

となればコンスタンティノポリスは新しいローマだからである」。よりいっそう調子を強めつつこの決議に答えたのが、四五一年に開かれたカルケドン公会議の決議第二八項である。どちらの場合にもローマは反対して然るべきだったが、政治的地位によってではなく、使徒職の起源によって手に入れようとした普遍的首位権は、もうローマにはなかった。これ以後、東方教会はローマに対して多くの面で閉ざされたものとなってしまった。たとえ、皇帝との関係が険悪である時には、東方諸教会はなおローマの助けを求め続けたとしても。

　他方では、四二九年の春、男女、子どもを含めた八万のヴァンダル族が、ジブラルタル海峡を渡り、ほとんど戦わずしてローマ帝国領「アフリカ」を占領した。アレイオス主義に共鳴しつつ、新しい支配者たちは自分の信仰を被支配者たちにも押しつけようとした。こうして、ある時は耐え難く、ある時は表面上穏やかな迫害の時代が到来した。たとえこの地域の教会がこの試練にうち勝ったにせよ、それは長い空白期間を経験し、決して元の輝きを取り戻すことはなかった。ところで、アフリカの司教区の数、殉教者の栄光、そしてキュプリアヌスやアウグスティヌスのような司牧者たちが遺した消え去ることのない記憶は、この地域の教会をローマに匹敵し得る西方唯一の教会にしていたのだった。だから、それが消滅したことで、ローマ教会は東方では保持できなかった優越性を西方において発揮できるようになったわけである。というのも、北イタリアがしばらく抵抗を見せたにせよ、ガリアとスペインにできた諸々の新しい教会は最初から、ローマ教皇に西方教会の首座者としての異論の余地なき地位を認めたからである。

　少なくとも初めのうちは、皇帝の熱意はローマ教会に認められたこの存在感《アウラ》に寄与するところ大であった。というのも、「聖都ローマ《ウルブス》」に入ったばかりのコンスタンティヌスは、ローマ教会に対する主導権を増大させていったからである。彼は「コンスタンティヌスのバジリカ」（サン・ジョヴァンニ・イン・ラテラノ大聖堂）に併せて豪華壮大な大聖堂を建立させたが、これの方が「礼拝用の家〔普通の住宅を礼拝用に改装した建物〕」よりも司教のまわりに信徒を集めるに適していたのである。彼はペトロのためにヴァチカンにやはり大きなバジリカ式聖堂を建て、パウロのためにはまた別の教会を――いくぶん慎ましいものであると言えようが――オスティア街道沿いに建てた。その一方で、アッピア街道沿いに建てられた「使徒大聖堂《バジリカ・アポストロルム》」（サン・セバスティアーノ・フオーリ・レ・ムーラ大聖堂）は、この二人の地方教会の「大黒柱」〔ペトロとパウロ〕を一緒に讃えていた。最後に、自分自身のため、皇帝はラビカナ街道沿いに墓地教会を建立させ、また、結局は彼の母ヘレナが眠ることになった墓廟を建立させた。それから四世紀を通じてずっと、歴代の皇帝たちは同じ道をたどった。コンスタンティヌス朝期にはサン・ロレンツィオ聖堂やサンタ・アニェーゼ・フオーリ・レ・ムーラ聖堂が建設され、テオドシウス朝期にはサン・パオロ・フオーリ・レ・ムーラ大聖堂が、サン・ピエトロ大聖堂と同等のものにするべく大規模に建て直された。そこに記された奉献銘文は、これを「王のいる場所」と讃えていた。

　五世紀には、ローマの司教たちは非常に力を持つようになったため、皇帝による建造物に匹敵し得るバジリカ式聖堂を建設できるようになった。エスクィリーノ丘に建てられたサンタ・マリア・マッジョーレ大聖堂がその例であり、シクストゥス三世（四三二―四四〇年）の手による。また、彼らほど強く望んではいなかったとしても、彼らの先人たちもまた、「聖都ローマ」にキリスト教的地形が出現するのに一役買ったのだった。シャルル・ピエトリはそのキリスト教的テンポを見事に復元して見せた。ローマ市街には、諸々の「名義聖堂」と同時に、数々の教会や教理教育の施設が立ち並び、そのネットワークの密度は五世紀からすでに非常に高くなっていたので、聖務日課に出席するのに五〇〇メートル以上歩かなければならない信徒はいなかった。また城壁の外についても同様であり、墓地やカタコンベにおいては、殉教者を祈念する、多少なりとも重要な聖域が増加したのである。他のいかなる都市も、こうした建造物の数と質においてローマと競合することはできなかった。その方法によって、ローマは教会設備のあり方の一つのモデルを提示したのであるが、このモデルは独特な司牧神学〔キリスト教生活の実践法の研究〕のために活用されただけにいっそう際立っており、その主要な特徴は早くも教皇ダマスス一世の在位期間（三六六―三八四年）から既定のものとなった。

この教皇が方々の殉教者の墓に刻み込んだ、壮麗な書体の散文による数々の碑文は、単に聖人を称賛するにとどまらない。それらの碑文が、あちらこちらの墓で繰り返し同じように称揚しているのは、キリスト教信仰の偉人たちがこぞってローマ人の共同体に迎えられたということにほかならないのである。「ローマのキリスト教化とキリスト教のローマ化」（リヒャルト・クラウトハイマー）ということは、したがって同じ一つの過程の二つの側面である。その過程は古代後期を通じて進行したのであり、ダマスス一世はただの唱道者にすぎなかった――だが偉大な唱道者であった！　その証拠となるのは、ダマスス一世が「使徒大聖堂《バジリカ・アポストロルム》」に宛てた賛辞である。そこで彼が、少々心ならずも、ペトロとパウロが「東方より派遣されてきた」ことを認めるのは、二人がそこで流した血のために「ローマは彼らを自らの市民として我がものと主張できる」と、後で付け加えるためなのだ。かくしてダマスス一世は、最後にはペトロとパウロを「新しい星」と賛美するのである。それはつまるところ、ペトロとパウロという「キリスト教ローマ」の王者たちを、ほぼその起源から「永遠のローマ」の安寧を見守ってきたと言えるであろう、カストルとポルックスの双子座と同一視することであった。

ペトロとパウロが、ローマの市民イデオロギーをキリスト教的に解釈し直すためこのように呼び出されたということは、もちろん諸々の利害と無縁なことではない。四世紀の教皇たちは、自らの教会が使徒に根を持つことと、ペトロの人物像を称賛し続けた。後者の背後には、「使徒」の継承者としての教皇自身の姿が暗にうかがえる。教皇の文書によって大々的に繰り広げられたこのテーマはまた、カタコンベの壁画や石棺彫刻において図像として表現されもしたのであるが、その多くが国外に輸出されたので、このことが西方世界に教皇のイデオロギーを広めるのに果たした役割は小さくなかった。これを証拠立てるのが四世紀初めの桶の数々であり、そこではペトロがモーセの姿に、つまり「新しいイスラエル」の族長の姿に描かれている。またそこにはとりわけ、キリストが自らの天上の宮殿において、それを歓呼の声で迎えるパウロの立会いのもと、キリストの「掟」をペトロに手渡すという時代の終わりの場面が描かれている。聖書への直接的な接近の機会を与える最初期のキリスト教美術と異なり、ここに示されているのは、聖書の受容は「教会」において、とりわけローマ教会の仲介によってなされなければならないということである。

さて、以上のような場面を表現するために職人たちは、聖事に関する表現形式に則り、また場面の登場人物には、キリスト教の図像表現が今日に至るまで絶えずそこから着想を得ている諸特徴を与えたのだった。それは古代後期のローマ教会が「カトリック教会」〔カトリックとプロテスタントに分裂する以前のキリスト教〕に遺した決して小さくない遺産であるが、これと同じく強調しておく必要がある、西方世界に固有のもう一つ別の遺産は、言語という遺産である。

このことは法の言葉――教会法とその法解釈――について言える。教皇権は四世紀からこれを作り上げることに着手し、細部に至るまでローマ法を着想の源とした。これについてもダマスス一世が先導者であった。彼が大いに充実させた教皇文書館は教皇庁の前身となり、西方諸教会とのやりとりに用いた「教書《デクレウィムス》」は中世の教皇教令集を先取りしている。そのうえ、彼の在位期間中に広まった「使徒座」という名称は、なかんずくローマ教会が法の源泉であるという思想を露わに示そうとするものだった。同時代の石棺に彫刻されたペトロ＝モーセの様々な図像も同じことを言わんとしているのである。つまり、シナイ山の光景――「律法」の授与と「根源の奇跡」――を特権的に強調するとき、それらの図像が称えているのは、立法者である人物なのだ。

ローマ教会が後世にもたらした寄与は、聖なる言葉の領域においてもこれに劣るものではなかった。ダマスス一世は――ここでもまた彼なのだが――自分の秘書だったヒエロニュムスに聖書のラテン語訳を依頼した。その結果彼が受け取ったものこそ、ほかでもないウルガタ訳聖書である。また、同様に、祭儀の執行においてもギリシャ語の代わりにラテン語が用いられるようになった。このことはローマ式典礼が洗練されてゆくきっかけとなったのであるが、その様式化は最も斬新な創造物の一つであって、荘重さと慎ましさ、簡素さと威厳が、それぞれ混ざり合いながら調和している。古代文化に関するかの優れた鑑定士アンリ・イレネ・マルーは、その様式を「最後の、それも決して小さいものではない、古代文明の傑作」と理解していた。たしかに、このローマ様式の典礼が西方世界全域に広まるのはカロリング朝の改革に至ってからであったが、しかし、それから第二ヴァチカン公会議〔一九六二―六五年〕までずっと、この典礼はローマ・カトリック教会の信者に共通の精神的遺産となったのである。

ジャン・ギュイヨン

第4章　信仰を規定する

異端と正統

多様性が誕生期のキリスト教の特色である。その多様性は、ユダヤ教との関係の様々なかたち、「異教徒」への宣教を通じた多神教世界との様々な交流、そして諸々の原始キリスト教団におけるキリストの参照の仕方のそれぞれに応じている。パウロの手紙やルカの使徒言行録は対立があったことを証言しているし、ヨハネ文書の神学と共観福音書の神学とのあいだにはいくつか違いがある。キリスト教文書のうち最古のもので後代に「外典」と規定される文書も数に入れるなら、こうした例はその数をさらに増すだろう。多種多様な「諸教会」が、それぞれにアイデンティティを形成する。様々な個人、様々な教義、様々な慣習が行き交う一方、教会統一への切なる望みが表明されてくる。「諸教会」が、最後の時が差し迫った状況としての現在を生きているかぎり、教会間の分裂も、それによって内紛が起こっても、それだけ世の終わりのしるしとして現れるし、そうした分裂を把握し統制するにも、黙示文書の生ける伝承によって描き出された「偽預言者ども」のしわざをそこに見て取ればよいのである。しかしながら、再臨（キリストの再来）が遅延してなかなか起こらない以上、またもはや無縁と見なさなくなった世界への普及を確かなものにするためにキリスト教が自己を組織化する以上、キリスト教も、ある程度永続性も持った社会がそうしているように内部対立を思い浮べざるを得なくなるし、キリスト教を取り巻く外世界から借りてきたモデルを自己固有の遺産に由来する境界画定と排除の基準に結びつけざるを得なくなるのである。

「異端」と「正統」の対立は、様々な制度的構造の確立の結果として起こってくる。カイサリアのエウセビオスは、四世紀に、その後長く支配的となったイメージを浸透させた。つまり、教会は元来一つのものであったが、後に現れた数々の「異端」によってその統一が揺るがされた、というイメージである。このような描き出し方は、若干の例外はあるものの、二十世紀に至るまで歴史記述のあり方を支配してきた。だがそれもヴァルター・バウアーによって覆された。彼が示そうとしたのは、後に「異端」と規定された諸思潮が二世紀には多数派だったということであり、過去に遡って「正統」と見なされた趨勢はむしろ少数派だったということである。バウアーの主張は、細部においては議論の余地を残すとしても、ここ数十年のあいだに新しく啓けた知識の進歩に一致している。この進歩を可能にしたのは、たとえばナグ・ハマディ（エジプト）で発見されたコプト語の文書を例とするグノーシス主義に関する諸発見であり、「外典」と呼ばれる文献の客観的な考察であり、一、二世紀におけるキリスト教とユダヤ教との関係についての以前より洗練された認識である。しかしながら、この主張が抱える弱点の一つは、「異端」と「正統」という一対の概念枠組みをそのまま保持したことである。そのために依然としてキリスト教護教論が生み出した物の見方に依拠してしまっているのである。

「異端」という概念は、実際には二世紀半ばに、〔神学上の〕誤りをひとまとめに扱う記述法においてはっきりした形をとる。後にこの記述法は、論争における枠組みおよび道具の役割を果たすが、それを最初に示しているのが護教論者（そして殉教者）ユスティノスの著作である。異端排斥の共通モデルが採用されたのは、教会が、説き伏せるべき他者の考え方に従って自らの真正さを定義しながら、自己の承認を求めていた時分のことである。ユスティノスの『異端反駁論』は散逸してしまったが、『弁明』および『トリュフォンとの対話』における言及、ならびにリヨンのエイレナイオスの著作に残された痕跡をもとにすることで、ユスティノスの異端学を再構成できる。ユスティノス以前、「ハイレシス」〔*hairesis*〕という言葉は、分派を指し示す言葉としてギリシャ人から借用された言葉だったが、パウロによる『ガラテヤの信徒への手紙』（五章二〇）や『コリントの信徒への第一の手紙』（一一章一九）においてそうであるように、好意的でない意味を持っていた。『使徒言行録』においてですら——そこではこの言葉は概して、ギリシャ化したユダヤ人の慣習としてユダヤ教の潮流を指すものとして価値中立的に用いられているのではあるが——否定的なニュアンスが見て取れる（二四章一四）。新約聖書の中で最も新しい文書の一つである『ペトロの第二の手紙』（二章一—二）においては、複数形の「ハイレセイス」〔*haireseis*〕が「危険な教義」の意味で用いられており、パウロの名による『テトスへの手紙』（三章一〇）の中では、「ハイレティコス」〔*hairetikos*〕という言葉は明らかに軽蔑的な意味合いを持っている。こうした軽蔑的意味合いは、アンティオキアのイグナティオスの書簡においていっそう顕著になる。

ユスティノスに認められる新しさの一つは、そうした言葉の意味がますます狭まって、「偽預言者」を指すものとして、また不和をもたらす煽動者の悪魔的素性を指すものとして用いられたことである。もう一つは、ヘレニズム・ローマ期の歴史記述に固有の図式を、論争に適するようにキリスト教異端学に組み込みつつ、哲学の「諸学派」を論じたことである。簡単に言えば、ユスティノスは「思想潮流としての学派」という言葉の漠然とした意味をうまく利用したのだと言える。これは、紀元前二世紀後半から「ハイレシス」という言葉が、「ペリ・ハイレセオーン」〔*Peri haireseôn*〕つまり、諸々の異説について著された諸論において、持っていた意味である。それは制度としての「学派」、つまり、それより少し前に、『哲学者たちの様々な継承』と題される作品群がアテネの四つの学派（アカデメイア、リュケイオン、エピクロスの園、ストア派）に関して言っているところの「スコレー」〔*scholê* 学校〕とは本来区別されるべきものであった。ところがユスティノスが、哲学の「諸学派」とキリスト教の「諸宗派」とのあいだにアナロジーを確立し、これによって、次のような人びとから「キリスト教徒」の呼び名を奪うことが可能になる。すなわち、堕落した人間の導きによって信念を獲得したと見なされた人びとから、また、偽預言というユダヤ・キリスト教的モチーフによって、その信条が悪魔に由来すると見なされてしまうような人びとから。またこのアナロジーによって、シモン・マゴスをすべての異端の父とする説の下地ができ、「諸宗派」の系統関係にもっともらしい根拠を与えることも可能になる。ここに異端学が誕生したのである。

エイレナイオスは、異端学の言説を体系化して強固なものとし、「諸学派」を笑いものにし、哲学の影響力に疑いを差しはさむ。続いてテルトゥリアヌスはプラトンを諸々の「異端」の供給者と見なす。三世紀には、偽ヒッポリュトスの『全異端反駁』によってよく知られるようになった方法、すなわちどの「宗派」も同じ一つの異教の体系に属するものと見なす方法が成立する。四世紀に入ると異教学大全というジャンルが成立してくる。このジャンルはエピファニオスとその著書『パナリオン』別名『薬箱』によって完成された。アレクサンドリアのクレメンスやオリゲネスのように、哲学に対してより好意的であった教父たちですら、「異端」という呼び名が告発の際に発揮する力を最大限に利用している。「異端」はこれより後、神学論争および教会内部に生じる制度上の内紛の大きな原因となる。ローマ帝国がキリスト教国化すると、『テオドシウス法典』および後の『ユスティニアヌス法典』が教えるように、公的な法制によって異端嫌疑のある人びとが厳しく取り締まられるようになる。

異端学の手法は、ユスティノスが鍛え上げ、エイレナイオスが発展させたのであるが、それはマルキオンと「グノーシス主義者たち」によって引き起こされた二つの大きな危機をキリスト教が経験していた時代のことであった。前者は、ユダヤ的遺産と聖書に記された律法を棄却して、自派教会を設立する。後者は、聖書をアレゴリー化するとともに、純粋な認識に至る道を求める。この純粋認識は、彼らグノーシス主義者を「無知な人びと」や彼らを統べる司牧者たちの上位に位置づけ、キリスト教会がまさに自ら備えつつあった制度体系の権威に対して根本的な異議を唱える。そこで異端学の手法は、真正なる「使徒的継承」という主題によって補完され、完成するのである。ユスティノスがこの主題におおよその輪郭をつけるのだが、それはユダヤ教との論争を背景としており、ファリサイ派が自派のためにモーセ以来のトーラー継承の連続性を証明した時のやり方から影響を受けていないわけではなかった。その反面エイレナイオスの時代になると、キリスト教はユダヤ教との袂を完全に分かち、ユダヤ教の律法に従っていると告発されたキリスト教徒も追放され、異端者と見なされるようになる。だがそれでもなお、使徒たちやキリストにさかのぼるという真正なる使徒的継承の理論には、間接的ながらユダヤ教に由来する表象の影響が看取されるのである。こうした制度的規範的連続性は、唯一かつ純粋な真理、背教行為や「異端者」が引き起こす内紛と対置される真理の伝承を担うと見なされる。新約聖書正典の構成が確定するのも、エイレナイオスの時代においてであるが、これは、正統のもう一つの最重要部分であり、統一性の獲得において、教会はこの上に自らの権威を打ち立てるのである。

「正統」を構築する規範の総体は、四世紀、ニカイア公会議の擁護者たちが公式文書において「オルソドクシア」〔*orthodoxia*〕を「異端」アレイオス派に対置する時をもって完成する。「正統的」という形容詞について言えば、それはこの時から、教義に関する様々な判断についても、諸々の著作や司教たちや、あるいは全教会会議としての公会議によって明確にされ確証された信仰の掟を信奉するすべての人びとについても、いずれを問わず異端として告発されるべきものとの対比において教会の信仰を形容するようになる。

アラン・ル・ブーリュエク

キリスト教の競争相手たち——グノーシス主義とマニ教

グノーシス主義とマニ教は、人間に直接にもたらされる天啓であるところの認識〔「グノーシス」〔*gnosis*〕〕を共に特権化することによって、紀元後最初の数世紀にキリスト教と激しく競合した。グノーシス主義はローマ帝国において二世紀から四世紀のあいだに現れたが、その名を広めた主要な人物たちに関する記録は、初期教会の教父たちが著した論争文書の中に残された。これらグノーシス主義の主要人物たちは、エジプト、シリア、あるいは小アジアの生まれであり、彼らの文化的遺産はユダヤ教やキリスト教の伝統と同様に異教にも根を下しているが、そうした多様性にもかかわらず、根本的な一点において一致する思考の体系を構築したのである。つまり、世界は低劣な神（デミウルゴス）によって生み出された不完全な創造物であり、人間はその中に囚われている。しかしながら、不可知な至高神に由来する神的な光の火花を内に持つ人間は、もし内なるこの光をよみがえらせることができたなら、自らの真の起源に戻ることができる、という思考である。「グノーシス主義者」（「グノースティコス」〔*gnostikos* 覚知者〕）であるということは、肉体の束縛を絶ち、この世界ならびにこの世界の中に生きる自己を否定すべきものであると知ることなのである。知ることによって、創造神が配置した歴史と時間のゆがんだ法則を越え出て、「プレーローマ」（充満）〔超永遠世界〕のもとに戻るのである。

いくつものグノーシス主義の体系が、創造神を聖書の神と同一視した。この考え方によれば、創世記は、人間を服従させるために人間に肉体という重荷を課した、妬み深い神についての神話的歴史である。キリストは天からの使者であり、始まりと終わりの神秘を啓示する者である。秘儀伝授によって教えられるこの知識は、トマス、フィリポ、ヤコブそしてマグダラのマリアら数人の選ばれた弟子たちに明かされたものだったが、名の知れぬ作者たちの手によって二世紀から三世紀のあいだに文書にされたのである。

グノーシス主義者たちが行なったこうした再解釈は、キリスト教の基盤部分に衝撃を与え、教父たちの反発を引き起こした。教父たちはグノーシス主義を拒絶したが、その論理的な帰結がもたらす危険をよくわきまえていた。自己の組織化を図っている最中の教会を脅かす敵対者であり、個人の認識のみによる救いを強く勧め、教会の位階制をまったく必要としないグノーシス主義は、異端として非難され、信奉者は迫害され、著作は破棄された――グノーシス主義に対するこの抑圧政策は、キリスト教国化したローマ帝国によって引き継がれる。

グノーシス主義はまず、もっぱらその反対者を通じて知られた。たとえば、リヨンのエイレナイオス（『偽りのグノーシスの告発と反駁』一八〇―一八五年）、ローマの偽ヒッポリュトス（『全異端反駁』三世紀初め）、そしてサラミス〔ギリシャ・サロニカ湾の島〕のエピファニオス（『パナリオン（薬箱）』四世紀終わり）、さらにはカルタゴのテルトゥリアヌス、アレクサンドリアのクレメンス、そしてオリゲネスである。異教の地にあって、ローマの私塾に多くのグノーシス主義者を集めたプロティノス、および彼の弟子ティルス〔フェニキア〕のポルフュリオスは、三世紀、神話と哲学を結びつける教義に反論した。攻撃的な調子が強いものの、論争に関わる資料は有用である。というのも、それはわたしたちに一定数のグノーシス主義者たちの名前と理論について教えてくれるからである。具体的には、ウァレンティノスと彼の弟子であるプトレマイオス、ヘラクレオン、カルポクラテース、イシドルス、そしてバシレイデース派の祖バシレイデース。以上は皆エジプト生まれであるが、シリア人としてサトルニーロス、メナンドロス、また小アジアの魔術師マルコスなどがいた。アレクサンドリア、アンティオキア、ローマから始まって、グノーシス主義の教えは帝国全域に拡散したのである。

十八世紀の終わりから、グノーシス主義者自身の手によって編まれた様々なテクストが再発見されてきた。キリスト教時代のエジプトの言語であったコプト語で書かれているが、それらは失われたギリシャ語原典の翻訳文書で、二世紀から三世紀のものである。これらのテクストは綴じられた「コーディケース」〔*codices* 冊子本の束〕（コーデックス〔*codex* 冊子本〕は現在の本の原型をなす古写本）の状態で保存されていた。この形に作成されたのは三五〇年頃である。具体的には、アスキュー写本、ブルース写本、そしてベルリン写本がある。考古学上の偉大な発見はナグ・ハマディ写本（上エジプト）で、そこで完全なグノーシス主義文書が日の目を見たのである。これは一三のパピルス紙写本からなり、四世紀中頃に集成されたもので、五三の文書を含んでいる。壷の中に封入され、ナイル川の上にそびえ立つ山中の洞窟の一つに隠されていた。数々の福音書、黙示録、講話、ならびに哲学と神話の解説が、この資料体の多彩さを織り成している。これらは秘教的な内容を持ち、認識への道をたどらんとする人びとの手引きとして用いられた。二〇〇六年、新たな写本の修復が完成した。一九七〇年に中エジプトで発見されたチャコス写本は四つのグノーシス主義の文書を含んでいるが、中でも最も驚くべき文書はおそらく『ユダの福音書』だろう。これら新資料の発見に伴う研究によって、複雑かつ魅力的な教義を再び見出すことができるようになるが、それらは、偉大な思想史的体系の一角を占めてしかるべきものである。

グノーシス主義における至高神と創造神の分離に見られる二元論的傾向は、マニ（二一六―二七六年）が練り上げた思考体系においてよりはっきりしたものになる。北バビロニアのマールディーヌに生まれたマニは、禁欲と儀礼的な浄化を実践する、ダストゥミーサーンの洗礼教団で幼少期を過ごした。様々な資料によれば、十二歳のとき、すなわち二二八年、マニは、光の国から彼のもとへ降りて来た、天の双子の兄弟から天啓を受けた。十二年後に起こった二度目の天使の訪れの後、授かった神の教えを広めるべく、マニは教団を離れた。その教えとは次のようなものである。すなわち、真の清さは、人間においても世界においても、光に属するものと闇に属するものとを分かつことから生まれる、という教えである。ササン朝ペルシャの中心都市、セレウキア・クテシフォンをはじめ、マニは三十年間に数々の伝道旅行を行なった。シャープール一世の保護を得て、彼はイラン全土に信徒の共同体を設立した。彼の教えはメソポタミアおよびエジプト（二四〇年頃）を経て、ローマ帝国全域に及んだ。クテシフォンに滞在するあいだ（二六二―二六三年）に、彼は自らの教会共同体の土台を築いた。だが、シャープール一世の死（二七二／二七三年）によってマニの宗教の空前の拡大に終止符が打たれ、マズダ教の聖職者の影響下にあったバーラーム一世の即位によってマニは王の保護を失った。新しい王によってベース・ラーパート（スシアナ地方の町）に召喚され、言われなき非難を浴び、投獄されたマニは、鉄鎖の刑に処せられてこの世を去る（二七六年）。なお、人びとは毎年ベーマの祭でこの時にマニが被った苦しみを記念した。マニの死、そして彼の後継者シースの死（二八四年）は、迫害の時代の幕開けを告げるものだった。

定型的だが十分に根拠のある言い方に従えば、マニの教義は「二つの原理と三つの時代」のそれである。二つの原理とは、善と悪、光と闇であり、永遠に共存し、互いに対立し、この両者の関係が三つの時代に分節される。初めに分離の時代がある。次の中間の時代には、光が闇に襲われ、闇と混ざってしまう。そして最後の時代、光と闇は改めて分離される。宇宙論（世界の創造）、人間起源論（人間の創造）そして救済論（贖《あがな》い主による救いの教え）が、中間の時代に組み込まれている。この中間の時代に、闇に囚われた光は宇宙的な濾過の措置を通じて徐々に解放されるのである。善と悪との神話的闘争はすべてのマニ教徒に内面化されている。マニ教徒は、禁欲的節制や、光の破片に富む植物類の食生活によって、光を闇から分離するのである。神話と教義は、断片しか残されていないが、マニが著した次の九つの著作において絡まり合っている。『シャープーラカーン』『活ける福音書』『宝庫』『奥義の書』『伝説』『図像』『巨人の書』『書簡』『詩篇と祈禱』――『シャープーラカーン』以外はすべてシリア語の著作である。

マニの教義は他宗教（仏教、ゾロアスター教、キリスト教）から取り入れられた数々の要素を備えている。これはあらゆる文化的文脈に適応するためであるが、それだけでなく、自分は神の使者たちの鎖の最後の輪であるとマニが考えていたためでもある。それでもマニは、著作を通じて自らの啓示を表すことで、他宗教の開祖たち――仏陀、ゾロアスター、イエスから自己を区別した。そして彼は自分自身に「預言者の印璽《いんじ》」というメタファーを適用したのである。それは、啓示の実現が起こるのはまさしく彼においてである、ということを意味している。

マニ教の驚くべき広まりは、亀裂のない教会組織に支えられていた。組織の構造は、平信徒と修道士という二つの階級からなっている。後者は巡回伝道者であり、極めて厳格な道徳規範の遵守を義務づけられていた。

マニの思想は、二元論的な読みの枠組みに従ってキリスト教の伝承の基本原理を評価し直すものである。旧約聖書に対する拒絶はまったく明らかだとしても、イエスという人物、すなわち、マニがその使徒であり、パラクレートス（慰め主――この言葉は聖霊を意味する）であると名乗るところの天上のキリスト像は称えられている。キリスト教会はマニ教に決然と立ち向かった。キリスト教会は、マニ教が善の神と悪の神（聖書の神）を区別し、旧約聖書を拒否し、そしてイエス像の読み直しを行なったことを理由に、これを異端として弾劾したのである。二八〇年（アレクサンドリア主教テオーナースの書簡）以降、マニ教の宣教活動に対する警告の数が増加し、マニ教論駁書が著されるまでになる。一番初めの論駁書『アルケラオ行伝』（三四五年頃）は、マニをキリスト教世界に入り込んだ野蛮なペルシャ人として描いている。このようなイメージは、異端学――エルサレムのキュリロス（三四八年）やサラミスのエピファニオス（三七六年）、フィラストリウス（三八五年）やフォティオス（八七〇年）――に引き継がれるが、ペルシャやアラブの伝承によって伝えられるイメージとは対照的である。後者ではマニは大いなる威光を放っているのである。ローマ帝国はマニ教と戦う。ディオクレティアヌスの勅令（二九七年）は、ペルシャ王のためにスパイ行為を働いたという廉《かど》でマニ教の信者たちを告発し、極刑に処した。アウグスティヌスは、十年のあいだマニ教徒であったが、これは、プロコンスル〔地方総督〕支配の属州アフリカにマニ教が浸透していたことを教えてくれる。

二十世紀初め以降、様々な一次資料の発見によってマニ教の実態が明らかにされてきた。メディネット・マディ（ファイヨーム、四世紀のもの）のコプト語写本や、ギリシャ語で書かれた小型の冊子であるケルン写本（五世紀）、また一九八二年に行なわれたダッハラー・オアシス（旧ケリス）での考古学的発掘によって、エジプトのマニ教徒たちについての豊かな記録が明るみに出たのである。

西方において追放されたマニ教は、東方において花開き、様々な財産をもたらしたが、シルクロードを通って、中央アジアや中国にまで到達した。豊富な文献資料や図像資料がこのことを明らかにしている。マルコ・ポーロが一二九二年に泉州でマニ教徒に出会っていたとすれば、十六世紀の遺跡は、この宗教が中国南部にこのときまで存在していたことを示している。

マドレーヌ・スコペッロ

四世紀と五世紀における正統教義の練成

この二つの世紀は教義の形成が集中的に行なわれた時代である。まずは三位一体に関する諸々の論争が、そして五世紀にはキリスト論論争が見られる。前者も後者も、神の子イエスの神性を問題にすると同時に、イエスの神性からもたらされる救いの構造を問うたのである。最終的に採択された決議は、今日でもなお過半数のキリスト教徒の信仰の根拠になっている。たとえ、彼らのうちの多くが、イエスが本当に神の子であるとは信じていないと告白し、イエスの復活に懐疑的であるように見えるとしてもである。それはキリスト教徒のアイデンティティに関わる根本的な点である。すなわち、ユダヤ教徒から継承された一神教の内部において、救いという問題に結びついた神の子イエス・キリストへの信仰を持つことで、キリスト教徒たちはイエスが父なる神と取りもつ関係を説明しなければならなくなるのである。イエスは彼自身として神なのか。あるいは父とは異なる神的存在なのか。はたまた、たとえ最初のものであるとしても、神の手による一つの被造物なのか。人間の救済を保証するためには、神の子は完全に神であり、かつ完全に人間でなければならない。

すでに様々な解決策がこれより以前の世紀に検討されていた。「ウーシア」〔ousia〕（「実体」ないし「本質」）、「ヒュポスタシス」〔hupostasis〕（「自存者」、現実存在）、「プロソーポン」〔prosopon〕（「位格《ペルソナ》」）あるいは「フュシス」〔phusis〕（「自然本性」）といったギリシャ哲学の諸概念に依りつつ、様々な解決策は二つの障害のあいだを揺れ動いていた。一方は様態論（サベリウスに代表される）であり、神の本質（ウーシア）の単一性を強調して、三つの異なるペルソナをそれぞれ識別することに留意しない。他方は二神説で、こちらは父なる神のそれに等しいと同時に固有な神的本質を神の子に認める。この問いは、四世紀の初めにアレクサンドリアの司祭アレイオスによって再開される。彼は、生まれざる唯一神の名において、神の子を、父なる神が生んだもの、一つの被造物と見なし、神の子は父なる神に劣っており、従属しているとして三位一体の神学を定義するのである。ところでコンスタンティヌスは、三二四年から単独帝となり、ローマ帝国統一の後には教会の統一を果たすことを欲し、復活祭の期日と帝国の全キリスト教徒に共通の正統教義を規定するため、三二五年にニカイア公会議を招集する。事実、キリスト教会は、これ以後、帝国全域において公的な機関と認められる。アレイオス主義に抗して、「ホモウーシオス」〔*homoousios*〕という言葉、つまり神の子は父なる神と「実体（ないし本質）を同一にする」と明示する言葉〔同一本質説〕が全キリスト教会に採択される。アレイオスの諸命題は破門され、彼自身も追放される。

しかしながらこの定型的表現は、サベリウス的な解釈の余地をつねに残しているために、東方の司教たちのあいだに留保以上のものを引き起こした。こうして数々の議論が巻き起こり、四十年近くのあいだ、相次いで教会会議を開かせることになったのである。そこではコンスタンティウス二世（三三七―三六一年）の支持を得たアレイオス派が勢力を挽回した。父と子の相似性に関してニカイア信条に異を唱える神学が発達したが、本質に即して同様のもの（ホモイオス・カトゥーシアン〔*homoios kat'ousian*〕）か、単に同様のもの（ホモイオス〔*homoios*〕）かという二つの立場のあいだで揺れ動きながら、両極端な立場を遠ざけてしまう定めにあった。一方には、神の子は父なる神の一つの様態にすぎないとするサベリウス主義者たちがおり、他方には、神の子の本質が神のそれとは異質なもの（ヘテロウーシオス〔*heteroousios*〕）であることを支持する急進派のアレイオス主義者たちがいた。

中間をゆく解決策、すなわちホモイウーシオス派〔相似本質説。本質がホモ＝同質だと言わずにホモイ＝同様であると主張。半アレイオス派〕が、三五九年に優勢となった。この説は、三六〇年一月一日にコンスタンティウス二世によって帝国の正式な信仰として採択された。彼は、そこに全帝国を統一するための手段を見たのである。反対者たちは追放された。帝国の外で活動した、ゴート人への福音伝道者ウルフィラが共にしていたのもこの信仰である。三六一年、コンスタンティウス二世が死去したことで、この均衡状態は再び不安定化する。急進派アレイオス主義の脅威に直面して、ニカイア公会議の立場が、アタナシオスの主導によりアレクサンドリアにて（三六二年「証聖者」の教会会議〔ニカイア公会議の正統教義を擁護して迫害を受けた聖職者による会議〕）再確認され、また、かつてはホモイウーシオス派だったメレティオスによりアンティオキアで（三六三年の教会会議）承認された。しかしウァレンス帝（三六四―三七八年）は、自らの治世になると、ホモイウーシオス派を支持したコンスタンティウス二世の政策を引き継いだ。そのウァレンス帝の死が、テオドシウス帝（三七九―三九五年）の強力な支援を受けたニカイア派の再生の始まりとなる。三八〇年二月二八日に出されたテオドシウスの勅令は、ローマ司教とアレクサンドリア司教の信仰に基づいて正統を規定したが、これは彼の考えるところ帝国の統一性の象徴だった。彼は三八一年五月、全東方教会の公会議をコンスタンティノポリスに招集した。同じ頃、西方ではアクィレイア〔イタリア半島北東部〕の教会会議において最後のホモイウーシオス派が断罪され、グラティアヌス帝（三七五―三八三年）によって追放された。コンスタンティノポリス公会議ではニカイア信条が一五〇名の司教によって再確認され、次の二点が明示された。すなわち、「キリストの支配に終わりはない」ことを明確にし、「父なる神ならびに神の子と共に敬い称えられるべき」聖霊の神性を確認したのである。三八一年七月三〇日の勅令は、この信仰を告白する者しか「カトリック」として認めず、その他の人びとは異端者として排撃された。

続いて、イエスにおける人性と神性の共存という問題をめぐって、キリスト論に関する様々な考え方が現れた。そこでもまた、アレクサンドリア学派とアンティオキア学派という二つの主潮流の歩み寄りのため、激しい議論の後に両極端な立場が退けられる。前者は、単性説に立ち、受肉した御言葉は唯一の本性（フュシス）を持つとするキリスト論を支持していた。後者は、両性説をとり、現実のペルソナにおけるキリストの一体性を認めながらも、キリストは二つの本性（フュセイス〔*phuseis*〕）を持つことを強調していた。ところが、本性という概念とペルソナという概念の混同が議論の混乱の一因となった。単性説派は、自分たちの敵対者がキリストを分断し、二人の「神の子」を教えているといって非難したが、これに対して両性説派は、単性説派がキリストの人性を否定し、救いの構造に疑いを差しはさんでいると応じたのだった。もはや、キリストにおける「神の御言葉」と「人間イエス」とのあいだの、あまり明確すぎる区別は認められなくなった。コンスタンティノポリス総主教ネストリオスがそうしたように、そこに明確な区別を認めると、イエスの神性を損なう単なる精神的な統一性が優先されて、真の統一性は消滅してしまうのだ。他方で、神性と人性という二つの本性の混合を是とすることももはやできなくなった。こちらの場合には、唯一の神性が優先されて、人性が消滅してしまうのである——これは、テオドシウス二世（四〇八—四五〇年）に取り入った大修道院長エウテュケスによって主張された、また別の極端な立場であった。

このテオドシウス二世が四三一年にエフェソス公会議を招集し、ネストリオス派の見解が引き起こした危機の解消を目指した。アレクサンドリアのキュリロス（四一二—四四四年）の一派は、多数派を占め、ローマ教皇使節そして皇帝の承認を得て、ネストリオスの断罪と罷免《ひめん》を勝ち得た。その後皇帝はネストリオスを追放した。ただし、ニカイア信条の承認の他にはいかなる教義上の決定もなされなかった。公会議後、四三三年に行なわれたアレクサンドリアとアンティオキア両学派の和解の試みは挫折した。はじめエウテュケス〔単性説〕は、ローマとの合意に立つコンスタンティノポリス総主教フラウィアノスから断罪されたのだが、その後アレクサンドリアの新しい主教となったディオスコロス（四四四—四五四年）の支持を受ける。このディオスコロスはテオドシウス二世〔東ローマ帝国皇帝〕に任命されて、新たに開かれた四四九年のエフェソス公会議を主宰した。この会議において、エウテュケスは、ローマ教皇使節の反対意見にもかかわらず復権を許されることになり、一方でフラウィアノスとアンティオキア学派は力ずくで追放される。この会議でなされた諸々の決定は、単性説を再び確認するものであった。東ローマ帝国皇帝は承認を与えたが、ローマ教皇レオ一世はこれを断罪した。フラウィアノスに向けた『書簡』の著者で、歴然たる両性説派のレオは、エフェソス公会議を「強盗行為」として告発したのである。

力関係はテオドシウス二世の死とともに逆転する。新皇帝マルキアノス（四五〇―四五七年）は、エウテュケスとディオスコロスに反対して、四五一年、カルケドンに新たに公会議を招集する。そのほとんどが東方教会に属する三五〇名の司教たちが一〇月に集まったが、第二エフェソス公会議（四四九年）でなされた諸決定を無効とし、長い議論の末、両性説に立つキリスト論を承認する。それは部分的にレオの『書簡』を引き継いでおり、それぞれ完全な二つの本性は、受肉したキリストのペルソナにおいて一つであると宣言している。「唯一かつ同一の神の子［……］、われらとわれらの救いのために、神の母［テオトコス〔*Théotokos*〕］たる処女マリアから生まれ［……］、二つの本性において、混合することなく、変化することなく、分割されることなく、分離することがない［……］、唯一のペルソナ、唯一の自存者」。この教義上の打開案は、ニカイア・コンスタンティノポリス信条に施された註釈と見なされたのであり、新たな信仰規定とは見なされなかった。それでも、カルケドン派と単性説派のあいだにはついに一致が見られず、単性説派はまもなく分離教会を形成した。それは今日でも活動している（エジプト）。

ニカイア公会議、コンスタンティノポリス公会議、エフェソス公会議（四三一年）、そしてカルケドン公会議は、教会史において、キリスト教教義の基礎を作った四つの「全教会《エキュメニカル》」会議と見なされている。

アニック・マルタン

第5章　キリスト教組織の構築

諸教会を組織する

『使徒言行録』第六章についての講話の中で、ヨアンネス・クリュソストモス（四〇七年没）は、「聖霊と知恵に満ちた評判の良い七人」が実際にどのような役割を果たしたかを問うている。十二使徒はこの役割を、ナザレのイエスの弟子たちがエルサレムに打ち立てた最初のキリスト教共同体における「食事の世話」のために設けたという。「しかし、どんな威厳が彼らに授けられたのだろうか。彼らはどんな叙階を受けたのか。これは知らなければならないことである。彼らが受けたのは助祭の叙階だったのか。だがやはり、それは諸教会における事実と異なる。ならばそれを担うにふさわしいのは司祭なのか。しかし、当時はまだ司教はおらず、ただ使徒たちだけがいたのである。したがって、以上の結果からまったく明らかに、助祭という名称も司祭という名称も彼らには当てはまらない、と私は考える。だがそれでも、この〔「食事の世話」という〕目的のために、彼らは叙階されたのである」。

この説教者が抱えている困惑は明らかであり、手探りするような言い回しに示されている。つまりクリュソストモスは、『使徒言行録』をざっと読んだだけでは、四世紀の転換期に自分自身の教会に認めていた職務と役割を、使徒の時代のそれと明白な事実にもとづいて一致させることができなかったのである。彼が自分の教会に認めていた職務と役割とは、司教、助祭、司祭である。しかし、最初期のキリスト教共同体の職制の構造を論じるにあたって、現代の歴史家がクリュソストモスよりも十分な準備ができているわけでは決してないのである。間違いなくパウロの直筆と認められる手紙――最初期のキリスト教文書――に含まれている様々な言及や挿話から、次のことは明らかである。エルサレムにおいて、十二使徒、つまりイエスが直接選び（ユダに代わったマティアを除く）福音宣教に送り出した弟子たち（使徒という彼らの名はここに由来する）は、「主の兄弟」ヤコブとともに、「ナザレの人」〔イェス〕を引き合いに出す集団の支柱となった。パウロが宣教の旅を重ねる中で作り出し、あるいは出会った信徒たちの共同体は、「エピスコポイ」〔*episcopoi*〕（「監督者たち」）あるいは「ディアコノイ」〔*diakonoi*〕（「奉仕者たち」）と呼ばれる、責任者集団の指導下に置かれていた。場合によってそれぞれの呼称が帯びる微妙な違いをはっきり識別するのは不可能だが、以上のことは確かな事実である。さらに、「偉大なる教会」に属するキリスト教共同体の中で実際に機能していた主要な役割を指すのに時代が下っても同じ語彙がそのまま使用され、しかし語義は変化してしまっていることから、こうした言葉の問題にまつわる困難はいっそう大きくなる。そういうわけで、この学問の慣わしでは、原始教会時代に言及する場合には「監督たち」〔épiscopes〕「長老たち」〔presbytres〕という言い方をする。また、いくらか一貫性を欠いた形で、「助祭たち」〔diacres 新共同訳では「奉仕者」〕という言い方もするが、〔現在と同じ〕その言葉を用いることで、「助祭」という職務が異なる時代を通じて実質的には同じものであり続けたということが暗に前提とされている。したがって問題は、「プレスビュテロイ」〔*presbyteroi* 長老たち〕という言葉について「プレスビュテロイ」〔長老たち〕と「エピスコポイ」〔監督者たち〕という言葉が、いつの時代にいかなる過程をたどって現代的意味を獲得したのかを明確にすることであり、何がこの二つの言葉をそれぞれ「司祭」〔prêtre〕「司教」〔évêque〕と訳すのを正当化するのかを明確にすることである。

二世紀前半、おそらく一一〇年―一二〇年頃に、その正確な構成とそのテクストについてはまだ評価が一致していないところもあるが、アンティオキアのイグナティオスの書簡には、教会組織に起こった決定的な変化の現れが、肯定的に示されている。実際イグナティオスは、殉教するべくローマに強制連行される途上、小アジアの様々な教会に書き送った手紙の中で、信徒たちに団結を絶えず促し、「神御自身に代わって役割を果たす」「エピスコポス」〔監督〕に従うようすべての者に勧告している（『マグネシアの信徒への手紙』六・一）。つまり、それまでの合議による指導が、ここで一人の司教に取って代わられたのである――これについて研究者たちは「単独司教制」という表現を用いている。この司教は、「司祭」と「助祭」という職制を備え階層化された一つの共同体を取り仕切る。この書簡の特段に論争的な口調は、このような組織上の変化が論議を呼ぶものであったことを推察させる。それは劇的な革命だったのか、漸次的な変化だったのか。パウロのものであることが一般に否定されており、したがって時代特定にも多くの異論が存在する『牧会書簡』には、教会の奉仕者の役割と義務が徐々に明確化し、永続的な職制が確立され、諸々の仕事が段階的に特定化されてゆく傾向が示されているとしても、資料によってこの問いに答えられる可能性はほとんどない。専門家の中にはこれらの文書の中にも単独司教制の形跡を見いだす者もいる。いずれにせよ、一人制の司教職への移行は、それぞれ起こった年代は様々であるが、二世紀を下るにつれて徐々に、「偉大なる教会」に属するあらゆる共同体に広がっていった。反キリスト教の論争家ケルソス（オリゲネス『ケルソス駁論』第五巻五九を参照）も、二世紀の転換期に、互いに結びつきながら一体をなしているキリスト教共同体の多数派の組織網を、分派的な小集団との対比で描いている。

　この新しい司教制によって、「偉大なる教会」に属する諸々の教会共同体が標榜する使徒継承性は、いっそう可視化された（もっとも論敵たちも同じくそれを標榜したのではあるが）。実際、早くもパウロ以来、数十年のうちにますます強く、直接的なものであれ間接的なものであれ、使徒的叙任が、教会におけるいかなる権威にとっても「絶対不可欠の」〔sine quq nou〕必要条件として現れてくる。一世紀の転換期に、〔ローマ司教クレメンス（三〇年頃―一〇一年頃）が九五―九六年頃にしたためた〕『ローマの教会からコリントスの教会への手紙』（四二・一―四および四四・二）は、この主題が発するすべての倍音《アルモニク》を最大限に鳴り響かせている。「使徒たちは、われわれのために主イエス・キリストより福音を授かった。イエス、すなわちキリストは、神より遣わされてきた。したがって、キリストは神に由来し、使徒たちはキリストに由来する。この二つのことは、見事な取りはからいによって神の御意志から生じてきたことである。だから使徒たちは、教えを授かり、我らの主イエス・キリストの復活の確信に満たされ、神の御言葉によって揺るぎない心を持ち、聖霊の完全な確信を備えて、神の国は近づいているという福音を宣べ伝えるために出立したのである。［……］未来についての完全なる認識を受けて、使徒たちは［「監督たち」と「助祭たち」］を立て、そして、彼らが死んだ後には、信頼のおける別の男たちが彼らの任務を継承することを規範として命じたのである」。

使徒たちとその継承者たちに託されたこうした伝承について、「偉大なる教会」の司教たちは、すべての分派に対して、自分たちこそが正当で独占的な伝承の受託者であり代弁者である、と主張する。すでに二世紀の第3四半期から、コリントスやローマが担うものとしての「真理の継承」なるものが打ち立てられ、グノーシス主義者たちの「誤謬の継承」に対置されている。かくして司教たちのリストが誕生する。これは、時代錯誤的に、キリスト教共同体の最も遠い過去に、単独司教による教会統治という組織のあり方を投影するものである。二世紀の転換期に、テルトゥリアヌスは対抗者たちに向かって次のように声を上げることができた。「お前たちの教会の起源を見せてみよ。起源から続いているお前たちの司教の系統を順々に示して見せよ。最初の司教が、その権威の源および先駆者として、使徒たちの一人か、あるいは最後まで使徒たちと共にいた使徒的な者たちの一人を持っていたかを示すためにだ。というのも、まさにそのようにして使徒の教会は自らの年代記を提示しているのだから」（『異端者への抗弁』三六・一）。司教を中心とする組織を欠いていたことは、この観点から見ると、分派的集団にとって、キリスト教徒間の論争における弱点になり得たのである。

三世紀のあいだに出た、使徒的な守護のもとに置かれたシリアの教会法的・典礼的規定である『使徒戒規』や、カルタゴ司教キュプリアヌスの書簡や、さらにはオリゲネスが著作の中に散りばめている諸々の批判は、キリスト教共同体の職制上の新たな均衡を肯定的に描いている。共同体全体によって選ばれ、選出に立ち会うために隣りにやってきた他の司教たちにより聖別された一教会の長として、司教は、何よりもその教会の典礼の執行者なのである。つまり司教こそが以下のような役割を担うのである。捧げ物を運び、聖別されたパンとブドウ酒を分配するために助祭たちの助けを得ながら、何よりもエウカリスティア〔聖餐〕を執行する。教会に信者を迎え入れ、通例は洗礼の秘蹟を授け、場合によっては破門する。罪を犯した者を悔悛者と見なし、教会への復帰を認める。共同体の意見に従って、職務と役割を託し、だれそれに何がしかの務めを命じる。共同体の成員間の争いごとを調停し、また教義上の論争の際には信仰の基準を示すことを求められることもあり得る。助祭たちの協力を得て、共同体の資金と財産を管理するのも司教であるから、教会の外から、とりわけローマ帝国の当局から見れば、司教はキリスト教徒の団体の紛れもない運営責任者《プレジデント》と見なされることとなる。

司教のすぐ下には、（女助祭という特殊な場合を除けば）つねに「偉大なる教会」の中にいる男性聖職者（「ある役割が割り当てられた人びと」）が位置する。資料を見ると、聖職者は、二世紀以降、徐々に俗人使徒（「〔教会に対して〕民衆に属する人びと」）から区別されてゆく。ただし、この区別をあまり厳密にする必要はない。というのも、聖職者の養成課程はすぐには整備されなかっただけに、また下位聖職者の職務（女助祭、副助祭、祭壇奉仕者、祓魔師、朗読奉仕者、守門、聖歌隊員、墓堀人）が教会によって異なっていただけに、どこまでが聖職者であるかを定める境目は、長いあいだ曖昧なままだったからである。たとえば、二五〇年代の初め、ローマ教会は「四六名の司祭、七名の助祭、七名の副助祭、四二名の祭壇奉仕者と、五二名の祓魔師、朗読奉仕者、守門」を抱えていたという（ローマ司教コルネリウスによる。カイサリアのエウセビオス『教会史』六・四三に引用がある）。助祭たちは司教たる人物にじかに付き従い、あらゆる活動において司教を補佐する。司祭たちは、特に司教の代理としての役割（エウカリスティアや洗礼や説教における）を担ったようであるが、資料の中に現れる彼らの姿は概して助祭たちよりも目立たない。これら聖職者の同職者集団における競合はめずらしいものではなかった。誰もがみなごく普通に司教職につける可能性があったからである。

キリスト教の伝播が進んだ結果、司祭たちの権能が拡大する一方、コンスタンティヌスの大変革により各教会の制度化のプロセスが促進され、聖職者への助成金が支給されるようになった結果、「聖職者」という立場に求められる適性や経歴がより明確に定義されるようになる。

ミシェル＝イヴ・ペラン

キリスト教の入信《イニシエーション》の祭儀、礼拝、典礼

ローマに学校を開いたキリストの信奉者にして哲学者、ネアポリス〔ナポリ〕のユスティノスが、二世紀の半ばを少し過ぎた頃、信仰における彼の兄弟たちについて弁護し、弁明すべく、アントニヌス・ピウス帝とその養子であったマルクス・アウレリウスおよびルキウス・ウェルスに宛てた手紙の中で、キリスト教徒の二つの儀式に言及している。

「さて私たちは、信仰を抱きかつ私たちに加わった者に洗礼を授けてから、この人を私たちが私たちの兄弟と呼ぶ者たちの集う場所に連れて行きます。私たちはそこで、自分たちと、啓示を受けたその人と、あらゆる地にいるすべての人びとのために、一緒に熱い祈りを捧げるのです。それは、私たち真理を学んだ者が、徳を行なっており、掟を遵守していると認められるだけの評価を得るためであり、またそうして永遠の救いを受けるためなのです。祈りが終わると、私たちは互いに平和の接吻を交わします。

それが済むと、兄弟たちの集まりを指導する者のもとに、パンおよび水と水で割られたブドウ酒の杯を運びます。それを彼は手に取り、神の子と聖霊の名によって万物の父なる神に頌栄を捧げ、私たちが父より授かりしすべての善に対し、長い感謝［エウカリスティア］をするのです。彼が祈りと感謝を終えると、臨席する全会衆は「アーメン」と声を発します。「アーメン」とはヘブライ語で「そのようにあれ」ということを意味します。

さて指導者の感謝と全会衆の歓声の声があった後、私たちのあいだで助祭と呼ばれる者たちが、臨席者の一人ひとりに、感謝の祈りを受けとったパンおよびブドウ酒と水を分け与えるのです。また助祭たちはそれを欠席者のところに持ってゆくことにもなっています」（『第一弁明』六五[1]）。

第一の儀式は、ここではほとんど叙述されていないが、洗礼である（この言葉は「〔水に〕浸す、浸ける」という意味を持つギリシャ語動詞からの派生語である）。この儀式はその起源を、ナザレのイエスと同時代のパレスチナのユダヤ教において非常に広範に見られた、儀礼的な水洗いの実践に持つ。清めの儀式として考案されたこの種の水浴は、洗礼者ヨハネの運動の場合のように、終末論的意義を持つこともあったし、また回心（メタノイア〔*metanoia*〕）のしるしとして一回しか授けられないこともあった。イエスは洗礼を受け（『マルコによる福音書』一章九―一一）、また彼自身が洗礼を授け（『ヨハネによる福音書』三章二二）、弟子たちも彼に倣って洗礼を授けた。「罪の赦し」のしるしとしてなされるこの悔い改めの行為は、ここにおいて新たな意味を獲得した。というのもこの行為は、『使徒言行録』においてしばしば「イエスの名によって」行なわれたと言われているからだ。つまり、イエスの名によって行なわれる洗礼は、キリスト信仰に十分かつ完全に帰依することと、キリスト教共同体に同化することを意味するのである。またタルソスのパウロは、この洗礼をキリストの死と復活に与ることとして解釈している（『ローマの信徒への手紙』六章三―五）。すでに最初期のキリスト教文書から、のちに広く用いられることになる様々な呼び名が洗礼に与えられている。具体的には、「聖霊の印璽」（『コリントの信徒への手紙二』一章二二、『エフェソの信徒への手紙』一章一三、四章三〇）、「新しく生まれさせ、新たにつくりかえる洗い」（『テトスへの手紙』三章五）、「手によらない割礼」（『コロサイの信徒への手紙』二章一一）である。また洗礼は「光」のイメージに結びつく（『エフェソの信徒への手紙』五章八―一四、『ヘブライ人への手紙』六章四など）。

すでに二世紀の後半から、洗礼を受ける前の準備――洗礼志願期〔catéchuménat〕（「口頭での教え」を意味するギリシャ語に由来する）が次第に見られるようになる。洗礼志願期は次の二つのことをねらいとしている。一方では、将来の受洗者の帰依の求めがどれほど真剣であるかを試すことであり、また志願者の生活態度が、キリスト教徒を定義するものと当時認められた諸々の規定に適うように改められたかを確かめることである。他方では、教義上そして道徳上の教育を確実にすることである。二つの例のみ挙げると、エルサレムのキュリロス〔?—三八七年〕が四世紀半ばに著した『教理教育講和』、あるいはそれより数十年遅れてモプスエスティア〔現在のトルコのミシス〕のテオドロス〔三五〇年頃—四二八年〕が著した『教理教育講和』によって、洗礼志願期の各段階を窺い知ることができる——その順序と手順は教会によって様々であり得る。洗礼志願期の各段階とは、洗礼志願者の名簿への登録、祓魔式（しばしば繰り返し行なわれる）、教理教育、断食と徹夜の祈り、悔悛、信条の伝承（口頭による伝達）と信条の表明（洗礼志願者による暗唱）、主の祈りの伝承である。洗礼は、復活徹夜祭のときに優先的に授けられ、いくつかの儀式から成っている。厳粛な儀式においてサタン、つまり悪魔とその業を棄てた後——この行為の式中の位置は西方教会において様々であるが——、一度ないし数度にわたって油を塗られた洗礼志願者は、裸で、あらかじめ祝別された水で満たされた洗礼槽に入り、その後司教自らが——司祭に委託する場合を除いて——浸礼か適礼により、「父なる神、子なるキリスト、聖霊の名において」、洗礼志願者に洗礼を授けるのである。たいていの場合、また別の塗油、今度は香油の塗油が行なわれるが、これは聖霊の宿りのしるしと解釈される。洗礼志願者はこうして、新改宗者〔néophyte〕（ギリシャ語で「新たに植えられたもの」）、新受洗者となり、一週間白衣を着用する。以後その者は、ユスティノスが言及している第二の儀式、すなわちエウカリスティア〔聖餐〕に完全なかたちで参加できるようになる。

最初の数世紀におけるこの儀式の誕生と歴史については、分析がとりわけ困難で、したがって多くの異説がある。というのも、資料が——ユスティノスを除くと——ごくわずかしかなく、かつ、非常に遠回しな言及にとどまっているからである。実際、二世紀の転換期から徐々に、「偉大なる教会」に属する教会共同体において、非受洗者のいる前で洗礼式とエウカリスティアに言及することに強いためらいが生じてくる。そしてそれは、洗礼式よりもエウカリスティアについていっそう強いものであった。後に改革派の論争家ジャン・ダイエ（一五九四―一六七〇年）が「秘密の教会規律」と名づけたこのような態度は、「イニシエーション」を必要とする「秘儀」としてのこれらの儀式の性格を強めてゆく。というのも、ヘレニズム時代から、プラトン学派の先例を踏襲して、多神教的な密儀宗教の用語法の隠喩的使用が非常に広範に流布していたからである。ただ「秘儀を伝授された人《イニシエ》」のみが――ギリシャ語の資料を見ると受洗者はしばしばそう呼ばれている――エウカリスティアの儀式を完全に知りそれに与ることができる、というわけである。

このエウカリスティアの儀式は、地域や教会によっていかに多様化していようとも、二つの主要な部分を含んでいた。第一部では、まず聖書のテクスト（旧約および新約聖書）の朗読――朗読の回数は様々である――があり、続いて普通は信徒たちの指導者が行なう説教がある。説教の目的は、例外を除けば、聖書のテクストのすべてあるいは一部を解説することである。その後、洗礼志願者と悔悛者は退出する。助祭と守門がこれに注意を向ける。悔悛者とは、背教や異端、姦通や殺人といった公的で重大な罪を犯し、したがって司教によって破門されたが、信徒共同体に完全に復帰できることを望む者である。彼らの教会復帰が可能であると判断された場合――それは司教の承諾によるのと同様に彼らの所属する教会の現行の規準と実践にもよるが――、彼らは正式な教会復帰まで、その期間は様々であるが、悔悛者の集団に加えられ、ミサの第一部にのみ出席できるが、その後は多くの場合、洗礼志願者たちと同時に退席させられる。

この時から、受洗者にのみ認められた厳密な意味でのエウカリスティアの儀式が始まる。これについては、おそらくはアンティオキア地域で作成された教会法的・典礼的規定に関する集成である、四世紀終わりの『使徒憲章』の第八巻が詳細に言及している。ギリシャ世界において「アナフォラ」〔奉献文〕と呼ばれた祈りは、司教か司祭――「偉大なる教会」の中で唯一そうする権限を持つ者――によって、パンと、必要に応じて水と混ぜられたブドウ酒の上で唱えられ、また信徒たちが前もって持ってきた捧げ物の上で唱えられる。時代が下るにつれて徐々に章句が定式化され、必ずではなくとも通常はキリストが弟子たちと共にした最後の晩餐の喚起を含むこの感謝の祈りは、パンとブドウ酒をキリストの体と血に変化させる効力を持つものと見なされる。例外的な場合を除いては、五世紀の半ばより前にこうした変化の本質と様態の明確な発展を見いだすことはできないが、少なくとも東方のキリスト教徒たちに由来する諸々の証言においては、祈りによって請われた聖霊の持つ、捧げ物に変化を引き起こす力が、しばしば強調されていることに注意する必要がある。さて、感謝の祈りを捧げられたパンとブドウ酒は、助祭たちによって信徒たちに配られる。信徒たちは、場合によってはそれを自分の家に持ち帰って、聖体拝領を望むときに食するようにする。実際は、エウカリスティアは毎日曜日に行なわれ、また時には週に数回、それぞれの教会に固有の暦に従って行なわれた。『ヘブライ人への手紙』の著者が好む主題系に従って、「十字架上で遂げられたキリストの犠牲」と極めて緊密に結びつけられた「霊的な犠牲」と理解されることで、エウカリスティアの儀式は、時代が下るにつれてますます神聖化の対象となっていき、旧約聖書の原型から、エルサレム神殿で捧げられた供犠のモデルを借りてくる。つまり、供犠に用いられていた語彙が、エウカリスティアに関連する典礼の装置(建物、食卓、容器)とそれを執行する司祭職を指すようになるのである。しかしながら、とりわけ性的な事柄に関しては、規制と禁止事項が以前よりも増加してゆくのである。

信徒の歓声と歌声とが、これらの儀式をリズムづけるが、儀式を構成する個々の典礼は世紀を経るごとにより充実し続け、外から見る者たちを魅了し続ける。他方、エウカリスティアは教義上の論争に左右され、諸教会の一致の試金石となる。北アフリカにおいてドナトゥス〔?―三五五。カルタゴの司教。棄教者の再典礼と教会を裏切った司教による典礼の無効を主張〕派がもたらした危機や、東地中海世界において単性説派がもたらした危機は、そうした事例を極めて多く提供している。

ミシェル＝イヴ・ペラン

空間のキリスト教化と時間のキリスト教化

トゥールのグレゴリウス〔五三八年頃―五九四年〕が知っていた『エフェソスの眠れる七人の苦難』は、追放されたキリスト教徒たちの物語を語っている。彼らは、デキウス帝（二四九―二五一年）による迫害の時代に、ある洞窟の中で眠りについたのだった。長い眠りの後、彼らはテオドシウス二世（四〇八―四五〇年）の治世に目を覚まし、そのうちの一人が近くの都市にたどり着いた。「都市の門に刻まれた十字架のしるし」を目にした彼の驚きは、いかばかりのものであっただろうか！　この描写はそれだけで、政治的宗教的な大変革――キリスト教が違法な信仰から国家宗教に移行したこと――を如実に示している。それはまた、こうした変化がローマ帝国内の日常の生活空間の中に目に見えるかたちで刻み込まれたということを肯定的に示しているのである（キリスト教を取り巻く状況はペルシャ帝国に関してはこれと異なっている）。

三一〇年代の終わりから、十字架とクリスマ――ギリシャ語の「クリストス」〔*Christos* ΧΡΙΣΤΟΣ〕、つまり「キリスト」の、最初の二文字〔XP〕を組み合わせたしるし――が徐々によく目につくようになり、しばしば神の加護ないし悪魔祓いのしるしとして、公的建造物にも私的建造物にも刻まれるようになる。数例だけ挙げると、千歩ごとに建てられたアフリカの里程標、家や教会の門のまぐさ石、シリアのブドウの圧搾小屋や村々の領域の境界標、エフェソスの噴水や彫像、そしてもちろん墓地にも見られるようになる。キリスト教の存在が空間の中に明確に現れてくる様子は、キリスト教徒の集会場所の建立が、田舎と同じく市街地においてもはっきりそれと分かるようになってくることにも現れている。こうした過程は、三世紀後半のあいだに始まった（おそらくは二六〇年のガリエヌス帝〔二一八―二六八年〕

の勅令がきっかけとなった。この勅令は、キリスト教徒の大迫害を終わらせて、近代の歴史家が名づけているように「教会の小さな平和」の時代の始まりとなった）が、ディオクレティアヌス帝〔二四五年頃―三一六年〕の迫害によって突然、止められてしまった。三〇三年に開始され、地域ごとに異なる程度に適用された抑圧政策は、事実、キリスト教徒の集会場所の破壊を企図していたのである。

再び到来した平和、それは紛れもない建物造営上の革新の時代でもあった。この革新は、時期と規模は様々に異なりながらも、ローマ世界の多くの教会に及んでいった。破壊された建物を再建する必要や、有力なキリスト教徒の財政援助、また一般の信徒たちによる財政援助――たとえばまずローマおよび中央イタリアにおいて、それからパレスチナの聖地において、教会や聖域の建設費用を負担したコンスタンティヌス帝の例――、これらが原因となって、キリスト教徒の集会場所は増加していった。何よりもまず機能的な理由のため――急速に人口が増大する信徒の共同体を収容できる建物を構想する必要のため――、バジリカ様式と呼ばれる（長方形の）平面様式が一般的に重視され、そしてそこから非常に多くの変種が生まれてくる。また、バジリカ様式によって内部空間の効果的な区分と配置もできるようになる。すなわち、祭壇があって司教たちが位置する内陣と、信徒たちによって占められるバジリカの残りの部分という区分と配置である。いくつかの地域では建物の向きに注意が払われている。建物の外観への明瞭な配慮が、こうした新しい建築に伴って生じてくる。見栄えに寄与したのは具体的に次のようなものである。すなわち、一般に中央身廊で高くされた屋根、徐々に強調されていった入口の記念碑的性格、そして場合によって建てられる様々な付属の建物（聖堂の前に位置する「アトリウム」と呼ばれる前庭、洗礼堂、司教館など）である。諸都市の内部におけるキリスト教徒の建造物の建設は、いかに都市の区分構造や権利移転（購入、売却、贈与）に左右されようとも、こうした大規模な変化は、二世紀かそれよりもう少し経つうちには、都市と都市周辺の空間全体にまで及ぶこともあった。たとえばエジプトの平均的な都市オクシュリュンコスでは、四世紀の初めには少なくとも二つの教会があったが、四〇〇年頃には一二の教会を数え、五三五／五三六年には二五以上の教会を数えた。都市の教会に加えて、さらにその都市の周囲の「郊外地《スブルビウム》」では、殉教者の墓や、敬虔な修道士あるいは司教の墓の近くに教会が建てられた。

同胞のうちの殉教者の墓に対してキリスト教徒が求めた配慮や、審判者キリストの近くにいて、神と人との仲介をする殉教者の力に対する、徐々に広がりを見せた信念や、あるいは死者たちの都市の周囲の建築を促した、「聖人のかたわらで《アド・サンクトス》」つまり殉教者の墓の近くに埋葬する習慣の拡大――その証拠となるのが、ローマのいくつかのカタコンベや、ティパサ（今日のアルジェリア）の聖女サルサの墓所、あるいはクロアチアのサロナ遺跡のマナスティリーヌの墓所である――は、崇拝の対象となった墓の記念碑化や、場合によっては巡礼者を呼び寄せる巡礼地の建設として表われた。彼ら巡礼者は、ほとんどの場合、近くの都市から気軽にやって来る人びとだった。聖人の身体は、地理的に偏って存在していたので、代わりに聖遺物が広く流布することになった。聖遺物は最も多くの場合、崇敬の対象である遺骨とあらかじめ接触させてあった衣類や油であるが、これは遺骨と同じ治癒の力を有するもの、そしてより一般的には奇跡の力を有するものと見なされた。このようなものとして聖遺物は信徒たちの信仰心を惹きつけることができ、だからこそ建物造営にも活力を与えたのである。こうした文脈において、旧約または新約聖書中の逸話と結びつきのある諸々の場所は、しかるべき特別な地位を獲得した。つまり、ユダヤ教の諸伝承、キリスト教の数々の記憶、そしてその土地の様々な伝説が一緒になって、一つの財産目録を作成したのであり、この財産目録は、かつてなかった空間占有化の展開とともに絶えず増大してゆく。古代後期における「聖地」への長距離巡礼の規模を過大に評価すべきではないとしても――三八一―三八二年のエゲリア（『巡礼記』を著したスペインの修道女）の旅はなお例外的な事例と言える――、本物の十字架の聖遺物が地中海世界全域に広まったという事実は、ある強烈な魅惑が存在したことを証言している。キリスト教徒はすでに「歴史」を持っていたが、この時から彼らは「地理」を手に入れたのだ。

こうした空間の征服はまた、象徴の入れ替わりという形としても示された。たとえば、避難所としての特権（不可侵権）を享受し、逃亡者を受け入れることができる場は、三九二年から公式に閉鎖された異教の祭儀場ではもはやなくなり、複雑な過程をたどって神聖化されていったキリスト教の聖域が徐々にそうした場になる。さらに、異教の建物はキリスト教徒による激しい破壊の標的となることもあり、それもすでに四世紀半ばから始まって、次の世紀の初めには、皇帝たちが無人となった異教の神殿の保護に努めることがあるほどだった。しかしながらほとんどの場合、これら異教の祭儀に用いられていた建物は、すぐにはキリスト教徒の礼拝のために再利用されることはなかった。「悪魔ども」の記憶を拭い去るためには、数十年、さらには数百年の時が必要だったのである。

こうした空間のキリスト教化に、時間のキリスト教化が対応している。キリスト教徒はたしかにユダヤ教的な週のリズムをそのまま用いていた。それは惑星の名を用いる週（月の日、火星の日など）のリズムと容易に折り合いがつき、ローマ世界内のあちこちで用いられるようになっていった。しかし一方では、「偉大なる教会」の中では、安息日〔金曜の日没から土曜の日没まで〕の遵守は放棄されて、キリスト復活の日である日曜日の休息が遵守されるようになった。そして他方では、司教たちは、中途半端な成功しか収められなかったものの、週の日を呼び表わすのに惑星の名を用いることを非難したのである。そのうえ、二世紀のあいだに、とりわけキリスト教的な意味内容を持つ、年に一度の復活祭が新しく設けられた。だが、この祭りの日をいつにするかをめぐってキリスト教徒は分裂した。一方の人びとは、復活祭をユダヤ教の過越祭の日に祝った。過越祭はニサン月〔ユダヤ暦の第一の月。太陽暦のおよそ三月―四月にあたる〕の第一四日目の晩、つまり春分の日の次の満月の晩に始まった。これはキリストの受難に重きを置くことになった。なぜなら、『ヨハネによる福音書』の年代記によれば、イエスはニサン月の一四日に十字架につけられたからである。もう一方の人びとは、過越祭の次の日曜日に復活祭を祝ったが、これはイエスの復活をより重視した。復活祭を過越祭の日に行なう前者の期日算定法はすぐに少数派となり、皇帝がニカイアに招集した公会議（三二五年）は「偉大なる教会」の中でのその使用を廃止した。過越祭の次の日曜日に行なう後者の期日算定法が一般に採用されたが、しかし、キリスト教世界全体に通用する復活祭の期日算定法の決定に到達するべく毎年いかに多くの努力が払われようとも、古代を通して意見の相違は存在した。最後に、遅くとも三世紀の転換期には、新たにキリスト降誕を祝う祭日が、ローマでは一二月二五日に、アレクサンドリアでは一月六日に設けられた。なぜこれら二つの日にちになったのか、その理由はいまだはっきりしておらず、論争の的になっている。他にもキリストにゆかりのある毎年恒例の祭が、続いてすぐに聖母マリアにゆかりのある祭が、いくつかの教会に現れた。そして時期的にも、空間的にも異なった仕方であるが、それらの祭を祝う習慣は、広まっていったのである。

コンスタンティヌスの登場とともに、キリスト教の時間は帝国の法律によって考慮されるようになった。かくして、三二一年より、「太陽の日」つまり日曜日は、都市住民が教会に行くことができるように休日となる（『テオドシウス法典』第二巻・八・一および『ユスティニアヌス法典』第三巻・一二・二）。三八九年には、法令により裁判所の休日が次の日々に定められる。すなわち、一月一日、ローマ建立記念日（四月二一日）およびコンスタンティノポリス建立記念日（五月一一日）、復活祭前後の七日間、毎日曜日、皇帝たちの誕生日と即位の日（『テオドシウス法典』第二巻・八・一九）である。キリスト教の典礼時間が徐々に公の暦に浸透してゆく。すでに三六七年から、復活祭の時の大赦の存在が確認できる（同上、第九巻・三八・三）。また三八〇年には、法令により、四旬節（「灰の水曜日」から復活日の前日までの日曜を除く四〇日間）のあいだは犯罪者に対するあらゆる審理が停止されるように命じられている（同上、第九巻・三五・一四）。なぜなら、その後の条項が説明するように、「魂の解放を待つこの期間は、肉体を苦しめてはならない」からである（同上、第九巻・三五・五）。

四世紀半ばの数十年から、司教たちは、異教的な祝祭日の暦に対抗しようとして、殉教者の祭日を増やし、キリスト教的な祝日の確たる周期を作り上げようと努める。三九二年には、皇帝の権限により、おそらくはキリスト教側からの働きかけを受けてのことであるが、皇帝の誕生日がその日に当たらないかぎりは、円形競技場での日曜日の競技の開催が禁止されている（同上、第二巻・八・二〇）。この例外的な禁止規定はすぐに黙認されなくなるが、一方で異教的な祝日は公的に抑圧される。それでも、たとえば一月一日のように、いくつかの祝日は消えずに残る。このことは五世紀のあいだに何度も表出する司牧者たちの不満の声に示されている通りである。しかしながら、古代後期のあいだ増え続けるキリスト教の祝日や、皇帝たちの支持や、キリスト教に対する民衆の賛同は、公的な時間の伝統的な基準をほとんど丸ごと変えるに至るのである。

ミシェル＝イヴ・ペラン

貧者の尊厳と慈善活動の実践

最初期の六世紀間にキリスト教徒たちが貧者のために成し遂げたことについて考えること、それは、何世紀にもわたって論争されてきた、巨大な問題を相手にすることである。すなわち、キリスト教は、古代世界の各地に拡がることによって、社会や人道の領域において進歩をもたらしたのかどうか、という問題である。この問題は十八世紀には、たとえばモンテスキュー〔一六八九―一七五五年〕によって提起された。続く十九世紀には、この問題をめぐって二つの異なる意見が対立した。一方には、キリスト教徒は不幸な者たちにただ苦しみの軽減をもたらしたのみであって、既存の社会体制を批判したこともなく、また特に、奴隷制度を廃止しようともしなかった、と非難する人びとがいた。他方には、護教的な熱意から、福音の最初の広まりを、啓蒙主義やフランス革命に先行し、それらに劣らず革新的なものとみた人びとがいた。後者の中で、最も名高い人物は異論の余地なくシャトーブリアン〔一七六八―一八四八年〕

である（たとえ今日では彼の名声にふさわしい作品が『歴史試論』や『キリスト教精髄』ではないとしても）。しかし、わけてもフランツ・ド・シャンパニの名を挙げなければならないだろう。彼の著作はペルージャ司教ジュゼッペ・ペッチ〔一八一〇―一九〇三年〕に影響を与えた。ペッチは後に、教皇レオ十三世〔在位一八七八―一九〇三年〕として、労働者を取り巻く状況に関する初の回勅を著す。第三共和制創立の父の一人アンリ・ヴァロン〔一八一二―一九〇四年〕もまた、『古代における奴隷制の歴史』を著してこの論争に加わり、最初期のキリスト教徒たちが奴隷に示した配慮や待遇について、革新的であると彼が考えたものすべてを強調した。二十世紀から今日に至るまで、この問題に関する議論は未決着のままである。歴史家の中には、キリスト教の人道上の貢献を小さく見積もり、そこにギリシャ・ローマ的な観念や社会道徳の一般的な発達の一面しか見ない者もいれば、キリスト教的な価値観や実践の斬新さを、それらが生み出したとされる喜ばしい変化とともに強調する者もいる。

　ところで、貧者に対する態度と奴隷制に対する態度とは、キリスト教が古代世界において果たした社会的役割の、二つの正反対の例だとも言える。それは、いわば対立する両極なのである。つまり、キリスト教会は、奴隷制を拒まなかったかもしれないが、しかし貧者のために、具体的な実行の次元でも集合的な表象の次元でも、大いなる変革をもたらしたのである。この二つの態度のずれは、特に最初の数世紀のキリスト教徒によって聖書に見出された具体的な命令が多様であったことによって説明される。たとえ聖書に奴隷制を明示的に糾弾する語句がいくつか含まれていたとしても、それを実行に移すことは、成員数の少ない周縁的な共同体の場合でなければ、極めて難しかったはずである。社会的経済的な圧力と心理的な習性はそれほど強固なものだった。アリストテレスも、織機の杼《ひ》〔シャトル〕が自動で布を織り始めるのでないかぎり、奴隷のいない社会を想い描くことはなかったのである。古代のキリスト教徒は、同時代の人びとと同じように、人口の一部である奴隷を彼らの日常生活に与えられた当然の前提と見なすことを常識としていた以上、彼らの聖書が禁じていないこの制度が許しがたいものであるなどと、いったいどうして言うことができただろうか。このこととは逆に、貧しい者や不幸な者へのいたわりは、ただちにキリスト教の伝統において中心的な位置を占めた。なぜなら、『マタイによる福音書』(二五章三五―三六)によれば、イエス自身が、自分を貧しい者や不幸な者と完全に同一化しようとしていたからである。「お前たちは、わたしが飢えていたときに食べさせ、のどが渇いていたときに飲ませ、旅をしていたときに宿を貸し、裸のときに着せ、病気のときに見舞い、牢にいたときに訪ねてくれたからだ」。

イエスによるこの列挙は、ローマのユスティノス(一六五年に殉教)から『使徒憲章』(三八〇年頃にまとめられた)に至るまで、さらにそれを越えて反響を及ぼすが、次のような人びとの多様性について考えさせる。すなわち、教父文献が、したがって同時代の文献が、非常に包括的かつ多義的な「貧者」の名のもとに、通常ひと括りにしてしまう人びとの多様性である。それは第一には不幸な人びとのことであり、一時的にあるいは永続的に、苦痛や窮乏に苛まれている人びとのことである。具体的には、あらゆる種類の貧窮者、支える人のない亡命者、孤独な病者、囚人、ならびに聖書の最も古い命令ともつながりのある、寡婦や孤児といった人びとである。資料に見られる「貧者」とはまた、生きるために最低限必要なものしか持っていない、あるいはそれよりほんのわずか多くしか持っていない人びとのことであって、具体的には下層階級の職人や農民を指すが、言葉の用い方に注意しないと、これらの人びとを時に乞食と混同してしまうおそれがある。「貧者」とはさらに、あらゆる社会の脱落者、つまり政治的騒乱や古代末期に起こった蛮族の侵攻によって財産や地位を失った男女のことでもある。このような人びとに対しては、ミラノのアンブロシウス、ヒエロニュムス、ヴィタの司教ヴィクトル〔?―四八五年以降〕、そしてとりわけ大グレゴリウス〔五四〇―六〇四年〕といった面々が多大な関心を示し、彼らはまるで、自分たちがこれら社会秩序の大混乱に対して格別に敏感であり、初めは富と名声を当然視していた者たちの不幸をとりわけ哀れに思っていると言わんばかりである。最後にこの「貧者」とは、わずかな所有物しか持っていなかったのに、より強い隣人によってそれを奪われた人びとのことである。アンブロシウスが好んだ、聖書のナボト〔「列王記」上・二一〕のように。この意味では、「貧者」とは、あらゆる犠牲者、あらゆる被抑圧者、より強き者と対立するあらゆる個人を指すのである。

しかし、たとえ資料の中に見られる語彙が多義的で曖昧だと判明しても、古代の諸教会に見られる実践は疑いもなく確かなものである。『使徒言行録』によれば、エルサレムの最初の「キリスト教徒」(彼らはまだそのように名乗っていなかった)は、ユダヤ共同体に倣いつつ、少なくとも集団の食事の形で、取り巻きの寡婦たちを援助していた。二世紀の終わりごろ、テルトゥリアヌスは、貧窮者の食事や埋葬のため、また孤児や、年老いた召使や、遭難者や、信仰が原因で鉱山や牢獄にいる者たちを援助するため、信者たちが出した醵金《きょきん》について語っている。続く三世紀の半ばには、ローマ教会は一五〇〇人以上の寡婦と貧窮者を養っていた。ちょうど二五〇年代に、キリスト教徒によるこうした慈善活動の実践は、狭い共同体の枠組みを越え、ペスト流行のあらゆる犠牲者を区別なく対象とするようになる。キュプリアヌス〔在職二四八—二五八年〕が司教職にあったカルタゴ、そしてディオニュシオス〔在職二四七/二四八—二六四年頃〕が司教職にあったアレクサンドリアでも、事態は同様である。さらに新しい段階が、三一三年「コンスタンティヌスの大転換」とともにもたらされる。これ以後、諸教会は、法に適ったものとされ、さらには中央権力の支持を受けた新しいタイプの慈善活動の組織化を発展させてゆく。諸教会は、キリスト教徒である皇帝たちからも、そのように社会に対して行なう奉仕について公的な承認を得る。四世紀の後半には真新しい語彙が盛んに用いられたが、ヒッポのアウグスティヌスのような人はそのような変化をよく察知した。彼は、不幸な人びとに惜しみない助けが与えられる建物の名を挙げている。こうしたことから、ギリシャ語の「クセノドケイオン」〔*xenodokheion*〕、ラテン語では「クセノドキウム」〔*xenodochium* 救護院の宿坊〕は、行きずりの人びと(巡礼者、それに放浪者も)を受け入れ、病人の世話が行なわれる建物を意味すると思われる。これらの慈善施設は、一般信徒の施し、また貴族やキリスト教君主の施しによって成り立っていた。そこでは、医者や看護師や担架の運び手(五世紀初めのアレクサンドリアの「パラバラニ[2]」（看護人集団）のような）などの特定の職業人が雇われていた。施設規模と施しを受ける者の数は、場所によって相当にばらつきがある。一ダースほどの貧窮者を受け入れるところもあれば、数百名を受け入れるところもあった。このうち最も見事な事例は、修道院付属宿泊所と癩病患者の収容所を共に備えた巨大な総合施設のそれであり、カッパドキアのカイサリア近郊に司教バシレイオス（三三〇年頃—三七九年）によって設立されたものである。彼の友人であるナジアンゾスのグレゴリオス（三二九／三〇—三八九／九〇年）はそこに「新しい都市」を見ようとし、別の資料は後にこの施設を「バシリアッド」（Basiliade、バシレイオス Basile の名に由来する）と呼んでいる。結局のところ、古代後期キリスト教が貧窮者のために行なった具体的な活動にこそ、現代のわたしたちの病院制度のはるかな起源を求めなければならないのである。

集団としての観念や表象の分野においても、それ自体はユダヤ的伝統の継承者であるキリスト教がもたらした貢献は、もはや疑いの余地なく大きいものである。教父の著作群は、それらに先立つ聖書と同様、「貧者」（被抑圧者、乞食、寡婦、孤児……）について、ギリシャ・ローマの文献よりもずっと頻繁に、かつそれまでなかったような敬意をもって語っている。ユダヤ教とキリスト教は、貧窮者と不幸な人びとの紛れもない名誉回復をそれぞれの誇るべき功績として持つが、キリスト教はさらに、すでに引用したそもそもの始まりにあるテクスト（『マタイによる福音書』二五章三五—三六）に従って、それらの人びとをイエスと同一視さえするのだ。富める者たちの軽蔑に対して、ニュッサのグレゴリオス（三三〇年頃—三九四年）は貧者の尊厳を叫ぶ。彼の友人ナジアンゾスのグレゴリオスは、キリスト教徒は皆、神の助けを必要とする「貧しい友ら」「乞食たち」だと明言する。アウグスティヌスにとっては、人間は各々「神の乞食」である。こうした説教が呼び起こした反響の一つを、ユダヤ教の碑銘にも用いられていた定型表現によって、裕福な信者を「貧者の友」と呼んで称讃する墓碑銘に、おそらくは見ることができる。これは金持ちに向けられた言説である。しかし、アンブロシウスやアウグスティヌスのような人が、最も不遇のキリスト教徒たちに向けて、心を挫いたり自己を卑下したりしないよう励ますために直接語りかけた言葉にも触れておかなければならない。これらの司教たちは、現実においても原理原則においても不平等な社会の中において、わたしたちが自己評価の民主化とでも呼びうるものを実現しようとしたのである。まさにこれに呼応して、諸教会の内部にあって最も貧しい者たちは自分たちの集団としての重みを自覚し、自分たちの利益を求めて司教に訴えかけることができ、個人としては時に自分があの世で救われるのは確実だと思う傾向にあったようなのだ。アウグスティヌスが彼らに対して謙遜の義務を思い起こさせるという事態も生じた。彼ら最も貧しい者たちも、最も裕福な信徒を含む他のすべての信徒と同様に、謙遜の義務を負っているからである。

それがいかに否定しがたい部分もあろうとも、貧者に対する物質的心理的支援に関して古代のキリスト教徒がもたらした革新を「純粋主義《アンジェリスム》」のまなざしだけで見てはならない。教会が行なった慈善活動は単に道徳の領域に属するものではない。それは、最も悲惨な貧窮の緩和という次元をはるかに超えた結果をもたらすのである。この公的な慈善事業のシステムは、それを指導する者たち、つまり司教たちにとっては、彼らが管理しているところの、時に莫大なものとなる財産の存在を理論的に正当化するものとなる。またそれは、とりわけ諸都市の日常生活における影響力の源ともなる。最も貧しい者たちの庇護者、そして一般民衆層の庇護者にまでなった司教たちは、単なる「宗教的」領域を越える存在となる。つまり、司教たちはこれ以後、社会的政治的生活の新たな関与者、それもかなり有力な関与者となるのである。西方世界では、五世紀と六世紀に、ローマ帝国の行政組織が崩壊した結果、少なくとも一時的には、司教たちが世俗的、および軍事的権限を代行することになる。かくして、四世紀という「教父の黄金時代」——長続きすることのなかった安定の時代であり、後の時代にはその大胆さを失ってゆくキリスト教の社会思想を生んだ時代——が実現した〔世俗権力と教会との〕役割分担は終わりを迎えたのである。

ジャン=マリー・サラミト

完徳を求めて——禁欲と修道制

そもそもの初めから、イエスの弟子たちの多くは禁欲的な生活様式を取り入れた。イエスに付き従うためには、あるいはイエスが求めるように完徳であるためには、家族、仕事、財産を放棄しなければならなかった。最初の弟子たちが受け入れたこれらの要請はまた、様々にかたちを変えつつ、彼らの後継者たちにも受け入れられた。エルサレムの最初期のキリスト教共同体のメンバーたちは財産を共有化する。別の教会共同体では、数多くの男女のキリスト教徒が、純潔と清貧のうちに生きることを選び取り、「使徒的遍歴」の足跡を帝国の街道に縦横にしるす——この種の禁欲行は数世紀間続く。シリアを例とするいくつかの地域では、すでに三世紀より、諸教会に仕える独身者たち、すなわち「契約の息子たち」からなる共同体的組織の輪郭が描かれ始める。

しかし、三世紀の終わり頃に、禁欲を生きる一つの方法が現れ、徐々に上記のような古い形態に取って代わり、紛れもない一つの制度となる。これが修道制である。アレクサンドリア司教アタナシオスが遺した伝記を通じて、アントニオス〔二五一年頃—三五六年〕が、修道制の創始者というのでなくとも、その原型として現れてくる。彼はただ単に自分の財産を捨て去ったのみならず、まただ単に貞潔と苦行のうちに生きることを選び取ったのみならず、それらのことを孤独のうちに行なうことで、修道制の起源となるものを定義したのである。それはすなわち、人から離れた生活を選ぶことであり、この世からの身体的な離脱を含意している。修道者とは単独で生活する者(「モノス」〔*monos*〕または「モナコス」〔*monachos* 一人で住む者〕)なのだ。アントニオスはそれゆえ、二八〇年代に、ナイル川流域にあった故郷の村を去り、一人離れた場所を住処とし、はじめは人里から遠く離れた墓に、次には砂漠の中に打ち棄てられた小さな砦に、最後には紅海近くの山岳地帯の「砂漠の奥」に居を構え、三一二年頃から三五六年に死ぬまでそこに住んだのである。孤独の中で修道者は、祈り、断食し、徹夜し、悪魔と戦うのである。これらはすべて、彼を己の存在の統合へと、そして観想へと導くことを目的としていた。

アントニオスは当時こうした生活様式を選び取った唯一の人間というわけではなかった。それにこの禁欲的生活様式は、まさにそれが収めた成功のために、すぐさま変化してゆくのである。すなわち多くの他の隠者と同じように、アントニオスのまわりにもこの禁欲生活の志願者が押しかけ、彼は霊的指南者となる。修道者たちが群居するいくつかの集落が形成され、そこではめいめいが孤独の中で禁欲行を行なうが、新参者は古参者と接触をもってその助言に従う。しかしながらそこにはいかなる共通規則もなく、各個人が自分のために固有の規則を作るのである。四世紀初頭、こうした集団はエジプトの様々な地域に出現するが、なかでもアレクサンドリア南方約六〇キロの場所にあるスケーティスの砂漠の集団が有名である。

しかし、共同生活を送る修道制という新しい段階が早くもこの時代にもたらされる。その先導者はパコミオス（二九二年頃—三四七年）であり、彼は数年間の独住生活の後、三二一年頃に、ナイル川上流域にある廃村タベンネシに居を構えるのであるが、ここに弟子たちが加わってくる。そこでは紛れもない一つの共同体がパコミオスの指南の下に徐々に形成され、しだいに練り上げられてゆく規則が法的な枠組みとなり、「修道士」の日常生活を構成する。そうした規則は、一日に数回なされる共同の祈りや、共同で行なわれる禁欲的実践を規定している（これによって、たとえば単独で行なう断食や徹夜の苛酷さが和らげられることになる）。そこでは手仕事が禁欲行に不可欠な要素となるが、これは、ともすれば単に祈りだけで満足したり、他のキリスト教徒に養ってもらおうとするような修道制（各地で目にされる傾向）に対する反動であった。修道者たちは、修道院、すなわち世間からの隔絶を確保するための塀に囲まれた一群の施設の中で生活する。そこでは食事と食事に関する規則は共通であり、財産の共有は完全なもので、各個人は自分の財産を修道院に譲渡し、規則が彼に認めた分しか持てなかった。このように組織化された生活においては、長上への従順が修道者の主要な徳となる。

エジプトにおいてただちに広まりをみせた修道制は、独住型にしろ共住型にしろ、徐々に全キリスト教世界に拡大してゆくが、その際、時にはかなりはっきりとした地域差が生じる。たとえばシリアの修道制は、恐ろしい苦行を自己に課す、単独の禁欲行の極端な厳しさで際立っている。最初の柱頭行者が現れるのもシリアである。彼らは柱のてっぺんで禁欲行を実践した人びとであり、その生き方は多くの模倣者を生んだ。小アジアでは、福音の過激な信奉を特徴とする信徒集団が現れるが、このような信奉は「既成の」教会の組織と実践のあり方に対する批判を伴っており、修道生活を宗派的運動にする傾向を持っていた。カッパドキアのカイサリア司教だったバシレイオスは、自分の管轄下にある多数の信徒に、財産の共有や貞潔や、生計を立て施しをするための労働の義務など、まさに修道生活の枠組みを取り入れさせている。パコミオスにおいてそうだったように、ここにおいて長上に対する従順は非常に重要な意味合いを持つ。霊を見分ける力〔『コリントの信徒への手紙』一章一二―一〇〕というカリスマを持ち、神の掟を明示できるのは長上なのである。他方、これら修道者の共同体は、司教を中心とする地域教会に奉仕する存在でありつづけた。バシレイオスが定めた修道士規定は、東方の修道制においても長く受け継がれた。

独住生活の修道形態は男性に限定されていたが、共住生活の修道形態はすぐに女性たちにも取り入れられる。パコミオスは女性たちが修道生活を送る場所を設けたし、バシレイオスの姉マクリナ〔三二七年頃―三七九年〕のように社会的上層階級に属する女性たちの主導で作り出された修道生活の場所もあった。家族の下に住み続け、さらには、同じ選択をした男性と生活を共にすることさえした、自立した処女たちの生活は長く続いた。この種の男女の同居はごく早くから見られるが、しかし司教たちはそれに嫌疑をかけ、四世紀を通じて絶えず抑制に努めている。その結果、ついにはそうした同居は共同生活の秩序のために消滅してしまうのである。

西方世界では、厳密な意味での修道制は、東方から伝播したものであって、ようやく四世紀の後半から発達をみたが、〔修道制という新しい形態とは異なる〕古来の禁欲生活のやり方は西方においてより長く存続したのである。それは独住も共住も不可欠の構成要素とはしなかったが、純潔、清貧、祈り、断食、貧者の世話といったことは、個人の普段の生活環境の中で遵守されていたのである。この古いやり方が消えてゆく、あるいは修道制の鋳型に流し込まれてゆくのは、徐々にであった。

刊行（三五七年）されるなりラテン語に翻訳された『アントニオス伝』は、たちまち西方世界に多くの隠修士を出現させ、彼らはモデルと同じように、孤独のうちに禁欲生活を実践した。原野や森を選ぶ者もいれば、地中海の島々に住み着いた者もいた。隠遁生活が発する魅力は、リヨンのエウケリウス〔？―四四九／四五〇年〕が四〇〇年頃に著した『砂漠の称讃』を例とする作品群が証言するように、西方世界では長く存続したのである。だが、正確な証言となると依然として非常に数が少ない。というのも、隠修士の多くはわずかな痕跡も残さずに消えてしまったからである。しかしながら、当時共住型の修道院を設立した人びとの多くは独住生活から始めたということ、そして、これら修道院のまわりにはいくつかの孤立した庵が長いあいだ残存し、禁欲行において最も進んだ修道者たちがそこに滞在できたということは分かっている。それでも、西方世界においては、元来の隠修士的な理想は徐々に衰退していったと言うことができる。

これと反対に、共住的修道制は大きな成功を収め、様々なかたちで広まった。初めは家族的な修道院が設立された。禁欲に心を惹かれたキリスト教徒たち（あるいは特に女性のキリスト教徒たち）が、徐々に自分の家を修道院に変え、若い娘、貴族の寡婦、そして言うまでもなく彼女たちの従者や侍女とともにそこですでに幾分かは共住的な生活を送っていたのである。また司教修道院も創設され、そこでは聖職者たちが司教を中心に共住生活を営んだ（最も有名な例の一つがヒッポ〔アルジェリア〕にあったアウグスティヌスの修道院である）。まもなく厳密な意味での修道院がいくつか建立され、その創設者のまわりに多数の修道士が集まってくる。東方生まれのヨハネス・カッシアヌス〔三六〇年頃―四三三年〕は、マルセイユに修道院を設立し、その著作を通じて西方世界にエジプトの共住修道士の理想を広めた。独住生活から始めた修道院創設者もいる。マルティヌス（〔三一六／一七―〕三九八年没）がそうであり、彼は最初リギュジェ〔ポワティエ近傍〕に住み、次いでトゥールに移り住んで当地の司教となり、そこに多くの弟子が加わった。ホノラトゥス〔三五〇―四三〇年〕の場合も同様である。彼は四〇〇年から四一〇年のあいだにレランス島〔カンヌ沖合〕に居を構えたが、弟子たちがあらゆる地域から彼の下にやって来て、最初は個別の庵に住みながらも同じ長上者と同じ規則に服する生活を送った。レランス島はまもなく「コエノビウム」〔*cœnobium*〕、すなわち修道者が共同生活を実践する大規模な修道院となる。これは、同じ系列に連なる多数の修道院とともに、五世紀および六世紀において、ガリアで、さらには西方世界で最大規模の修道院施設となった。ここから生まれた諸々の戒律は、聖ベネディクトゥスの戒律の登場に先立って、西方の数多くの修道院のあり方を規定したのである。

ピエール・マラヴァル

第6章 信仰を確立したキリスト教知識人

——教会教父たち

バシレイオス、ナジアンゾスのグレゴリオス、ヨアンネス・クリュソストモス

福音の知らせは、あらゆる人間に宛てられてはいたが、イエスによって何よりも弱者に向けて啓示されたのだった。使徒たちは、イエスに続いて、福音の知らせを東方ギリシャ世界に、次いで西方世界に広めたのであるが、彼らも学識ある人間ではなかった。

伝統文化に直面して、最初の数世紀のキリスト教著述家たちは、反対勢力からの紛れもない挑戦に応じなければならなかった。つまり彼らは、多神教の寓話の荒唐無稽さと反道徳性を糾弾し、教義や道徳の領域においてキリスト教の知的基盤を確立するのに役立ちそうなものをギリシャ哲学から取り出し、同胞や反対者とのやりとりに際しては弁論術や修辞学の財産を駆使しなければならなかった。さらに彼らは、この財産をもとに、キリスト教の諸文献に対して、様々な文学ジャンルにおいて、いわば「貴族授爵状」を与える必要があった――これは伝統文化との対決による巨大な成果であるが、この対決に臨むためには十分な学識で完全武装している必要があった。このことは四世紀の偉大な司教たちが歩んだ道のりに示されている通りである。

カイサリアのバシレイオス（三三〇―三七九年頃）――行動する神学者

カッパドキアの三教父の最年長者は、迫害を経験したこともある非常に富裕な貴族の家の出である。カイサリア〔トルコ中央部〕は優れた修辞家を輩出したことで有名であったが、修辞学を教えていた父バシレイオスは、完全な教育を受けさせるべく、息子をコンスタンティノポリスに、そしてアテナイに行かせた。この合計で六年から七年にわたる滞在期間中に、バシレイオスはナジアンゾスのグレゴリオスと親交を深めた。両者とも、異教徒のリバニオス〔三

一四―三九三年頃）ら著名な教授たちを師として、諸学問の全課程を修了した。

バシレイオスの宗教教育は、母と祖母から授けられた確固たるものだった。実際、カッパドキアに戻ったバシレイオスは禁欲生活に入り、（一人で？）下エジプトやシリアへの大旅行を行ない、その過程で様々な形態の修道生活に触れた。その後、ポントス地方のアンニシにあった一家の所有地の、人里離れた森の奥深くに隠遁した。母と姉のマクリナ（三二七年頃―三七九／三八〇年）、弟であるニュッサの（後にこの地の司教となる）グレゴリオス（三三五年頃―三九四年）（ただし一時期のみ）、そしてナジアンゾスのグレゴリオスも一緒だった。バシレイオスは、ナジアンゾスのグレゴリオスとともにオリゲネス（二五四年頃没）とその著作の研究に取り組んだ。彼らはオリゲネスの著作から抜粋したものを解釈学的、哲学的方法論のかたちにまとめた。これが『フィロカリア』である。バシレイオスはかなり早くに司祭に叙階され、三七〇年には、カイサリア司教（エウセビオス）の死に際して後継者に選出された。彼が司教職にあった八年間は実りの多いものであった。それは教義、教会規律、教会法の水準についても言えるが、また同様に、典礼の主導（混声合唱を伴なう聖務日課）、教会管区内の巡察、修道兄弟会の設立、様々な慈善事業（炊き出しや救貧活動のための数々の総合施設の設立、特にカイサリア近郊にあった有名なバシリアッドの建設）、弱い立場にある人びとや帝国行政の犠牲者の擁護、そして諸教会間の平和と統一のための倦むことのない努力についても言えることである。

バシレイオスは自らの出自と「教育」で得た賜物をさらに稔らせることができ、それを自らに託された人びとの益としたのである。彼は、唯一つの権威、すなわち聖書の権威のみが存在するという確信を持って、キリスト教徒の義務に関する概論『倫理規定』（新約聖書の一五〇〇の節を基礎とする規定集）を著し、次いで兄弟会から提起された質問への回答集である『修道院小規則』を著す。これは後に『修道士大規定』『修道士小規定』ないし『修道院大規則』となる。彼の『聖霊論』はコンスタンティノポリス公会議（三八一年）への道を開いた。バシレイオスの説教には、『詩篇講話』と、社会問題を含む様々な主題についての「倫理的」講話、そして『ヘクサエメロン』（『創世記』第一章から第三章に関するもの〔創造の六日間に関する九篇の講話〕）がある。小論『異教文学を実り豊かに使用するために若人に与う』は、キリスト教信仰と「古典」文化の関係に関する重要な著作である。バシレイオスには、自らが古典文化の最良の代表者たちのもとで獲得した知識によって、見識を備えた若者たちを教育する資格が十二分にあった。最後に、彼は聖職者や幾人もの熱心な一般信徒に宛てた三〇〇通以上の手紙を残しているが、そうした手紙には豊かな情感が滲み出ている。ラテン語の翻訳にも恵まれて、バシレイオスの影響力は彼の存命中に西方世界にまで及び、彼をおそらくは中世の著述家たちによって最も引用されるギリシャ教父にしたのである。

ナジアンゾスのグレゴリオス（三三〇―三九〇年頃）――詩人神学者

グレゴリオスは、カッパドキア南西の小村に、熱心な正教徒の家族の一員として生まれた。彼の父である大グレゴリオスは、息子が生まれる前にナジアンゾスの司教に選出された。グレゴリオスは、カッパドキアのカイサリア〔ローマのアウグストゥス・カエサルの名にちなむ各地にできた古代都市〕にあった学校をはじめ、パレスチナのカイサリアやアレクサンドリアの学校、そしてとりわけアテナイの学校に通い、そこでバシレイオスと知り合った。グレゴリオスはバシレイオスよりも先に帰郷し、その後アンニシでバシレイオスに合流したが、それは友人同士の二人が選択した「哲学的生活」を送るためであった。三六一年、グレゴリオスは父に請われ、自らの意に反して司祭に叙階された。ほどなく、独住生活への誘惑に抗しきれなくなった彼はバシレイオスのもとに逃亡してしまうが、三六二年の復活祭前にナジアンゾスに戻っている。

バシレイオスは、カイサリア司教の座に選出されてまもなく、グレゴリオスにサシマの司教としての聖別を受けさせた。このサシマという町は、カッパドキア南方にある郵便の中継地にすぎない小さな町であった。グレゴリオスの気質は他人との争いにはまったく向いていないにもかかわらず、友人が彼に望んだ役割はテュアナ〔カッパドキア地方の都市〕のアンティモス〔バシレイオスの友人だったが、のちにアルメニア教会の問題をめぐってその批判者となった〕に対抗することだったから、この発案ははじめから失敗するに決まっていた。グレゴリオスは再び山に逃亡してしまった。彼の父が、死の直前、ようやく彼を山から戻ってこさせることができた。彼はナジアンゾスの司教区の司牧にあたり、当該地域の司教たちを満足させた。ところが、司教たちが後継者の選出にぐずついているうちに、グレゴリオスはイサウリア〔トルコ・トロス山脈〕のセレウキアに逃亡した。三七八年、正統信仰の擁護者テオドシウス帝の即位の年に、コンスタンティノポリスのカトリック信徒共同体がグレゴリオスにその司牧者となることを要請し、彼は迷った末に承諾した（三七九年）。彼の卓越せる『神学講話』（第二七篇から第三一篇まで）はこの時期のものであり、その主題は三位一体論の擁護であった。

このような時にコンスタンティノポリス公会議が開かれた（三八一年）。議長はアンティオキアのメリティオス〔?—三八一年〕であった。彼はグレゴリオスの司教区長就任を正式に認めるために教会法を改正したが、会議閉会前にこの世を去ってしまった。グレゴリオスの司教区長継承は、アンティオキアの教父たちのあいだに激しい対立を引き起こした。それは当のグレゴリオスにも降りかかり、彼の立場に対して一部から異議が唱えられた。彼はこれを契機として職を辞し、三八三年までナジアンゾスの教会の司牧に当たった後、従兄弟のエウラリオスが後任に選ばれるとアリアンゾスに隠遁し、死ぬまで（三九〇年）学問と詩に専心した。この繊細な魂の人生は、観想の道を目指していたが、ひたすら放棄と逃亡の連続であった。

東方世界において後に「神学者」という尊称を与えられることになる彼の著作は、倦むことなく書き写され、読まれ、数々の公会議で引用された。彼の著作には、歴史的にも霊的にも大きな重要性がある二四九通の手紙が含まれるが、そのなかでも若い神学者を指導する手紙が重要であり、どこをとっても誠実さと飾り気のなさが窺える。その他にも、数多くの詩（全部で一万七千の詩句）、神学的著作（異端に対する弁明）、歴史的著作（墓碑銘や諷刺詩や――古代人においては稀なことであるが――二つの自伝）、そして四五篇の説教（その多くは祝日に際してのものであり、いくつかは追悼演説で、バシレイオス追悼もある）がある。この神学の高揚期において、著名な聖職者たちのように当世の風潮に迎合してしまわないためには、そして、ニカイア信条を「器用で巧妙なさじ加減」によって擁護するだけにとどまらないためには、底知れぬ教養が必要だった。

しかしながら、人びとに向けた説教ではヘレニズムの反対者であったのに、書簡や詩においてはギリシャ文化の信奉者であったグレゴリオスは、他人がそれを使用していれば非難するような文学の武器を自分で使用しているのだから、自己矛盾に陥っているのではないだろうか。事実、グレゴリオスにとって「真の危機とは、文学への無知」なのであり、これが大多数のキリスト教徒が犯し、彼が告発するところの「判断の誤り」なのだ。こうした異教文学の重視がグレゴリオスを彼の友人バシレイオスに近づけたのであり、またグレゴリオスを極めてアクチュアルな人物にしているのである。

ヨアンネス・クリュソストモス（三四四／三五四―四〇七年）――繊細な心

アンティオキアで生まれたヨアンネスは、母アントゥサから多くのものを受け継いだ。彼女は彼の最初の教育者であり、彼は母親にその豊かな感受性を負っている。当地で教育を受けたが、彼もまたリバニオスの生徒であったことは確かなようである。しかしながらヨアンネスは早くから神学の道に進み、メレティオス（三七二年ヨアンネスに洗礼を授ける）に、後にはタルソス〔トルコ中南部〕のディオドロス〔?―三九〇年頃〕に師事した。朗読奉仕者に叙階されたヨアンネスは、初めは自らの住処で禁欲生活を送り、その後アンティオキア東方で四年間を共住修道士として過ごし、最後に隠者として洞窟で生活した。しかし、過度の禁欲生活がたたって〔病気になり〕やむなくアンティオキアに帰ると、当地で助祭に叙階され（三八一年）、後に司祭に叙階された（三八六年）。その時以来ヨアンネスは、あの「アンティオキアの説教家」となったのである。

彼の名声はコンスタンティノポリスにも達したが、それはおそらくアンティオキアの反乱（三八七年）の頃である。大司教ネクタリオスの死（三九七年）に際し、ヨアンネスが彼の後継者に選出され（三九八年）、本人の熱意の低さにもかかわらず、コンスタンティノポリスに送られた。そこでもまた彼は、貧しい人びとや一部聖職者たちから親愛の情を得た。帝妃エウドクシアと意見を衝突させたため、彼は四〇三年に不当に罷免され――この命令はほとんどすぐに撤回されるが――、若きアルカディウス帝〔三七七―四〇八年〕は彼を追放し（四〇四年）、最初はククス（アルメニア）へ、次いでピテュウス（カフカス）へと流刑に処された。これらの強行軍で彼は打ちのめされ、移動の途中四〇七年九月一四日にポントス〔アナトリア地方の黒海南岸〕のコマナで命を落とした。

ヨアンネスは、「思考の明晰さ、説得力、表現の精彩」の非常に多くをギリシャ的教養に負っていたにもかかわらず、ヘレニズムを執拗に攻撃し、親たちに対しては子どもたちをギリシャのおとぎ話から守るように求めている。この峻厳さの背景には、おそらくは当時のアンティオキアにおける風俗の頽廃がある。しかしながら彼は、プラトン主義的、ストア派的なテーマを継承することもあった。時宜に適った諸々の説教（『アンティオキアの人びとへ』）を行なったことに加え、講話形式の膨大な著作によって旧新約聖書の大部分を註解したことから、ヨアンネスはギリシャの説教家の中で最も実り豊かな「黄金の口」と称された。彼はまた、とりわけ寡婦オリュンピアス〔三六一／三六八年頃―四〇八／四一〇年頃〕宛てのものが注目される多くの手紙と、禁欲主義と霊性に関するいくつかの論考を残した。ヨアンネス・クリュソストモスは「人びとの心に入り込み、事物を鮮やかに感じさせる」（フェヌロン）のであり、至極素朴な態度に巧みな註解を加えることに卓越している。語調の重々しさ、福音の求めが、想像上の対話の至るところに見られるが、この対話において司牧者が児童教育に強い関心を持っていたことが窺える。

ブノワ・ガン

ヒエロニュムスと『ウルガタ』

ヒエロニュムス（三四七?―四一八年）は今日、数ある聖書註解――とりわけ旧約聖書における大小の預言者の註解――を行なったことで有名であるというよりも、はるかにウルガタの著者として有名である。一千年以上も前から、特に十六世紀のトレント公会議以降、「聖書のウルガタ版」――ウルガタ版とは、一般に受け入れられた、普通の、流布された版という意味である――、もしくは単に「ウルガタ」と呼ばれてきた旧新約聖書のラテン語訳は、ヒエロニュムスによってその大半が四世紀末に改訂され、時に困難に直面しながらも徐々に広まってゆき、それから二世紀から三世紀後には西方教会で用いられるようになった。九世紀からはいくつかの写本が現れ、十四世紀と十五世紀には、多数の画家たちが「聖霊の啓示の下にウルガタを起草するヒエロニュムス」のイメージを一般に普及させた。

ところが実際には、ウルガタという呼び方は、ある非常に複雑な歴史を覆い隠してしまう。この歴史を簡潔にまとめようとすれば往々にして過度に単純化し歪めてしまうことになる。このウルガタという名前が意味しているのは、規準となるべきテクストを校訂しようというヒエロニュムスの意志というより、むしろその新しさによって様々な異論にみまわれた長期に渡る企ての到達点であり承認のしるしである。ヒエロニュムス自身が「ウルガタ」という言葉で指しているのは、彼が校訂を行なう以前に存在し、彼が不正確だと判断した種々のラテン語訳である。「通常用いられる」訳になるまでは、ヒエロニュムス訳は新奇な訳と見なされ、聖アウグスティヌスのような人の目にすら疑わしいものに映り、彼はこれをほとんど用いないのである。

こうした展開と、状況および語義の急激な変化を理解するためには、西方世界のキリスト教徒が置かれた具体的状況を、次のような時代から見ることがまず必要である。すなわち、新約あるいは旧約聖書に関して、それまで二つの聖書はギリシャ語で伝えられていたのに、もはやそのギリシャ語が彼らには理解できなくなってしまった時代である。三世紀の転換期にアフリカやイタリアで様々なラテン語訳聖書が出る。新約聖書のラテン語訳、たとえばヒエロニュムスが取り組んだ福音書のラテン語訳は、当時のあるギリシャ語テクストに起源を持つ。ただしそのギリシャ語テクストは、東方世界において最も普及していたテクストではなかった。旧約聖書のラテン語訳に関しては、たいていの場合、部分訳であるが、それらの底本はすべて、ヘブライ語原典ではなく、ディアスポラのユダヤ人のために作成されたギリシャ語訳テクストのいずれかであり、なかでも紀元前三世紀から紀元後初期のあいだにエジプトのアレクサンドリアで作成されたギリシャ語訳テクストだった。すなわち『七十人訳聖書』であるが、このように呼ばれるのは、それが七十人のユダヤ人学者によって訳されたと考えられているからである。一方、翻訳の底本が何であったとしても、ラテン語訳の成果については、単に翻訳の正確さやより最近のギリシャ語テクストとの一致という点からのみならず、文学的な質の貧しさからしても改善の余地があった。四世紀に、キリスト教の教養人たちは、取り繕いようのないラテン語テクストの粗末さを発見して衝撃を受けたのだった。様々な言語間における語彙が互いに関係がないことや統語論の違いに加えて、文法や語法の誤りが神の言葉にはふさわしくないと彼らには思われたのである。おまけに写本の誤りもあった。

こうした聖書の美的側面の改善は、福音書の数多くのギリシャ語版に出会った東方への旅から戻ったヒエロニュムスが、ローマで三八二年から三八四年のあいだに着手した最初の仕事の一部に関係している。彼がよりよいものと判断し、当時東方世界に広く流布してもいたギリシャ語テクストを基にして、ローマで使用されていた福音書のラテン語訳を修正し、ラテン語の精彩や滑らかさを改善したのだが、彼にはまったく新しい訳を生み出すつもりはなかった。時間の問題もあったが、彼の慎重さや慣例との正面衝突を避けたいとの願いもあって、ヒエロニュムスは既存のテクストをまったく改めるということはしなかった。まさにこの慎重な訳が、急速に西方世界に受け入れられたものなのである。また、新約聖書のウルガタと呼ばれるもののうち、ヒエロニュムスによるものは唯一つである。パウロの手紙の改訂版もほぼ同時期に出されているが、これはおそらくヒエロニュムスの取り巻きによるものであって、長くそう考えられてきたのとは反対に、ヒエロニュムスの手によるものではない。

ローマ滞在の頃から、ヒエロニュムスはもう一つの困難な問題に囚われていた。それは旧約聖書に関する問題であり、したがってユダヤ人との対話という問題であった。キリストの救世主《メシア》としての性格を確立することに腐心していたヒエロニュムスは、預言者の書のギリシャ語テクストを、ユダヤ教のラビから借りたヘブライ語原本と照合した。彼の考えでは、ヘブライ語原本は、メシア思想を霞ませてしまった『七十人訳聖書』のギリシャ語テクストよりも、キリスト教の信仰にとってより好ましいものであるはずだった。だが、ヒエロニュムスが知らなかったことがある――それが本当に気づかれるまでには現代を待たなければならないのであるが。それはすなわち、ディアスポラのユダヤ人たちのヘブライ語テクストへの回帰は、『七十人訳聖書』のギリシャ語改訂版が数多く出た紀元後最初の数世紀に顕著になるのだが、それ自体、キリスト教徒による『七十人訳聖書』の盛んな使用を目にしたユダヤ共同体の態度硬化に起因していたということである。他方でヒエロニュムスは、ヘブライ語テクストを様々なギリシャ語訳と比較検討したオリゲネスの後に続いて、ユダヤ人との議論はユダヤ人が用いているテクストによらなければ成り立たないと考えた。このことは、彼が初めにオリゲネスが改訂した『七十人訳聖書』のギリシャ語テクストを底本とした旧約聖書のラテン語訳の改訂に専念することを妨げはしなかった。聖アウグスティヌスが検討したのも、ヘブライ語を底本にした訳本ではなく『七十人訳聖書』に基づいたラテン語訳の方であるが、しかしこのラテン語訳に関してはほとんど何も残っていない。それにしてもここには逆説がある。つまり、ウルガタの『詩篇』は『七十人訳聖書』の改訂版のラテン語訳にほかならないということである。ヘブライ語からの翻訳――「ヘブライ語による詩篇」――学問的により確かな翻訳は、ウルガタの中にまったく入っていないのである。

ユダヤ人との議論という望みは、もう一つ別の結果をもたらすことになる。すなわち、ユダヤ人に広く認められた書物しか使用できなくなってしまうのだ。だからたとえば、ユダヤ人の書物であっても、もともとギリシャ語で書かれた書物は排除されてしまうことになる。これらの書物は、ヒエロニュムスによる改訂の対象にはならなかったが、彼に先立って存在した一ないし幾つかの聖書訳本に含まれていたテクストとしてウルガタに収められた（『知恵の書』や『シラ書』など）。この結果、とりわけ次のような違いが生じてくることになる。すなわち、カトリック教会の「正典《カノン》」――承認された書物の目録――は、古代教会で用いられたすべての書物を受け入れるが、その一方で宗教改革の正典は、ヒエロニュムスとユダヤ教の正典のみに依拠するのである。

ウルガタの成立史に移る前に、最後に一つ述べておく。それは、ヒエロニュムスは非常に多くの仕事に携わっていたため、すべての翻訳につねに同じ力を注いだわけではなかったということである。特定の書（『創世記』、預言者の書）は、他の書より重要性が高いと彼には思われた。彼は数々の要請を受け、翻訳を行なっていったが、与えられた期間は非常に短かった。したがって仕事の質は一定ではないし、書の順番もまるで考慮されていない。彼が翻訳したものすべてはいずれ集成されて最終的に一個の版となるが、それらはまず完成する度に一つずつ流布していったのである。

ヒエロニュムスが旧約聖書のギリシャ語テクストの改訂を断念して、ヘブライ語テクストを基にしつつ、さらに既存の様々なギリシャ語訳（ユダヤ人による）を参照しながらラテン語訳の改訂の仕事に取りかかったのは、三九〇／三九二年のことである。〔病気のため〕幾度も中断しつつも、中断後には精力的に働くことを繰り返しながら、ヒエロニュムスはこの作業を四〇五年まで、つまり十五年近くもかけて行なうことになる。この作業の進行具合、特に、いかなる挫折があったかということは、ヒエロニュムスがほとんどの翻訳の「断片」の前に置いている序言の数々からたどることができる。これらの序言はとりわけ、それまで教会の承認を受けていた聖書の翻訳を誤りとした廉でヒエロニュムスを告発する、諸々の批判に応答するものとなっている。最も重要な書については、ヒエロニュムスのテクストは、しばしば用語法と統語法に改良を加え、つねにヘブライ語聖書により近いものであろうとした。そうして出来上がったものは、その時代において無視できるはずもないものであった。

一部は学問的な校訂版でもあるこの翻訳は、徐々にラテン教会において中心となる位置を占め、典礼時の朗読に用いられるまでになり、全ヨーロッパに顕著な影響を及ぼし、その影響は様々な言語に及んだ。しかし、ヒエロニュムスのテクストは、そうした伝達の過程そのものにおいて多くの実質的な改竄《かいざん》を被るのみならず、多かれ少なかれ意識されないうちに、以前に使われていたラテン語テクストへの回帰も生じることになる。カッシオドルス〔四九〇年頃―五八三年頃〕の手により（五五〇年頃）、ヒエロニュムスが翻訳した諸テクストの最初の集成が世に出るが、それは数ある聖書の版の中の一つとしてであった。この後、ルネサンスまでを含む数世紀間、ヒエロニュムスの原テクストに回帰しようとする様々な試みが企てられた。しかし、次のような試みが企てられるに至るには、二十世紀を待たなければならなかった。すなわち、メンバーも入れ替わりながらベネディクト会修道士の翻訳チームは、苦心の八十年を費やして、多かれ少なかれ手を加えられたウルガタの様々な写本を熱心に集めただけでなく、ヒエロニュムスが遺したテクストを文献学に基づく非常に厳密な規準に従って再構成することにも心血を注いだのである。(3)

イヴ＝マリー・デュヴァル

聖アウグスティヌスとその思想の影響力

西方ラテン・キリスト教が生まれたのは、逆説的にも北アフリカにおいてであった。つまり今日ではまったくイスラーム化した地域に生まれたのである。東方世界において、急速にヘレニズムの影響を受けたユダヤ人社会の中に現れたこの新しい宗教は、長いあいだ、ローマやその他の西ヨーロッパ地域においては、東方出身者の植民地にごくわずかのメンバーがいたにすぎなかった。ところが北アフリカにおいては、早くも二世紀の後半から、あらゆる社会階層においてキリスト教共同体が躍進を見た。それは非常に豊かで活動的であり、最初からラテン語を用いていた。五世紀に西方キリスト教が自らの知的、霊的な個性を見出したのもまた北アフリカでのことであったが、それは聖アウグスティヌスの思想と著作が西方キリスト教に間違いなく刻み込んだ不滅の痕跡によってである。

歴史家にとって、アウグスティヌスは三つの特徴を持っている。第一に、アウグスティヌスは最も多弁な古代の作家である。というのも、彼が書き残した膨大なページが現代のわたしたちにまで伝えられており、さらには、わたしたちが知らなかった彼の手になるテクストが、諸々の写本の中にいまだに見つかるからである（一九八一年には二九通の書簡が、一九九〇年代には約三〇の説教が見つかった）。次に、アウグスティヌスはわたしたちがその人生、感情、心理について最もよく知っている古代人である。というのも、彼は自分自身について多くのことを語っているからである。それは彼の人生の最初の三十四年間の物語が記されている『告白』に限ったことではない。第三の特徴は、アウグスティヌスの思想が及ぼした計り知れない影響である。それは中世および近世の西方キリスト教世界に決定的な影響を及ぼした。こうした精神的影響の一つの指標となるのは次のような事実である。すなわち、中世の修道士たちは倦むことなくアウグスティヌスの著作の写本を作成した。彼らは、アウグスティヌスの書物を複写した一万五千以上の写本をわたしたちに伝えたのである。

アウグスティヌスは三五四年にタガステの小さな町に生まれた。今日ではスーク・アフラスという、チュニジアとの国境近くにあるアルジェリアの町である。彼の両親は地方の一名士にすぎなかったが、子のアウグスティヌスには優れた教育を受けさせた。こうした教育を受けた甲斐あって、アウグスティヌスは早くも三七五年にカルタゴで修辞学の教師となった。三八三年にイタリアに行くと、ローマ皇帝の宮廷があったミラノで教師となり、それからは行政官や政治家としての華々しいキャリアを追い求めた。三八六年の回心により、こうした出世の企てには終止符が打たれ、三八八年にはアフリカに帰って修道生活に身を捧げることになった。彼は司祭となり（三九一年）、その後ヒッポの司教となった（三九五年）。これは今日のアンナバ（旧ボーヌ）にあたる都市である。彼はこの司牧職に身を捧げるとともに、膨大な著作の執筆にも没頭した。それは四三〇年、七十七歳を前にして、彼が司教を務めた都市でヴァンダル族に包囲されて死ぬまで続いたのである。

アウグスティヌスは五年間イタリアに滞在したことがあったが、残りの長い人生のすべては北アフリカで生活し、そこで著述活動を行なった。にもかかわらず、彼の著作はすぐに非常に大きな影響力をヨーロッパに及ぼしたのである。実際には、当時の地中海の北側と南側は言語的、文化的に異なる世界ではなかった。ローマ領アフリカの属州は、広大な帝国の中でも最も豊かな地方に数えられていた。数多くの都市が繁栄し、そこには教養を備えたエリートたちがいた。彼らはしばしばラテン語化されたベルベル語で教育を受けた（アウグスティヌス自身とその家族がはっきりとそうであったように）。アフリカは、後期ローマ帝国においていくつかの地域が被ったような衰退の打撃を受けることはなかったようである。ヨーロッパとの文化的交流も経済的交流も頻繁であった。カルタゴ大司教座は、ローマに次ぐ西方世界第二の都市のそれであり、アフリカ沿岸地域をはるかに越える影響力を有していた。だとすれば、アフリカで執筆されたアウグスティヌスの著作がすぐに西方世界全域で読まれ、註釈を施されることがあり得たということも理解できる。カルタゴでは、熱心な支持者たちが彼の著作の写本を作らせてイタリアに送り、そこからガリアやスペインにまで伝播していった。こうした影響力の源は、アウグスティヌスの神学的、霊的な思索の深さに、さらには彼の底知れぬ文才や、豊かで力強く斬新な言葉遣いに認められる。また、書き言葉によって鋭敏な感覚を表現する能力、そして、彼より前には存在したかどうかすら定かではない、透徹した心理学的分析に認められる。

後世の人びとは、アウグスティヌスに関して語るとき、しばしば人間の本性についての根本的な悲観主義ばかりを取り上げてきた。すなわち、原罪のために堕落し、悪へと傾く人間の本性である。また同様に、いかめしい道徳的厳格主義ばかりを取り上げてきた。アウグスティヌス主義の神学者たちは、長い年月のあいだに、しばしば師の思想を体系化し、堅固なものにしてきたわけだが、アウグスティヌスの思想は、明らかにその膨大な著作において複雑で捉え難い上に矛盾もないわけではなく（その思想は歳月とともにかなり変化した）、このことが彼の思想を要約して示すことを非常に難しくしている。したがってわたしたちがここで取り上げることができるのは、多様で複雑で多岐にわたる思想の若干の側面だけである。アウグスティヌスは、敵対するペラギウス派との激しい論争が最高潮に達したときに初めて自らの諸命題を体系的、非妥協的に示した。それは特に予定説の命題に関してであるが、ある意味そこでは、年老いた人間が、それと望むことなく、自分自身の姿を描き出していると言えるかもしれない。次のことを思い起こそう。アウグスティヌスにとって、人間の本性には消し難い原罪の痕跡が残っており、わたしたちが個々人の功徳や善行によって救済に達することは不可能である。ただ神の恩寵だけがわたしたちを救うことができる。こうしたことはアウグスティヌス自身の体験であって、それは『告白』に詳しく語られている。それによれば、彼は数多くの彷徨を重ねた後、いわば神が彼を手でつかんで自らの方に導き、彼自身の最も深い内面における神の現前と、神の赦しの全能を啓示したのだった。彼の回心は彼個人の功徳によるものではなく、ただ神の呼びかけ、神の恩寵に対する応答だったのである。

アウグスティヌスの論敵たち、ブリタニアの苦行者ペラギウス、そしてとりわけペラギウスの弟子たちは、キリスト教を霊性を欠いた厳格な道徳主義に単純化した。彼らによれば、各人は神の掟を完全に遵守することによって完徳に至ることができ、また神は来世で各人の功徳に報いる（あるいは各人の過ちに罰を与える）はずである。人間の本性をペラギウス派は善であると考えていたから、〔人間的努力によって救いに至るという〕このプログラムが実現可能であると想定していたのである。このような思想は修道院において支持を広げた。ペラギウス主義はまた、ローマ貴族の世界において重んじられた。そこでは、個人の美徳の称揚が、古きよきローマの伝統やストア哲学と深く共鳴していた。アウグスティヌスは激しく異議を唱えた。すなわち彼は、そのような思想体系の根底には、人間の本性が善であるという錯覚と、人間の本性を悪へと向かわせた原罪の否定がある、と主張したのである。何にもまして、ペラギウスとその弟子たちは神の恩寵を軽視し、キリストによる救済が必要であることを軽視していた。つまり彼らは、思い上がって、自分たちには自らの力で完全な存在になる能力があると考えていたのである。彼らは、ある意味では、神なしでもやっていけると考えていた。この論争においてアウグスティヌスは、自分がキリスト教の精髄の核心的要素を守ろうとしていることを自覚していた。しかし論争は長引き、とげとげしさを増していった。アウグスティヌスはついには徹底的に反ペラギウス的な思想体系を練り上げるに至る。そこにおいて彼は、選ばれた者たちの共同体にのみ救済を認めている。それは神の恩寵によってはるか昔から選ばれていた者たち、すなわち救霊予定者であり、彼らは「地獄落ちの群れ」、つまり罪人たちの中から根拠なしに選ばれた。後世の人間たちがしばしば誤ってアウグスティヌス主義の名において取り上げるのは、彼の思想のこの最終段階だった。

四一三年から四二六年までのあいだ、つまり異民族が帝国内に侵入してきた時代に、アウグスティヌスは『神の国』を書いた。それは、永遠のまなざしのもとに記された、人間の運命についての壮大な省察であり、また当時の悲惨な状況を考えるならば、現代のアウグスティヌス研究におけるかの碩学アンリ＝イレネ・マルーが記し得たように、それはたしかに「破滅の時代の生の技法」であった。この大部の書物〔『聖アウグスティヌスとアウグスティヌス主義』一九五五年〕から、ここに一つの側面を取り上げることにしよう。神の国、すなわち選ばれし者たちの共同体は、歴史の時間の中では、完成途上にある。それが到来するのは終末の時である。現在のところそれは、人間社会に実在するいかなる共同体ないし団体であるとも考えられない。国家も、たとえ当時のローマ帝国のようにキリスト教国家であることを宣言した場合であっても、地上における神の国を名乗ることはできないし、聖性や、神に由来する全能を、我がものと主張することもできない。義人と罪人を同時に抱えている地上の教会、目に見える教会についても同じことである。アンリ＝イレネ・マルーが見事に看破したのは、いかにしてこの思想が、あらゆる全体主義ならびに非妥協的な原理主義を断固として退けるものたり得たか、ということである。

アウグスティヌスはまた、ある劇的な論争に巻き込まれた。それはアフリカのキリスト教世界をコンスタンティヌスの時代から引き裂いていた論争である。分離派の信徒共同体、すなわち、その創設者であるドナトゥス〔三五五年没〕の名にならってドナトゥス派教会と呼ばれた分離派教会が全地方に影響力を及ぼしていたが、ヒッポのあるヌミディア地方もその一つであった。ドナトゥス派は、カトリック教会の司教たちがディオクレティアヌスによる迫害の時代に自らの信仰をぐらつかせたことを非難し、自分たちだけで真正の教会を、すなわち聖人たち、清廉な人びと、殉教者たちの教会を作り上げると主張していた。この教会が農民層にめざましく浸透したことと、その成員の中に三四〇年代にヌミディア地方を血に染めた農民反乱（季節労働者《シルコンセリオン》あるいは「倉を襲うごろつきども」の反乱）にかかわった者たちがいたことから、現代の歴史家たちは、いくぶん時代錯誤的に、この宗教運動に反ローマ的民族主義や階級闘争の現れを見てとろうとした。それは実際のところ短絡的で強硬な宗教運動の一形態であって、わたしたちが非妥協的原理主義と呼ぶものであり、はっきりした政治的計画を持つものではなかったが、その支持者には数多くの名士や、元老院議員も含まれていた。洗礼は、たいていの場合は成人になってから授けられたが、それ自体が受洗者をキリスト教の信徒共同体に加入させることを意味し、同時代の精神世界において計り知れない重要性を持っていた。ドナトゥス派は、自らの信徒共同体に帰依してきた他教会のキリスト教徒たちに再洗礼を施した。なぜならドナトゥス派は自分たちこそが唯一真正のキリスト教徒だと考えていたからである。アウグスティヌスはドナトゥス派を説得して教会の統一という方向に連れ戻そうとしたが、失敗に終わった。そして彼は、当初はためらいながらも、ついには帝国の権力によって遂行された抑圧を支持するようになる。つまるところ、彼は四一一年にカルタゴで開かれた司教会議の指導者の一人となるが、この会では分離派教会を強権的に解散させることが決定され、なお残るドナトゥス派には重い罰金が課せられたのである。しばしば非常に暴力的な様相を呈したキリスト教徒同士の対立は、間違いなくアフリカ教会の弱体化の原因となった。この対立のうちに、この地域におけるその後のキリスト教消滅の遠因の一つを見出した歴史家がいるのももっともである。

アウグスティヌスに至るまで、キリスト教の神学的哲学的思想は、ほとんどもっぱらギリシャ語によるものであった。これ以後、西方ラテン・キリスト教は強烈な個性を持つ一人の師を有したのであるが、彼はギリシャ語を満足に知らず、先人たちに従うよりもむしろ自分自身で思考せざるを得なかっただけに、いっそうの独創性をもってその天才を示したのである。さらに、アフリカにおける西方に固有の神学の誕生という事態は、時間的に隔たってはいるが、教会分離の主因の一つとなる。教会分離は、十一世紀には確かなものとなり、西方ラテンカトリック教会と東方ギリシャ正教会とを隔てることになる。西方世界では、中世初期のあいだ、アウグスティヌスの教義の極端な諸側面は受け入れられなかったとしても、彼はただ一人の思想上の指導者であった。たとえば、九世紀にザクセン地方の人ゴットシャルク〔八〇三年頃―八六七／八六九年〕が断罪されて終身禁固刑に処せられたのは、予定説の教えを支持したからだった。十二世紀に発するスコラ学の思想は、アウグスティヌスを基にしながらも、彼に対して大きく距離を置いた。パリ司教ペトルス・ロンバルドゥス〔一一〇〇年頃―一一六〇／六九年頃〕がアウグスティヌスの教えを抽象的な教義の定型表現に直したが、このことはその教えを極端に単純化して歪めることにしかならなかった。さらに、アリストテレス主義が広い支持を集めたことによって、スコラ神学は徐々に純粋なアウグスティヌス的伝統から遠ざかっていった。

十六世紀の宗教論争は、アウグスティヌスを再び表舞台に登場させた。ルターとカルヴァンがカトリック教会と袂を分かったのは、彼らが教会をペラギウス的であると非難したからであった。彼らにとって、人間が神の前で義とされるのはただ恩寵と信仰を通じてのみなのであって、人間の善行によるのではない。というのも、人間はその堕落した本性が原因で功徳を失っているからである。したがってプロテスタンティズムは、出発点においては厳格なアウグスティヌス主義への決然たる回帰だったのであり、カルヴァンにおける救霊予定説への回帰はその一つだった。しかしながら、宗教改革者に対抗したカトリック側の人びともまた、トレント公会議において、救霊予定説や人間の善行が持ちうるあらゆる価値の否定といったラディカルな側面を除いてではあるが、往年のアフリカ人の思想を範としたのである。

十七世紀には、アウグスティヌスの名声と権威はフランスにおいて揺るぎないものとなり、無謬の権威として絶えず言及されたのだった。彼は同時代のあらゆる霊的な運動に影響を与えたのであり、ベリュル枢機卿のオラトリオ会はその一例である。一六四〇年には、フランドルの都市イープルの司教ヤンセンによる、死後出版の大著『アウグスティヌス』が公刊された。この著書は、ペラギウス派に対するアウグスティヌスの主張を再度取り上げて、アウグスティヌスのラディカルな神学を称讃するものであった。フランス教会は、ジャンセニスムの支持者と反対者に二分された。ポール・ロワイヤル・デ・シャンの女子修道院がこの運動の中心となった。『アウグスティヌス』は幾人もの教皇に相次いで断罪された。この本に対して多くの高等法院派が支持を与えたことで、それは一六六五年以降、ルイ十四世の目には懸念を抱かせるものとなる。王は、一七一〇年にポール・ロワイヤル修道院を破壊させた。自らの弁明のためジャンセニストたちが繰り返し唱えた主張の一つは、自分たちはただアウグスティヌスの教えを表現しているだけであるということ、そして自分たちの敵対者たちは、たとえ教皇であっても、偉大な教父を攻撃する以上、必ず間違っているということである。

十八世紀には、ヨーロッパにおけるアウグスティヌスの偉大な時代は過去のものとなっていた。ジャンセニスムは全面的に衰退しつつあった。それはもはや道徳的厳格主義と政治的抵抗の混合物にすぎなかった。一方でプロテスタント神学者たちは、徐々に先人たちの厳格なアウグスティヌス主義を放棄していった。何にもましてアウグスティヌス主義への拒否反応が認められるのは、啓蒙主義のヨーロッパにおいてである。取り返しのつかないほどに堕落しており、完全なものになりえない人間の本性という観念は、道徳的にも知的にも無限に進歩できる人間の可能性を確信していた啓蒙思想家たちと当然、衝突したのである。ジャン＝ジャック・ルソー〔一七一二―一七七八年〕は、人間とは本来的に善であって、ただ社会によって堕落させられるという理論を作り上げたが、このことはおそらく、ジュネーヴでカルヴィニズムの空気の中で青春時代を過ごしたことに対する反動であろう。さらにその後、ロマン主義者が、アウグスティヌスの極めて鋭い感性と、人間の運命の悲劇的なものへの感覚を好んだが、こうした関心は表層的なものにとどまった。

アウグスティヌスの思想がたどった運命は他に例を見ないと思われる。イスラームが勝利を収めて以降、彼の記憶は彼が生まれた土地では隠されてしまった。彼はその地に学問的にも宗教的にも一人の後継者も持たなかった。今日のアルジェリアにおいて、公式のイデオロギーが取り上げるのは、アウグスティヌスのドナトゥス派との対立ばかりである。ドナトゥス派は、はなはだしい時代錯誤により、地域的民族主義の先駆と見なされているが、アウグスティヌスは、この観点から見ると、植民地主義の支持者と化してしまうのである！　かくなる天才、この土地に生涯深い愛着を抱き続けた、この土地の子を前に、こうした態度を取ることは愚かしく、ばかげたことである。このことからわかるのは、マグレブのイスラーム化によってもたらされた根本的な断絶が、どれほど大きいものであるかということだ。中世のあいだに多数の写本が書き写されたのは、北アフリカではなく、西方ヨーロッパにおいてであり、それらの写本によってわたしたちにアウグスティヌスの著作は伝えられたのである。しかし、彼が他のいかなる者にもまして西方ヨーロッパ世界の宗教的生活および知的生活に大きな足跡を残したのだとしても、ここでも、十八世紀以降、その影響力は決定的に衰退していったのである。というのも、近代西洋のイデオロギーは、人間中心主義、進歩の確信、そして人間本性の自己完成能力への信頼を称揚したからである。こうした世界観および人間観は、アウグスティヌス的な神中心主義や、不可避的に悪へ向かう人間本性という悲観的な考え方、あるいはおそらく端的に明晰な彼の考え方を、決定的に否認するものである。

しかし、たとえ教義上の体系としてのアウグスティヌス主義が、今日あまり高く評価されていないように見えるとしても、現代人もなおアウグスティヌスの心理学的分析の並外れた深さに気づかされることがあるのは確かである。たとえばアウグスティヌスは、わたしたちの存在の根底に、捉えどころのない力が存在するのを突き止めた最初の人だった。それは、明瞭な意識の外にあり、意志によって自由にできるものではないが、わたしたちの行動を決定しうるもので、フロイト以来、無意識と呼ばれるものである。最後に次のことを思い起こしておこう。すなわち、アウグスティヌスは人間本性について悲観的な見方をしていたが、このことは、宗教的なものであれ別のものであれ、あらゆる思弁において知性が占めるきわめて重要な地位を彼が肯定することを妨げるものではなかった。理性および知性は神の賜物であって、つねに用いなければならないものである。だから、彼にとって反啓蒙主義的な宗教ほど己に無関係なものはなかったであろう。彼が言っていたのは、発見するために探求し、さらなる探求のために発見しなければならない、ということだ――これは神を求めることの見事な定義であるのみならず、あらゆる知的な歩みの見事な定義である。同様に、哲学者は皆、時間と記憶に関するアウグスティヌスの内省から相変わらず恩恵を受け続けることだろう。いや、むしろ多くの宗教的精神の持ち主がアウグスティヌスの霊性から深甚な影響を受け続けている。特に、心の内において、魂と「わたし自身よりもわたし自身に近い」魂の創造者とが向かい合っているという彼のヴィジョンに。以下は最後の逆説である。イスラーム的である前にアウグスティヌス的であった信条の墨守が、今日最も明瞭に見出せるのはムスリムの世界においてである。それはすなわち、神の絶対的超越性を断固として肯定すること、神の意志を静かに受け入れること、そして神の慈悲にのみ救いを待ち望むことである。もし地中海の両岸のあいだで平穏で冷静な宗教間対話を行なうことができるならば、往年のアフリカ人キリスト教教父の思想が、おそらくは橋渡しになりうるだろう。

クロード・ルペレ

第7章　「地の果てまで」福音を伝える

「よき知らせ」(福音)を「地の果てまで」伝えることはキリスト教の本質的構成要件である。イエスは使徒たちを宣教活動に送り出す際、彼らに次のように言った。「あなたがたは行って……すべての民をわたしの弟子とし、彼らに父と子と聖霊の名によって洗礼を授けなさい」(『マタイ福音書』二八章一九)。すでに三世紀に確認され、教会史家たち(四世紀初めのカイサリアのエウセビオス、五世紀初めのアクィレイアのルフィヌス(4)〔三四五年頃—四一〇/四一一年〕)も取り上げている、ある伝承によれば、福音を説くべき土地は使徒たちのあいだで分割されたという。この伝承が、長いあいだ、使徒の一人を創設者として持ち、自らも直系の使徒継承(ディアドケー〔*diadochè*〕)に連なるという、数多くの教会の主張の根拠となった。キリスト教の広まりは、当初はローマ帝国と近隣の東方諸地域において見られたが、その彼方にもなお福音を説くべき対象となる多くの民族がいた。いくつかの民族はすでに三世紀から帝国内に入ってきていた。四世紀と五世紀のあいだに、キリスト教徒は徐々に次のことを自覚するようになった。それは、ローマ帝国が公式にキリスト教化したにせよ、教会の範囲はローマ帝国内には限定されない、ということである。

フランソワーズ・トラモン

五世紀におけるローマ帝国内地中海域のキリスト教化

四二三年四月九日、東ローマ帝国の皇帝テオドシウス二世は、総督アスクレピオドトスに宛てて法令を伝えたが、それはとりわけ次のように命じていた。「残存する異教徒は、われわれはもはやそれが残存していないと考えるものであるが、すでに公布された規定〔法令〕によって扱われるべし」(『テオドシウス法典』第一六章一〇・二二)。帝国全域における寺院の閉鎖がテオドシウス一世によって命じられた約三十年後、彼の後継者は、そうした異教徒に対する処置の効果を非常にあいまいに考えていた。多神教の祭儀の信奉者はもはや存在しないというイデオロギー上の否定とは反対に、彼らが今なお存在しているという日常の現実があるわけである。たとえ、彼らの祭儀活動が公の場所で執り行なわれることはもはや不可能であり、ますます抑圧的になる法的措置への恐れから、個々の家や、ローマ世界の辺境や人目につかない場所で庇護を得なければならなかったとしても。現代の歴史家が、こうした信仰の規模を、量的に、また時間的な展開を追って推定することは不可能である。こうした信仰は——例外を除いて——「非常にキリスト教徒的な皇帝たち」の領土において人目につかないことを強いられたからである。そのため、「異教徒」のキリスト教への改宗がどのくらいのペースで進んだのかを算定することは不可能であるし、ユダヤ人の「改宗」は、四一八年二月にミノルカ島〔スペイン・バレアレス諸島北東部〕のマオンで起こったように時には集団でなされることもあったが、それでも明らかに少数であった。なるほどアウグスティヌスはしばしば——四世紀の転換期にそうしたのは彼だけではない——キリスト教集団内における「欺瞞の増大」、言い換えれば、うわべだけの帰属の増大を非難している(『詩篇註解』第七巻、七、第三九巻、一、ほか)が、しかしすでにオリゲネスが、アウグスティヌスより一世紀半早く、同じ言葉を用いているのである(『マタイ福音書註解』一九、二〇、二四節)。したがって、ローマ帝国におけるキリスト教徒の発展を数字で示す歴史は、たいていの場合、読者の印象や、多かれ少なかれそれを研究する歴史家によって支持される信念の影響を受けている。たとえそれが、結局はもろく、異論の余地のある統計学的な根拠に基づいたモデル化の試みの産物であったとしても。

空間と時間のキリスト教化が進むこと、すなわち日常生活において本質的に重要なこの二つの次元が徐々にキリスト教的価値基準に満たされてゆくことは明白な事実であり、このことが、「異教」を排除し、五世紀からはユダヤ教の祭儀の実施を制限する法令に重みを加えた。しかし、宗教的信条の変移、とりわけ「キリスト教への改宗」を資料によって詳細に裏付けることは、ただ次のようなものによる以外にない。それは、ある集団の描写、たとえば柱頭行者シメオンの柱の下にいた「イシマエルの子孫たち」（つまりアラブの人びと）の改宗の描写であるが、これはキュロス〔古代ギリシャの都市〕のテオドレトス〔三九〇年頃―四五九年〕の証言（『ヒストリア・フィロテオス』二六巻、一三―一六）による。あるいは、殉教者ユスティノスからアルノビウス〔三三〇年頃没〕やアウグスティヌスに至る数々の自伝的な描写があるが、それぞれの自伝のあいだに連続性を認めることは困難である。したがって、伝統的な歴史記述においてはしばしば、「人びとの改宗」は、壮大であると同じだけ不正確でもある一大絵巻のように描かれてきたし、「魂の道程」は、古代のテクストに現代の心理学のあらゆる手法を適用することで探られてきた。「キリスト教への改宗」の社会的歴史的な特定のメカニズムを明らかにしようとする試みは数多くある。しかし、そうした試みはしばしば、説明を主眼としたいくつかの大きな物語に行き着く。それは、神の摂理という幻影から解放されてはいても、一般的な原因と地域ごとの結果を関連付けるのに苦労することになる。というのも、これらの物語は、自らの根拠として、諸々のキリスト教共同体やそれら共同体が発する（複数の）メッセージ――たとえば救貧事業の実践や言説など――が人びとを引き付ける力を持っていたらしいという推測を確かな事実と見なすか、あるいは、つまるところキリスト教護教論に帰着する視座に立って、これもまた推測にすぎないのだが、旧来の多神教の力の弱さを自明の事実としてしまっているからである。以上が、その必要もあるまいが、個々の現象――ある個人の「改宗」――を、普遍的な現象――ある社会のキリスト教化――に一致させる困難さの証明である。

こうしたいくつかの考察を前提とすることで、キリスト教への「改宗」という現象へのより限定的で明確なアプローチが可能となる。それは、資料中にはっきりそれと同定できるような諸々の入信動機の検討に焦点を合わせるが、その際「真正の改宗」と「打算的な改宗」を選り分けるようなことはしない。歴史家は価値中立性に従い、こうしたまったく効力のない区別をやめなければならない。価値中立性に従って歴史家が有効と認めるのは、宗教的忠誠の変遷を左右するものに関して入手しうる情報だけである。つまり、調査の対象となるのは、ローマ帝国内を巡回するキリスト教の説教師に関する記載がなくなる時代である。実際、パウロの宣教を範とするようなキリスト教の普及は、大筋のところでは、『使徒言行録』の外典において豊かな実りを享受している文学的図式となったり、あるいはマニとその弟子たちの占有物となったのだった。

こうした調査により、多様な要因が列挙されるが、それらは複雑に絡み合っているため、今日どれがより重要かという視点から分類することはできない。積極的な要因としては、家族の影響、有力者に倣うこと――「もしもあのような貴族がキリスト教徒となれば、もう誰も異教徒ではなくなるだろう」(アウグスティヌス『詩篇註解』第五四巻、一三)――、特に君主に倣うこと、物質的な利益を獲得しようとしたり周囲からよく見られようとしたりすること、強制への恐れ、さらにはマオン〔スペイン〕であったような暴力の行使への恐れ、愛徳のかたちで受け取られる様々な恵み、奇跡や夢幻、隣人や司教や修道士との議論、友人の影響、読書、説教、そしてより一般的には、話術である。「改宗」への抵抗となった諸要因も確認しておく必要があるだろう――それぞれの要因はたしかに、「改宗」の要因としても抵抗の要因としても作用しうるのだが。たとえば、諸々の家族的な伝統や、ある種の階級意識や、イデオロギーによる束縛(プロクロス〔二〇〇年頃活躍〕のようなアテナイの新プラトン主義者たちの場合がこれにあたる)などである。

洗礼志願者の集団に加わるまでの動機の連鎖や、当時キリスト教徒に必要とされていた規範や信条を徐々に自分のものにしてゆくプロセスの長さがどうであれ、キリスト教に帰依することは、一つの共同体に入ることを意味していた。古代後期のキリスト教的現象には一般に認められるこの共同体という次元、そしてこの結果生じてくる、社会的アイデンティティの定義において宗教的性格が占める重要性の増大は、次のようなことがあるだけにいっそう明らかになる。すなわち、洗礼志願者や受洗者たちは、絶えず、知的な観点から「正統」と「異端」を区別するように求められたのみならず、実践的な観点からも、キリスト教を標榜する諸集団を他から区別するように求められたのである。

したがって、ローマ世界においてキリスト教徒がどこにどれくらい存在したかを算定する際、第一に根拠となりうるのは、それぞれの時代に存在したとされる司教たちの伝承に基づく地図である。人物描写に関する研究の進歩は、司教リストの不足部分を補うことを可能にする。たとえば五世紀の初めには、北アフリカのドナトゥス派司教の数や「カトリック」(反ドナトゥス派)司教の人数は四〇〇名と見積もることができるし、あるいは対立する二つの名義を有する司教座も数に入れるなら、約六〇〇の司教座があったと見積もることができる。ガリアでは、五世紀の半ばには七〇から八〇、すなわち同時代のイタリアと同数の司教座が存在したらしい。エジプトにもおよそ一〇〇の司教座があった。アジア司教区、つまり小アジア西部には二〇〇近い司教座があった。これら数字に表されるデータを確定する際には、公会議《コンシル》あるいは教会会議《シノッド》――これら二つの言葉は、一方はラテン語で他方はギリシャ語であるが、当時は同義語であった――の議事録に、司教たち(あるいはその代理たち)が記した署名のリストが決定的な役割を果たす。二世紀の終わりに現れた教会会議体制は、教会の長たちの会議から成り、程度の差はあるが広い地域を基盤として、彼らが直面していた諸問題を討議したが、目覚しい飛躍を遂げた。歴代の皇帝たちは、コンスタンティヌス帝の即位およびアルル教会会議(三一四年)とニカイア公会議(三二五年)以降、教会会議を自らのものとし、これを利用してキリスト教世界を分裂させる諸対立を解決しようとした。

司教座間の階層化も相当程度これと並行して進み、ニカイアに集まった大部分が東方出身であった司教たちは、アレクサンドリア司教の全エジプトにおける優位、およびローマ司教の中央イタリアと南イタリアにおける優位を承認した――彼らはやがて「大司教」と呼ばれるようになる。ニカイアの司教たちは他方で、すべての属州に首都大司教座を置くことを決定した。首都大司教はその全管轄地域における司教の選出を監督し、年に二回の教会管区会議に自管区の司教たちを招集する任を負う。この首都大司教の体制が、最初は東方世界に、次いで西方世界に広まったことで、帝国の教会の組織的枠組みはいっそう強固にされた。カルケドン教会会議(四五一年)で「総大司教」の概念が現れたが、これが権威を持つようになるのは、ユスティニアヌス（五二七―五六五年）の治世からである。総大司教として次の「五頭政府」があった。ローマ、コンスタンティノポリス、アレクサンドリア、アンティオキア、エルサレム――「旧」ローマと「新」ローマが、帝国の教会の首位権をめぐって争うことになる。

五世紀のあいだには、特にアフリカとイベリア半島における「蛮族の侵入」によって打ち砕かれてしまうのであるが、こうした教会組織が示す力強さに目を奪われて、ローマ帝国辺境における司教の配置の密度には濃淡があったということを見落としてはならない。その差は非常に著しいこともあった。それはたとえば、北アフリカの東部と西方辺境地域のような、広い範囲においてのみならず、イタリアのケースが示すような狭い範囲においても、さらには局地的な範囲でも言えることである。局地的な範囲においても、エデッサのような広範囲にわたってキリスト教に席巻された都市と、ハランのような伝統的祭儀の砦が対立するということもあった。加えて、司教座の領土的勢力のみならず、人口としても著しいばらつきがあった。したがって、人口に関する厳密なデータがない場合には、キリスト教が数の上で拡大してゆく現象をマッピングすることを断念し、狭い地域の分析を重視するべきである。そうした分析が正しく導くのは、あちこちで散発的に起こったキリスト教化という理解であろう。

ミシェル＝イヴ・ペラン

ローマ帝国周縁のキリスト教徒たち

使徒タダイやトマスの功績としてメソポタミア（とりわけエデッサが重要である）、さらにはインドの福音伝道を認めるとき、キリスト教共同体が二世紀後半にはそこに存在していたことがわかる。

ペルシャの教会

その頃パルティア帝国を支配下に置いたササン朝ペルシャは、国民の宗教であるゾロアスター教をいっそう強固なものとする一方、シャープール一世（二四〇―二七二年）がローマ帝国に対して収めた数々の勝利の結果、小アジアやシリアのキリスト教徒は、メソポタミアからイランまで、ペルシャ帝国のいくつかの地域に移住させられ、当初は寛大に扱われたが後には迫害された。

四世紀前半に通例になった寛容政策によりペルシャ教会は発展し、ペルシャ司教の一人は、三二五年のニカイア公会議に参加した。三世紀末以降、セレウキア＝クテシフォンの司教は、ササン朝帝国の全教会に対し自らの司教座の覇権を確立しようとしたが、これは別の司教たちの反感を買った。彼らはローマ帝国司教たちに仲裁を求めた。そういうわけで、ローマ帝国国境からペルシャ湾まで、司教を戴く数多くのキリスト教共同体が存在し、キリスト教徒の存在は、東部にも、また北部はカスピ海に至るまで確認できる。宮廷を含む社会全体にキリスト教徒が存在し、独住する苦行者や共住生活を送る修道士たちも存在したのである。

三三八年にペルシャ人とローマ人のあいだに再燃した戦闘が、おそらく、国民の宗教を改革したゾロアスター教司祭たちのキリスト教に対する反感と相俟って、シャープール二世（三〇九―三七九年）の政策の変更の一因となった。彼はキリスト教徒を迫害した。それは「大虐殺」であった（三四〇―三八三年）。キリスト教徒たちは、敵国ローマに通じた内部の裏切り者ではないかと疑われたせいで、数多くの殉教者を生んだ血なまぐさい迫害の犠牲者となったのである。

五世紀のはじめ、ヤズデゲルド一世は、ゾロアスター教司祭たちの影響力から自由であろうとし、またローマ帝国に接近しようと望んで、牢獄のキリスト教徒たちを解放し、教会の再建を許可し、四一〇年二月のセレウキア＝クテシフォンでの教会会議の開催を許可した。この教会会議により、国家に認められた国民教会が組織され、セレウキア司教をその長とした。彼はやがて総大司教《カトリコス=パトリアルカ》の称号を得る（四二四年）。彼はニカイア公会議でなされた諸決定を採用し、普遍教会との一体性を持ったペルシャ教会を築き上げようとしたが、四二三―四二四年の司教区会議で教会規律と教義に関するペルシャ教会の自治が決定された。

アルメニア――最初のキリスト教王国

ローマ帝国とササン朝ペルシャ帝国との境目にあった独立王国アルメニアは、ある時はローマの、ある時はペルシャの影響下にあったが、四世紀に両者のあいだで分割された（三八七年頃）。領土の三分の二は、引き続き王を戴きながらペルシャの保護下に入り、西の部分は事実上ローマ帝国に併合された。

アルメニアのキリスト教の起源は、アルメニア語資料でしかわからないが、当然ながらそれは、四〇五年頃の、修道士マシュトツ（メスロップ）によるアルメニア・アルファベットの発明以後の資料である。従来、使徒タダイのものとされてきた、上メソポタミアに近い南部地域への最初の福音伝道は、シリアに発することを示す痕跡が、宗教上の語彙の中に見出せる。しかしこの福音伝道は、特にパルティア人でカッパドキア出身の説教師、啓蒙者聖グレゴリオス（二四〇年頃―三三二年頃）の功績であった。彼はティリダテス四世（二九八―三三〇年）に立ち向かった。王は彼を最初は投獄したが、後にキリスト教の教えを説くことを許した。カイサリアに戻り、そこで司教に叙階された後、グレゴリオスは三一四年、偶像崇拝が無益であることをはっきり認めた王に洗礼を授け、同様に宮廷、軍隊、そして全住民に洗礼を授けた。このようにしてアルメニア王国は最初のキリスト教国家となっていった。グレゴリオスに付き従っていたギリシャ人やシリア人の宣教師たちは新しい改宗者たちを教育したが、そのなかでも、キリスト教聖職者を育てるため、異教の祭司の息子たちの教育にはことさら力を入れた。彼らは、以前は父親たちのものであった土地財産を受け継いでいた。王の命令の下に、神殿は破壊され、代わりに教会が建てられた。ティリダテスは、慣習法を変えることも、彼の王国の構造を変えることも望んではいなかった。キリスト教への改宗は王国の統一を強化したのである。彼は、グレゴリオスとその後継者たちに大司祭と主司教、王国の大裁判官と貧民の護持者の称号を授与したが、これらはかつて異教の祭司たちの長が従事していた役職だった。アルメニアも、ローマ帝国と同様の教義論争を経験した。すなわち、司教たちはニカイア公会議で定義された信仰に忠実であり続けたのに、君主たちは概してローマ皇帝による教義上の選択に同調したため、対立が生まれたのである。

四世紀の半ば、グレゴリオスのひ孫である大ネルセスがアルメニア教会を組織化した。彼はまた、慈善施設を作り、修道制を導入した。彼の後継者たちはもはやカイサリアで叙階されることはなくなった。三七三年からアルメニア教会は自治独立教会となったからである。アルメニアの分割以後、アルメニア教会は、征服者ペルシャから向けられる敵意に対抗しなければならなかった。ネルセスの孫であり、グレゴリオスの最後の子孫にあたるシャハーク（三八七―四三八年）は大司教に任命されたが、しかし司教座は王宮の近くに移された。シャハークの死後、大司教は選挙によって選ばれる職となった。マシュトツの庇護者であったシャハークはアルメニア文学の発展を促した。すなわち、早くも四〇七年以前には聖書がアルメニア語に翻訳されており、また典礼書も翻訳された。次いでギリシャとシリアの教父たちの数多くの著作が翻訳された。これらの翻訳がキリスト教的アルメニア文化の基礎となったのである。マシュトツはまたテオドシウス二世から、国境のビザンティン側でアルメニア・アルファベットを教える許しを得た。これによってこの地域のアルメニア人たちは、自らのアイデンティティ、言語、文化を守ることができたのである。

五世紀の半ば、アルメリアのキリスト教徒たちはペルシャ当局から激しく迫害された。領主のうわべだけの棄教では十分でなかった。ゾロアスター教の祭司たちが田舎にまで入り込み、キリスト教の司祭を追い立て、農民たちを強制して火の祭壇を維持させた。反乱が起こったが、アルメニア人たちははるかに強大なペルシャ軍によって鎮圧されてしまった（四五一年六月）。反乱の指導者ヴァルダン・マミコニヤンと、彼とともに命を落とした二八〇名の諸侯たちは、「ヴァルダナンクの聖人たち」の名で崇められた。ペルシャ人たちはしばらく強制的な改宗を中断したが、迫害は五世紀と六世紀に数度にわたって繰り返された。だが、それは決してアルメニア人のキリスト教に打ち勝つことはできなかったのである。

グルジアの改宗

伝統的に西グルジアの福音宣教は使徒アンドレによるとされているものの、その始まりについては何も知られていない。黒海に臨む都市ピテュウスの司教はニカイア公会議に出席したし、五世紀の教会の遺跡も発見されている。この地域の南部や、アルバニア、そして東方（アゼルバイジャン）にも、啓蒙者聖グレゴリオスが送った宣教師たちや、シリアから来た別の宣教師たちが足を踏み入れた。しかし、カフカス地方イベリア（中央および東部グルジア）〔スペイン（イベリア半島）とは無関係〕がキリスト教に改宗したのは、四世紀最初の数十年間、コンスタンティヌス帝の治世においてか、あるいは三三七年か三三八年の彼の死の少し後のことである。グルジア人たちはこの王国をカルトリと名付け、ムツヘタ（トビリシの西）を首都とした。この王国の運命は、ローマ人とペルシャ人の戦いに左右された。四世紀初めには、王国はローマ人の保護下にあり、ローマ人が王を任命した。グルジア語で書かれた資料はすべてかなり後代のものであるのに対し、イベリアの改宗についての最も古い文書記録はラテン語で、四〇二―四〇三年に書かれた。これは歴史家アクィレイアのルフィヌス〔三四五年頃―四一〇／四一一年〕が、当時ローマ軍の将校であったイベリアの王子バクリウス（バクゥル）〔?―三九四年〕の証言にもとづいて記したものである。それによると、ある「囚われた」女性――これは「神に囚われた」ないし「キリストに囚われた」と理解すべきで、「戦争の捕虜」という意味ではない――が、自らの崇拝する神を知らしめ、そしてこの神がその仲介者、すなわちキリストを通じて数々の治癒を成し遂げたという。王妃、次いで国王が改宗し、そして彼らが改宗したことですべての国民が改宗した。「囚われた女性」は、神を礼拝する典礼や教会建設の方法を教えたが、教会建設の際には、彼女が祈りながら一晩を過ごしてから初めて、それまで宙に浮かんでいた柱がひとりでに然るべき場所に立ったという。後にムツヘタの大聖堂に与えられた「生ける柱」という名は――この大聖堂の下に四世紀の小さな木造教会の遺跡が発見されたのであるが――、教会建設の儀式というこの奇跡の記憶を継承しているのである。キリスト教への改宗は政治的選択でもあった。この選択により、ペルシャを前にしてコンスタンティヌスの（あるいは彼の息子たちの）帝国との結びつきが強化されたのである。グルジアの伝承によれば、ニノという名の「聖女」は、コンスタンティヌスに対して司祭の派遣を要請していたミリアン王の治世に、カッパドキアから来たという。実際には、最初の司教たちはギリシャ出身だったし、イベリアの教会はアンティオキアに従属していると見られていた。イベリアの総大司教《カトリコス》は、五世紀後半（四六七年？）にイベリア教会が国民教会となった時もアンティオキアで叙階された。五世紀初め、グルジアの文字が作られたことで、福音宣教や典礼の洗練化、キリスト教文学の登場が促された。しかしながら、平野部はキリスト教化され、ペルシャ人たちがイベリアを支配した際にはゾロアスター教を強制しようしたにもかかわらず、長くカフカス山岳部には多神教的な宗教体系が存在し続けたのである。

エチオピアへのキリスト教の導入

アクスム王国（エチオピア）へのキリスト教の導入に関する最も古い記録も、アクィレイア〔イタリア半島北東部〕のルフィヌスによるものである。彼はその王国を「遠方のインド《インディア・ウルテリオル》」と名付けている。四世紀、アクスムは有力国家であり、王は「エチオピア皇帝《ネギュス》」「王の中の王」という称号を持っていた。エチオピアの言葉や文字（ゲエズ語）あるいは南アラビア語で記された碑文がそのことを証言し、エザナ王という名を残している。エザナ王は、もはや紅海の対岸には実質的な支配権を及ぼしていなかったようだが、それでもアフリカでの遠征を大勝利に導いた。彼は、最初はいくつもの神にこの勝利を感謝し、後には「天なる主」と呼ばれるただ一つの神に感謝した。ところでルフィヌスは、ある一人の証言をもとにして、テュロス〔レバノン南西部〕出身の二人の若いキリスト教徒について報告している。彼らは旅の途中に囚われの身となり、国王に仕えさせられた。聡明であったフルメンティオス〔三〇〇年頃―三八〇年頃〕は、すぐに宮廷の事務を取り仕切るようになり、王の死後は、王妃と幼い王子の側で摂政としての務めを果たした。彼は、短期滞在のローマ人商人に教会を建設する許可を与えて、人びとの福音宣教の糸口をつけた。王子が国王になると、フルメンティオスはアレクサンドリアに行き、そこでアタナシオスによって司教に叙階された。三三〇年頃のことである。アクスムに戻ったフルメンティオスは、ニカイア公会議で定義された信仰を説いて成功を収めた。このことは、三五六年にコンスタンティウス二世がアクスムの君主エザナとサザナに宛てた手紙によって確認される通りであるが、むろんエザナとサザナがキリスト教徒であったことを意味するものではない。エチオピア諸語で書かれた資料は、すべて後代のものであるが、ルフィヌスの物語と同じ内容を繰り返しており、フルメンティオスの活動をこれら二人の王の時代のこととしている。フルメンティオスは最初のエチオピア総主教となり、アッバ・サラマ〔「平和の父」の意〕、「光の啓示者」の名で尊敬を集めた。最後にギリシャ語の碑文では、年代は不明であるが、エザナという王が、自分は「キリストの僕《しもべ》」である、と言っている。彼はキリストの神性をはっきりと述べ立て、父なる神、御子、そして聖霊への信仰を表明している。五世紀末には、シリアの修道士たちが福音宣教を引き継ぎ、修道制を発達させたが、エチオピア教会はアレクサンドリアとの一体性を保ち続けた。

世界の遠方を象徴するカフカスと「遠方のインド」へのキリスト教の拡大に関するこれら二つの事例を取り上げることによって、コンスタンティヌス帝の時代にキリスト教の拡大はまさに「地の果てまで」達したということをルフィヌスは示すのであり、これによって、十三番目の使徒と考えられたローマ帝国最初のキリスト教君主の時代を使徒の時代との連続性のうちに組み入れたのである。

ローマ帝国内外におけるキリスト教徒の「蛮族」

フランソワーズ・トラモン

「蛮族《バルバル》」——すなわち、その定義に従えば、ラテン語もギリシャ語も話さない諸民族——は、つねにローマ帝国を取り巻き、その脅威となっていた。ローマ帝国を蛮族から守っていたのは、切れ目なく武装された国境、すなわち「辺境地帯《リメス》」である。しかしながら、早くも三世紀の終わりには、ローマ世界を徐々に蝕む危機によって、この防衛線の維持が経済的に難しくなった。防衛線は外敵の侵入に対して次第にもろくなっていったが、しかしこれによってキリスト教は近隣諸民族に広まる契機を得ることにもなったのである。

たしかに、長いあいだローマは、「蛮族」のうち最も近隣の諸民族に対しては懐柔政策をとっていた。一定の資金提供を行なうことによって、歴代の皇帝はこれらの好戦的な、だが経済的には脆弱な民族の支持を得、防塁を作るようにして辺境に定住させたのである。これらの住民は、多かれ少なかれ定住化することで有力な庇護者の文化的影響を受けるようになった。キリスト教は偶発的にもこうした突破口から広まったのである。こうして、北アラビアでは、ローマと同盟関係にあったサラセン人の一部族が早くも三七〇年代に改宗している。

こうして庇護下にある民族を辺境に配置しても、ローマ帝国が抱えていた深刻な危機を食い止めるには十分でなかった。この危機の主原因はおそらく人口の減少であった。帝国の人口を増加させるため、四世紀および五世紀の指導者たちは、「蛮族」が帝国の領土内に入ることを許したのである。それら「蛮族」のうち多くの者は、もはやローーマ市民の中からは新兵を十分に募集できなくなっていた軍隊に加わった。なかには高い役職に就いた者もいた。後期ローマ帝国の偉大な将軍たちの大多数は、スティリコ、バウト、アルボガストを例として、「蛮族」の出身であった。これらの者たちは概して異教徒にとどまったが、その子どもたちはキリスト教に改宗し、ローマで最も有力な血族の出身者と結婚したのである。

また別の「蛮族」は、民族集団全体で人口の少なくなった地方に住み着き、その地方の開発を担った。これが「ゲルマン民族」と呼ばれたいくつかの民族の境遇であった。ライン川の東、ドナウ川の北に住んでいたそれらの民族は、中央アジアからの移住者の流れによってローマ帝国の方に押し出されたのである。彼らはしばしば飢えに陥ってローマ帝国に入ったが、それは略奪を行なうためではなく、庇護を求めるためであった。そのようにして彼らはキリスト教を発見したのであるが、新しい宗教に対する彼らの反応は、彼らが皇帝たちと取り持った複雑な関係に左右されるところが大きかった。

そのような理由で、西ゴート族がたどった運命は「蛮族」のキリスト教化のプロセスを端的に示していると言える。四世紀半ば、古くからあるこのゲルマン民族はドナウ川下流域で生活していたが、そこにウルフィラ〔三一一年頃―三八三年頃〕という名のカッパドキア司教の訪問を受けた。彼は西ゴート族の人びとにキリスト教を説き、彼らのために聖書をゴート語に翻訳した。ところでこのウルフィラは、三六〇年のコンスタンティノポリス教会会議に出席したのだった。この会議では、コンスタンティウス二世が提案した信仰告白が勝利を収めた。自分の宣教地に戻ったウルフィラが西ゴート族に教えたのは、したがって彼が唯一知っていた三位一体説であった。すなわち相似本質説である。この説は、御子をわずかに御父に従属しているものとし、反対者からは変装したアレイオス主義と呼ばれたものである。こうしたまったくの偶然から、「ゲルマン的アレイオス主義」が生まれたのである。

ウルフィラの情熱にもかかわらず、キリスト教が広まりを見せるまでには時間がかかった。三六九年から三七二年のあいだ、西ゴート族の指導者の一人アタナリクが迫害を起こしたが、その理由はおそらく、この新しい宗教がゴート族のアイデンティティの基盤にあった旧来の部族的信仰を脅かしたためであろう。西ゴート族の勢力が弱まり、彼らの領土がフン族の侵入を受けるや、状況は一変した。三七六年、指導者フリティゲルンは、交渉により彼の民族がローマ領土内に居住する許可を求める必要に迫られた。彼は熱意のしるしとして、その頃、東方ローマ帝国で公式の宗教であった相似本質説のキリスト教に改宗したのである。

しかし、ウァレンス帝は亡命者のことなどほとんど考慮しなかった。彼はゴート族の指導者たちを侮蔑し、ゴート族の民衆を飢餓に陥らせた。絶望に駆られて、「蛮族」は反乱を起こした。ウァレンス帝は彼らの力を過小評価していたために、反乱鎮圧の試みは手際が悪かった。このことによって彼は、ローマ軍を史上最悪の敗北の一つとなったハドリアノポリスの戦い（三七八年）へと導いてしまったのである。この戦いでウァレンス帝自身が死んだ。この敗北のトラウマが、ローマ帝国における相似本質説の将来的可能性を閉ざした。帝国では（相似説に対してその圧迫を緩和したばかりであった）ウァレンス帝の死は、異端に対する神の罰と見なされたのである。三八〇年、新しい皇帝テオドシウス一世は、カトリシズム、すなわちニカイア公会議（三二五年）で定義された教義への回帰を難なく命じることができたのだった。

他方、西ゴート族は、時には同盟者として、時には敵として、ローマ帝国各地をさまよい続けた。ウルフィラが説いた教えの信者であり続けた彼らは、徐々に、ローマ人たちがもはや自分たちと同型の三位一体を表明していないことに気づいた。彼らはカトリシズムに改宗するよりも、「アレイオス派」であり続けることを選んだ。彼らはその生活様式においては非常にローマ化していたが、宗教的差異によって自分たちの民族的アイデンティティを守ることができたのである。そういうわけで、ゴート語は日常的な使用においては衰退してラテン語に代わられたが、アレイオス派教会の典礼言語であり続けた。

西ゴート族のキリスト教は、その政治的日和見主義から選び取られた結果であるにもかかわらず、それでも偽りなき信仰であった。四一〇年にローマ市を略奪したとき、彼らは聖堂の不可侵権を尊重した。ようやく四一八年にローマ帝国は彼らに相応の役割を与え、彼らの望みに応じて報酬を与えた。実際、彼らは他のすべての「蛮族」からガリア南部地方を防衛する任務を請け負ったのである。この広大な地域の支配者であり続けた西ゴート族は、最後の西ローマ皇帝が姿を消したとき、ここに自分たちの王国を作ったのだった。

西ゴート族は、支配した土地にアレイオス派の聖職者を移住させ、異端的な聖堂を建設し、自分たちの信仰を他のゲルマン諸民族に広めもした。西ゴート族と類縁関係にある東ゴート族の人びとは、ドナウ川流域に集団移住した頃〔四五五年以降〕から改宗していた。東ゴート族の王たちは、四九三年にイタリアを征服した後にもこの信仰を持ち続けた。同様に、ヴァンダル族もアレイオス派の教理を受け入れた。当時の状況は明確にされていないが、かなり早い時期のことである。彼らがアフリカに築いた王国は異端の地となった。四六六年、西ゴート族の君主たちによる征服を目的とした外交もまた、北西スペインに居住していたスエヴィ族のアレイオス主義への改宗をもたらした。ライン川中流域にいたブルグント族は、四三〇年代にはカトリシズムへの改宗に同意した。彼らは、ローマ帝国の国境を脅かすフン族に対抗し、帝国を支援することによって利益を得ようと考えていたのである。だが彼らは無残に裏切られた。結局のところブルグント族は、四七〇年代にリヨンを中心とする独立王国を立て直した際、強力な同盟者である西ゴート族の宗教に改宗することを選択した。

かくして五〇〇年頃には、西方世界全体において、ゲルマン族のアレイオス主義が「ゴート族の掟」となり、彼らの優位性のシンボルとなった。しかしながら逆説的にも、アレイオス派教会は地域住民に対する一切の布教活動を差し控えていた。異端でいることの唯一の理由は——それは微妙な神学的議論によって正当化されたが、そうした議論は多くの者には理解できなかった——、諸々の新しい王国において「ローマ人」と「蛮族」の区別を保持することにあった。こうした区別の戦略が有効に働くためには、ローマ人たちがアレイオス主義に改宗する気を起こすことがないようにもしなければならなかった。アレイオス派の諸王が、ヴァンダル族の君主たちの特筆すべき例〔カトリック教徒を迫害〕を除き、カトリックの臣民に対して極めて寛容であったのはこのためである。

ゲルマン族のアレイオス主義のこうした特徴が、ローマ人に接近することを選択したいくつかの「蛮族」と比較したときの彼らの失敗を説明してもくれる。フランク族の場合、彼らはクローヴィス王〔四六六年頃—五一一年頃〕が洗礼を受けた後、いっせいにカトリックに改宗した。五〇〇年頃のことである。そして彼らは自らの正統信仰を武器に、ガロ・ローマ人〔ローマ化したガリア人〕のエリート層、特に司教団と緊密な関係を結んだ。これらの支持を得たおかげで、フランク族は五〇七年、アキテーヌの西ゴート族を破ることができたのである（ヴーイエの戦い）。

これ以後、アレイオス主義は至るところで後退を始める。五一六年、ブルグント族は彼らの国王ジギスムント〔在位五一六—五二四年〕の求めに従い、三位一体における神の三つの位格が同質であることを宣言した。六世紀半ばには、今度はヴァンダル王国と東ゴート王国がビザンティン帝国の軍隊に征服され、消滅した。ユスティニアヌス帝〔在位五二七—五六五年〕は、再征服したアフリカとイタリアにニカイア公会議の教義を強制した。スペインに退いた西ゴート族は、長いあいだアレイオス主義の最後の砦の一つであり続けた。しかしながら五八九年、国王レカレド〔在位五八六—六〇一年〕は、国民すべてにカトリック信仰に改宗するよう命じた。宗派間の緊張が自らの王国を弱らせていることを理解していたレカレドは、ゴート族のアイデンティティであった宗教を犠牲にする方を選択したのである。

五九〇年に大教皇グレゴリウスが即位した時にはすでに、カトリシズムはローマ帝国のかつての属州に定着した「蛮族」の大部分で支配的であった。唯一、五六八年からイタリア北部を支配したランゴバルト族だけが、なお数十年のあいだ（七世紀初めまで）、徐々に時代後れのものとなっていったゲルマン族のアレイオス主義の信者であり続けたのである。

ブリュノ・デュメジル

第II部　中世

——暗黒伝説でも黄金伝説でもなく（五—十五世紀）

聖フランチェスコ聖堂

（アッシジのフランチェスコの功績を讃えるため、13 世紀に建造された）

Photo by Ichige Minoru

千年の長きにわたるこの時代の前半は、地方においても中央においても諸々の枠組みが安定化する時代にあたる。これに宣教活動が続き、キリスト教化された空間を広げていった。歴史の偶然によってコンスタンティノポリスとローマという二つの首都が相対し、それぞれがキリスト教の二つの形態を体現した。それらは当時「正教会」「カトリック教会」とは呼ばれておらず、「ギリシャ教会」「ラテン教会」と呼ばれていた。西方世界では、社会のキリスト教化を深め、霊的なものを現世的なものから分かつために、教皇権は至高の宗教権力を自任した。ただ、こうした動きから神権政治が生まれてくることはなかった。二つの法、非宗教的な法と教会の法（教会法）とが共存していたのである。いずれもローマ法に非常に多くを負っていた。ローマ帝国は他の諸王国と同じように教皇ではなく君主によって統治されたが、その一方では、いかなる君主も聖職者特権を利用することはできなかったのである。

教会の権威に盲目的に服従して硬直化した中世というイメージとは異なり、キリスト教の教えが浸透した結果、西暦千年の後に、肯定（十字軍）と異議申し立て（「異端」）の力強い諸潮流が出現した。後者はなによりも激しい反聖職者至上主義に由来していたが、このことは、伝えられた教えの中身と与えられた実例との様々な矛盾にこの時代の人びとが気づいていたことを示している。異議申し立ての諸潮流はまた、神の「受肉」の宗教を受け入れることに伴う困難を繰り返し示すことになる。強制的なやり方は束の間しか持たず、そうしたやり方を越えて、異議申し立てとして表出された諸々の切望を満たすべき最適な回答が練り上げられたのである。宗教的カリスマの数の増加がこれに寄与したが、この増加をよく物語っているのが新しい修道会の創出である。観想修道会も援助修道会も、あるいは「托鉢修道会」も、貧者を世話し説教に精通していた。かくして修道士たちは、その威信と活動によって、在俗者にまかされていた司牧活動を支えるようになった。また司牧活動は、この時代に小教区の枠組みに組織化され、「魂への配慮《キュール》」〔cure d'âmes〕（魂の世話）という言葉で示されるようになるが、これはその任を負う者、すなわち「主任司祭《キュレ》」〔curé〕に結びつく。

救いにおける個人の責任を説く司牧神学は、人生の最後の瞬間まで回心に高い価値を認め、救霊予定説――少なくとも十四世紀末まで、中世的霊性とは無縁の概念――のあらゆる形態からかけ離れているが、こうした司牧神学の延長線上においてこの時代に誕生したのが、聖職者のみならず男女の一般信徒たちを担い手とする、独特の様態を持つ宗教的生活である。そうした宗教的生活の様態のすべては、救いは一人では得られないという確信と同時に、次第に強まる個人化を特徴としている。そしてそのような内面の道の探求が、霊的で神秘的な歴史のひとこまを生みだしたのである。

カトリーヌ・ヴァンサン

第1章　安定化と拡大

聖ベネディクトゥス（五四七年頃没）――西方修道士の父

神を求めての禁欲という形態は、絶対的な孤独（隠遁生活）においてか、あるいは共同体（共住修道生活）において実践されたが、この修道制（ギリシャ語では「モナコス」〔*monachos*〕、すなわち「隠者」という意味）は、四世紀にエジプト、小アジア、そして西方世界に出現した。「世捨て人たち」をラテン教会の組織内部に取り込もうとする動きは六世紀から見られるが、キリスト教社会の重要な展開の一要因となった。いかにして単独でありながら共同であるか。孤独と遁世の中でいかにして共同体を聖なるものとするか。これが、五〇〇年から一二〇〇年までの西方世界における修道制の歴史を理解する糸口となるべき問いである。

聖ベネディクトゥスとベネディクトゥスの戒律

聖ベネディクトゥスは「西方修道士の父」と目されるものの、その人物像については不明な点が多いが、大教皇グレゴリウス一世（五四〇年頃―六〇四年）が著書『対話篇』の第二書でベネディクトゥスの生涯に関する伝令官を務めている。四九〇年頃、ウンブリア地方のアペニン山脈中にあるヌルシアに生まれたベネディクトゥスは、裕福な家庭の出であった。ローマに送られ、そこで古風な教育を受けたが、若きベネディクトゥスはまもなく「知恵ある無知」に身をささげることを決意し、一人スビアーコ近くの洞窟に入る。彼は十二の小修道院を設立してローマの貴族出身の子どもたちを集めた。彼の弟子であるマウルスやプラシドがそうであった。五三〇年頃、ベネディクトゥスと仲間たちはモンテ・カッシーノ山に移住した。ここモンテ・カッシーノで、ベネディクトゥスは五四七年頃死去し、彼の妹スコラスティカ〔伝承によれば双子の妹〕と共に永眠したのである。二十年後、モンテ・カッシーノの修道院はランゴバルト族によって破壊された。ロワール川沿岸のフルーリに定着したベネディクトゥスの遠い弟子たちがまとめた伝説によれば、聖人の聖遺物は六七〇年にモンテ・カッシーノでこっそりと収集され、ガリアに移送された。この時からフルーリは「サン・ブノワ・シュール・ロワール」となった〔ブノワはベネディクトゥスのフランス語名〕、ということである。

モンテ・カッシーノの共同体をとりまとめてゆく必要から、ベネディクトゥスは戒律をまとめたが、それはこれに先立って『教師の戒律』に書かれていたやり方に大いに依拠している。彼にとって、また彼が依拠したモデルにとっても重要なことは、「修道士たち」の生活形態を最良の方法で定めることであった。彼ら修道士たちは、使徒たちに倣って、この世での絆（肉親、結婚、友人知人関係）を断ち切ることを選び、来世における聖人たちの共同体を先取りするような霊的親子関係に加わるのである。ローマ帝国の解体に伴って経済的に収縮する世界の中にあって、聖ベネディクトゥスの戒律は肉体労働を規定しているが、この肉体労働によって修道院は農産物を自給自足することができた。また別の手仕事、すなわち書物の写本は、共同体に「聖なる文書群」、とりわけ聖書とその註解に近づく契機を必然的に与えた。かくしてベネディクトゥスの修道院は、経済的生活の一単位（それはしばしば、農村の暮らしにおける精力的な活動者であり発展の先駆者でもあった）であると同時に、中世初期を通じて西方世界の存続と知的刷新にとって決定的に重要な文化機関でもあったのである。戒律の第二の目的は、天上に向かう完徳の階梯の諸段階について生き生きとしたイメージを修道士たちに与えることである。それは各個人に謙遜と従順を命じている。それはすべての者に対して時間を厳格に組織することを課している。時間は労働（約六時間）と祈りとに二分される。祈りとは、聖務——徹夜課から終課まで定刻に行なわれる[5]、詩篇の朗誦と（聖人伝や教父文書の）読誦——の一環をなす単独または集団での祈りである。また「聖なる読書《レクティオ・ディヴィナ》」（聖書の読書と黙想）も行なわれた。

当初、聖ベネディクトゥスの戒律は、数ある修道規則の中の一つにすぎなかった。そうした修道規則はそれぞれ、西方の「小さなキリスト教世界」（ピーター・ブラウン）の内部で、様々な禁欲の形態を説いていた。こうした初期の目立たなさを考えると、ベネディクトゥスのモデルが並外れた成功を収めたことをどのように説明すべきだろうか。そこに見てとるべきは、本質的には、ゆっくりと進んだラテン教会の統一政策の間接的影響である。大教皇グレゴリウス一世は、自らもかつて修道士でありベネディクトゥスの信奉者であったが、弟子たちの小集団をブリタニア宣教に送り出した。これら宣教師たちを介して、聖ベネディクトゥスの戒律はアングロ・サクソンの修道院に採用されるようになったのである。八世紀初め、今度はブリタニア出身の宣教師たちが、大陸に戻ってゲルマニアに宣教し、そこにベネディクトゥスによる修道制を導入した。聖ベネディクトゥスの弟子たちは以後、征服的なラテン教会の開拓前線において最重要の位置を占めるようになる。そして、カロリング朝の歴代君主が、キリスト教帝国の建設という一大計画の一環として、ベネディクトゥスにより提示された型を修道士の普遍的な生活形態とする決定を下したことがさらに拍車をかけた。宗教上の事柄についてルートヴィヒ敬虔帝〔在位八一四―八四〇年〕の助言者であったアニアーヌのベネディクトゥス（八二一年没）は、修道生活の真の「時代への適応《アジョルナメント》」の促進者であったが、この適応の果てに共同体を形成する修道士たちは、「唯一の戒律と唯一の慣習」を選択したのである。すなわち聖ベネディクトゥスの戒律であるが、それは、多かれ少なかれ諸々の「慣習」、つまり聖ベネディクトゥスが想定していなかった諸々の規定（生活形態、典礼様式）を取り入れて、時代の要請に適応したものであった。

修道士の務め

九世紀から始まる諸々の慣習の増大は、修道士たちがキリスト教社会の内部で徐々に獲得した影響力をよく示している。このいささか逆説的な展開は、ついには世俗の生活を放棄した者たちを社会生活の欠くべからざる歯車とするまでに至るのである。実際、修道士の立場は、八〇〇年代には、教会および政治権力への奉仕に完全に組み込まれた一つの「身分」となる。それぞれの機能に応じた三つの身分（祈る人、戦う人、働く人）というカロリング朝的図式が示す、諸々の仕事の観念的な分類において、修道士は祈りの身分に含まれる。修道院という隔絶の中にいた彼らの役割は、生きている、あるいはすでに死者となったキリスト教徒の救いのために働くことであった。こうした「仕事」には、祈りはもちろん、祭儀式も含まれる。特に重要な祭儀式は、格別目立った善行も悪行もないが聖人たちの共同体に入るためには生者の代祷を必要とする死者たちのために行なわれた。ベネディクトゥスに範を求めた当初のあり方に比べると、おそらくここにこそ最も重要な転換点が認められるのである。ベネディクトゥスの時代には、修道士たちは、ごく稀な例外を除いて、俗人であった。ところが九世紀、そしてそれ以降時代が下るにつれて、修道共同体には徐々に修道司祭が加わるようになる。彼らは、彼らの兄弟会のかつてのメンバーたち、親交のあった人びと、または共同体の愛護者であった死者たちのために、「特別」ミサ、あるいは「私的」ミサを挙げた。これら親交のあった人びとや愛護者たちについては、その名前がしばしば修道院の記録文献（死者名簿や記録帖）の中に記されているが、それによって修道士の社会が外部社会、とりわけ貴族の名家と持っていた諸関係がよくわかる。カロリング朝下では公権力の道具であった、修道院とそれが有する財産の管理は、封建時代には権力闘争の争点と化した。「俗人の手ににぎられた教会[6]」という光景を前にして眉をひそめるより、むしろ次のことを理解する必要がある。すなわち、中世初期のエリートたちは、俗人でありながら同時に聖職者であるような特権階級を構成していたのであり、住民と土地に対する彼らの支配は修道院の所有と管理を通じて行なわれたということである。この種の「封建領主体制」への統合を示す最良の例は、やはりクリュニーの修道士たちである。

クリュニーの封建領主たち（九一〇―一一五〇年）

マコネ山地に位置するクリュニー修道院は、九一〇年（または九〇九年）、アキテーヌ公にしてマコン伯であり、敬虔侯とも呼ばれるギヨーム一世によって設立された。この偉大な領主は、修道院の設立に関する一切の権利を放棄し、修道院を直接ローマ教皇の保護下に置き、そうしてあらゆる世俗的・霊的権力からのクリュニーの独立を確保したのである。創設の趣旨にのっとり、教皇グレゴリウス五世（九九八年）やヨハネス十九世（一〇二四年）は、後にクリュニー修道院に対して免属〔修道院や修道者を司教の支配から解除して教皇の直属とすること〕を認めている。このことが示しているのはある特権である。この特権は、様々なかたちをとって、修道士たちを、彼らを監督する司教、この場合はマコン司教とのあらゆる関係から解放するのである。まさにこのとき、クリュニー教会が真に誕生したのである。クリュニー教会は、それぞれ母大修道院（クリュニー）とその大修道院長に直接所属している、大修道院、小修道院、そしてさらに下位の従属修道院からなる、目の細かい網目をなしている。またクリュニーの大修道院長は、ペトロそしてキリストの代理人である教皇にしか属さない。同じ頃、クリュニー教会はラテン教会の全般的なあり方に深く関わり、ローマに数多くの要職者を送り込んだ。それは、司祭、司教、大司教、枢機卿、そして教皇すなわちウルバヌス二世〔在位一〇八八―一〇九九年〕をも輩出したのである。見事な互恵的関係を通じて、クリュニーはローマと一つになり、自らをキリスト教会全体の縮図と見なすようになる。そこでは聖なるものとされたあらゆる形態の生活が実践された。すなわち、修道生活、隠遁生活、隠棲であり、男性も女性もいた。さらに、ブルゴーニュの修道院とその付属の建物は巨大な避難所として機能した。それは、貧者であれ金持ちであれ、一時的ないし永久に世間から身を引きたいと欲するすべての俗人に開かれていた。また、これとは別に、臨終に際して共同体への受け入れを求める信徒たちもいたのである。

「本部修道院」（クリュニー修道院を指す）を中心とするこの巨大な教会組織網は、封建社会と封建領主体制に深く組み込まれていた。紀元千年という転換期に、西フランシア（かつてのカロリング帝国の西部、フランスの起源）において見られるのは、王権が解体してゆく過程であるが、これにより、とりわけ王国の南方では、聖職者あるいは俗人の、独立した領主所領の発達が見られた。それら領主所領のうちにクリュニー修道院も名を連ねている。聖俗二種類の領主所領は、その行く末を同じくしながらも競合関係にあった。ただ実際のところは、貴族の名家はクリュニーに財産を付与し、しばしばその血族の何人かを修道院共同体に参与させていた。聖職者と貴族の共生が封建時代における政治社会の支配構造の本質をなしている。そのうえ、十世紀から十二世紀にかけて、クリュニーの大修道院長たちは皆、小貴族、中貴族あるいは高位貴族の出身であった。クリュニーの修道士にして大領主であった者たちは、隣人である城主たちの、しばしば乱暴な行動に対抗するべく、自らの著作においては模範的な俗人貴族として振る舞っている。こうした模範の大部分は、第二代の大修道院長オド（八七九―九四二年）によって極めて早くに練り上げられた。彼は、キリスト教戦士の最初の肖像を、オリヤックのジェロー伯（八五五―九〇九年）の伝記において素描したのである。オリヤックのジェロー伯は「キリスト教騎士」の前兆である。こうした修道士と戦士の総合は、これより二世紀後に聖ベルナルドゥス（一〇九〇―一一五三年）によって語られるものである。

ドミニック・イオニャ＝プラ

大グレゴリウス――西欧の司牧者

大グレゴリウスが教皇職に在った十四年間（五九〇―六〇四年）は、中世初期の歴史の中でも例外的な期間である。というのも、この教皇は膨大な書物を遺し、それは当の時代に関するわたしたちの知識の第一級の源泉だからである。彼はまたこの時代の主役の一人であり、ローマ教会の長として、すでにビザンティン帝国となっていたローマ帝国に関わるとともに、ローマ文化を継承しつつローマ＝ゲルマン諸王国の発展によって変容を被った西ヨーロッパの出現という事態に関わったのである。

グレゴリウスは五四〇年頃、教会と関係の深いローマ貴族の一家に生まれた。彼は幼少期にゴート人との戦争に起因する諸々の災難や、ローマとイタリアに直接介入する皇帝権力がユスティニアヌスによって復権されるという事態を経験した。グレゴリウスはローマ市長官を務めた後、修道士となった。ローマはランゴバルト族の差し迫る脅威にさらされていたため、彼はビザンティン皇帝に対する教皇の公的な代理人としてコンスタンティノポリスに派遣された。ローマに帰還すると、彼は再び修道生活を送るが、相次いで生じた深刻な状況――洪水、飢饉、教皇ペラギウス二世〔在位五七九―五九〇年〕を死に追いやりもしたペストの流行――によって、ローマ教皇の座に選ばれたのだった。[7]

グレゴリウスは、コンスタンティノポリスに同行した仲間の修道士たちの要望に応じて、ヨブ記に関する註釈書(『ヨブ記における倫理』)を書き上げた。彼は聖書の三つの意味に基づく解釈を発展させた。すなわち、字義的解釈、比喩的解釈、倫理的解釈である。まず、聖書のテクストに記された字句はそれだけで一つの倫理的教訓であり得る。次に、比喩とは、旧約聖書の前兆〔旧約聖書中の人物、出来事が新約聖書中の人物、出来事を象徴的に告げているもの〕の中に新約聖書が、そして何よりもキリストのペルソナが啓示している教義上の真理を認めることである。そして最後に、倫理的な意味が聖書から引き出すのは、キリスト教徒と教会にとっての教えである。『倫理』という書名そのものが、グレゴリウスがこの水準での解釈に支配的地位を認めていたことを明かしているが、このような解釈は、彼が註釈を書き上げた時代背景そのものに大いに結びついている。グレゴリウスは、とてつもない災難に苦しむ義人ヨブの姿に同時代的状況における人物像を見出していたのである。というのも、この時代のローマ教会は、戦争に伴って発生し、重大な倫理的混乱を生み出す、耐え難い試練の数々を経験していたからである。

グレゴリウスは教皇になったときにはすでに司牧神学に関する考察をよく練り上げていた。特に悪徳と美徳というテーマに関して、『倫理』はその着想の源泉を、ヨハネス・カッシアヌス〔三六〇/三六五―四三三/四三五年〕ら西方修道制の伝統から大いに得ている。ただし、それは修道共同体の内部で生活する修道士たちの指導を神の僕たる人びとの指導に移し換えている。

教皇となった直後、グレゴリウスは『司牧者の心得』（または『司牧規則』）を書き上げた。この中で彼が検証しているのは、いかにして司牧の務めにあたるべきか、そこでいかにして振る舞うべきか、そしてとりわけ、多様な社会階層に属する信徒たちに対していかにして福音を説くべきか、ということである。彼が「魂たちの統治」の達成を吟味するのは法的な裁きの観点からではない。倫理的生の美点と霊的生の強度こそが、宣教を志願する者の資質を判断する基準となるべきであり、現役の司教が体現する特性でなければならないというのである。そのうえ、信徒が属する数十の社会階層のリストは、この論考の最も大きな部分を占めているが、司牧への配慮を真に示している。グレゴリウスは心理的、社会的、倫理的現実において各個人の想像力に訴えようとしているのである。彼は『聖書講話』の中で、教区民たちはすでにキリストの教えを受け取っているということを強調する反面、彼らが倫理に関する霊的講話を緊急に必要としていることも強調している。グレゴリウスは霊的講話のための新しい技法を用いている。それは「模範《エクセンプルム》」、すなわち人びとの興味を掻き立てるような逸話であるが、これはしばしば聖人崇敬や、日常生活と結びついており、聞き手の注意を喚起したのである。聖人伝の選集である『対話』の中にも同じような配慮が見出せる。たしかに、『対話』の核心部は第二巻である。第二巻のすべては聖ベネディクトゥスの生涯の記述に割かれているが、これが「西方修道士の父」に関する唯一の伝記的情報の源であり、ここに西方修道制はその手本を見出したのだった。しかし、この著作の中には「在俗の」聖人たちや、俗人信徒を指導する修道士たちも出てくるのである。奇跡を扱い、より「民衆的」である『対話』と、エルサレム神殿の壮大なヴィジョンの霊的意味を扱っている『エゼキエル書講話』のあいだにある叙述スタイルの差異は、ある根本的な要請を示唆しているが、それは『司牧者の心得』において長々と詳説されている。それはすなわち、司牧者は、霊的問題に注意を向けるあまり物質的問題への配慮を放棄してはならないということであり、物質的関心に没頭して霊的活動をおろそかにしてはならないということである。

わたしたちがグレゴリウスについて保管している八五〇通の手紙のおかげで、彼の活動をかなり正確に知ることができる。皇帝の怠慢のために、グレゴリウスは帝国とランゴバルト族の戦争に際しては軍事上の問題にも取り組まなければならなかった。ラヴェンナの地方総督の意に反して、グレゴリウスはランゴバルト王アギルルフ〔在位五九一―六一五／六一六年〕と休戦協定の交渉を行ない、マウリキウス帝〔在位五八二―六〇二年〕との関係を悪化させた。さらにグレゴリウスは、コンスタンティノポリス総大司教が用いた「全帝国の《エキュメニク》」（あるいは「普遍的な」）という形容詞の使用を痛罵したが、それは「ヨーロッパが」――これは現代的な意味で用いられた、ヨーロッパという言葉の最初の出現の一つであるが――「『蛮族』によって荒らされてしまった」時代のことである。こうした荒廃はグレゴリウスに差し迫った終末論を呼び起こした。すなわち、全世界が滅亡し、近くキリストが再臨するという終末論である。こうした終末論的緊張はまた、彼をして経済上および行政上の組織を再編成すべく活動に駆り立てた。ローマ教会はシチリアに広大な土地を所有していたが、グレゴリウスは農民の資産に配慮しながら、そこからより豊かな収入を得ようとした。彼は、腐敗と仲介者たちによる税の徴収をなくすべく闘った。ローマの管轄下におかれた領土における司教たちの組織網の再建に熱心に取り組んだ。さらに、選挙が円滑に進行するように努め、自ら候補者を提示した。怠慢あるいは放埓な司教たちの存在に対しては、より適格であると認められた者を昇任させたが、そうした者たちはしばしば、ローマにあった彼自身の修道院の出身であった。そのローマでも、彼は以前よりも重要な地位を修道士たちに与えたのである。

さらに、グレゴリウスの視線は徐々に「蛮族の」西方世界に向かった。コンスタンティノポリスに滞在中、彼はセビーリャのレアンデル〔五五〇年頃―六〇〇年頃〕と一緒にいた。スペインに戻ったレアンデルは、五八七年、それまでアレイオス派であった西ゴート族の王レカレド〔在位五八六―六〇一年〕のカトリック改宗を成功させた。その後、レアンデルの弟イシドルス〔五六〇年頃—六三六年〕がセビーリャ司教となり、兄の司教座を継いだ。『倫理』にはレアンデルへの献辞が書かれているが、そのレアンデルを通じて、グレゴリウスとイシドルス（六三六年没）を結ぶ絆は緊密なものとなった。イシドルスの著作は倫理と神学の領域に関してグレゴリウスの著作にかなり依存している。

イタリアにおいて、グレゴリウスはローマの防衛に努め、休戦を求めるだけにはとどまらなかった。彼はまたランゴバルト族の改宗の実現にも努めた。ランゴバルト族の中には、異教徒もいれば、アレイオス派もおり、またすでにカトリック教徒である者もいた。彼はアギルルフの妃でカトリック教徒であったテオデリンデを頼り、六〇三年に王位継承者であったアダロアルド〔在位六一六—六二六年〕の洗礼を実現した。しかしながら、ランゴバルト族の改宗はグレゴリウスの存命中にはまだ達成されなかった。

ガリアに関しては、グレゴリウスはマルセイユおよびレランの霊的遺産〔修道院群〕の存在を知っていた。彼は、フランク族の王たちがずっと以前からカトリック教徒であることを知っていた。しかしながら、彼が気にかけていたのは、いまだ異教的実践と腐敗の目立つフランク王国の教会の改革であった。メロヴィング家内部の軋轢《あつれき》によって彼の実行手段は限定されてしまったが、それでもその努力の成果は六一四年のパリ教会会議に見ることができる。この会議はブルネハウトの処刑の後で唯一の王となったクロテール二世〔五八四—六二九年〕によって招集された。

ガリアは、グレゴリウスによってブリタニアに派遣された宣教師たちが必ず通る場所でもあった。グレゴリウスはガリア＝フランクの司教たちの一部から有力な支援を得た。彼ら司教たちはグレゴリウスを援助して、かつてのローマの属州ブリタニアに向かうこの勇敢な宣教活動を発展させた。これら宣教師たちは、「イギリス人への最初の宣教者」と呼ばれてよいが、彼らについてはベーダ・ウェネラビリス〔六七三年頃—七三五年頃〕の著作に詳しい。最初の宣教団は、明らかに修道士で編成されていたが、五九七年にケントの海岸に上陸し、エセルバート王〔六一六年没〕に迎えられた。彼の妃はフランク族の王女でカトリック教徒だった。グレゴリウスは司教の位階制の基礎を確立した。後にベーダは、アングロ・サクソン人の改宗においてキリスト教徒であったブリトン人の基盤が与えた影響を過小に評価してしまったが、それでもやはりグレゴリウスとローマの宣教団が新しいキリスト教民族の誕生に果たした役割は相当のものであったことに変わりはない。エセルバートの王国にローマによって認められた正当性によって、イングランドなるものと、かつてのケルト人がそこに混ざり合ったイギリス人なるものの出現が見られたのである。

司牧への配慮はグレゴリウスを駆り立て、宣教活動に教えの伸張をみた彼は、キリストの知らせを既知の世界の果てにまで広めようとした。同時代に起こった数々の災難と試練の中で、彼は全エネルギーを傾注してローマ教会の再建を図り、司牧に関する配慮を拡充しようとした。この司牧への配慮は、すでにキリスト教徒である人びとの倫理的刷新と、いまだ異教徒である人びとの改宗とに向けられていた。驚くべきことに、早くも七世紀には、大グレゴリウスは、四世紀の大著述家アンブロシウス、ヒエロニュムス、アウグスティヌスと同様の権威〔ラテン教会の四大教父〕と見なされるようになる。カロリング朝の時代には、グレゴリウスはラテン教会の四大教父の一人と見なされるが、時間的な隔たりが縮められてアウグスティヌスとの近さが強調される一方、シャルルマーニュの同時代人たちとの隔たりが強調されるのである。しかし年代から言えば、グレゴリウスはヒエロニュムスよりもベーダに近い。以上が「中世の創設者」の特性である。

ブリュノ・ジュディク

紀元千年頃――「新しいキリスト教諸国」

よく知られた言い回しであるが、クリュニーの修道士ロドルフス・グラベル〔九八五年頃―一〇四七年頃〕は、一〇四

○年頃、革新の最中にあるヨーロッパが「諸教会の白い長い衣」でその身を飾っている、と述べた。当時のキリスト教世界の拡大は、それほど派手に絵になるようなものではなかったが、グラベルがその萌芽を目の当たりにしていた「新たな契約」の出現をたしかに示すものではあった。つまり、「神の君臨は聖なる洗礼の力によって暴君たちを支配したのだ」と彼は付け加えている。西スラヴ人、スカンディナヴィア人、ハンガリー人たちは、数十年前にはまだ、全大陸に恐怖の種をまいていたが、当時ラテン・キリスト教世界に組み入れられたばかりであった。やがて、残っているのは、フィン人の地あるいはバルト海沿岸にあるいくつかの異教の片隅だけ、ということになるだろう。たとえばリトアニア人たちは、ようやく一三八六年になって改宗する。しかし、これら最後まで残った地域を除けば、かの年代記作者に従って次のことを認めざるを得ない。すなわち、紀元千年は、多かれ少なかれヨーロッパの北と東に残っていた広大な異教の「非占領地帯《ノーマンズランド》」の消滅の時に一致している、ということである。

これら「新参者たち」（アレクサンデル・ギュイシトル）は三つの別個のまとまりに分けられる。まず、スカンディナヴィア人である。すでに八世紀の終わりからヴァイキングの拡大、すなわち商業活動と戦闘行為が不可分に結びついた運動を開始したスカンディナヴィア人は、ノルマンディー、デーンロー[8]、イングランドの北や東など、征服した地域の始祖となった。デーン人はこれを機に支配的勢力として頭角を現わし、ノルウェーを取り巻く広大な王国を築き、北海からグリーンランドに至る海を支配してグレート・ブリテン島に絶えず圧力を及ぼした。そのあいだに、ヴァリャーグ族〔ロシア方面に進んだスウェーデン系ヴァイキング〕と称され、ノヴゴロドからコンスタンティノポリスへのルートを作ったスウェーデン人は、広大なスラヴ世界と接触した。七世紀半ば以来、アルプス山脈からアドリア海まで、東ヨーロッパの大半にはスラヴ系の部族が住んでいたが、各部族のあいだには民族言語学的な差異化が進んでもいた。最も西の部族、たとえばケルンテンのスロヴェニア人などは、やがてはカロリング帝国に統合されてしまう。それでも別の地域では、スラヴ人の有力な諸国家が九世紀の半ばに生まれた。だが、そうした国家のうち最も広大であった大モラヴィア王国ですら、中央アジアからやって来たハンガリー人の侵入のために束の間存在したにすぎなかった。アルパド公の指揮の下、半遊牧民であるこの民族は、カルパティア山脈に本拠を置き、ここから襲撃を重ねておびただしい人命を奪ったが、オットー一世がアウクスブルク近郊のレヒフェルトで彼らに手痛い敗北を喫せしめた（九五五年）。当時、スロヴェニア人とその隣人であるクロアチア人以外では、チェコ人とモラヴィア人だけが、時に抵抗を見せながらもキリスト教に入信していた。ヨーロッパ北部および中央部にいた他のすべての民族は、キリスト教に対して無縁であるか、反抗的であり続けた。たしかに、いくつかの教会が九世紀のあいだにビルカ、ヘーゼビュー、リーベといったスカンディナヴィアの重要な商業地に建設された例もあるが、そうした場所に教会があったのは外国の商人を受け入れるためであった。現地の人びとが頻繁に教会に通ったことを明かす証拠は何もない。

これらの民族が紀元千年前後にキリスト教化したことを説明するために、後世の人びとによりえてして引き合いに出されてきたのが何人かの傑出した個人である。彼らの多くはすぐさま聖人として崇敬される栄誉に浴するに至っているが、彼らが自民族の改宗に果たした役割はそれほど決定的なものと判断されたのである。実際、今日なお、ポーランドのミエシュコ一世の受洗（九六六年）、ロシアのウラディミールの受洗（九八八年頃）、ハンガリーのヴァイク＝エティエンヌ〔イシュトヴァーン一世〕の受洗（九九五年）、あるいはまたノルウェーのオラフの受洗（一〇一五年頃）は、歴史上の重大な転換と見なされているではないか。ところが、事態はそれほど単純ではない。というのも、キリスト教はあちこちで数十年、さらにはそれ以上の年月をかけて徐々に拡大したからである。たとえば、トランシルヴァニアのハンガリー人の指導者たちがビザンティン様式のキリスト教に改宗したのは早くも九四〇年代のこと、すなわち未来の聖エティエンヌが大決断をし、すべてのハンガリー人が彼に続いてキリスト教に改宗する半世紀近くも前のことだったのである。これと同様に、スカンディナヴィアでは、首長の公式の改宗に先立って、新しい信仰に対する長い寛容の時代があった。逆に、スウェーデンのように、とりわけ真の意味での政治的統一がなかった地域では、異教は十一世紀の最後まで残存し続けた。したがって、長いあいだ、キリスト教化は事実上の宗教的多元主義にとどまっていたのである。新しいキリスト教君主たち自身、態度を保留する貴族たちと正面からぶつかることを恐れて、旧来の信仰を厳しく扱うのをためらいがちであった。たとえば前述のスウェーデンの首長は、異教徒たちがそれをきっかけに自らの追放に動くことへの恐れから、キリスト教の宣教師に対してウプサラにある異教の聖地を破壊しないよう求めた。また別の首長たちは、洗礼を受けていたにもかかわらず、旧来の神々からの恩恵を確保しておこうとした。ハンガリーのゲーザの態度が何よりの証拠である。彼はキリスト教徒であったのに、異教の神々に生贄をささげることをやめなかった。そのことで彼を非難した司祭に対して、彼は堂々と次のように答えている。「富も権力も十分にあるから、こちらの神々にも供え物をするのだ」。以上からわかるように、キリスト教化は複雑で漸次的な過程をたどった。この過程には後退すら見られる。つまり、これら新しいキリスト教諸国のほとんどすべてにおいて、遅かれ早かれ異教化への揺り戻しが現れてくるのである。時には反動は激烈なものであり、たとえばポーランドでは、変革者カシミール(一〇三四―一〇五八年)の治世に、キリスト教化をゼロからやり直さなければならないほどだった。そういうわけだから、紀元千年の幻想に惑わされないようにしよう。こうした年代決定は結局のところ便利であると認められるにせよ、見た目よりもいっそう波瀾に富む歴史の曲折を、それがために忘れてはならないのである。

また別の通説に、上記の諸地方においては、キリスト教化とゲルマン化が表裏一体であった、というものがある。たしかに、スラヴ人への宣教活動は、ザルツブルク、パッサウ、レーゲンスブルクというバイエルンの諸司教区を起点として成功を収めたにちがいない。また、ボヘミア公聖ヴェンセラス(九二二―九三五年頃)は、ローマ・キリスト教を選ぶのと同じくして、ザクセン王であったハインリヒ一世・捕鳥王に政治的にも財政的にも服従することを選んでいる。しかしながら、ゲルマンの影響は至るところで猛烈な対抗勢力に遭遇したのである。そこに立ちはだかったのがビザンティウムの勢力ではなかったのは間違いない。というのも、大モラヴィア王国から聖キュリロス(八二六／八二七—八六九年）と聖メトディオス（八一五年頃—八八五年）の弟子たちが追放されたことに伴い、バイエルンの宣教師たちが中央ヨーロッパにおけるギリシャ人勢力に打ち勝ったからである。ビザンティン帝国のキリスト教は、ブルガリア、次いでキエフ・ルーシにはなんなく伝播したのに対し、ハンガリーやダルマティアではついに主流とはならず、ポーランドには根を下すことができなかった。ところで、拡大の一途をたどるゲルマン人の帝国に直面して、自分たちの独立保持に汲々としていたスラヴ人およびスカンディナヴィア人の君主たちは、少なくともゲルマン人の帝国と同等の力を備えた対抗勢力を頼りにすることができた。したがって、ノルウェーやデンマークでは、最初の司教はイングランドの出身だったのである。彼らは、スカンディナヴィアとイギリス諸島を結ぶ文化的親近性のおかげで、ハンブルク—ブレーメンの大司教を通じて及んでくるドイツの圧力に拮抗することができた。同じく、ポーランド人の改宗は、マクデブルクにあったゲルマン人の大司教座に託されたものではなく、チェコ公ボレスラフ（在位九二九—九六七年）とのあいだに締結された協定の産物だった。ボレスラフの娘ドブラヴァはミエシュコと結婚した。ハンガリーの場合を見ると、これらの地域においてどれほど多様な影響が黎明期のキリスト教を形作ったかがいっそうよくわかる。というのも聖エティエンヌは、プラハ司教アダルベルト（九五六—九九七年）、皇帝ハインリヒ二世（在位一〇〇二—一〇二四年）の娘でバイエルン人であった彼の妃ギーゼラ（九八五年頃—一〇六〇／六五年）、そしてヴェネツィアのサン・ジョルジョ・マッジョーレ修道院で教育を受けたハンガリー司教ゲレルトを、同時に頼りにしたのだから。

以上のことは同時に、こうした辺境のキリスト教化に大きく関与した政治力学のユニークさをよく示している。カロリング朝時代には、信仰の統一性の達成は、通常、帝国への加入を前提としていた。宣教は、必要に応じて武力も用い、政治的境界を押し広げるのと同時に魂を支配するものであった。こうした戦略はオットー一世（在位九三六—九七三年）の時代にはなお主流であったが、複数の要因によって十世紀末には揺るぎはじめていた。一世紀前に聖メトディオスの著作を承認して以来、教皇庁は「ザクセンの辺境防壁《リメス・サクソニクス》」の向こうに現地人教会を出現させるという考え方を支持していた。一方、九八三年の夏に起こった西スラヴ族の反乱において頂点に達した異教の抵抗により、武力で主導する宗教的統合の失敗が決定的に確認されたばかりでもあった。現地人による教会を法的に認めた功績は、若きオットー三世（在位九八三―一〇〇二年）に認められる。教皇シルヴェステル二世（在位九九九―一〇〇三年）との協調の上に普遍帝国を再建するという願望を抱きつつ、オットー三世はキリスト教世界の新しい編成の基礎を築いた。彼は、紀元千年の三月にグニエズノにある聖アダルベルトの墓への巡礼を行なったとき、ボレスラフ豪胆王に対してビザンティン様式で戴冠《たいかん》させ、君主の兄弟として皇帝の一族の身分を与えた。それに続いてグニエズノに大司教区が置かれた。それは三つの付属司教区を備え、オーデル川を境としてマクデブルク管区と分けられた。翌年、今度は聖エティエンヌが、支配の絶頂期に戴冠するとともにグラン（エステルゴム）の大司教に選出された。最終的には、唯一ボヘミア王国だけが、まだ形成期にあり神聖ローマ帝国に属している状態であったため、大司教区を持たないままだった。なお、九七三年に設置されたプラハ司教区と、それより少し後に設置されたオロモウツ司教区は、ザルツブルクの教会から巻き上げられて、遠くマインツの権威下に置かれることになった。スカンディナヴィアも、まったく別のペースでではあるが、似たような道をたどった。つまり、それははじめハンブルクの管轄にあったが、後にはルンドに大司教座を備え（一一〇四年）、次いで一一五二年にはノルウェーのニダロスに、一一六四年にはスウェーデンのウプサラに大司教座が置かれたのである。

　ということはつまり、シャルルマーニュと彼の後継者たちが夢見ていたような帝国の教会に代わって、キリスト教諸国のヨーロッパが現れたのである。こうした変化を物語っているのがライヘナウを出所とする一枚の有名な細密画である。[9] そこでは、玉座に座った皇帝が、ローマとローマ帝国の旧属州のみならず、スクラウィニア、つまりスラヴ人の国をも従えているのである。かくしてヨーロッパの周辺部には、一定の領土を統括し、まもなく当地の国民の教会となる有力な諸教会が誕生した。これら諸教会はローマ教皇座と緊密な関係を持ち、ローマに対しては全面的な支持の態度をとり、多くは感謝のしるしとして負担する献金を納付していたが、自分たちの聖なる王の崇敬を通じて強固なアイデンティティを確立し、信仰と王朝と故国の下に緊密な結びつきを形成した。こうした意味において、わたしたちが今日知っているような諸国民のヨーロッパは、世俗化という文脈においてではあるが、紀元千年の産物なのである。

オリヴィエ・マラン

ローマ、ラテン教会の長（十一世紀以降）

中世という時代が決定的なものとして現れてくる長いプロセスの果てに、ローマという都市に認められた威信は、キリスト教世界における制度上の優越となった。これに伴って教皇の地位は、いずれにせよローマ司教であることに変わりはなかったが、それをはるかに上回るものとなった。

ローマ帝国の体制が弱体化した結果、西方世界の総大司教たるローマ司教が帝国の中心都市の統治に及ぼす潜在的な支配力が増した。教皇《パーブ》（ギリシャ語で「パパース」〔*papas*〕、すなわち「父」）と呼ばれる者が、西方キリスト教世界の長としての役割を確立し、他の司教座に対して裁定者あるいは最後の拠り所という地位を得るようになった。ローマはいまだコンスタンティノポリスの皇帝の支配下に置かれていたが、人口の面では大幅な減少を経験しながらも、なお名高き都市における日常生活のよき統制を確保するべきは教皇であった。相変わらずビザンティウムがイタリアの支配者ではあったが、ローマと教皇には強力な軍備の後ろ盾があった。六世紀にランゴバルト族が侵入した時とは状況が変わっていたのである。

「蛮族」の脅威にさらされる中で、一定の自立性を保とうとしたローマ司教は、当時台頭しつつあったフランク族に軍事的支援を懇請した。七五三年、小ピピン〔七一四／七一五―七六八年〕は教皇ステファヌス二世〔在位七五二―七五七年〕のたっての求めに快く応じた。この結果カロリング朝が軍事介入し、使徒座に領土を贈与した。これをきっかけにローマを首府とするローマ教皇領が誕生することになる。十五世紀にイタリアの人文主義者ロレンツォ・ヴァッラ〔一四〇七―一四五七年〕により偽書だと見破られた史上最も有名な偽書の一つによって、最初のキリスト教皇帝の倫理的権威の下に与えられたこの贈与は、後に「コンスタンティヌスの贈与」[10]の名で知られるようになった。シャルルマーニュ〔七六八―八一四年〕は父の後に続き、ランゴバルト人の王冠を戴き、教皇庁と緊密な関係を保った政治を行なった。八〇〇年の皇帝戴冠は、互いにキリスト教社会（「キリスト教共和国《レースプーブリカ・クリスティアーナ》」）を統治しようとする二人の支配者のあいだに築かれた緊密な同盟関係の幕開けとなる。これ以後ローマはイタリアの大部分の支配者となる。こうした状況の中、教皇の選出が重大な意味を帯びてくる。それはローマの限られた名門貴族の支配下に行なわれたが、このことが西方のキリスト教徒たちの基準であり至高の権威である者〔ローマ教皇〕の純粋に宗教的な営みに重大な影響を及ぼすことはなかったようである。半世紀の空白の後、九六二年の帝国の再生〔オットー一世、西方皇帝の戴冠〕は、ドイツ人君主たちによるローマ、教皇庁そしてイタリアの、一〇〇年にわたる掌握の開始を告げるものである。君主たちの支配力が弱まった時には、たとえばハインリヒ二世の治下（一〇〇二―一〇二四年）がそうであったが、教皇庁の命運は再び地方貴族の手に握られることになった。

　十一世紀は決定的な転機を示しており、次第に揺るぎないものとなってゆく教皇庁の勢力拡大の前兆を示している。小ピピンのローマ来訪とハインリヒ三世（一〇三九―一〇五六年）のローマ来訪を分かつ数世紀間、すなわち三〇〇年間には、教皇庁は二次的な役割しか果たさず、西方世界の限られた範囲に教書を送るにとどまった。ポーランドやハンガリーのように、時にはそこで自らの権威を発揚することもあったものの、たとえ改宗させるべき遠隔地方に教皇が関心を向けても、また、シャルルマーニュ治下に最初に推進されて以来大いに広まりを見せ、一定数の信奉者を得ていたローマ式典礼を通じて教皇が自らの存在を周知させても、教皇は、しばしば自らを聖ペトロの座に就けた者たちの囚われ人であるも同然で、特に皇帝やその代理人がイタリアにいる時には、望みどおりには振舞えなかった。一〇四九年に教皇レオ九世（一〇五四年没）のとる選択が決定的な転換を画すことになるだろう。教皇権はその働きにおいて完全に見直され、新しい権能が付与されるのである。

着手された改革には様々な大きな意図があった。すなわち、改革は霊的な領域と非宗教的な領域という二つの領域をよりはっきりと分けようとしたのだが、さらに二つの領域を階層化し、前者に後者を導く任務を託したのである。それゆえ、社会全体を根底からキリスト教化する野望を抱きながらも、改革の矛先は最初に聖職者の世界に向けられた。そして彼ら聖職者が教皇の改革の企図を俗人に対して説明し伝える責任を負った。実行された改革は、ローマを長とする諸教会の統治に関しては、中央集権的な考え方を基盤にしていた。つまり、合議制の共同体という水平的な教会論の後に、司教たちが教皇に協力するというピラミッド的な教会論が生起してくるのである。もっと短期的に見ると、皇帝による教皇の一方的な選出というやり方が、ローマ教皇の指名方法を見直す過程を早めたのだろう。一〇五九年の教会会議で次のことが取り決められた。すなわち、その時までただローマの聖職者と庶民によって昇叙させられていた教皇が、それ以後は枢機卿団、つまりローマ隣接司教区の司教たち（ローマ近郊の諸教会の長という立場にあった）によって構成される聖職者集団、ならびにローマ教会の司祭と助祭によって選出されるようになる。この革新的な措置は、同時に枢機卿会という機関を生み出した。枢機卿会は教皇に尽くしてその側近となり、真の意味での官庁、すなわち「教皇庁」を形成し、教皇の交代における教会統治の連続性を確保するのである。

教皇庁尚書院がその活動を活発化させ、文書の生産量を増大させた。次第に数を増す教書がローマからあらゆる国々に向けて発信され、信徒たちに教皇の決定が伝えられていったのである。教皇の新しい任命方法は、いかに有力者であっても俗人を排除するものだったが、司教の新しい任命方法の誕生につながり、司教の任命は司教座聖堂参事会員の手で行なわれるようになった。この動きは単なる司祭にも及び、司祭の任命はますます世俗化する教会の「聖職推挙権保有者」たちの反発を呼ぶようになるが、結局は司教の任となる。聖職叙任の形態におけるかくも抜本的な革新がもたらされた結果、「教皇権・帝権闘争」が起こった。なぜなら、この事態において最も多くのものを失ったのは、高位聖職者たちの選出から生じる利益に直接あずかっていた皇帝だったからである。高位聖職者たちは皇帝の選出と帝国統治に密接に関わっていた。ハインリヒ四世（一〇五六―一一〇六年）は教皇に反抗したが、イタリアにおいて軍事的優位に立つことなく、カノッサで加辱刑を受けたのである。王の前に立ちはだかったグレゴリウス七世（在位一〇七三―一〇八五年）は、教会の自治権の妥協なき擁護者であった。それゆえに「グレゴリウス改革」という表現は、彼の教皇在位期間をはるかに越えて、一世紀以上のあいだ（一〇五〇年頃―一一五〇年頃）続いた企てを指すものとして用いられてきた。

改革への同様の関心に従って、数度の全体教会会議が開催され、教皇がローマとイタリアの外を巡回し、教皇庁の諸機関が設立され、法的な意識が発達し、これによって教皇権は飛躍的に伸長した。実際のところ、この時までにローマを離れたことがある教皇はわずか数人にすぎなかった。それまでの教皇と考え方を異にしたレオ九世は、フランスとゲルマニアの辺境地域をまわって長い距離を移動したのである。キリスト教世界の至るところで教皇権を示さんとする意志は、全権公使派遣の慣例化に至り、教皇はあらゆる国々に自らの教えの忠実な実行者、すなわち教皇特使を持つことができるようになった。これらすべての刷新がはっきりと目に見えるようになってくるのは、教皇アレクサンデル三世の在位期間（一一五九―一一八一年）のことである。そして、インノケンティウス三世（在位一一九八―一二一六年）がこの長い変化の時代に終止符を打った。一一二三年、一一四八年、一一七九年に開かれたラテラノ公会議〔第一回―第三回〕はすでに、この教皇が招集した、はるかに内容豊かな第四ラテラノ公会議〔一二一五年〕の前触れをなしていたが、とりわけインノケンティウス三世は、教皇領を世俗の公国と同じ水準に置いて封建制の中に組み込み、あるいは封土を与え、あるいは君主たちから封臣としての忠誠の誓いを受けたのである。

十二世紀と十三世紀を通して教皇は、首都大司教から小教区の主任司祭まで、キリスト教世界全体のあらゆるレベルの決定を左右する十全な支配者となった。教皇はまもなく聖職者の叙任を担うようになり、司教の選出を監督し、見直し、あるいは執り行ない、大貴族の求めや自らの好みに応じてあらゆる役得を与えたのである。ほとんどすべての宗教的行為が西方の総大司教の手の内にあった。ボニファティウス八世〔在位一二九四―一三〇三年〕は一三〇〇年の聖年大赦[11]の際にこうした全面的権能を示そうとしたが、それは教皇にとって困難な時代の幕開けを告げるものでもあった。教皇は徐々に明白な姿を現わしてくる国民国家に直面することになる。というのも、国民国家の君主たちは「自国の」聖職者たちを牛耳ろうとしたからである。

一三〇八年、フランス人教皇〔クレメンス五世〕が選出されてからすぐ、教皇庁がアヴィニョンに移された。七十年のあいだ、アヴィニョン教皇庁はイタリアから遠いキリスト教世界を支配できることを示し、官僚機構を強化したが、それは誕生しつつある諸国家に法や財政の分野における本物のモデルを提供した。教皇を失ったローマだが、それでもローマ帝国と殉教者たちの二重の記憶に根ざすその威信のすべてを失ったわけではなかった。教皇の帰還を求める数多くの声が起こり、一三七七年に帰還が実現するが、それは西方教会の統治体制において特に痛ましい時期、すなわち教会大分裂〔一三七八―一四一七年〕の始まりを告げるものであった。かくして西方世界はローマに君臨する教皇とアヴィニョンに君臨する教皇という二人の教皇のあいだで分裂した。アヴィニョンでは、昔のあり方を懐かしみ、ローマの選出者の振る舞いに怒れる枢機卿たちが新しい教皇の選出を実行したのだった。両者はそれぞれ支持を集め、両陣営の力は拮抗していたため、力によって事態の解決を図ることはできなかった。いずれの教皇も退位しようとはせず、自らの選出を正当なものと評価した。この状況は、一世代以上も続く膠着《こうちゃく》状態に陥ったが、改革を図る力強い動きをもたらし、公会議開催に最後の頼みがかけられるようになった。ただ、教会大分裂はコンスタンツ公会議（一四一四―一四一八年）によって終わりを告げたが、公会議は教会統治のための安定した機関と認められるには至らず、バーゼルで開催された公会議（一四三一―一四四九年）では果てしない議論にはまり込み、その権威を失ってしまった。公会議中心主義説の支持者に直面しながら、教皇権は窮地を脱して強化された。それは、一四五〇年の聖年大赦の華々しい成功が示している通りである。この年ローマには大群衆が集まったのだった。

ミシェル・パリス

ビザンティウム／コンスタンティノポリスと西方教会――一致と差異化

ローマ教会とビザンティン教会の断絶、およびそれ以後ビザンティン教会に貼られた「離教者」というレッテルを見ると、あたかもローマ、すなわち諸教会の母によってキリスト教徒に示された正しい道をたどることを拒絶した東方教会が、この事件の悪役であったかのように思いがちである。しかし、こうした考え方は、これら二つの教会がそれぞれの歴史を持っていることを無視してしまう。ローマ教会が自らの権威を主張するようになったのは徐々にであったし、他方でコンスタンティノポリスの教会もまったく別の背景の中で形成されていった。分離について語るよりも、二つの教会の一致と、両者のあいだに差異が生じた理由に説明の力点を置く方がより有益である。

中世において、二つの教会は、一方はギリシャ語、他方はラテン語でありながら同一の聖書を用いていたが、三つの根本的な領域においては最終的につねに意見の一致を見た。まず初めに、両者のクレド（信仰告白）が同じであったことを強調しておこう。それは四世紀から九世紀にかけて開かれたエキュメニカル公会議により規定されたクレドであった。第二に、両教会とも聖ペトロを使徒たちの「統率者《コリフェ》」（合唱隊《コロス》のリーダー）と認めることで一致していた。また、ペトロとパウロの聖遺物を崇敬しにローマへ行く巡礼は、東方教会の信心業の一つであり続けた。最後に、いずれの教会も同じ集団統率組織（司教管区が首都大司教管区にまとめ上げられる）を有していた。付け加えると、エキュメニカル公会議で議論されたのは教義を明確にすることのみならず、数多くの領域（典礼、聖職者組織、倫理生活、信仰心、修道生活など）において規則を定めることでもあったと言えるが、その目的は、共通の規則を適用することでキリスト教徒の生活と彼らの司牧者の生活の多くの局面で標準化と一致を図ることにあった。実際、決して忘れてはならないのは、原始諸教会が、あらゆる領域において、非常に大きな多様性を示していたということである。原始諸教会は、啓示されたものと考えられた諸原典を基にしながらも、近隣の教会しか頼れなかったため、地域ごとに異なる伝統や個別の問題と関わる中で練成された生活形式や礼拝形態を徐々に備えていった。最初のエキュメニカル公会議（ニカイア、三二五年）を契機に、原始諸教会が示していた当初の多様性が一つの方向に向かい始めたのである。

また、四世紀末にはローマ帝国が、コンスタンティノポリス／ビザンティウムを中心とする東ローマ帝国と西ローマ帝国とに分裂した。ビザンティン帝国は、普遍的であることを目指したローマ帝国の継承者を自任しつつ、一四五三年まで途絶えることなく存続した。これと反対に西側の帝国は、政治的分割というかたちで表われてくる、より変化の激しい歴史を経験した。たとえば、西側の帝国には皇帝がいたがつねにではなかったし、それは一度たりとも西方キリスト教世界の全体に広がることはなかったし、そのローマ的基盤には別の遺産の色合い、なかでもフランク的な色合いが混じり合っていた。こうした政治的差異は教会のレベルでは見られない。すなわち、キリスト教会は、エキュメニカル公会議に発し、総大司教区と呼ばれる、指導的立場にある五つの上位―首都大司教区を有していた。人口密度が高く司教区の数も多かったローマ帝国の東の部分には、四つの総大司教区、コンスタンティノポリス、アレクサンドリア、アンティオキア、そしてエルサレムがあった。西の部分には、唯一つの総大司教区であるローマがあった。総大司教はそれぞれ自らの管轄地域における権威を持っていた。ただし五つの総大司教座の一致が信仰の正しさを保証し、総大司教の中でもローマ総大司教が特別な名誉権を持っているということについては合意があった。八世紀まで、コンスタンティノポリスにいる皇帝の権威がイタリアの大部分に及んでいたことを付言しておくべきだろう。そういうわけでローマは、政治のレベルでは東方に従属していたが、それでも西方教会にその支配力を及ぼしていたのである。

この五頭政府（五つの権威）は、司教の集団こそ使徒たちの唯一真正なる継承者であるという考え方に結びついているが、まさにこうした組織のあり方を尊重する中でエキュメニカル公会議が開催されたのだった。そうした会議はすべて、公共の秩序の守護者たる皇帝によって招集された。しかしながら、事の成り行きに従って、まもなくある変化が現れてくる。

第一に、東方では、アラブ・ムスリム帝国の形成に伴ってコンスタンティノポリスの権威が著しく増大した。アレクサンドリア、アンティオキア、エルサレムは総大司教区として存続していたが、ムスリムの土地となってしまった上、敵対する異端教会の勢力伸張によって弱体化してしまった。コンスタンティノポリスは、キリスト教徒の土地に残った唯一の総大司教区となったのである。しかも、その管轄地域はついにはほとんどビザンティン帝国の支配地域に一致するようになった。ビザンティン帝国は、八世紀以来、二人の指導者を持った。すなわち皇帝と総大司教は、それぞれの立場からではあるが、一致団結して、キリスト教徒に対する責任を負った。ビザンティン教会のあり方は、皇帝との関係を除いては決して考えられない（このことは一四五三年に帝国が消滅した際に教会にとって大きな問題となる）。それは帝国の教会であったし、そうであることを誇っていた。「カエサルのものはカエサルに」というわけだが、皇帝が「神から戴冠した」と言われたこと、彼のいる首都が聖母の特別な庇護下に置かれたこと、彼の帝国が摂理主義的な意味を持っていたことによってそうした傾向にいっそう拍車がかかることになる。五世紀から、コンスタンティノポリス総大司教は特別の権威を我がものにし、総大司教の一団の中で二番目の位置についたが、それもコンスタンティノポリス総大司教が古代ローマの地位に取って代わった帝国の首都の座を占めていたことによる。

ローマ教会の方は、また別の状況の中で変化を遂げていった。その長は、ますます多くの場合に教皇《パーパ》と呼ばれるようになってゆくが、西方教会全体に対して責任を負っていた。極めて早く、すでに五世紀には、全司教の中でも特別の優越性を、聖ペトロの後継者としてのローマ司教に認める考え方が生まれていた。聖ペトロには、キリストが地の果てまで自らの教会を設立する使命を与えていた。また彼の聖遺物がローマを守っていたのである。しかしながら、ローマ司教がこうした優越性を西方の教会に認めさせるには相当の時間を要した。同様に、十一世紀に着手されたグレゴリウス改革の一環として、俗人、君主、王や皇帝に対して自らの特権を認めさせるにも相当の時間がかかった。そのあいだに、聖ペトロの遺産にいっそうの深みが与えられた結果、教皇はもはや単に使徒たちの長の後継者としてのみならず、キリストの代理者（「代わりになる者」）として自己を定義するようになった。これにより教皇は全キリスト教世界における唯一例外的な地位に置かれたのである。

歴史の変遷を経た結果、キリスト教世界に二つの極が生まれたのだった。ローマとコンスタンティノポリス、それぞれがそれぞれに固有の教会概念の上に成り立っていた。すなわち、ペトロにまつわるイデオロギーにより、普遍主義的（これがカトリックという言葉の意味である）であると同時に君主制的な側面をローマ教会は持つようになった。帝国の首都たるコンスタンティノポリスには、摂理主義的な帝国のイデオロギーの中で、教会の五頭政治および合議制的な側面が有利に働いた。こうした差異化は九世紀末から十世紀、十一世紀を通じて拡大したが、これはエキュメニカル公会議の招集を皇帝に要請することが特段有益ではないと考えられた時代であった。というのも、キリスト教信仰にとって脅威となるような新たな異端が存在しなかったからである。こうした時代にもローマとコンスタンティノポリスのあいだには多種多様な接触があったのだが、えてしてこのことは忘れられ、たとえば九世紀後半の総大司教フォティオス〔八一五／八二〇―八九一年〕の在職中に起こったような、諸々の危機の方が重視されてしまう。しかし、結果として最も重大な事実は、つまるところ、共通の決定事項を練り上げるための会談と交渉の場所であったエキュメニカル公会議が終結したということだった。豊饒な知的発展の後に、管理統制の時代が続いた。喧々囂々《けんけんごうごう》たる議論を巻き起こした神学的諸問題の後に、発展を遂げる社会が提起してくる問題に直面して解決策を忍耐強く求める姿勢が続いて起きた。以後は共通のものとなった正統教義の定義の後に、正統な実践の探求が生じてくる。ローマ教会における規範化および統一化と同じ動きがビザンティン教会にもあった。両者に共通のものも多い諸原典に基づきながらも、それぞれに異なる方法と制度を採用することで（ローマにおいては教皇教令集[12]とラテラノ公会議、コンスタンティノポリスにおいては恒常的に開催された代表司教会議および教会会議により提出され皇帝が承認を与えた法制）、ローマ教会とコンスタンティノポリスの教会は、時として実際にはっきりと異なる結論に至ったのである。最も顕著な相違として知られているのは、聖体拝領に用いるのは種なしパンか発酵パンか、司祭は独身かそうでないか、土曜日を断食とするか否か、といったことである。

したがって、一〇五四年に起こった出来事〔ローマ教皇とコンスタンティノポリス総大主教の相互破門〕の重大さを過小評価してはならないが、この東西教会の分裂という危機は、こうした歴史的展開に照らして評価されなければならない。そしてその二世紀間には、特に注目に値する衝突は起こらなかったのである。とはいえ、この間に提起された諸問題は紛れもなく深刻なものだった。なかでも、教皇が全教会に対して発揮しなければならないと考えられた首位権をめぐる問題は重大であった。それらの問題に取り組んだ要人たちも解決することはほとんどできなかった。それでも、破門という措置の対象となったのは個人に限られ、教会は対象にならなかった。〔分裂後〕続く一世紀半のあいだ、両教会は旧来の関係を保った。つまり、当時ローマには「離教者」を相手にしているという確信はほとんどなかったし、またコンスタンティノポリスは、当時、世俗の権力からすっかり自由であった聖ペトロの後継者と対話することをまったく厭わなかったのである。

逆に確かなことは、十字軍、特に一二〇四年〔コンスタンティノポリス攻略〕の第四回十字軍によってこの動きが中断されたということである。ビザンティン帝国を征服し、コンスタンティノポリスの王座にラテン人の皇帝を置き、ラテン人の総大司教を就け、都市の財産を絞り上げて、十字軍参加者たちはビザンティン人の政治的誇りを傷つけるようなことばかりやったのだった。言い換えれば、彼らはキリスト教徒である同胞にとって侵すべからざる現実を攻撃したのであり、彼らは瀆神者《とくしんしゃ》だったのである。ローマはそこでなされた事を承認した。とりわけサラディン〔在位一一六九―一一九三年〕が一一八七年にエルサレムを奪還した際に見せたような〔エルサレム側の捕虜を身代金と引き換えに解放した〕ムスリムの平和的なやり方を思い起こす時には、それ以後多くのギリシャ人が、ラテン人をムスリムより危険な存在と見なしたことも理解できる。

ベルナデット・マルタン＝イサール

クレルヴォーの聖ベルナルドゥス（一一五三年没）とシトー会士たち

「クリュニーの教会」〔ecclesia cluniacensis〕が絶頂期を迎えるとき、聖ベネディクトゥスの戒律は、それと似て非なる、もう一つ別の修道体験の形態を生み出す。これがシトー会の運動であり、その名は運動発祥の地であったシトー大修道院に由来する。

シトー会、または原初の修道生活の純潔への束の間の回帰（一〇九八―一二二〇年）

シトー会という名前はソーヌ川流域の平野部湿地帯に群生する「イグサ」（〔ロマンス語で〕システル）を連想させる。一〇九八年三月二一日、以前は隠修士であった者たちが修道院長ロベルトゥス（一〇二八年頃―一一一一年）に率いられて、彼らの「新しい修道院」を設立することに決めたのがこの場所である。これはモレーム（シャンパーニュとブルゴーニュの境界附近）における最初の設立の試みが失敗した後のことだった。ロベルトゥスと仲間の修道士たちは、クリュニーの大領主たちの豪奢に反対して、修道生活の源泉に回帰し、聖ベネディクトゥスの会則を字義通りに捉えようとした。彼らは人里離れた渓谷に（少なくとも理論上は）定住し、ひたすら労働する生活に専念し、封建領主としての利益や聖職者としての収入（供物や十分の一税）の一切を拒絶した。それゆえ彼らは小教区の生活に加わろうとせず、さらには生者たちの思惑から自由でいられるように、死者記念も引き受けないことにしたのである。

新しい修道院の設立はたちまち成功を収めた。一一一五年には、すでにシトー会修道院には四つの「娘修道院」があった。すなわち、ラ・フィエルテ（シャロン＝シュール＝ソーヌ近郊）、ポンティニ（オーセール南方）、モリモン（ショーモン東方）そしてクレルヴォー（トロワ近郊）の各修道院である。このうちクレルヴォーの修道院は、クレルヴォーのベルナルドゥスに率いられた修道士の一団によって設立された。ベルナルドゥスは一一五三年に死ぬまでずっとこの修道院長であった。一〇九〇年にディジョン近郊のフォンテーヌで小貴族の一家に生まれた若きベルナルドゥスは、司教座聖堂付属学校で教育を受けた。二十二歳のとき、約三〇人の貴族たち――そのうち何人かは彼の兄弟や叔父や従兄弟であった――とともに、「新しい修道院」の修道士の一員となることを決意し、次いでクレルヴォーに修道院を設立する。第二世代のシトー会士であるベルナルドゥスは、彼一人でこの運動の全精神を体現している。クリュニー会士と、クリュニーの大修道院長でベルナルドゥスの最も手強い敵であり、ずっと手紙のやり取りを続けたペトルス・ウェネラビリス〔在位一一三二―一一五六年〕とに対抗する中で、クレルヴォーの大修道院長は、修道士たちが、使徒の時代にあったような清貧と聖ベネディクトゥスの戒律に説かれている純潔に回帰すべきだと主張した。彼は修道士たちに共住生活のあらゆる面で正真正銘の禁欲を課そうとした。具体的には、個人の禁欲的振る舞いであり、非常に慎ましやかな生活環境であり、クリュニーのような奢侈《しゃし》のない簡素な典礼である。ただし、ペトルス・ウェネラビリスと同様ベルナルドゥスも、教会内部での修道士の教導権を伸張させることを望んだ。彼は、最も純粋な者だけが他の信徒たちに道を示すことができる、と考えたのである。このため、ベルナルドゥスは修道院の禁域の外に出て、あらゆる対立の前線に参加してキリスト教世界の保護と顕揚に努めた。彼はたとえば、ソワッソンの公会議でアベラルドゥス（一〇七九―一一四二年）の神学の悪弊を非難し、教皇インノケンティウス二世を助けて対立教皇アナクレトゥス二世とその支持者たち（一一三〇―一一三八年）を排除し、ラングドック地方のマニ教的な異端に反対し、これを「主のブドウ畑に入り込んだ子狐ども」と呼んで撲滅を計り、第二回十字軍の勧説のため北東部フランスと神聖ローマ帝国を回って聖地解放を訴えたのである（一一四六年）。

シトー大修道院と各娘修道院の影響力はたちまち広範に及び、持続的に発揮された。一二五〇年には、このシトー大修道院はラテン・キリスト教世界の隅々に分散する六四〇以上の修道院を擁するに至り、その中には女子修道院もあった。それは「慈悲深き聖母マリア」の庇護下に置かれた集合体であり、シトーに集う毎年の修道会総会（あるいは大修道院長会議）の枠内においてメンバーは対等に扱われていた。清貧と簡素は、無染めの羊毛でできた彼らの衣服（「白い修道士」という形容語はここに由来する）の飾り気のなさにも標榜されているが、しかしこれに眩惑されてはならない。というのも、シトー会は、設立以来ずっと、貴族階級の潤沢な支出に支えられていたからである。シトー会の修道院は名門貴族の子女を数多く受け入れていた。シトー会式の修道院組織は、けだし、ある強固な社会成層を反映しているのである。すなわち、一方にはしばしば貴族の生まれである共唱祈祷修道士たちの場所があり、他方には助修士たちの場所があった。[13] この在俗の修道士たちは、大部分が農民の生まれで、自らの手仕事によって神に奉仕することを選んだ者たちであった。

助修士はシトー会の多くの活動に参加した。すなわち、自然の力の活用と農作物の栽培である。隠修士の孤独な生活を選んだはずが、シトー会士たちはまもなく、農工業における最先端の生産センターとして組織された広大な農村領域、すなわち農場《グランギア》の指導者となる。彼らは土地、牧場、森、ブドウ畑、採石場を開拓した。彼らは水力を使いこなして製粉所と鍛冶場を稼働させることができた。彼らは、羊毛、肉、皮、ワイン、ガラス、木炭、鉄などの余剰生産物で市を賑わせた。「貧しい」シトー会士たちは、このように商業を通じて、貨幣とこの世の様々な富を獲得した。彼らは、自分たちの最初の選択——手仕事と自作農——がもたらす当然の帰結として、「聖なる企業家」（C・B・ブシャール『十二世紀における敵対者の言説』二〇〇五年）という地位を獲得したのである。彼らは一一〇〇年代以降の西ヨーロッパの目覚しい発展に寄与した。もしそうなら、時代と世界が、これら原初の清貧への回帰の先頭に立った者たちに追いついたのだと言える。おのずからの流れで、一二二〇年の修道会総会ではさらに、当初あったすべての禁止事項が撤廃され、シトー会士たちは修道士一般の制度の中に戻された。つまり、彼らは再び聖職者である封建大領主という地位に戻されたのである。

シトー会士たちが一一四〇年以降にその多くの建設を始めた石造りの教会は、かなりの部分は農作物の余剰から得られた利益で維持されていた。建築美の面では、シトー会は、第三期クリュニーの「黒い修道士たち」が作り上げた豪奢な大建造物、すなわちキリスト教世界の「大教会《マイヨル・エクレシア》」や、サン＝ドニ修道院長スュジェ（一〇八一年頃—一一五一年）が作り上げた最初のゴシック式建築とは、真っ向からの対立関係にある。クレルヴォーのベルナルドゥスは、一一二五年頃書かれたその著『サン＝ティエリのベネディクト会修道院長ギヨームに宛てた弁明』の中で、シトー会士の簡素さに関する証書を示してみせているが、それは今日でも、残存するシトー会の教会に図像や彩色が見られないという事実に確認できる。極端な節制を固く守るのは、第一に貧しい人びとを養うための財産を確保するためである。また、無色のガラス窓をほぼそのまま通過してくるありのままの白い光を重視し、教会内部に装飾を施すことを禁じるのは、とりわけ聖書に関する内的な黙想の意味を曲げないためである。この宣言書は、装飾の神秘的働きに反対する立場、つまり図像は感覚の覚醒を通じて創造主にまで昇ってゆくことを可能にするという「神秘的象徴的」働きに反対する立場を表明したものである。シトー会の修道院では、人は神に至ろうとするのではなく、神とともに住まおうとするのである。その神とは、クレルヴォーのベルナルドゥスによれば、「高く、大きく、長く、深きもの」であった。

ドミニック・イオニャ＝プラ

大聖堂《カテドラル》

ヴィクトル・ユゴーが『ノートルダム・ド・パリ』で不滅のものとした大聖堂は、今なお人びとの心の中において中世キリスト教のシンボルであり続けている。しかし、「司教座聖堂」としての大聖堂は、ゴシック様式のそれを見るだけでは理解したことにならない。紋切り型の理解にも理由がないわけではないが。

司教座聖堂という名の由来は司教座《カテドラ》にあるが、この荘厳な座は司教だけが座ることを許されており、建物の内陣に置かれる。したがって司教座聖堂とは、司教区に及ぶ司教の権威に属するものとされた聖堂のことである。司教座聖堂の管轄区域は大きく広がった。教会の平和を経て、キリスト教化が進んだ最初の数世紀に、少なくともローマ化した領域においては、司教区は古代都市国家の管轄地域と一体化した。かくして、都市とその周辺の農村地域の信徒たちは重要な祝日を祝いに大聖堂にやってきて、この期間に司教から教えを受けたのである。また、復活の聖なる徹夜祭の時に新改宗者に洗礼を授けることも大聖堂で行なわれた。これら小型の司教区は、なお多くがイタリアに残っているが、南フランスでもフランス革命まで存在した。こうした実情に合致するのが、考古学者たちによって近年発掘され「司教座聖堂複合体」と呼ばれる、数多くの建物が分立する巨大建築群の実態である。最初の一つは、一九七〇―一九八〇年代にジュネーヴで発見された。この複合体は、何よりまず複数の聖堂を備えていたが、それぞれの果たした機能はよくわかっていない。最も大きな聖堂は盛大な儀式の際に使用されたはずである。別の聖堂はおそらく、司教の仕事を補佐し、日々の聖務日課での朗唱を行なう司教座聖堂付聖職者が用いていたのであろう。これに加えて洗礼堂があったが、これは中央の洗礼盤で浸礼を執行するため設けられた水利設備によって容易にそれと分かる。そして、様々な非宗教的な建物は聖職者たちの住居として用いられていた。その他、学校として用いられた建物や、貧者や病人の収容のために用いられた建物、すなわち「宿坊《クセノドキウム》」があった。一つの司教座都市の司教の地位は、その建築群においてたやすく窺い知られたと言ってよい。

キリスト教化が、都市化の程度がより低い地域にまで及ぶようになると、司教区の規模は著しく増大し、大聖堂での定期的な信心業の執行が不可能となるに至った。そのうえ、洗礼は今や生まれたばかりの赤ん坊に授けられるようになっていた。大聖堂はもはや全信徒を一所にまとめることはなかった。信徒たちは、大聖堂よりも近くにある小教区教会堂で礼拝したのである。司教は、自らの職務の大部分をこれら小教区の司祭に委任していたが、それでもなお大元の権威として管轄する司教区の長であり続けた。彼は、修道士とは区別され、次第に参事会員という名で広く呼称されるようになってゆく聖職者団を従えた。司教座聖堂複合体の宗教的建築物は、徐々に一つの聖堂、すなわち大聖堂にまとめられてゆき、その他の建物は規模を拡大しつつ存続した。司教館は壮麗さを増し、絶えず膨らみ続ける司教区行政の業務がそこで行なわれるようになった。そうした業務のいくつかは、とりわけ公証人が不在である地域の住民を対象として、法的行為の公証を行なうものであった。参事会員たちは彼らの生活様態に適合した建物を所有した。彼らの生活様態は、地域に応じて、共同生活の性格（律修参事会員）か個人生活の性格を持っていたが、後者の場合は各個人が自分の家を持つことが許されていた。建物の集合体は、大聖堂を中心としてその周囲の「参事会員区」に配置されていた。この場所は、しばしば閉ざされた空間であり固有の法的地位を有していたが、諸都市の地図を見れば今でも容易に位置がわかる。司教座聖堂付属学校（アンジェ、シャルトル、ランなど）は十一世紀および十二世紀に隆盛を見た。これは司教から権限を委ねられた参事会員、すなわち司教座聖堂付属学校長の指導のもとに置かれた。旧来の「宿坊」は、より広々とした大病院に代わり、そこには貧窮者が収容された。[14]

司教座聖堂の役割は変化を遂げ、司牧活動は小教区の司祭によって取って代わられた。十三世紀からは小教区司祭に加えて托鉢修道士が司牧活動を担った。改革者たちは主要な祝日（誰も尊重してはいなかったが）に説教することを引き続き司教に期待していたが、彼らが強調したのは司教区の聖職者に対する司教の義務だった。様々な場合を機会として、司教は「自分の」司祭たちとのあいだに、司教区の「母聖堂」（当時の文献群を見ると大聖堂はこのように呼ばれている）と小教区の娘聖堂とを結ぶ紐帯を保っていた。たとえば、正確に一年に二回開催され、聖職者を一定方向に導く司教会議がそれである。また、聖木曜日に行なわれる聖香油のミサでは、サクラメント〔秘蹟〕の授与に使用する聖油が祝別されるが（洗礼に用いられる聖香油を含むことからこのミサの名がある）、司祭たちは少量の聖油を自分の小教区に持ち帰って、一体性のしるしとした。さらに指摘できるのは、大聖堂は徐々に、司教区の独自性を表わす記憶の場としての役割を担うようになったということである。このことは、大聖堂の中に、司教たちの墓やその地域で最も著名な人物たちの聖遺物が存在するという事実に示されている通りである。またそれは、全キリスト教会に共通の普遍的要素と地域的なキリスト教化の歴史に固有である別の要素とが結びついた、大聖堂の典礼の伝統が示すことでもある。具体的には、司教区の諸聖人の記念、大聖堂建立の最後に行なわれる献堂式、シャルルマーニュが帝国の教会に課したローマ聖歌（ミラノ教会のアンブロシウス聖歌はその一例）もそれに取って代わることはなかった口承聖歌である。こうした役割に自覚的であった何人かの参事会員は、あるいはローマの「教皇伝《リベル・ポンティフィカリス》」のように、司教たちの伝記的概要（「司教伝」）のかたちで、またあるいはより総括的な物語のかたちで、自教会の歴史を書いてまとめることができた。

修道院聖堂や托鉢修道会修道院とは異なり、大聖堂は様々な建物に分かれていて、複数の集団が共存していた。まず初めに挙げられるのは参事会員であり、最も頻繁に大聖堂を使用した。彼らは聖歌隊を組織して、当の場所の事実上の主となった。彼らは、その周りに最初は柵を、中世末期には内陣仕切りを設けて周囲の喧騒から隔て、またそこに共唱祈祷席を設置したが、それは時には最も偉大な巨匠〔ベルニーニ〕の手になる彫刻を用いた装飾が施されていた（アミアン）。次に司教であるが、大聖堂にいることはより少なく、建物に対して有する権利は厳しく制限されていた。最後に地域の信徒たちであるが、彼らには小教区を見つけてやる必要があった。近隣の教会堂がその代わりになることもあったが、大聖堂の非常に狭く限られた一部分、側廊の副祭壇が小教区の代わりを果たすこともあった。ごく少数の俗人信徒、一般に権力者の中には、この栄えある建造物に自らのしるしを刻印することを許された者たちがいた。彼らは多くの場合、墓として私的な副祭壇を築いた。

何度でも繰り返し強調しておくが、今日の世界にもいまだそびえ立つ大聖堂は、大聖堂建築のあらゆる様式を例示している。古くからキリスト教化した地域では、当然のことながら非常に長い時の流れを経たこの建築物は、全面的な再建でなくとも、火事が原因で、あるいは建物を時代の好みに合わせる必要から、度重なる補修を受けてきた。フランス人の観察者にはなかなか気づくことができないかもしれないが、ロマネスク式大聖堂というものも存在したし、たしかにそれはドイツやイタリアといった近隣諸国においてより良好な状態で残されている。しかし、大聖堂がわたしたちの記憶の中ではゴシック建築と混同されているのも理由のないことではない。この新しい建築技法は、十二世紀後半にイル゠ド゠フランスに現れ、ルネサンスに至るまで用いられ続けたが、それは数多くの司教座聖堂が再建されたのと時期を同じくしていた。再建工事は都市の拡大と人口増大に支えられていた。これには、再建工事のため大いに財政支援を行なった聖職者の人口増大も含まれる。参事会と市政府、それにフランス王（新しい様式は彼の王国の中心部に生まれた）もそのうちの一人である君主たちは、こうした大建造物を大いに誇り、互いに競い合って目が眩むほどの高さに達する穹稜《きゅうりょう》を架けたのである。ゴシック式大聖堂は、支持壁の重量負荷を減らし、そこにステンドグラスを入れることを可能にする交差リブの技術のおかげで豊かな採光に恵まれているが、そこに彫刻による装飾が加えられ、石やガラスの上には絵画が描かれた。美術史家エミール・マールは著書『十三世紀の宗教美術』の中でこれらの美術に一貫する論理を再構成しようとした。そこにはキリスト教的世界観が表現されている。たとえば、神が望んだ善き被造物と、その無機物、植物、動物の諸要素は、すべて然るべき場所に表現されている。人間の歴史の意味はキリストの「受肉」を焦点とし、そのキリストの生涯は旧約聖書の様々なエピソードと類型論的に一致するかたちで豊富に表現されている。今日さらに考察を進めるとしても、建築装飾のためのこの種の図像の計画において地方史的要素を強調するのが精一杯のことであるが、その地方史も、表象される聖人に誰を選ぶかという選択を媒介として、前述の普遍的な歴史と密接に絡み合っていた。旧約聖書と新約聖書のあいだの対応関係に見られるような、すべてを一つにまとめるようなこの思想には、ちょうどこの分析的な建築法においては重量負荷が柱を構成する小円柱ごとに細かく再分割されるのと同様、都市の学校や大学における知的展開が反映しているのである（エルヴィン・パノフスキー『ゴシック建築とスコラ学』）。すなわちそれは、中世における註釈にもてはやされた類型論であり、問題を連続した問いのかたちに鋳直すスコラ学的分解であり、知を「総合」しようとする意志である。

しかし大聖堂の生命は中世末に終わりを告げたわけではない。数々の改装や新しい装飾の施しがなされたという事実は、これらの聖堂がそれぞれの時代にあって司教区の記憶の守護者としての役割を担い続けてきたことを証明している。

カトリーヌ・ヴァンサン

第2章

肯定、異議申し立て、司牧の応答

第一回十字軍（一〇九五年）とその影響

十字軍は歴史記述の興味をかきたてる対象であるが、そうした関心はつねに、イデオロギーに基づく取捨選択や時代の風潮に支えられていたり、罠にとらわれていたりするものである。十九世紀におけるヨーロッパの拡大とヨーロッパによる植民地化、次いで二十世紀のシオニズムの経験は、一〇九五年の運動を西洋に発し地域間の衝突を生み出した侵略と同一視することにより、あえて論争的であろうとするような数々の比較と類比的理解を生み出したし、今も生み出している。より繊細な見方によれば、十字軍は経済的、社会的な理解の枠組み（封建制やイタリア商業の発展）に従って解釈されてきた。こうした解釈の仕方は、十字軍から一切の特殊性を取り去ってしまうのだが、十二世紀から十三世紀のアラブの歴史家たちにまず見出すことができる。彼らは、十字軍をイベリア半島の「レコンキスタ」やキリスト教徒によるシチリア征服と同列に置くのであるが、その結果、十字軍の特異性を把握する困難を露呈しているのである。

実際には、ラテン・ヨーロッパの三つの膨張はただ一つの点に収束する。これら三つの膨張はすべて、アンダルシアのモサラベ教徒〔アラブ化されたキリスト教徒〕、シチリアのギリシャ人、そしてパレスチナのキリスト教徒という、イスラームに従属し抑圧されていたキリスト教徒たちの呼びかけに応じて起こっているのだ。

ヨーロッパはパレスチナのキリスト教徒の苦しみをよく知っていた。一〇〇九―一〇一二年にファーティマ朝のカリフ〔イスラーム国家最高権威者の称号〕、ハーキム〔在位九九六―一〇二一年〕によって加えられた凄まじい迫害の折、パレスチナのキリスト教徒が被ったのは、カリフの母方のおじでもあったエルサレム総大主教の殺害、キリスト教とユダヤ教のあらゆる聖域の破壊、そして、シチリアからシリアまで、ファーティマ朝帝国全域にわたって実行されていた強制改宗だった。この第一の結果として、聖堂のないエルサレムへの巡礼が飛躍的な発展をみた。巡礼は一〇二五年に開始され、一〇四〇年から一〇五〇年までは減少するが、大規模な武装遠征によって再開される。これは、「キリストの聖墳墓」に献堂され、あるいはその平面図と円形堂《ロトンダ》を模倣した聖堂が西ヨーロッパで増加したことに促されたものでもある。

一〇九五—一〇九九年の十字軍は宗教運動ではあるが、教皇の教導権から自立し、俗人によって統率され、エルサレムへの行進の列に加わっていなかった司教階級のコントロールもほとんど受けていなかった。ウルバヌス二世（在位一〇八八—一〇九九年）によって発せられ、漠然とした内容を持つ（ビザンティウムへの支援およびオリエントと聖地のキリスト教徒の解放）クレルモンの勧説は、十字軍の主要動因ではなかった。というのもそれは、聖地から帰還した隠者ピエールが、エルサレム大主教シメオンの手紙を広めたことに続いて行なわれたからである。キリスト教徒の解放を勧告するこの手紙が最初の動員のきっかけとなった。教皇の勧説は、新たな法的行為である始まりの誓いにおいて、二つの要素を一つに結びつけた。すなわち、巡礼者としての十字軍への参加と、悔悛者に約束される全贖宥《しょくゆう》を結びつけたのである。この誓いは、衣服の布地に縫いこまれた十字架を通じてその後すぐに象徴化される。聖書や『マカバイ記』[15]を淵源とする聖戦感情に高まり、一〇六〇年から一〇八〇年にかけて起こったスペインやシチリアの経験に触発されて、一〇九六年に出発したのは、悔悛した巡礼者たちからなる、男女合わせて一〇万人以上の大群衆であった。シチリアのルッジェーロ伯がムスリムを撃退したチェラーミの戦いは、一〇九八—一〇九九年の戦いの原型であった。つまり、神の加護を受けた上での輝かしい勝利、というわけである。それは、たしかにカロリング朝下の異教徒に対する遠征がすでに予告していたことであるとはいえ、軍事生活を悪や穢《けが》れ（「悪しき軍隊《ミリティア・マリティア》」）と見なす伝統との決定的断絶であった。

一〇九六年の遠征の軍事力は相当のもので、一万の騎士を有した。騎士たちを統率したのはヨーロッパ貴族階級の主要一族、それもすべて一門の宗家の者たちで、たとえばゴドフロワ・ド・ブイヨン〔ロートリンゲン公、一〇六一年頃—一一〇〇年〕や、トゥールーズ伯レーモン・ド・サン=ジル〔一〇四二—一一〇五年〕がいた。それはまさに一つの自治市民団《コミューン》であり、ヨーロッパの都市や町のそれのように、王権の管轄外にあった。ビザンティン帝国による十字軍の受け入れは、決して敵対的なものではなく、有効かつ持続的な協調関係を築くに至った。この協同は、まもなく何人かの十字軍指導者の野望によって頓挫してしまうものの、完全に断絶するのは十三世紀の初めのことである。一〇九七年一〇月から一〇九八年六月まで続いたアンティオキア攻囲戦は、この運動の特異性をはっきり示しており、これについてはポール・アルファンデリの分析〔『キリスト教世界と十字軍の思想』一九五四年〕がある。とりわけ「イスラエルの貧者たち」をはじめとする聖書への数々の依拠や、メシアによる解放というテーマにあふれた一種独特の雰囲気の中で、神の意志の表われと考えられる超自然的現象が数を増してゆく。超自然的現象とは、来世のヴィジョンや奇跡の予兆、諸天使や戦う聖人の出現である。また、軍勢の一部にはその正統性に疑問が持たれ続けたが、ピエール・バルテルミによる数々のヴィジョンと聖槍の発見は、巡礼者たちに大いなる励ましを与えた。トルコ人の軍勢は壊走し、セルジューク朝帝国は崩壊した。シリアのキリスト教徒の助力により、十字軍はすぐにエルサレムの城壁に到達することができた。

新たに数々の超自然的現象が起こった一カ月の攻囲戦の結果、一〇九九年七月一五日に聖都は攻略され、聖地は乱暴に浄化された。その後ただちに、エルサレムのラテン人、シリア人、ギリシャ人を一つに結ぶ祝賀ムードと不安の入り混じった雰囲気の中で、すべてが変わった。「キリストの墳墓」の防衛を任務とする国家が建設され、ゴドフロワ・ド・ブイヨンに委ねられた。彼は、キリストがいばらの冠をかぶったその地で世俗の冠を身につけることを拒絶した。彼の弟で後継者のボードゥアン・ド・ブーローニュ〔一〇六五年頃—一一一八年〕がイタリアのように「聖ペトロ世襲領」が設置されることを避けるために王位を引き受けた。彼は聖墳墓に埋葬されたが、そこに刻まれた墓碑銘は、彼をまさしく「もう一人のマカバイ」と呼んでいる。この王国は、イザヤの預言を実現し、正義と平和の王国となるはずだった。オリエントのキリスト教徒とムスリムは、それぞれ自分たちの宗教的、法的枠組みを守り続けた。言い換えれば、経済的植民地化も植民政策もなかったようである。そこに居住することを選択した巡礼者たち――最初は少数だったが――に対する荘園の割当ては、ファーティマ朝の税制の枠組みを残し続けた。ギリシャのキリスト教徒（コンスタンティノポリス総大主教の管轄）とヤコブ派[16]のキリスト教徒（アンティオキア総大主教の管轄）は、ラテン人との暗黙の同盟の雰囲気の中で、自分たちの司教団と修道院を保持した。また、オリエントのキリスト教徒との結婚を通じて混血が生じたが、このことは西方のラテン人にはショッキングな出来事でもあった。彼らは軽蔑的な動物の比喩を用いて、そうした結合から生まれた子どもたちを「子馬」呼ばわりしたのである。

一〇九五―一〇九九年の十字軍によって建立された他の三つの公国にも同じような融和の空気が流れていた。第一に、ユーフラテス川流域のアルメニア地方にブーローニュ公によって設置されたエデッサ伯領。第二に、イタリアのノルマン人ボエモン一世（一〇五八年頃―一一一一年）の所領となったアンティオキア公国。最後に、レーモン・ド・サン＝ジルによって設立され、その息子によって確立されたトリポリ伯領である。ヤコブ派の総主教シリア人のマタイの証言によれば、トリポリ伯領は十二世紀末まで存続したが、その後一二〇四年にローマとコンスタンティノポリスの関係が断絶するに及び弱体化した。この関係断絶は、ヴェネツィアから進路を転換してコンスタンティノポリスに向かったシャンパーニュ伯の十字軍がギリシャ人の首都を占領した結果である。この融和の空気が宗教に与えた影響は注目に値する。というのも、これによって全般的に平和が回復し、神学的論争がなくなり、マロン派（八世紀から総主教を頂く教会を形成したレバノンのキリスト教徒）がローマ教会に賛同し、ネストリオス派（五世紀にキリストの両性を否認したネストリオスの信奉者たち）とヤコブ派のラテン系諸公国への移住が起こったのである。ただし、ジャック・ド・ヴィトリ（神学者、年代記編者。一一七〇―一二四〇年）によれば、一二一五年、エルサレムが再びムスリムの手に落ちたときに、こうした様々な結びつきは緩み始めることがわかる。だが、この平和はムスリムやユダヤ人にも及んだ。ムスリムはエルサレムに居住することや、聖墳墓教会の参事会教会に変えられたオマール・モスクに巡礼することは許されていなかったが、マイモニデス〔中世最大のユダヤ教学者。一一三五―一二〇四年〕の巡礼記が証言している通り、ユダヤ人がそこに祈りに来ることは禁止されていなかったのである。

周辺のムスリム諸国家との関係は政治的対立の緊迫した雰囲気の中にあった。イスラーム世界を煽動したのは、「聖戦《ジハード》」を望む敬虔派信者のプロパガンダではなく、単に自らを正当化するためにそうしたプロパガンダを利用した君主たち、トルコの戦争指導者たちである。もっとも、束の間の同盟がムスリム君主たちとラテン諸国家の君主たちとを結びつけてはいた。しかしながら、一一七〇年頃、サラーフッディーン〔ヨーロッパ世界ではサラディンの名で知られる。一一三八―一一九三年〕が登場し、エジプト征服を企てたエルサレム王国のアモーリー〔一一三五―一一七四年〕の無定見な冒険主義を好機として、非常に強力な勢力が姿を現わしてくる。[17]だが、それをさらに助長したのは、若き王ギー・ド・リュジニャン〔一一五九―一一九四年〕の無謀さであった。彼は戦争に勝利することで自らの脆弱な権力を正当化しようとしたが、ハッティンで惨敗し（一一八七年）、その結果王国の南が失われた。

もっとも、ラテン人の政策を領土征服の観点からのみ検討することはできない。それは彼らにとっては神聖な遺産を守ることでもあった。初めから存在した敵意や軽蔑があったわけではない。ウサーマ・イブン・ムンキズ〔シリアの文人、政治家。諸国を遍歴した歴史の生き証人とされ、十字軍騎士とも交流を持った。一〇九五―一一八八年〕の証言によれば、ラテン人が抱いていた敵に対する敬意は、ムスリムにも共有されていたということを強調しておこう。彼はフランクの騎士たちへの賞賛の気持ちを隠していない。軍人としての共通の価値観と、巡礼による訪問および分有された聖地への人の出入りが示しているエキュメニズムの一形態によって、サラーフッディーンの後継者たちがたびたびラテン人へのエルサレム返還を提案したことの説明がつく。そしてその結果、一二二九年に聖都は、結婚によってエルサレム国王となった神聖ローマ皇帝フリードリヒ二世〔一一九四—一二五〇年〕とアイユーブ朝スルタンのマリク・カーミル〔一一八〇—一二三八年〕のあいだで共有されることになったのである。エルサレムの統治権がキリスト教君主に譲渡される一方、ムスリムは神殿の丘を保持し、自由に巡礼を組織することができるようになった。この協定はそれほど衝突もなく一二四四年まで存続した。

一〇九九年以降、十字軍は継続するが、その意味合いは変化した。十字軍は、もはや一〇九五年のような志願兵の大遠征ではなく、聖地防衛の軍務につくために来た巡礼者たちの細々として絶え間のない流れとなり、危急の際には、限られた動員数の中、諸国家の力を結集させ、ラテン・ヨーロッパの諸王に導かれて、危機に瀕したラテン諸公国の支援に向かったのである。一一四七年、エデッサ伯領の占領を受けて出発〔第二回十字軍〕。一一八九年、エルサレム陥落を受けて出発〔第三回十字軍〕。より野心的な計画は、すべて失敗に終わったが、十三世紀に始まっている。教皇特使の直接の命令を受けて行なわれた、一二一八—一二二一年のエジプト征服〔第五回十字軍〕および一二五〇年の再度の征服〔第七回十字軍〕。一二七〇年の聖王ルイ〔ルイ九世。在位一二二六—一二七〇年〕のチュニス遠征〔第八回十字軍〕。実に、これらの十字軍遠征は政治的野心を剥き出しにしていた。一二一九年に起こった、ダミエッタを前にしたアッシジのフランチェスコ〔一一八一／一一八二—一二二六年〕とマリク・カーミルとの邂逅[18]の後、ラテン世界において支配的になるのは実のところ別の関心事、すなわち宣教と改宗への関心である。この関心が、アッコの陥落（一二九一年）前後から、ムスリム世界およびオリエントのキリスト教諸国とのより直接的な関係を築く原動力となる。

アンリ・ブレスク

様々な異端（十二世紀）

異端の一つ、「善き人びと」[19]（資料では一一六五年に確認できる名称）は、十二世紀にラングドック地方に発生した。また別の異端であるワルド派は、一二〇〇年頃にはラングドック地方に広く根付いていたようである。これらの運動は、激しい反動を引き起こしたために、キリスト教の歴史の中で大きな位置を占めている。その反動は二つの異なるかたちを取りつつ相次いで起こった。すなわち、一二〇九年から一二二九年にかけて行なわれた十字軍、次いで一二三一年における新機関、異端審問所の設立である。

異端を定義するのは教会である。この単純な事実の確認が想起させるのは、両者のあいだにある緊密な関係であり、異端とは何よりも教会が定めた規準の拒絶だということである。中世の聖職者たちはおそらく、この拒絶をオリエントに由来するハンセン病やガンの西方世界への侵入と見なし、そのようなものとして提示してみせた。しかし、中世の聖職者たちの言説を字義通りそのまま受け取るのは間違いであろう。なぜなら彼らの言説は、異端について現実を歪めた表象を付与するものだからである。異端は、真の信仰を覆しに遠方から到来した、キリスト教世界とは無縁の団体などではなく、分離であり、分派なのである。ローマ教会の教義や体制に対する異議申し立てが西方キリスト教世界の中心に生まれたのであるが、それは内部から生まれてきた現象であった。

だとすれば、分離はグレゴリウス改革の延長であり結果であったように見える。使徒的生活を基礎とするグレゴリウス改革の運動は、様々な「福音主義」の潮流の増加を促したが、そうした潮流にとって改革とは、今あるものをつねに越え出てゆくことを求めることであり、定まった制度にとどまることはできないはずであった。加えて、グレゴリウス改革は聖職者と修道士の熱意を駆り立て、彼らを地上の世界と来世との、すなわち信徒たちと死者、聖人と神との仲介を担うとりなし人にしたのである。この二つの側面は明らかに矛盾しているが、宗教的生活における聖職者至上主義がますます鼓吹されるのと時を同じくして、特に都市世界に、新しい霊的希求の担い手となる一般信徒が出現してきたことが、この矛盾に拍車をかけた。実際、都市は固有の世界を構成していた。それは人びとの活動に対して開かれており、個人の自己主張にも寛大で、平等主義的な契約と水平的な連帯関係を特色としていた。そこで行なわれる商取引は論理に基づく思考力を生み出し、読み書きの実践の広まりを促した。能動的に神礼拝に参加すること、直接に神の言葉に触れることを望んでいたエリートたちは、都市世界で自由に振る舞うことができた。彼らが望んでいたのは、権威的であるよりも、共歓を重んじ、自律的で創造的な相互理解を可能にするような宗教であり、儀式ばかりでなく個人の瞑想にも自由を与える宗教であった。要するに、これら俗人信徒たちは、政治的な独立の途上にあったが、それと並行して霊的な解放をも待ち望んでいたのである。加えて、教会はまだ、不意に出現した新しい経済的現実をきちんと考慮に入れなかったため、これら都市のエリートたちは、商業活動や貨幣取引や実際にそれを行なっている当の人びとが負わせられた不名誉に苦しんでいた。最後に、新しいエリートたちは、ラングドック地方にあって、相変わらず貴族の子弟にしか認められていなかった聖職者や修道士の顕職から除外されていた。かくして彼らは霊的な教導権も社会的な認知も欠いていたわけである。政治的主張に自信を持った彼らは、宗教的な従属にも終止符を打とうとするのである。

こうした状況はまず、十二世紀の前半に、激しい反聖職者主義を生み出した。その後対立が先鋭化してゆく。つまり、急速に教会組織内に統合されていった以前の諸運動とは反対に、都市の福音主義運動は、「偽使徒」の運動と断定され、告発されたのである。ここにはおそらく一つの社会的断絶が関わっている。というのは、神の言葉の担い手であろうとする市民の主張は、教会および聖なるものの管理において貴族階級の優位を失わしめる傾向を持っていたからである。結局、福音を絶対的に尊重することは、封建社会を根本的に無に帰さしめることになる。なぜなら、聖典は殺すことと同様に裁くことを禁じ、社会関係の結び目であった誓約を禁じているのだから。分離派はまた、福音を教会制度に対置した。字義通りの福音主義を盾にして、彼らは秘蹟《サクラメント》と聖職位階制を拒絶し、聖職位階（聖職に叙階されたという事実）ではなく、使徒的生活の形態こそが神の言葉を説く権利の基礎となると主張したのである。

時とともに、分離派と聖職者の対立は多様な結果を生み出してゆく。まず、異議申し立ての運動は二つに分岐する。リヨンの商人、ヴァルデスの信奉者であるワルド派〔ヴァルド派〕は、受肉と贖罪の教義は認めたが、「人間に従うよりは、神に従うべきである」（『使徒言行録』五章二九）ことが重要であるとして、教会とその秘蹟を否定した。彼らは、その生活態度の清浄さによって、どの成員も説教し、聴罪し、さらにはパンとブドウ酒を聖別することができると主張した。彼らは、キリストこそ唯一の支配者であるとして、自分たちのあいだにいかなる聖職位階制も認めなかった。彼らは、巡回布教を実践する際の条件として清貧と托鉢を採用した。すなわち、使徒たちに倣って、財産、女性、労働を放棄したのである。

他方、「善き人びと」の反聖職者主義は徐々に二元論に向かい、「ロマネスク」時代のキリスト教に潜在する何かしらの感情を増幅させた。彼らは可視的な世界をサタンの創造物として拒絶し、世界に対する無頓着さ、肉や世俗の虚栄に対する憎悪を極端なまでに押し進めた。そうした感情は十一世紀と十二世紀の教会著述家の多くに見られた。彼らは、この宇宙が遍在する悪魔、つまり神の敵に導かれた悪の勢力と善の勢力との戦いの場であるという確信を再び持つとともに、この確信をさらにエスカレートさせた。善と悪とのこうした敵対関係は、最もみすぼらしい聖堂を飾る絵画や彫刻の中にも形象化されている。ただし、「善き人びと」における、世界の一元論的理解から二元論的理解への横滑りの原因には、何よりも生きられた経験や、諸学校における論理や弁証法の発展があるようだ。闘争と糾弾を通じて彼らの内に育まれたのは、福音と俗世が完全に断絶してしまっているという感覚である。この生きられた二元論が、ついには存在論的な二元論を出現させるのである。存在論的な二元論は、神の全能と世界にはびこる悪という事実とのあいだに認められる不一致についての省察からも生まれてくる。生まれたばかりの神学の落とし子、あるいは鬼子である「宇宙の分裂」（ジャン・ジョリヴェ）によって、教会と社会の統一性に疑義が付されるようになった。二元論は、世界の創造および神と世界の諸関係について、独特の教義をもたらす。ラングドックの「善き人びと」はキリストの「受肉」と十字架上の「贖罪」を否定した。しかしそれでも、彼らの分離はキリスト教的な霊感に導かれてのことであった。彼らはただ聖書のみ、なかんずく新約聖書を拠り所とし、自分たちの土地に固有の言葉で読み、註釈を加えた。「主の祈り」が彼らにとって唯一の祈りだった。彼らが遵守した生活規範は福音の教えに合致していた。彼らの典礼は、非常に簡素なものだったが、すべて教会の伝統から取り入れた要素から構成されていた。

以上とはまた別の宗教的分離派が、一一二〇年以降、西方ラテン世界の様々な地域に出現するが、なかでもムーズ川流域地方、ラインラント、北部および中央イタリアに顕著に見られた。十二世紀が終わる前には、聖職者たちはこれらの運動を十把一絡げにし、一つの総称の下に集めてしまった。それらは「ヘレティカ・プラーウィタース」〔heretica pravitas〕、すなわち「異端の邪悪」と呼ばれた。こうして聖職者たちは、異議申し立ての運動が彼らに呼び起こした恐怖から誕生した幻想に、実体を与えてしまったのである。現実には、組織的なまとまりを欠くこれら諸々の分離派のあいだには、たとえその霊的希求に一致点が見られるとしても、いかなる有機的な結びつきもない。したがって、様々な分離派を一つの教会や一つの教義と見なすことには根拠がない。これに関して言えば、一〇〇〇年から一三〇〇年のあいだに西方キリスト教世界に出現した宗教的分派の全部に対して無差別に適用される「カタリ派」や「カタリ派の教義」という用語の使用は、まったくもって正当な根拠を欠いていることが明らかである。中世のラングドック地方にはそうした語彙はなかった。ただ「善き人びと」とその「信者たち」がいたのである。

一二〇〇年以後の南フランスのワルド派については十分な記録文書がないためよくわからない。しかし、十四世紀の最初の三分の一が終わるまでは残存していたことは確認されている。彼らは主に都市中流階級、職人階級の出身であった。ラングドック地方はサヴォワ地方やブルゴーニュ地方から逃れてきたワルド派の避難所としても機能した。他方、「善き人びと」の信奉者たちは知識と富を備えた都市エリート階級に属していた。これに南フランスの小貴族の一部が加わる。彼らの多くは、名声や権力、聖職禄による収入から疎外されながらも、一族によって設立された教会を保有し、したがって激しい異論を被りながら十分の一税を独占していたが、おのずから反聖職者主義に傾き、この世の財産への執着を棄てて、人びとの霊的な求めに応じる聖職者に接近して行った。そうした霊的な求めは彼ら小貴族の求めでもあった。「善き人びと」の分離がエリートの現象だったということから、それが感覚的なものを拒絶し、具体的なものと強く結びついた民衆宗教から距離を取ったことも理解できる。彼らは奇跡、聖像、聖遺物、華やかな儀礼を拒絶したのである。彼らの社会学的な出自のために、都市でも田舎でも「善き人びと」の分離派はかなりの少数派であった。それは多くても人口の五パーセントがやっとで、ワルド派はさらに少なかった。聖職者たちは南フランスが異端によって完全に「毒されている」と言い立てた。しかし、そのような断言は攻撃文書の中に見られるものであって、決して現実を説明してはいない。

いずれにせよ福音主義的急進主義は、緊密な関係をもって互いに結びついていた世俗の権力と霊的権力の無化をはらんでいる。教会は、まさにその霊的、終末論的役割のために、宗教と自然と社会とが同一の広がりを持っていた時代に、社会関係や人びとの行動の枠組みを規定していた。教会は主たる決定機関であり、俗世の権力もそこに依拠していた。何よりもまず霊的な次元で信仰の統一性を防衛することは、教会制度にとって重要であるのみならず、それと同時に社会システム全体にとっても重要であった。だから「善き人びと」とワルド派は非常に激しい反動を呼び起こしたのだ。そうした反動は、彼らの主張に見られる特徴が革新的であればあるほど激しかった。

ジャン＝ルイ・ビジエ

異端審問（十三世紀）

第三ラテラノ公会議（一一七九年）および教皇教書「アド・アボレンダム〔Ad abolendam 異端廃絶を目指して〕」（一一八四年）に結実する一連の地方公会議[20]によって、異端追及の組織化が始まる。かくして、世俗君主たちの協力の上に、信仰の領域における弾劾による裁判から審問による裁判への移行が起こる。[21] 世俗君主の裁判権も同様の変化をたどった。その後、教皇インノケンティウス三世が、教書「ウェルゲンティス・イン・セニウム〔Vergentis in senium 悲しみにくれて〕」（一一九九年）によって異端を神に反逆する罪に例えたが、このことはローマ帝国における国家反逆罪と同じ罰〔十字架刑〕を加えるということを意味した。当時、数々の要因が結びついた結果、ラングドック地方は異端であふれかえっているという見解がキリスト教世界で支配的になっていた。実際、一一七〇年以降、トゥールーズ伯と領地を接する有力者たち、すなわちアキテーヌ公、イギリス王、バルセロナ伯、アラゴン王らは、異端掃討をトゥールーズ伯領の領土に介入する際の口実にした。さらにトゥールーズ伯領は、南フランスが示していた政治的な弱さのため、ローマ教皇と、その大半はシトー会士である教皇特使の重点的な活動領域となった。異端との戦いが彼らの政治の動力源であった。異端との戦いを機に、彼らはローマに忠実な高位聖職者たちを地方権力と結びついた司教たちに代えることによって、司教団を一新することができたのである。異端との戦いは、トゥールーズ伯に対して教皇への事実上の従属を命じる口実を彼らに与えた。これら互いに結びついた数々の攻撃が加えられた結果、ラングドック地方の分離派について過剰な表現が生まれてくる。ある意味では、教皇権を踏みにじったとも言える第四回十字軍（一二〇四年）が失敗したとき、状況は緊迫の度を強めた。民衆のあいだの説教者たちはさらに、この失敗は西方世界の堕落の結果であり、堕落の原因は異端にあると説いた。こうした状況の中、一二〇八年一月のある朝、ローヌ川沿いで起こった教皇特使ピエール・ド・カステルノの暗殺が、内部の敵に対する十字軍の口火となったのである（一二〇九年）。こと分離派に関しては、この企てはまったく逆効果であった。なかんずく、集団が被るこの種の暴力は、おそらくは異端を育てることになるだろうから。つまるところ、十字軍が撤退した一二一八年以後、「善き人びと」への支持は最盛期を迎えている。だが南フランスに対する王の介入によって状況は一変する。一二二九年に締結されたパリ協定〔当時のフランス王ルイ九世の弟アルフォンス・ド・ポワティエとトゥールーズ伯レーモン七世の娘ジャンヌ・ド・トゥールーズとの婚姻および将来の相続を取り決めた〕の結果、異端の追及が開始された。続いて公会議が開催され、当時はまだ司教に委ねられていた異端審問の諸原則が規定された。イタリアに関して様々な試行錯誤が繰り返された末に、グレゴリウス九世〔在位一二二七―一二四一年〕は、一二三一年一〇月、異端に対抗するため、南ドイツを対象として、教皇から権限を委譲された裁判所を設立した。こうして教皇管轄の異端審問制度が誕生したのである。教皇に反抗したヴィテルブの住民に関して出された教書「ウェルゲンティス・イン・セニウム」と同じく、異端審問は第一にはイタリアの問題、特にフリードリヒ二世と教皇座の軋轢に由来する。しかしながら、ゲルマニアに拡張され、そして一二三三年の春にはラテン・キリスト教世界全域に拡大された異端審問は、教皇権の普遍性を明確に示し、教皇が信仰の保護を理由にあらゆる地域に介入することを可能にした。教皇の教導権の手段でありながら、異端審問はその明確化にも役立ったのである。

異端審問は、あらゆる法律の適用から除外された、例外的な裁判権である。それは、当事者主義に立つ、口頭による公開の刑事手続きに代えて、その名前の由来でもある、強制的な審問による手続きを導入し、完全に非公開で行なわれ、被告人には弁護を受ける権利がなかった。それは、大学で培われる合理性から生まれた「現代的」技術を利用した。すなわち、簡明で実用的な手引書が作成され、記憶はしっかりと再構成されたうえで記録簿に記入された。生まれたばかりの製紙業がこうした書類の類を増加させた。異端審問官たちは被告人の自白を得ようとした。司法の観点から見れば、当時自白は完全な証拠と見なされていた。霊的な観点から見れば、自白に偽りがなければ、それは悔悛への道を開くものであった。悔悟した異端者たちには悔悛が認められた。つまり、犯した過ちの重さによって違いはあったが、悔悛は禁固刑、軟禁、あるいは十字架を――不名誉のしるしとして――身に付け[22]、キリスト教世界の主要な聖地に巡礼に赴くといったかたちをとった。海を渡って行くこと、すなわちオリエントへの十字軍に参加することも、一二五〇年頃まで罰の一つであった。悔い改めない異端者は世俗権力の代表に委ねられ、彼らは異端者を火刑台に送った。信仰に基づいたこれらの活動は、二十一世紀のわたしたちにはショッキングであるが、十三世紀にはわたしたちが想像するほどのインパクトは持たなかった。大多数の人びとにとっては、それは亀裂を修復し、統一性と調和への回帰を示す悔悛と清めの儀式だったのである。異端者――神に逆らった者たち――に加えられた懲罰は、正統教義の内にとどまっている信徒たちにとっては永遠の約束であり、悲嘆ではなく歓喜を呼び起こした。霊的、社会的な団結は、ただ異端者のまわりに形成されたのではなく、異端者に敵対して形成された。というのも、異端審問官にとっても圧倒的多数の人びとにとっても極めて切実な問題だったのは、すべての人びとの救済だったからである。

十三世紀においては、異端審問という活動は、信仰の自由を抑圧する行為と見なされることはなかった。まったく逆に、異端こそ信仰への冒瀆と感じられていたのである。異端審問が呼び起こした反感は少数であったが、ここに異端審問がうまく機能した理由がある。なぜなら異端審問それ自体には何の物理的力も備わっていなかったのだから。民衆からの支持に加えて、それはカペー朝の権力からも決定的な支援を受けた。したがって、君主たちの誠実な正統信仰は、あらゆる種類の分離派に激しく敵対した。さらに、彼らの個人的信仰に加えて、君主制の防衛という動機も働いていた。というのも、「世界の分裂」は、サタンの流出物として貶められもした、権力の単一性を危うくするからである。ともかく、霊的なつながりが人びとの団結の最も強力な保証であった時代には、政治的統一性が信仰の統一性に基盤を置いていたことは確かである。

こうした支持に助けられて、異端審問は分離派に対して十字軍よりもはるかに効力を発揮した。それは地域、家族、社会の結びつきを攻撃し破壊した。かくしてそれは「善き人びと」の聖職者を全滅させるに至った。それゆえ異端審問が分離派の衰退に何らかの役割を果たしたことは間違いない。しかしながら、異端の社会的基盤の衰退も決定的要因であったように思われる。小騎士階級は、十三世紀が進むにつれ、経済発展とインフレーションが原因で収入が減少し、すっかり弱体化してしまう。彼らの唯一の頼みの綱は、君主制の官職に就くことか、あるいは教会聖職禄を受けることであったから、分離派に加わるという選択肢は除外された。都市エリートについて言えば、彼らが支持したのは、彼らに権力への関与と地位向上の可能性を与えた君主制だった。君主制は法律や文書や財政の専門家を必要としていたためである。「善き人びと」の分離派が崩壊した社会的原因は、ワルド派のケースと対照させることによってはっきりする。ワルド派は一三三〇年以降ラングドック地方から姿を消したが、都市を捨てて田舎に向かい、ドーフィネ地方のアルプス山脈やプロヴァンス地方において存続した。しかし「善き人びと」の宗教は民衆階層に広がって生き残る力を持っていなかったのである。それは十四世紀の最初の三分の一の終わりに消滅した。

この消滅において、宗教的要因が重要な役割を果たした。托鉢修道会、すなわち小さき兄弟会〔フランシスコ会〕と説教兄弟会〔ドミニコ会〕が、エリートたちの霊的再征服を実行したのである。共唱祈祷修道者の全員とはいかなくとも圧倒的多数が貴族階級出身であった旧来の修道会とは逆に、ドミニコ会士とフランシスコ会士がその構成員としたのは、新興エリートや都市エリートの子弟だった。こうしたエリート取り込みの動きは、「善き人びと」にも特徴的な現象であったが、一つの革新であった。エリートを取り込むことで、様々な問題をよりよく理解することが可能になった。経済的条件に関する従来より精緻な分析の結果、ある種の聖職禄や貸付が正当化された。悔悛と救済への新しい道が開かれ、個人の様々な義務は、たとえば司祭の耳元にささやく告解が急増したことに示されているように、個人の信仰のレベルに置かれた。煉獄の存在が強調されたことで、小罪人が罪を償うことが可能になり、すべての人びとが天国に行く望みを持つことができるようになった。托鉢修道士たちはまた、エリートに対しては彼らの教養と社会的地位にふさわしい説教を行なった。説教を聞かせるために、彼らは南フランスにおいて、戦いに適した建築を仕上げ、これを広めようと尽力した。豊かな立体感と統一感あるその建物は、聖堂を新しき言葉を説くための家にしたもので、これは異端に対していくつか非常に強力な切札を打ち出した。それは、建物の簡素な造りと、感覚的なものに対してある種の距離を取ったことに認められる。装飾が欠如したトゥールーズのゴシック建築は、自己への回帰と瞑想によって神に至るよう人びとを促した。それは、霊性の内面化が進み宗教的個人主義が肯定されてゆくプロセスを建築上に表現している。それは、社会的エリート層に浸透した分離派の成功の一つの要因ともなった、人びとの霊的な希求への応答という性質を持っている。

こうした司牧のやり方は成功を収めた。ラングドック地方のあちこちで、十四世紀初めには、異端の家族から出た子弟たちが托鉢修道会修道院の当地への設立に協力した。さらに、それはまずトゥールーズのドミニコ会修道院で起こったが、南フランスの教会の周歩廊に副祭壇が増加したのは、第一にはそこに大貴族の墓や兄弟会の祭壇を受け入れるためであった。内陣および外陣の周囲に集められた墓や祭壇は、様々な信仰の業を表現しているが、長いあいだ「善き人びと」に味方していた支配者集団が教会に回帰したことを示しており、また、司牧の刷新が成功したことを示す指標となっている。そうした司牧の刷新の成功は、小教区における指導の進歩にも見てとれる。かくして、異端審問官たちの活動にもまして、政治的、社会的、そしてとりわけ宗教的な所与の条件が引き金となり、ラングドック地方における「善き人びと」の宗教は消滅したのである。

ジャン゠ルイ・ビジェ

世界の終末

中世キリスト教のものの見方において、歴史観というものは、聖書のはしばしに見られる終末および最後の審判に関する問い、すなわち終末論と不可分である。終末論は旧約聖書に根ざしている。アモス、ミカ、ホセアといった預言者たちは、暗黒と悲嘆と懲罰に覆われた、来るべき日を語っている。それによると、嵐と地震に続いて最後の審判が執行され、その後燦然たる輝きとともに神が顕現し、人類は回心して長い至福の時代の幕が開く。エゼキエル、ヨエル、イザヤ、ダニエルは、こうした考え方を黙示録（「解き明かし」）と呼ばれる文書群の中ではっきり示している。彼らがその中で自らのヴィジョンを描き出す際に強調点を置くのは、メシア、すなわち新しくされたこの世を統べる超人的な王の到来である。キリスト生誕のほんの少し前に書かれた『エノクの秘密の書』には、次のように明記されている。創造されてから六千年後に世界が崩壊すると、千年間にわたる全世界の統治が開始され、その後にヤハウェの日、すなわち大いなる審判の日が到来し、そこから永遠の時代が始まる、と。新約聖書の中では、マタイによる福音書、テサロニケ人に宛てたパウロの二つの手紙、そしてとりわけヨハネの黙示録（一世紀の終わり）が、キリスト再臨《パルーシア》、すなわちキリストが終末に再びこの世に到来するということと、その前兆である諸々のしるしについて語っている。しるしとは、宇宙的規模の惨事、キリスト教徒に対する迫害、大勢の人びとの背教と信仰の放棄、アンチキリストの支配とその最終的な敗北、死者たちの復活と最後の審判である。

中世にはこうした観念が豊富に見られる。中世の歴史観を支配している考え方によれば、歴史は単に循環するプロセス――永遠回帰という古代神話のような――の中の一段階なのではなく、いつか決定的な終わりを迎えるのである。それを待ちながら、人間はすでにこの世にいる時から神の王国を築くために努力しなければならない。神の王国が完全に実現するのは来世においてではあるが。

『ヨハネの黙示録』――そのインスピレーション豊かな特徴が認知されるのは後の時代になってからのことであり、またビザンティン世界ではほとんど註釈が加えられなかった――が提起した重大な問題の一つは、中間の時代、つまりこの世における歴史の時間とあの世における永遠性のあいだに位置づけられる「千年間の統治」への言及である（二〇章一―五）。そこにある表現を字義通りに捉えるべきなのか、それとも象徴的な意味を認めるべきなのか。聖アウグスティヌスが優先させたのは第二の解釈である。彼は、五世紀の初め、この至福千年期は終末に至るまで続く教会史の予型であると主張した。しかし、他の註釈者たちは、少数派ではあったが、この移行期は天の国が地上に到来する準備を進める再生の時代を実際に予言している、と考え続けた。こうした解釈は「千年王国論」の名で知られるが、この解釈を支持したすべての者が千年間の統治の到来を信じていたわけでは必ずしもなかった。加えて彼らは、終末よりもこの世における至福と平和の時代の創設を、またそうした時代の始まりを告げるはずの「大いなる日」を強調した。こうした期待は、新たな時代への転換を告げるものかもしれない「時のしるし」や、その転換の諸段階を明示する預言に対して払われた細心の注意となって現れた。千年王国論は、しかしながらキリスト教的終末論が取り得るかたちの一つにすぎない。キリスト教的終末論はまた、修道院の内部で、天上のエルサレムを先取りする完全な社会（たとえばクリュニー修道院）を創ろうとした、いくつかの改革の潮流に霊感を与えたのである。

古来のものの考え方においては、十三世紀の始まりまで、進歩の観念は知られていなかった。反対に、中世の年代記作者たちは、原初の時代の完全さから遠ざかるにつれて宗教的熱意は徐々に減退してきたという確信を持っていた。それゆえ改革への希求がある種の正当性を見出すためには、起源への回帰として現れる以外にはなかったのである。起源とは、使徒たちの教会、あるいはアダムとイヴが罪を犯す以前の世界のことである。より正しくより親しい社会への希求は、もっと一般的には黄金時代への回帰という願望として表現された。この平等と楽園の神話は、中世最後の時代に起こった数多くの政治的、社会的運動のイデオロギー的な背景となった。しかしながら、この過去と未来との絶えざる緊張の中で、来るべき世界への準拠は本質的な事柄であり続けた。キリスト教的終末論は、歴史の終わりの、神に約束された救済を目標とする。歴史とは、各人の、個人的な歴史と、この地上において永遠の神の王国に向かう途上にある教会、つまり新しいイスラエルの、集合的な歴史である。こうした観点に立てば、人類の救済の場所はエルサレムでしかありえないが、そこではただイスラエルのためのみならず、全民族のために神の約束が果たされるはずである（『イザヤ書』四二章六、四九章六）。こうした出来事が起こる時期については数多くの推測が出されたが、そうした推測の多くは『ダニエル書』を根拠にしていた。

中世の註解者たちは、『ヨハネの黙示録』に記されている闘争と勝利が、過ぎ去った過去――原始教会が被った数々の迫害の時代――に関係しているのか、それとも現在や未来に当てはまるものであるのかを決定しなければならなかった。聖アウグスティヌスを基とする第一の解釈は、初期中世において支配的であり、七世紀および八世紀にはベーダ・ウェネラビリスやリエバーナのベアートゥス〔?―七九八年〕による『ヨハネの黙示録』註解に確認できるし、また八四〇年頃著わされたオーセールのハイモ〔?―八五五年〕の註解も同様である。だが、十世紀からは、『ヨハネの黙示録』の歴史的な読解への関心が復興した。そのことはたとえば大修道院長モンティエラン＝デルのアゾ神父の論考『アンチキリストの誕生と蔓延について』（九五〇年頃）によって確認できる。それによれば、世界の終わりが迫っており、終末に先行して、死を免れた二人の大預言者エリヤとエノクが再来し、信者たちをアンチキリストとの対決に備えさせる。アンチキリストは三年半のあいだ地上を支配する。彼はエルサレム神殿を再建し、最後の審判のために天から降ってくるキリストによって殺されるまで、あたかも自分が神であるかのように自らを崇拝させる、というのである。この書の中には最後の時代の皇帝という主題も見られる。彼は、終末が近づくと、エルサレムに向かい、オリーブ山〔イエスが捕らえられる前夜、神に祈った場所〕で武器と王冠を捨てる。第一回十字軍（一〇九五―一〇九九年）

が広く民衆の支持を博したことは、こうした文脈において考えてみなければならない。ところで、教皇もまた「グレゴリウス」改革を推進するためこうしたエネルギーを用いることに熱心だった。教皇は、善の勢力と悪の勢力の闘争（聖職売買《シモニア》、司祭の結婚、俗人による叙任の支持者たち）における決定的な中間段階として、改革を絶対的急務として描き出したのである。この点でローマは、幻視者であり預言者であるドイツ人修道女、ビンゲンのヒルデガルト（一一七九年没）の支持を受けた。彼女は、赤髭王《バルバロッサ》フリードリヒ一世に対してためらうことなく警告を発し、聖職者に対しては改革者たちと和解しなければ最悪の罰を受けると嚇すことも躊躇しなかった。

しかし、この点で最も重要な人物はまちがいなくフィオーレのヨアキム（一二〇二年没）である。シトー会の出身でありながら、より完全な生を求めて会を離れたこのカラブリア地方〔イタリア南部〕の修道士は、『ヨハネの黙示録』を教会史と人類史の神学的解釈のための鍵として用いた、中世で初めての著述家である。彼は歴史を三つの時代に区分し、それぞれに三位一体のペルソナを対応させた。第一の時代は、創造からキリストの受肉までにあたる、父なる神の時代である。この時代に対応するのは旧約聖書であり、人間たちは全員が結婚して肉的な生活を送っていた。次に、神の子の時代がキリスト生誕から十三世紀の初めまで続くが、その数字的な根拠は『ダニエル書』に求められる。これは肉的であると同時に霊的な時代でもあって、新約聖書に見られる雰囲気に包まれているが、一般信徒たちは在俗聖職者に統率、指導されていた。この後に始まる第三の時代は、聖霊の完全なる顕現を特徴とし、そこでは信徒たちは、選り抜きの「霊的人間」たちに感化されて、神の言葉を「精神的にかつ真実において」しっかりと理解するに至るはずである。ヨアキムの精神においては、これら「霊的人間」はおそらく修道士であった。さて、彼が示して見せたものは、一二四〇―一二五〇年代に一部のフランシスコ会士に受容された。彼らは、聖痕出現の結果「第二のキリスト」（「もう一人のキリスト《アルテル・クリストゥス》」）となった聖フランチェスコに、第三の時代のメシアを認めたのである。そしてこのメシアの弟子たちの使命は教会と世界を刷新することであった。フィオーレのヨアキムとヨアキム主義者の一派は、十六世紀に至るまで全ヨーロッパに影響を残したが、彼らによって歴史は初めて肯定的な意味合いを帯び、聖霊の時代に向かって成長し、進歩してゆく時間として理解されたのである。

十四世紀以降、終末に関する思考は、悪の勢力——肉の教会——と、善の勢力、つまりは霊の教会との対立に収束してゆく。十四世紀の後半には、『ヨハネの黙示録』はますます頻繁に参照されるようになるが、一部の説教師たちの説教においても図像においても、「終末の時」の暴力的性格が強調された。註釈者たちも芸術家たちも、アンチキリストの姿に多くの描写を割いた。だが、彼らは天上のエルサレムのイメージを広めもした。それは、選ばれし者たちに約束された永遠の地であり、もはやエデンの園ではなく、一つの理想都市のかたちで表現されている。これと並行して、教会改革の希望が弱まるにつれて、終末論は政治化する。すなわち、それは聖職者である場合も俗人である場合もあったが、様々な出来事の意味を読み解いたり、君主の中からアンチキリストの手下である者、あるいは逆にメシアとなり得る王を見分けたりする、そうした使命を神から授かったと主張する男女が何人も出現してくるのだ。教会大分裂の時代（一三七八—一四一七年）、そしてフランスとイギリスの戦争〔百年戦争。一三三七—一四五三年〕のあいだ、各陣営を何人もの男女の預言者が取り巻いた。しかし、彼らが、スウェーデンのビルギッタ（一三七三年没）やシエナのカタリナ（一三八〇年没）のように、教皇には自ら教会を改革する力があるとなお信じていたのであれ、あるいはジャンヌ・ダルク〔一四一二—一四三一年〕やその他大勢のように、フランス王や神聖ローマ皇帝やスペインの君主の行動に自分たちの希望を託していたのであれ、最も熱心なキリスト教徒たちは、分裂を終結させ、平和を回復し、海外への最後の「航海」を企図して聖地を解放し、ムスリムとユダヤ教徒を改宗させ、かくしてエルサレムにおいて、キリストの栄光の帰還に望ましい状況を創り出してくれる、そのような霊的指導者ないし世俗の指導者を求めていたのである。

アンドレ・ヴォーシェ

第四ラテラノ公会議（一二一五年）――司牧の躍進

西方キリスト教史において、トレント公会議ほど知名度は高くはないが、第四ラテラノ公会議は決定的な一時期を画している。このことは、とりわけ宗教的実践の観点から見たとき言えることだ。この公会議は宗教的実践の基本原理を規定し、その行為様式の諸形態がたしかに後世にまで残ったのである。

一二一五年にインノケンティウス三世（一二一六年没）によって招集されたこの会議は、グレゴリウス改革の延長にあると見ることができる。この会議は、教皇庁主導の下に十二世紀を通じて開催された、先行する三つの公会議を受け継ぐものである。ローマの司教座聖堂、サン・ジョヴァンニ・イン・ラテラノ教会に隣接し、当時は教皇の居住地でもあった（ヴァチカンが教皇の居住地となるのは十四世紀末のことである）ラテラノ宮殿という、この意図的に選ばれた場所で起こった公会議活動の復興は、その頃ローマ司教が手中にした権力の表れである。開催のために入念な準備がなされ、すでにその前年から、ラテン世界と東方世界の高位聖職者、および何人かの有力な俗人信徒に対して広範に招集の働きかけがなされていた。議論の方針は、ボローニャの諸学校で研鑽を積んだ卓越した法律家であった教皇によって決定された。会議の開催規模（出席者一二〇〇名以上）と、そこで下された様々な決定の重要性という点で、この公会議はキリスト教最初期の時代に開催された主要な普遍公会議に並ばんとしたのである。

十三世紀の初期に開催されたこの会議は、当時の動乱の社会状況に介入した。具体的な事象として、とりわけ北イタリアやラングドック地方における、異議申し立ての運動の根深さ（ワルド派や、カタリ派と呼ばれる「善き人びと」

の運動）。イタリアの抑謙派（ユミリアティ）や悔悛者の運動をはじめ、様々な信心運動の続出に表わされる、都市部の教養ある俗人信徒層の、より一貫した宗教的指導への明白な希求。オリエントに向かわずコンスタンティノポリスを攻撃し、そこでの略奪行為（一二〇四年）によってラテン・キリスト教世界とギリシャ・キリスト教世界の断絶を決定的にした、第四回十字軍の失敗。こうした状況の中、明晰さと活力とを備えた教皇は、この公会議を通じて、情勢の立て直しを図ろうとし、古くからキリスト教化していた地域だけでなく「新しいキリスト教諸国」をも含む自らの支配領域において、宗教的生活の枠組みを揺るぎないものにしようとしたのだった。

この点に関しては、第四ラテラノ公会議の決議が長い信仰宣言につながっていることを確認しておくことに意味がある。初期の普遍公会議における諸々の信仰宣言に比べて、より各論的であり、最後の部分では、時代状況の痕跡をより多くとどめているこの信仰宣言は、かつてと同じ社会的成功を収めることはできなかった。だがそれは、西方教会の信仰内容と、なかんずく聖体の実体変化〔ミサにおいてパンとブドウ酒がキリストの肉と血に変わること〕の教義のように、当時盛んに議論され、あるいは異論の的となっていた秘蹟《サクラメント》の問題について自らの立場を再確認する機会となった。

さらに公会議は、長い決議（条項）集の中で、十字軍と聖地の状況をめぐる問題を締めくくりとして、あらゆる懸案の問題を取り上げている。西方教会内部で講じられた一連の措置を見てゆくと、そこには、聖職や秘蹟の授与にまつわる金銭の不正なやり取りを抑制するため、また教区信徒にとってのキリスト教的振る舞いの模範とされた聖職者の威厳を高めるため、グレゴリウス改革の担い手たちが遂行した激しい戦いを認めることができる。したがって、聖職者たちは、その禁欲ぶりによってますます俗人信徒から離れてゆくことになる生活様式を取り入れなければならなかったと思われる。具体的には、独身の強制、衣と住の質素さ、享楽や遊興の場には近づかないといった品行の正しさ、といったことである。公会議は彼ら聖職者の教育にも腐心した。聖職者教育のための固有の体制はまだ存在せず（神学校の登場はトレント公会議後のことである）、聖職者教育の基礎は小教区の小規模な学校や司教座聖堂付属学校にあったが、パリがそうであったように、時にはそこから大学が生まれ、あるいは、より定期的に、年に二回の開催が義務として定められた司教区会議の際に、司教を囲んで司教区聖職者たちが集まる集会が生まれてくる。そのような機会に、公会議決議の読み上げと、司教あるいは彼に代わって司教座聖堂での典礼への参加等すべてを行なう代理の聖職者による説教が行なわれ、いずれも小教区の司祭たちに対して依拠すべき規範を提供する手段となった。

こうした措置は、第四ラテラノ公会議の名声を高めた措置と完全な一貫性を持っているように見える。公会議が取った措置は、一般信徒に対して、彼らの熱意に応え、異議申し立てを解消するために推進すべき司牧活動に関わるものであった。その第一段階は、熱烈な説教の発展である。信仰を伝達するこの伝統的な手段は、反抗勢力によって広く取り入れられたが、それに対して教会も同じ土俵に立って戦おうとしたのである。かくして公会議は、特別にこの務めに任ぜられた説教師を、全員が全員必ずしも自分たちの職務を説教の面で満足に果たせるわけではない、あるいは果たそうとするわけではない司教のもとに付けるべき、という意向を表明することになる。たしかに、この措置が具体的に実行されることはなかったが、しかしある意味でそれは、一二一六年に創立された説教者兄弟会など、托鉢修道会が収めた成功に先立つものであったと言える。

しかしながら、最も力点が置かれた司牧制度は小教区、すなわち教会管轄区域の中で最小の管轄区域である。小教区を通じて信徒に対する指導が実施された。数世紀来初めて、公会議がこの制度を検討対象として取り上げ、信徒たちに最低限必要な実践の条件を決定したのである。それによると、各信徒は少なくとも一年に一度、復活祭の時に、自分の小教区の教会で告解と聖体拝領をしなければならない（決議二一）。これらの行為がなされるか否かによって、教会に対して恭順な信徒、自分たちが不適格者と判断する聖職者から授けられる秘蹟の有効性を疑う信徒、それら具体化された恩寵のしるしの価値を完全に拒絶する信徒が、判別されることになる。小教区の司祭は、宗教的義務の遂行をしぶる信徒の名前を挙げる、という任務を帯びる。公会議は告解と聖体拝領の実践を年一回と定めたが、これは、少なくとも、よりいっそう頻繁に――キリスト降誕祭、復活祭、聖霊降臨祭の年三回――信徒を教会に通わせることができた、数多くの司教たちが取っていた措置の焼き直しにすぎなかった。年一回という周期はその後すっかり習慣の中に根を下ろし、宗教社会学で今日実施される調査に平均的なキリスト教徒としての評価基準を提供し、「復活祭時のみ聖体拝領する者《パスカリザン》」、つまりは定期的に教会に通う信者ほど熱心でない信者というカテゴリーが規定されるに至る。

こうした義務を明記することによって、決議二一は、神学教育の基礎文献となったペトルス・ロンバルドゥス〔一一〇〇年頃―一一六〇年〕の『神学命題集』（一一四〇年頃）の中で初めて言及され、まだ定められたばかりであった七つの秘蹟のうち、主要な二つ〔聖体拝領と告解〕を結び付けていた。それは、一度しか受けられない他の五つとは異なり、繰り返し実践し得る秘蹟である。一度しか受けられない秘蹟とは、洗礼、堅信、また聖職者として生きるか俗人として生きるかによるが、叙階と婚姻、そして終油である。実際、その規定上、聖体拝領と告解という二つの秘蹟には相互依存関係があった。というのも、聖体拝領が効力を持つためには、信徒が小教区司祭に対して自らの過ちを告解することによって、聖体を拝領する準備を整えていることが必要だったからだ。これにより公会議は、悔悛の秘蹟〔告解〕に認められる、ある重大な変化を胚胎することになる。悔悛の秘蹟はそれ以後、あらかじめそれと突き止められ、それのために後悔や悔恨の念が心に抱かれる、様々な過ちの告白というかたちを取るようになる。これが司祭の耳元で個人的に行なう告解である。この行為は、信徒に神の赦しを保証するために十分見合うだけの精神的負担を課すものと判断された。この赦しは聴罪司祭によって与えられるが、いくつかの具体的な代償行為を実行することで万全にされる。具体的には、祈り、施し、時には断食や巡礼である。贖罪のためのこの新しい教会規律は、個人の信仰心の洗練があったことをうかがわせる。そうした個人的な信仰心によって、信徒は、救済に関して自らの行為とその結果に責任を負っていることを自覚したのである。個人の信仰心の洗練を準備したのは、十二世紀を通じて現れてくる、「キリスト教的ソクラテス主義」（マリー＝ドミニク・シュニュ）である。それはまた、いかなる予定説の形態とも無縁の確信、つまり悔恨し回心すればいつでも救済を確実なものにできる、という確信に支えられてもいた。このつねに可能な救済という観念は、悔悛した罪の女、マグダラのマリアについて福音書に記された人物像が物語っている通りであるが、当時彼女に対する崇敬が大いに発展したのである。この個人的信仰の修養期間においては、聴罪司祭の役割が最も重要であった。だからこそ公会議は、小教区司祭の姿勢がいかにあるべきかを説いたのである。それは医者の姿勢にもたとえられた。司祭は信仰心の傷口には油と蜜を注ぐべきであって、過度の罪悪感を抱かせることによって傷口を刺激してはならない、というわけである。ほかならぬ「魂の治療」である。このラテン語定式、「魂への配慮《クーラ・アニマールム》」が、十三世紀以後小教区司祭を指すのに用いられた「主任司祭《キュレ》」の語源である。

　司牧に関する第四ラテラノ公会議の諸決定は空文化することなく、広範に受け入れられた。その証拠に、公会議決議、特に決議二一の全節が、司教区会議の際に作成され小教区で使用された法制文書の中に、また小教区司祭が必ず手元にその写しを置いておかなければならなかった教区会議の決定事項の中に見られる。しかも、決議二一の最初の語句「ウトリウスクエ・セクスス」（「信徒たちは男女を問わず……」）が説教の中に多く目につくのである。この表現はある種の冗談の種にもなるのだが、それが信徒たちになじみ深いものになっていたことがわかる。そして、公会議が講じた様々な措置の字面を越えて、それらの措置に霊感を与えた魂の治療という司牧の理想は、実に長い時代生き続けたのである。

カトリーヌ・ヴァンサン

フランチェスコ、[23] アッシジの貧者（一二二六年没）

一一八一―一一八二年頃生まれたフランチェスコは、アッシジという小さな町（ウンブリア地方）の織物商人の長男であり、いずれは家業を継ぐはずだった。だが彼は、同じ町の金持ちの息子たちが送っていたような華やかな生活を送ることを欲するようになったようである。その富によって彼は貴族の名家と親しく付き合うことができたわけだが、彼らと接することで、宮廷風文化や騎士道文化の影響を受けたのである。一二〇二年、フランチェスコはアッシジとペルージャのあいだに起こった戦争に参加し、数カ月囚われの身となった。一二〇五年には、名誉に浴することを期待して、神聖ローマ帝国の支持者征伐を目的としたアプリア州〔現プグリア州〕への軍事遠征に加わった。ところが彼は、スポレートにおいて、あるヴィジョン〔武器で一杯の家〕を見て引き返すことになった。恩寵の働きかけを受けた彼は、自らの進むべき道を孤独な瞑想や慈善に求めた。貧しい人びとや教会のための多大な出費を咎める父親と激しく対立した後、フランチェスコは財産を放棄し、在俗の悔悛者としてアッシジ司教の保護下に置かれ、自分の町の近郊で巡回説教する隠修士として生活したが、その振る舞いのために狂人と見なされた。一二〇八年二月、裸足で、また文無しで宣教に派遣された使徒たちについて述べている『マタイによる福音書』の一節（一〇章七―一〇）を耳にして、フランチェスコは自身の真の召命に気づいた。それは、福音書の教えにかなった清貧のうちに生きることと、神の言葉を人びとに伝えることである。この時から彼は身なりを改め、チュニックしか纏《まと》わず、ベルトを縄に替えた上で、同郷の人びとに対して回心への呼びかけを始めた。この後すぐ、その中には聖職者も俗人信徒もいたが、アッシジおよび近郊の住民が、彼に加わった。一二〇九年、フランチェスコは、福音書のいくつかの節の引用からなる、行動計画を表した一種の「マニフェスト」を起草し、教皇インノケンティウス三世の判断を仰ぐため仲間たちとローマに赴いた。教皇は、その実験——初期ワルド派のそれときわめて近い——がどのように進展するかを見極めようとして、彼らの生活の仕方に口頭で同意を与えるにとどめたのだった。

　アッシジに戻った彼らは、廃墟と化していた小さな教会堂、サンタ・マリア・デッラ・ポルティウンクラを譲り受けた。兄弟会員《フレール》たち——当時「小さき者たち」、つまりあらゆる弱者、下層の民を名乗った者たち——は、中央イタリアにおいて説教活動を展開し、フランチェスコのカリスマに魅了された若い新入会員を呼び込んだ。そうした新入会員の中に、アッシジの若き貴族女性、クララ〔一一九四—一二五三年〕がいた。彼女は、一二一二年に家を飛び出し、サン・ダミアノ教会の「隠遁せる貧しき婦人の会」——後のクララ会——、つまりフランチェスコに続く運動の女性部門の先駆者となる。一二一七年、総会（年に一度の会員の集い）の際、何人かの会員をアルプスの北および海外での宣教活動に送り出すことが決定された。フランチェスコはフランスに行くことを望んだようだが、枢機卿ウゴリーノ〔後のグレゴリウス九世、一一七〇年頃—一二四一年〕は彼を説得してイタリアに留まらせ、飛躍的な発展を見せながらもいまだ脆弱な彼の共同体を監督させた。しかしながら一二一九年、アッシジの貧者はオリエントに向かい、第五回十字軍の軍団に合流した。休戦中、彼はスルタンのアル・カーミルに謁見する機会を得、キリスト教信仰の優越性を認めさせようとしたが、これは徒労に終わった。この失敗の後、彼はエルサレムに向かったが、一二二〇年にはイタリアに戻らなければならなかった。彼の留守中、何人かの会員が主導権を握り、会の設立の精神を危うくさせていたのである。フランチェスコはこの混乱を収拾したが、彼はむしろ運動の指導を断念することを望んだ。急速な運動の発展——一二二一年には千人以上の修道会員を数えた——に伴って、制度と教義に関する様々な問題が発生していたが、フランチェスコは、自分にはこうした問題に対処する力がないと感じていた。実際、教皇庁はこの福音主義的な兄弟会が一つの修道会となるように圧力をかけていた。フランチェスコはこの組織上の変化を拒絶こそしなかったものの、抑制しようとした。これ以後の彼は、説教においてますます大きな成功を収めながら、自らの努力を会則の起草に傾注した。第一会則（一二二一年）は教皇庁によって否認された。第二会則は、第一会則に比べて法律的な性格が強く、独創性には劣るものだったが、一二二三年一一月にホノリウス三世〔在位一二一六―一二二七年〕に承認され、これがフランシスコ会の会則となった。

フランチェスコは、修道会の発展が生んだ数々の新しい問題に直面してひどく心を痛め、いたたまれなくなり、あちこちの隠者の庵に長期間滞在したが、一二二四年九月二四日、アルヴェルナの庵にてキリストの受難の聖痕を受けたらしい。彼はほとんど盲目となりながらも、『兄弟なる太陽と創られたすべてのものの讃歌』を書いた。これはイタリア語による宗教文学の端緒を開いた作品である。死が近いと感じた彼は『遺言書』を作成した。この中でフランチェスコは、感動をこめて最初期の時代を述懐し、福音の理想に忠実であり続ける必要を力強く訴えている。彼がポルティウンクラで没したのは〔一二二六年〕一〇月三日から四日にかけての晩であるが、早くも一二二八年にはグレゴリウス九世（かつてのウゴリーノ枢機卿）によって列聖されたのだった。フランシスコ会士コルトナのエリアス〔一一八〇年頃―一二五三年〕が推進役となって、アッシジの外に位置しフランチェスコに献堂された、壮麗なバジリカの建設が急速に進められた。一二三〇年にフランチェスコの遺骸がこのバジリカに運ばれた。一三〇〇年頃には聖堂上部にジョットと彼の一派の手になるフレスコ画が描かれた。これは、フランチェスコの人生の主要なエピソードと、彼が行なった奇跡のいくつかを思い起こさせるものである。

アッシジのフランチェスコは大部の著作を遺さなかった。二つの短い会則と、いくつかの通達状、手紙と祈祷文など、総じて著作量は少ない。また、たしかに有名なテクストもいくつかあるが（『兄弟なる太陽と創られたすべてのものの讃歌』あるいは『遺言書』）、わたしたちが知っているフランチェスコは、とりわけ様々な伝説上の人物としての彼なのである。彼は神学者でも立法者でもなく、この時代における福音の証言者であったし、神を求めるということにおいては、大学の博士というよりロマン・クルトワ〔中世の騎士道恋愛物語〕に出てくる主人公たちに近かった。

つまるところ、彼にまつわる記憶は、選集『フランチェスコの小さな花』（十四世紀のあいだに書き留められたもの）に収められた様々な口頭伝承の中に、またフランシスコ会士たちが著わした数多くの伝記の中に凝固したのだった。すぐに、彼の人生をどう解釈すべきかが重大な争点となった。早くも一二二九年、修道会の指導者層や教皇グレゴリウス九世と親密な関係を持っていた修道士チェラーノのトマス〔一一九〇年頃―一二六〇年頃〕が最初の伝記を著わし、広く読まれた。しかしこの伝記は、その質の高さと著者の宗教的感性の豊かさにもかかわらず、厳しい批判の的となった。その後、他にもいくつかのテクストが書かれた。その中の一つ『三人の仲間による伝記』は、フランチェスコがアッシジの都市社会と保ち続けた関係を強調している。一二四六年には、修道会総長が、会の創設者を知る修道士たちに対し、自分たちが有している記憶を書きとどめるよう命じたのだった。この結果、おびただしい数の証言が記録され、『グレッチョ資料集成』にまとめられた。最初の伝記とはかなり異なる第二の伝記を一二四七年に著わしたチェラーノのトマスをはじめ、後の伝記はここに材を得たのである。しかし、一二五〇年頃修道会内で緊張が高まると、自分たちの会の創設者の素顔を知り、自分たちにとっての根本的問題に対して創設者ならどのような態度を取るかを知りたいと願う、修道士たちの欲求がますます強くなっていった。彼らにとっての根本的問題とは、清貧の実践と学業であった。一二六三年、修道会総長〔第七代〕バニョレージョのボナベントゥラ〔一二一七―一二七四年〕が、『正伝』と題されたフランチェスコの伝記を刊行し、これが唯一の権威ある伝記となった。一二六六年には、修道会総会において、それ以前に存在したすべての伝記の写本の破棄が命じられた。ただし、『正伝』に見られる盲信的で自信過剰気味の解釈は全員の合意を得るには及ばず、全面的な清貧を支持する厳格主義者と修道会の多数派のあいだで争いが激化した十三世紀末以降、様々な新しい資料集成が作成され、ボナヴェントゥラが描いてみせたようなフランチェスコ像を再検討に付したのである。そうした対抗的な著作は、修道士レオ〔十二世紀末―一二七一年〕など、フランチェスコの最初期の仲間たちによって遺された記憶に基づいてはいたが、しかし、それより以前に著された数々の伝記と比べてより客観的であると見なしてはならない。それらの著作は、アッシジの貧者の聖性を、彼が実際に直面した問題との関わりによってではなく、著作が書かれた時代に発生した問題との関わりによって解釈することで、事を面倒にする原因にもなってしまったからである。こうして数多くの伝記、ならびに奇跡譚やあり余るほどの図像が作成されたことは、フランチェスコという人物がフランシスコ会士やその周囲を取り巻く俗人信徒たちの関心の的であり続けたことをよく示している。

こうした永続的な魅力の根拠は、アッシジの聖者が、それ以前の民衆的宗教運動――そのうちのいくつかはついには異端として断罪された――と、最も権威あるキリスト教の伝統との総合をなしとげた、という事実に認められる。その自己卑下と数々の苦しみにおいて崇拝されるキリストへの深い信心が、フランチェスコにおいて、神の全能と超越への鋭敏な感覚と一体化していたのである。キリストと使徒たちのように、清貧と謙遜のなかで福音にかなった生活を送りたいという彼の願望は、教会に対する全面的な忠誠と相反するものではなかった。ただ教会だけが、神の言葉を伝え、聖体の秘蹟によって神を現前させることができたのである。彼の見解では、清貧の実践こそ福音的生活の本質そのものを成していた。それは、数ある美徳の一つ、あるいは経済的、法的な一条件を意味するばかりではなく、何よりも「裸で裸のキリストにつき従う」ことを可能にする、個人的で集合的な生活形態なのであった。金銭はまやかしの安心を与えることによって、人間同士の関係をゆがめ、同じ父なる神の子としての根本的な平等を人間たちに忘れさせてしまった。だからこそ彼は、フランシスコ会士に対して、病人の世話に必要な分を除き、ごくわずかの金を受け取ることも保持することも禁じ、肉体労働を行なうよう命じ、托鉢は一時しのぎの手段として見なしたのである。福音に従って生きるとは、生活の不安定さを受け入れるということだけでなく、さらには、ハンセン病患者のような、最も貧しき者たちと同じ水準に身を置くということでもあった。したがって、アッシジのフランチェスコは、会士たちとともに、社会の代替モデルを作り上げようとし、売り買いの世界から身を引き、富や社会的文化的名声と結びついた階層関係を拒絶したのだ、と考えることができる。彼が設立した兄弟会においては、聖職者と俗人信徒は平等で、少なくとも初期の頃は、男女は場所を別にしながらも助け合って生活していた。これが「フランチェスコのユートピア」である。この理想モデルはすぐに放棄されてしまったものの、その後も大いなる魅力を発し続けた。それは、フランシスコ会の内部において、十六世紀の只中に至るまで、カプチン会による改革とともに、この理想的モデルを後ろ盾にした数々の運動が示しているとおりである。しばしば単調にされたり歪められたりしながらも、アッシジのフランチェスコの教えは、徹底的なキリスト中心主義と、十字架の道（ヴィア・クルシス）が最も重要な表現の一つであるところの、救い主の苦しむ人間性への信心という点で、中世末期の宗教的な見方をはっきり示すものであった。

アッシジのフランチェスコは民衆的敬虔によく調和した。たとえば、彼が一二二三年のクリスマスの夜に、グレッチョでキリスト降誕の情景を再現した人形模型を作ったのがもとで、キリスト降誕群像〔プレゼピオ〕が広まったのである。(24) また他方では、イタリアの女性神秘主義が、コルトナのマルガリータ（一二九七年没）やフォリーニョのアンジェラ（一三〇八年没）をはじめ、絶えず彼の霊的体験を参照したのだった。それゆえ、彼は西洋の霊性と感性に深く拭い去りがたい影響を及ぼしたと言えるのである。

アンドレ・ヴォーシェ

托鉢修道会

托鉢修道会の出現、すなわちアッシジの聖フランチェスコ（一一八一―一二二六年）が設立したフランシスコ会と、聖ドミニクス（一一七五―一二二一年）が設立したドミニコ会の出現を、当時の人びとはよく感知していた。たとえば、かの年代史家、ドイツのプレモントレ会修道士ウルスペルクのブルカルドゥス〔一二三〇年没〕は次のように述べている。「その頃、世界は年老いていた。教会の中に二つの修道会が現れ、敢然と世界に若さをよみがえらせた」。人びとは、二つの修道会のあいだに存在する数々の違いには目もくれず、両者に共通する特徴と、既存の修道生活の諸形態に対する両者の特異性を認めたのである。これらの修道士《ルリジウ》は時に「托鉢する禁域生活の修道者《モワヌ・マンディアン》」の名で呼ばれることがあるが、これはかなり不正確な表現である。というのも、正確にいえば托鉢修道士《マンディアン》は禁域生活の修道者《モワヌ》ではなく、新しいタイプの修道士《ルリジウ》だからだ。

托鉢修道会の独自性は、第一に集団での清貧および托鉢を選び取ることに認められる。托鉢は神に身を委ねる行為の一形態である。ベネディクト会の修道制の場合、最も厳格な会派（シトー会）でさえも、個人的な清貧以上の清貧が要請されたことは決してなかったし、この個人的な清貧によって、土地や不動産や商取引によって共同体が収入を得ることが妨げられることもなかった。フランチェスコやドミニクスの登場とともに、修道士に課せられる要求が増大した。すなわち、両者とも、個人によるものであれ共同のものであれ、いかなる所有も禁じたのである。フランチェスコにとっては、清貧は福音にかなった生活の本質そのものであった。フランシスコ会士は、自ら肉体労働をすることによってその日その日を暮らしていかなければならなかった。必要な場合には托鉢に頼ることもできたが、その場合でも決して金銭は受け取ってはならなかった。一二三〇年代から、こうした要求は緩んで、大多数の修道共同体は托鉢と寄付による収入で生活するようになった。托鉢修道会という名前はここに由来する。聖ドミニクスにとっては、清貧とは何よりもまず異端に対抗する武器であった。清貧は、ラングドック地方で彼が統率したドミニコ会士たちの証言が、権力と富を備えた教会に反感を持つ当地の俗人信徒たちに聞き入れられるための――十分条件ではないが――必要条件であった。したがって、清貧に対するドミニコ会士の態度は比較的柔軟であり、居住地の教会や修道院の所有者となることは受け入れた。後には、君主や都市から支給される年金もためらわず受け取った。彼らにとっての最重要課題は、説教と告解による、魂の監督任務だったからである。だが、彼らが当初の厳格な要求から路線を変え始めた時にも、托鉢修道士は、一二四〇—一二五五年に教皇庁の後押しを受けて設立されたカルメル会とアウグスティノ隠修士会を含め、異質な修道士と目された。というのも、彼らは不動産を所有せず、領主制と封建制の枠組みの外にいたからである。これが、都市社会で彼らが成功を収めた理由の一つであった。つまり、司教や聖堂参事会員や禁域生活の修道者と異なり、托鉢修道士たちは、権力ある立場を築き、保持しようとしているのではないか、などと疑われずにすんだのである。

托鉢修道士による数々の刷新の中でも、人びとに最も驚きを与えたのは、世界に対する彼らの開放的な姿勢である。すなわち、彼らは共住生活を送りながらも、禁域生活を送る修道士のようにひたすら禁域の中に安住することはなく、定期的にそこから出ていた。修道士が禁域に留まるのはただその英気を養うためであった。彼の使命は、説教し手本を示すことによって、信徒たちを回心と悔悛に向かわせることなのだ。きわめて高い機動力を有した彼ら修道士たちは、二列縦隊で出発し、喜捨を求め、神の言葉を説き、修道会の「ストゥディウム」(高等学院)で神学および聖書釈義学について研鑽を積み、定期的に責任者を集めて開催される管区総会ないし修道会総会に参加し、ローマ教皇庁あるいは修道会総長に対して負う責務を果たした。こうした頻繁な移動は、修道士たちが相互に数多く接触する機会を生んだ。だが、それよりも俗人信徒との関係の方がはるかに重要であった。俗人信徒を頼りに生計を立てていた托鉢修道士は、有力な友人たちのネットワークを必要としたのだ。一二五〇—一二六〇年以降には、施物や遺贈を得んとするがために女性を含む信徒たちとあまりにも親密でありすぎる、と非難されるほどになる。しかし、最も意義深い出会いを生んだのは説教であった。説教は、小教区や広場や聖堂前の広場で、さらには、托鉢修道士を自分たちの霊的指導者に選んだ、兄弟団やその他敬虔な在俗信徒のグループが開催する集いの中で行なわれることもあった。

また別の刷新は、聖職位階制を備えた教会との関係に関わる。創設時以来——トゥールーズで聖ドミニクスがやったように——托鉢修道士は司教と協同して活動に取り組んでいたのではあるが、彼らは教皇庁の直属であった。彼らは在俗聖職者の単なる協同者として活動したのではなく、ローマ教皇庁の庇護の下にあった。というのも彼らは、自分たちが勧める回心への呼びかけが普遍的であることを望んでいたからである。このように托鉢修道士に豊富な特権を与えた教皇庁との蜜月の代償として、彼らは教皇庁の忠実な手先と見なされるようになった。その結果、彼らに猜疑の目が向けられ、在俗聖職者との重大な確執が生じることにもなった。この確執は、一三〇〇年、ボニファティウス八世の教書「スペル・カテドラム」により、「魂への配慮《クーラ・アニマールム》」に関わる職務と収入の配分をめぐって、托鉢修道士と小教区司祭のあいだにしかるべき均衡が見出されるまで続いたのである。

全キリスト教世界に及んだこの使徒的活動は、托鉢修道会の統治構造にも様々に反響した。修道会総長は、ドミニコ会では最高指導者《メートル・ジェネラル》〔magister generalis〕と呼ばれ、フランシスコ会では最高従者《ミニストル・ジェネラル》〔minister generalis〕と呼ばれるが、代表決定機関である総会で選出される。唯一総会が会憲を変える権限を持ち、最高司法機関の役割を果たし、総長を退位させることができる。最も独自性に富む新しさは、修道会の統治組織を二分割したことに認められる。各管区にも、頂点に存在する総会と類似の組織が見られた。すなわち、管区長《プリウール》〔ドミニコ会〕ないし管区長《ミニストル・プロヴァンシアル》〔フランシスコ会〕が、当該管区の各修道院の代表者から構成される、管区総会で選出されたのである。修道会全体の総会に諮られたのは局地的な水準では対処できない問題に限られていた。そのため托鉢修道士は、総長に強力な権限を認めつつも、様々な決定に関して実質的な地方分権を実現したのである。しかし、禁域生活を送る修道士の統治組織との主要な違いは、ベネディクト会の大修道院長が一旦選出されると死ぬまでその職務にとどまったのに対し、修道院長の在職期間が一定期間に限定されていたという点にある。托鉢修道会における選挙のやり方は、当時としては民主的であった自治体《コミューン》制度の選挙方式に着想を得たものであった。禁域生活の修道士においては、大修道院長は〔三分の二、四分の三などの〕

より大きな過半数と、「より健全な意見《サニオル・パルス》」――権威ある職務に就いている最古参の者たち――の賛同を得た上で選出されたのに対し、托鉢修道士においては単純過半数で十分だったのである。一人一票。この、今日の政治における基本原則は、当時においては斬新であった。

突き詰めて考えれば、托鉢修道会が持つ最も斬新な側面とは、おそらく非キリスト教徒や異教徒に対する宣教への強い志向であろう。こうした志向は、クマン人〔中世を通じてバルカン諸国に影響を及ぼしたユーラシア・ステップの遊牧民〕への福音宣教を夢みていた聖ドミニクスや、一二一七年以降、会士たちをモロッコに派遣し、一二一九年にはエジプトのスルタンの改宗を試みた聖フランチェスコにおいて当初から見出せる。スルタン改宗の試みという経験を経て、フランチェスコは最初の会則（一二二一年）の一章を割き、「サラセン人およびその他の異教徒の地で」取るべき態度を規定したのだった。「そうした地に赴く兄弟たちが自らの霊的な役割を想定するには二通りの道がある。批判も論争もせず、神の創造物たるすべての人間に従い、ただ自分たちはキリスト教徒であると告白するか。それとも、それが神のご意志であると思うなら、御父・御子・聖霊という全能なる神と、贖《あがな》い主にして救い主である神の子とを異教徒が信じ、洗礼を受けてキリスト教徒となるべく、神の言葉を伝え知らせるか、である」。

ただし、フランシスコ会による宣教は、当初は非常に期待外れな結果に終わった。何人ものフランシスコ会士がキリスト教信仰を公然と広めたために命を落とした。一二三〇年頃、サン・ジャン・ダークル〔現アッコ〕の司教、ジャック・ド・ヴィトリがすでに述べているように（『西方の歴史』）、「サラセン人たちは、フランシスコ会士たちがキリスト信仰や福音の教えを説いている時には喜んで彼らの話を聞いていた。説教の中でマホメットに対する明らかな異論を唱えるまでは……。サラセン人たちは彼らを殴り、町の外に追い出してしまった」。

托鉢修道士たちは次のことに気づいたのだった。すなわち、ムスリムに説教していくぶんかでも耳を傾けてもらう機会を得るためには、論争と権威をふりかざすような説得を止めて、ムスリムの言語を学び、クルアーンを読み込むことで彼らの文化を深く身につけなければならない、ということである。かくして托鉢修道士たちは、オリエントの諸言語を学習するための研究機関を、ヴァランスやチュニスに創設したのである。彼らのうち何人かは卓越したイスラーム通となった。その一人に、バグダードの教養人たちと深い付き合いを持ったドミニコ会士リコルド・デ・モンテ・クローチェ〔一二四三―一三二〇年〕がいる。ところで、托鉢修道士たちはモンゴル人への福音宣教も試みたのだった。一二八九年、フランシスコ会士ジョヴァンニ・ダ・モンテコルヴィーノ〔一二四六―一三二八年〕が、教皇により大ハーン〔モンゴル帝国皇帝〕の下に派遣された。ハンバリク〔大都〕――今日の北京――に到着した彼は、現地に存在したキリスト教少数派および現地民を対象に布教活動を展開した。援軍を得た後、一三一〇年に北京大司教に任命された彼は、合流してきた宣教師たちを中国の主要拠点に分けて配置した。宣教師たちは各地でフランシスコ会修道院を設立し、これが新しい司教区の元となる。托鉢修道会の宣教への尽力は、バルト海沿岸部、プロシア人〔現在のポーランド北東部とロシアカリーニングラード州の先住民族〕、バルト海沿岸の諸民族、フィンランドにも及んだ。

したがって托鉢修道士は、インノケンティウス三世や第四ラテラノ公会議（一二一五年）が夢見た、新型の使徒的聖職者にあたる。実のところ、異端的運動の成功が教えたのは、西方のキリスト教化が不完全なものであり、しばしば表面的なものにとどまっているということだった。ヨーロッパの周縁部には、いまだ改宗させるべき数多くの異教徒が残存していたし、イスラームは恐るべき圧力をヨーロッパに与え続けていた。こうした状況にあって教会は、世界に出て活動することを使命としない禁域生活の修道士も、教育を欠き、しばしば道徳的にまったく感心できない生活態度を露呈していた在俗聖職者も、頼りにはできなかった。他方、多くの司教たちは俗事にかまけていた。托鉢修道会とともに登場した修道士たちは、教皇庁にとって思いがけず現れた救い主であった。教皇庁は托鉢修道会の舞台入場を公然と認め、一二二八年には聖フランチェスコ（一二二六年没）、一二三四年には聖ドミニクス（一二二一年没）と、たちまちのうちに托鉢修道会の創設者を列聖した。そして教皇庁はすぐに、托鉢修道会が異端の根絶にどれだけ大きな役割を果たしうるかに気づいた。それゆえにこそ教皇庁は、司牧を通じて托鉢修道会の活動を根底から支え、異端審問における取締りの指揮を彼らに委ねたのであった。

アンドレ・ヴォーシェ

トマス・アクイナス（一二七四年没）

トマス・アクイナスは、一二四四年に自身が入会したドミニコ会に伝わる法諺を引くことによって、彼の人生の綱領を自ら要約してみせている。「ただ輝くよりも、他を照らす方が立派であるのと同様、ただ観想するよりも、観想したことを他者に伝える方が立派である」。実際、彼は、抜群の知性によってスコラ思想の最良のものを体現しつつ、全人生を教育活動に捧げた。

学問に明け暮れたその人生の中で、トマスはヨーロッパを広範に移動して回った。南イタリアに生まれた彼は、ナポリ大学で勉学を開始したが、最初は学生として、後には教師として何度も（一二四五―一二四八年、一二五二―一二五九年、一二六八―一二七二年）パリに滞在した。また、オルヴィエト〔イタリア中部ウンブリア州の町〕（一二六一―一二六五年）、ローマ（一二六五―一二六八年）、ナポリ（一二七二―一二七三年）で教授職を務めた。彼の全著作には教育活動の影響が見受けられる。たとえば『命題論集註解』（一二五二―一二五四年）は、神学教授資格を得るために義務として果たす必要があった教育活動の産物であるが、それでも独自の視点を備えた神学の著作であり、二つの重要な大全、すなわち『対異教徒大全』（一二五九年執筆開始、一二六五年終了）および『神学大全』（一二六五―一二七三年、未完）をすでにして予告している。

その二つの大全のうち第一の書において、トマスは知恵の業を示そうとする。「智恵《サピエンティア》」の研究こそ、最も完全で、最も崇高で、最も有益で、最も喜ばしい人間の企てだと考えられていたからである。したがって彼が試みるのは「われわれの分に応じて、カトリックの信仰が提示する真理を明示し、これに反する誤謬を退けること」（『対異教徒大全』第一部第二章）である。一方、『神学大全』は、三部からなり、「初学者を教育する」ために考案された著作とされ、聖なる教え、すなわち「学究の対象が神それ自身であるからにしても、あるいは学究の始原ないし究極として神と関わるのであるからにしても、すべてを神という事由ないし神の観点のもとに扱う」（『神学大全』第一部第一問第七項）神学についての、より厳密な見解に基礎を置いている。

また、トマスが一二五六年春から就任した神学教授の当時の役割には、講義し〔legere〕、説教し、討論するという三つの面があっただけに、多くの議論を呼び、十三世紀の知的論争の多様性と豊かさについて教えてくれる一連の問いをわれわれはいくつも知っているのである。なかんずく『魂について』、『霊的被造物について』、さらには『悪について』などの問いを挙げることができる。トマスが遺した数多くの聖書註解――『ヨブ記註解』（一二六一―一二六五年）、『パウロの手紙註解』、『マタイ福音書註解』（一二六九―一二七〇年）、そして『ヨハネ福音書註解』――もまた、大学教授としての彼の活動を反映している。ただし、アリストテレスの著作に関する十二の註解（書かれたのは一二六五年から）については事情が異なる。これらの註解が教えているのは、むしろ確固たる哲学が良質な神学にとって欠くべからざる基礎である、という確信なのだ。

すでにして膨大なこの一連の著作群に、さらに驚くべき数の専門的解説書とともに、とりわけ非常に独創的ないくつかの論考を加える必要がある。具体的には、第一哲学の分野では、『存在と本質について』（一二五六―一二五九年）、および未完の小著『分離的実体について』（一二七一年）、また神学の分野では、『神学綱要』〔一二七二年〕、そして政治学の分野では、『君主の統治について』（一二六七年）などがある。

トマスが、パリの知識人社会を賑わしていた様々な論争に積極的に関わり、托鉢修道会と在俗司祭との争いにおいて、托鉢修道会が教育活動を行なう権利を熱烈に擁護したということも忘れてはならない。いくつもの小著や論考は、こうした議論への彼の関わり方が、真摯にして熱情的であったことを教えている。知性の単一性の可能性に関する学説をめぐる哲学的議論へのトマスの関わり方も、やはり辛辣で手厳しい。この学説は、とりわけブラバンのシゲルス（ラテン・アヴェロエス派のスコラ哲学者。一二四〇年頃―一二八一／一二八四年）のいくつかの著作によって、一二六五年以降に提起された。かつてないほどの熱意に駆られて、このドミニコ会士は、論考『知性の単一性について――アヴェロエス派論駁』（一二七〇年）において、万人知性の単一という考え方に反駁し、「註解者」[25]と呼ばれたアラブの哲学者アヴェロエス（一一九八年没）をはじめとする敵対者たちが、アリストテレス著作の悪しき解釈者であることを証明しようとしたのである。

これら数多くの著作は、たゆまぬ活動と熱心な仕事ぶりの成果であるが、彼に近しい者たちの証言によれば、一二七三年一二月に突如として中断されてしまった。トマスは執筆を止め、筆記具一式を処分し、彼の同僚で助手であったピペルノのレギナルドゥス（一二三〇年頃―一二九〇年）を信じるなら、はっきりと次のように言ったらしい。「私はもう書けない。私が見たことに比べれば、私が書いたことは私にはわらくずのように見えるのだ」。歴史家が様々に解釈してきた（それは一種の神秘体験の結果なのだろうか）この決断からまもなく、トマス・アクイナスはリヨン公会議に向かう途中、フォッサノーヴァ（ローマの南）の大修道院にて、一二七四年三月七日に没した。

このイタリアのドミニコ会士の思想の基盤をなすのは、学術性の基準を満たすべき、精確さと厳密さとを旨とする神学の観念である。トマスは神学の優越性をはっきり認めながらも、もっぱら理性のみを拠り所とする、哲学の正当性と相対的自律性を擁護した。彼の全思索の特徴である、驚くべき「理性の力に対する信頼」（エチエンヌ・ジルソン）を説明するのは、哲学者が理性の力をもって理解しようとする現実と、神学者が解釈する啓示とが、同じ神を有しているという事実である。なんとなれば、「信仰の真理が、理性が自然本性的に認識している諸原理に対立する」ということは考えられないからだ（『対異教徒大全』第一部第七章）。人間理性のあらゆる展開がそこに基礎を置いている、証明不可能な第一原理とは、無矛盾性という原理である。思弁的理性のこの第一原則に対応するのは、実践的理性の次元においては、次の命題である。「善を為し、善を求め、悪を避けねばならない」。この命題の基にある善の概念について、理性は人間の自然本性的な傾向を通じてその内実を把握している。その結果、つまるところ、理性への適合を決定的に重要であると見なす倫理学が生まれるのである。「人間の行為においては、善と悪とは理性との関係に応じて決まる」（『神学大全』第二―一部第一八問第五項）。トマスにとって、人間は三つの関係を通じて決定される存在である。すなわち、人間行為の規準である理性との関係、人間を創造した神との関係、そして他の人間たちとの関係である（『神学大全』第二―一部第七二問第四項）。事実、人間は理性的な動物であるだけではなく、「社会的政治的動物」でもある。このことは、人間が言語を有し、言語によって自らの考えを表明し、正しいことや善きことを述べることができる、という事実によって証明されている。

すべての存在を質料（ヒュレー）と形相（モルフェー）によって説明する、アリストテレスの質料形相論のおかげで、魂を身体の形相として理解し、一切の二元論に反対して、人間の統一性を確保することが可能になった。人間の認識は感覚作用なしには成り立たないと見なす、トマスの認識論上の経験主義によって、次のことが説明される。すなわち、感覚によって直接把握することが不可能な「神は存在する」という命題がなぜ、自然本性的に備わっている理性には自明ではなく、だからこそ証明されなければならないか、ということである。神の存在について最も有名な証明（『神学大全』第一部第二問第三項にある）は、当該命題の真理を五つの方法で立証しようとする。すなわち、運動〔神は第一動者である〕、因果性〔神は第一原因である〕、存在の可能性と必然性〔神は必然的存在である〕、完全性への段階〔神は、善、真、高貴さなどの最高度である〕、そして自然的現実が有する目的性〔神は自然事物に目的性を与える〕、この五つに関して経験的事実を参照するのである。これらの証明は、いくつもの哲学原典に依拠しているが、しかしこれらはまだ、トマスの神観念の最も独創的な面を明らかにしてはいない。それは、神は自存する存在である〔esse per se subsistens〕という観念である。

この神観念が前提としているのは、有限なるものすべてを特徴づける、存在と本質の区別のみならず、「あらゆる形相の現実態」とか「あらゆる完全性の完全性」と解される存在についての特殊な解釈でもある。神を「在りて在る者」（『出エジプト記』三章一四）とする出エジプト記の形而上学は、人間が神を認識することにまつわる限界についての鋭敏な知覚と連関している。「われわれの認識力はあまりに脆弱なので、これまで誰一人ハエの本性を完全に調べ上げた学者はいない。そんなわけで、われわれはミツバチの本性を知ろうとして三十年を孤独に過ごした学者がいたことを読んで知るのである」（『使徒信経解説』序言）。

リュディ・インバック

第3章　救いに向けての尽力

煉獄と来世

キリスト教における来世の、地獄と天国に続く第三の場所は、ジャック・ル＝ゴフによれば、中世の発明だという（『煉獄の誕生』一九八一年）。中世以前にもそのいくつかの先例を見出すことはできるが、それでも十二―十三世紀以降、煉獄の観念が西方教会の思想と実践にしっかりと根を下ろしたことは確かである。ただし、それが東方諸教会の同意を得ることはなかった。こうして数世紀のあいだ、キリスト教信徒にはその死後において三組の道が用意されることになった。それは、ダンテ〔一二六五―一三二一年〕が『神曲』における詩的で通過儀礼的な遍歴を通じて踏査した道である。いったい煉獄という場所の新しさはどういったものだったのだろうか。

キリスト教は人間の歴史の直線的な観念を発達させたが、それは三つの主要な標柱で区切られている。まず、世界の創造、すなわち聖書の第一書である『創世記』が隠喩的に語っている神の業である。次に、イエスのペルソナにおける地上での神の受肉。そして世界の終末であるが、これも隠喩に富んだ仕方で、聖書の最後の一書である『ヨハネの黙示録』において語られている。この最後の段階について、『マタイによる福音書』（二五章三一―四六）において語られているのは、いかにして世界の終末に死者の復活が起こり、最後の審判が下されるか、ということである。最後の審判の結果、それまでの隣人へのいたわりの有り無しに応じて、呪われた者たちと選ばれた者たちが選り分けられ、前者は地獄に落とされ、後者は天国に入ることを認められるのである。教会堂（具体的には、オタン〔サン＝ラザール聖堂〕、ブールジュ〔サン＝テティエンヌ聖堂〕、シャルトルなど）の扉口に見られる数々の図像表現は、文字および口頭による教化と相俟って、来世についての〔呪われた者と選ばれた者という〕二要素的な理解を大いに広めた。だが、こうした二要素的な見地に立つならば、人間の最終的な運命は世界の終わりになるまで分からないことになる。信徒たちはそれゆえ、死によって魂が身体を離れているると見なされている時と、人間の歴史の終わりとのあいだにある魂の運命を、どのように想像すべきか自問したのである。当時信徒たちは、この長い待ち時間は、全信徒の父である、アブラハムのふところ〔キリスト出現以前の義人が死後憩うとされた安息所〕で過ごすと教えられていた。辺獄《リンボ》と呼ばれる場所があり、旧約におけるイスラエル民族の族長たちの辺獄は、キリストの啓示を知らなかった者たちを迎え入れ、子どもの辺獄は、洗礼を受けてキリスト者の共同体に加入する前に死亡した赤ん坊たちを迎え入れるとされた。また、聖アウグスティヌスなど、十二世紀以前の著述家の何人かには、選ばれた者たちに約束された神を観ることは罪の浄化の時の終わりに至ってはじめて可能になるという考え方が見出せるが、これなどはその後、煉獄となってゆくものを垣間見せている。

煉獄の最初の明白な形跡は、十二世紀、シトー会士の著述家や、都市の学校で教える在俗の教師たちが著したものに認められる。後者は次のような考え方を展開した。すなわち、そのまま天国に行けるほどの道徳的な完璧さを誇ることができる信徒などほとんどおらず、大多数の者には、まだ償われていない過ちの大小に応じて、悔い改めるための時間が別に必要だ、という考え方である――この大胆な原則はおそらく、当時都市で発達を見た数学的教養の影響を受けている。こうした考え方は、二要素的なものから三要素的なものへと、来世観を変えた。その最たる結果として、最後の審判の前に個人的な審判が位置することになった。個人的な審判は、各個人を対象に、死に際して下される。信徒は、もしも自分の犯した過ちを頑として改めず、神の慈悲を待ち望む心を持とうとしないなら、地獄に落ちる可能性もあるだろう。万が一あらゆる点において道徳的な完璧さを示しているならば、そのまま天国に入る可能性もあるだろう。だがそれよりも確かな可能性は、必要な悔い改めを成就するため、煉獄に行くことである。そして悔い改めが果たされた暁には、信徒は天国へと入るだろう。というのも煉獄には上に向かう出口しかないのだから。

ジャック・ル＝ゴフがよく感知したように、この「第三の場所」は、信徒たちにすさまじい希望の高ぶりをもたらした。「煉獄は地獄を空にした」と言われるゆえんである。神を観ること（あるいは至福直観）は、したがって最後の審判の前でも得られることになるが、しかし教皇ベネディクトゥス十二世の教え（一三三六年の教令『ベネディクトゥス・デウス』）によって、それは最後の審判の後にはいっそう強まるとされた。

こうした新しい来世観を広めるためには、時間と空間のカテゴリーによってそれに形を与えることが必要であった。かくして中世の著述家たちは、煉獄を、過酷な自然条件で知られる、地球上の様々な恐ろしい場所に位置づけようとした。火口の形が煉獄のイメージによく合致していたエトナ山〔シチリア島北部にある活火山〕の噴火口や、アイルランド沖に浮かび、隠修士たちの修行の場となっていた島にある地表の裂け目、すなわち「聖パトリック〔アイルランドの守護聖人〕の煉獄」などが選ばれた。実際、その果てには望ましい出口があるとはいえ、思い描かれる煉獄は心地よさを生むような場所ではなかった。魂が煉獄で受ける罰は地獄で受ける罰に似通っている。このことは、地獄のイメージが発達させた、火、寒さ、闇の責め苦を改変しながら、徐々に固有のものとして定まっていった煉獄の図像から判断できる。煉獄の時間に関しては、信徒たちのあいだに真の救いの連帯を確立した最も優れた義人たちの功徳のおかげで短くなることがある、と考えられた。汲めども尽きぬキリストの功徳のおかげで、教会は諸文献（たとえば聖アンセルムス、一一〇九年没など）に言われるような「宝」を自由に用いることができた。教会はこれを贖宥というかたちで人びとに分け与えたのである。聖人たちの功徳は、とりわけ自分たちに下される審判の際に、神へのとりなしを聖人に求める信者たちのよすがとなった。平信徒たちの功徳に関しては、「善行」（祈り、ミサへの参加、施し、その他の信心業）のかたちで積まれ、同じく考慮に入れられた。とりわけドミニコ会士によって記録されることが多かった、数々の典型的な物語は、次のような出来事の顛末《てんまつ》を語ることになるだろう。すなわち、だれそれの夫が、死後、煉獄から妻のもとに現れる。彼は、当初は自分が犯した過ちで真っ黒に汚れていたのだが、夫のために妻が善行を積み重ねてゆくにつれ、汚れを落とし潔白になってゆく……。〔生者が積み重ねる善行の功徳によって煉獄にいる死者が救われるという〕この原理は、種々の兄弟団が大きな成功を収めた要因でもあった。こうした団体は、一般信徒の主導により設立され、成員間の霊的な連帯を実現するとともに、困難な状況にあっては様々なかたちで経済的な相互援助を実施した。

したがって、信徒によき最期を迎えさせることが肝要である、と考えられた。というのも、すべてを悔い改めることは、それが最も遅れてしまった場合でも、つまり死の床の上でなされた場合でも、救いの種となり得たからである。煉獄を定型化した知識人階級においては、悔い改めに関する新しい規律、つまり耳元にささやかれる個人的な告解という形式が発達した。これによれば、真の責任の所在は行為をつかさどる明確な意志にあるのである。したがって、終油により危篤の人間に対してあらかじめ与えられる秘蹟の助力も、最後の聖体拝領や最後の告解によってさらに高められるのである。このことは数ある『死の技法』（アルテス・モリエンディ）において認められている通りである。十五世紀のあいだに書かれたこれら小冊子の中には、支えるべき最後の霊的闘いの様子が木版画によって絵入りで描写されている。

このような来世観がもとになって、それより前の時代に生まれていた、死者のための祈念の実践が発達し、体系化される。「煉獄の誕生」のはるか以前、社会はすでに、祈祷のスペシャリストである修道士たちに、死者のために祈ることを求めていた。どの修道院も家族名簿を持っていた。その中には修道院の敷地内に埋葬される特権を有する家族もいくつかあった。十一世紀、クリュニーの大修道院長オディロンは、諸聖人を記念する万聖節の直後、一一月二日に、死者のための特別な祝日を定め、この祝日は大いに広まった。煉獄に特有の「論理」がこうした現象に拍車をかけ、特別の意味を与えた。それは、代表的な善行がキリストの犠牲の記念、すなわち聖体の祭儀の執行であることが同時に明らかだっただけに、なおさらであった。したがって信徒たちは、個人としても、兄弟団のような集団としても、ミサを執行してくれるよう聖職者たちに大いに要請したのである。それは、死者が煉獄で被る苦しみをできるだけ短くするために死後すぐに行なわれるか、永代で行なわれるか、あるいは、つまるところこれら二つのリズムを組み合わせて行なわれた。個人的な審判という観念が持ち込まれても、それによって最後の審判への信仰が失われることはなかったからである。司祭に叙階されたものの、担当する小教区もなく、他に聖職禄もない数多くの聖職者たちは、こうした祭儀の執行に実りの多い収入源を見出した。そうして得られた収入は、いくつかの地域では、種々の有力な聖職者団体に所属する、同郷の聖職者のあいだで山分けされた。〔フランス〕南西部では、煉獄の魂のために行なうミサの資金を調達するため、小教区民を対象として寄付金が募られ、この結果「煉獄の献金受け皿」と呼ばれるいくつかの団体も創設された。信者の社会は次のように三つの集団に区分して表象された。勝利の教会、すなわち選ばれた者たちの教会。苦しみ〔浄め〕の教会、すなわち煉獄の魂の教会。戦う教会、すなわち苦しみの教会を苦痛から解放しようとする、生者たちの教会である。

以上、様々な実践の結果もたらされた諸観念や慣習は、二十一世紀の人間にとっていかに驚くべき事柄であろうと、深い所から生じてくる期待に応えたものであった。そうでなければ、それらが近代を通じて消えずに残ったことを説明することはできないだろう。現代に至るまで「煉獄の魂」への中世的な祈りは保たれ続けた。しかしながら、近年の研究（ギヨーム・キュシェ『煉獄の黄昏』二〇〇六年）によれば、第一次世界大戦の結果、煉獄という概念にはまた別のまなざしが向けられるようになったということだ。というのも、もしこの悲しい言葉遊びが許されるならば、塹壕の生き地獄は、その苦痛を味わった者たちによって、正真正銘の地上の煉獄と見なされたのだから……。

カトリーヌ・ヴァンサン

聖人崇敬、聖遺物、巡礼

この三つの信心の形態は中世の精神の中で互いに結びついていた。それらは中世よりも前の時代に生まれ、中世の後にも存続したが、中世に最盛期を迎えたのである。その様子は、様々な連想を呼び起こしてくれる種々の資料、すなわち、聖人伝、奇跡譚、聖遺物の発見もしくは移葬の物語、巡礼の様々な描写といった資料が証言している。

中世がキリスト教古代から継承したのは、死者たちの中でも偉大な信仰の証人として名を挙げた人びとを崇敬する慣習である。使徒の時代の名だたる人物たちに加えて、次のような人びとが讃えられた。暴力によって死に追いやられた者たち、すなわち殉教者《マルティル》（この言葉は「神の証人」を意味する）。思想や行動によって福音宣教のために並外れた業をやってみせた者たち、すなわち証聖者（彼らは自らの信仰を「証した」のである）。そして、禁域や隠者の庵の中で、砂漠の師父たちのように、豊かな霊的遺産を残した者たち。これら偉大な人物たちは、一年を通じて、彼らの「天国での誕生」に相当する日、つまり命日に祭られた。これらの祝日は、キリストとその母である聖母マリアの生涯にまつわる祝日とともに暦に加えられて、社会的、経済的生活に同数の目印をもたらした（たとえば、諸々の契約の支払期限など）。聖人、聖女の集団は世代を経るにつれて成員の数を増やしていった。中世初期に、管轄する都市を守護する父と目された司教たちは、まもなく聖性を帯びた名声を獲得した。また、とりわけキリスト教化が最も遅れていた国において、自国のキリスト教化を支援した君主たちについても同様であった。これらに加えて、アニアーヌのベネディクトゥス〔七五〇年頃―八二一年〕やクレルヴォーのベルナルドゥスのように改革を行なった修道士たちや、カルトゥジオ会を興したブルーノ〔一〇三〇年頃―一一〇一年〕やフランシスコ会を興したアッシジのフランチェスコ、ドミニコ会を興したドミンゴ・デ・グスマンら新しい修道会の創設者たち、そして、慈善活動（テューリンゲンのエリーザベト〔一二〇七―一二三一年〕）、霊的な影響力（シエナのカタリナ）、あるいは神秘的生（スウェーデンのビルギッタ〔一三〇三年頃―一三七三年〕）で有名な女性たちが挙げられる。福音的な価値に人生を捧げ、崇敬の対象となった俗人信徒も少なくない。たとえば、イタリアでは、織物商であったクレモナのオモボーノ〔一一九七年没〕がいる。また、霊性と政治を一体化させたフランスの聖王ルイ〔一二一四年頃―一二七〇年〕などもそうである。

それぞれの聖人たちの生き方に価値を与えることによって教会が目指したのは、信徒たちに価値基準を与え、様々な行動を促し、さらに十三世紀からは、従うべき模範を提示することであった。ただし、聖人たちの生き方はそのほとんどが決して模倣できないようなものであったが。それほど、聖人たちの並外れた特性が強調されたのである（アンドレ・ヴォーシェ）。ここに聖性の獲得にまつわる問題の焦点がある。聖性の獲得の根拠は、当初は聖性の「誉れ」「ファーマ・サンクティターティス」にあった。これを判断するにあたっては、「ウォークス・ポプリー」（「民の声」）が「ウォークス・デイー」（神の声）に値すると考えられていた。最終的な判定を下すのは、当該地の司教か、もしくは、それが修道院の管轄地域である場合は大修道院長であった。この手続きは濫用されることもあった。同時代の人びともそれに気付いていたということが、十二世紀に『聖人たちの聖遺物』について修道士ギベール・ド・ノジャン〔一〇五五―一一二四年〕が著した非常に批判的な論考から窺える。あまりにも疑わしいケースはローマに報告された。また、こうした例や、教皇権力の伸長といった事態を考慮に入れるなら、教皇庁が最終的に聖性の獲得に関する監督権を占有することを望み、決定が下されるまでの手続き、すなわち「列聖調査」を定式化するのを目の当たりにしても、驚くことはないだろう。これは、一部では新しく登場した糾問主義の法的手続きにも倣って、証人を対象に実施された調査である。調査結果はローマ教皇庁で精査されたが、調査の進展は、問題になっている人物の持つ徳のみならず、その調査に関わった者たちの権力と富にもかかっていたのだ！

聖人たちを対象にした崇敬は、ただ彼らの生き方が呼び起こした賞賛にのみ基づいていたわけではない。彼らの人生にまつわる逸話は、たとえばドミニコ会士ヤコポ・ダ・ヴァラッツェ〔一二二八年頃—一二九八年〕の『黄金伝説』のような聖人伝文学によって、意図的に美化されていたのだ。聖人崇敬の根底にはまた、次のような信念が存在した。すなわち、その功徳ゆえに聖人には神からとりなしの力「ウィルトゥス」が与えられたが、この力は聖人の骸や身体の一部に、また聖人と接触した布状、液状、粉末状の物体にも留まっている、という信念である。それゆえ、聖人の墓所はすぐに信仰の旅の目的地となった。そうした旅の目的は「ウィルトゥス」の源と直接的な関係を持ち、求める助けの手立てを得ることにあった。最も多く求められたのは、病からの回復に属する事柄（様々な治癒）であったが、家族に関する事柄（多産、安産、赤ん坊が洗礼を受けるまで生き延びること）もあった。結果として、崇敬の場所には様々な施設が立ち並ぶことになった。中世初期にしばしば見られたように、聖人の墓が聖堂内にある場合でも、周囲を巡ることができる回廊、すなわち周歩廊によって墓に近づくことができた。周歩廊の壁には窓がいくつもあいており、そこから手を差し入れて墓に触ることができたのである。

時には、信徒は墓石の下を通ることもあったし、墓の傍で寝て、古代の神殿で行なわれていた〔病気治療のために夢占いを行なう〕籠りを許されることもあった。聖人の慈善心を呼び起こすために、あるいは、待ち望んでいた奇跡を神から得てくれた聖人のとりなしに感謝するために、信徒は聖所に供え物や〔祈願や感謝の言葉を記して聖堂に納める〕奉納物を納めた。治癒を望む人間の身長と体重に合わせて作られたり、治療したい身体部位の形に成型されたりした蝋製の寄進物は、中世の終わりから近世にかけて、奇跡譚を表わした小さな絵に取って代わられた。聖人たちの力をできるだけ広範に伝えるため、早くもカロリング朝の時代から、聖人の身体を分断して数多くの教会に分骨するというやり方が採られた。各教会はそうした貴重なかけらを聖遺物箱に保管した。その箱の形は時に、内部に保管されている骸の形を想起させるものであった。殉教者の墓ばかりが並んでいることで知られた（このことは今日の考証ではもははや事実としてはまったく認められていないが）ローマの墓地は、近世半ばに至るまで、聖遺物の豊穣な供給源となった。あげくの果てには、信心に発する小さな盗みが働かれることもあった。こうした聖遺物の盗み出しは、成功すれば聖人の同意が働いたものとして正当性が認められたが、教会間の奇妙な対立の原因となった。中世の終わりにはとりわけイタリアで、次いで近世には西方世界全体において、同じような効力が聖人の「像」、額絵、絵画、彫像に認められていたことが確認できる。そして、それぞれ同じような信心業の支えとなったのである。

具体的なものに根ざし、教導権によって排除されるどころか、聖職者たち自身もそれに関与していたこのような信心が、否むべくもない恒久的な成功を収めたことから、西方世界のあちこちに無数の地方巡礼が現れてくる。そのうちのいくつかは、信徒たちの熱狂に翻弄されて、束の間の輝きを見せたにすぎなかった。こうした、ある時には島や山の頂上など、近付くのが難しい場所にあり、またある時にはそこでの活動が不法であると見なされるような場所にあった、おびただしい数の聖所の中から、より広範に影響力を及ぼすいくつかの地が目立ってくる。概してそれらの地は、教会側の人間たち、在俗司祭や、あるいはそれ以上に修道士たちからの妨害を受けたが、訪問者たちを受け入れ、彼らの信心に枠組みを与えたのである。その中には、ロカマドゥールのような、マリアにまつわる聖所のほか、プーリア州バリにある聖ニコラウス〔いわゆる「サンタ・クロース」ゆかりの聖人〕の聖堂や、コンク・ザン・ルエルグにあるアジャンの処女殉教者聖フィデース〔?―二八七年頃〕の聖堂や、カンタベリーにある聖トマス・ベケット〔一一一八年頃―一一七〇年〕の聖堂があった。あるいはまた、ヴィエンヌ地方の聖アントニオス救護院が挙げられるが、この救護院は、エジプトの偉大な修道士の聖遺物を保管していると称し、特に〔菌に汚染された〕ライ麦の麦角の摂取が原因で感染する壊疽性麦角病の治癒で知られた。[26]

最も有名な中世の聖所の中でも、現代においてもなお特別な注意を引くのはサンティアゴ・デ・コンポステラである。ここは現在でも、旅人、巡礼者、あるいは観光客が目指す場所であり、その数は増え続けている。イエスの兄弟の近親者である使徒〔聖ヤコブ、サンティアゴ〕への崇敬は、九世紀以降ガリシアで発達した。次いでそれは、イベリア半島が中世におけるその舞台となった、ムスリムとの闘争を背景に大々的に展開した[27]。現在の資料の状態では、この聖所への人びとの来訪がどれほどの規模のものだったか知ることはほとんど不可能である。かなり風変わりな文献、『サンティアゴ巡礼案内書』をそのまま信用するわけにはいくまい。これは、聖所ごとに逐一説明が施された、巡礼者用旅行案内書の類であるが、唯一つの写本しか残っていない。しかし、ヤコブの聖遺物を保管していると主張する数多くの聖堂の存在が証明しているように、この聖人が民衆のあいだに博した人気には——単なる「ムーア人殺し《マタモロス》」、ムーア人を征服した者としてのみならず——疑いの余地はない。コンポステラへの旅は、シャルルマーニュ伝説[28]と混じり合って、中世における想像の世界を大いに涵養した。言い換えれば、そうした想像の世界を培うためには、かくも遠く、かくも名高く、そのうえ当時においては世界の果てにあった目的地が発する威光に包まれた、いくつかの巡礼物語が必要だったのだろう。

西方キリスト教の慣習において他の追随を許さない巡礼地があと二つある。一つは、他ならぬエルサレムである。紀元千年後、信徒たちはますますこの地に引き付けられていったが、人びとの信心は次第にこの地上におけるイエスの生に向けられていった。そして、一〇九五年以後、聖地への旅の歴史は十字軍の歴史と密接に絡み合うことになる。十字軍の歴史は聖地巡礼の軍事的側面であり、時にはそこからの逸脱でもあった。もう一つはローマである。すなわち、ペテロとパウロ、およびその後の殉教者たちがそこで被った死のために、キリスト教の記憶の一大中心地となった場所である。さらに、帝国のかつての首都の司教に与えられた特別な役目は、ローマへの巡礼に際立った意味をもたらした。巡礼者たちは「教会の大黒柱」である二人の墓を訪れにローマに向かったが、彼らの多くはまた、ただ一人ローマ教皇だけが与えることができた、重大な罪の赦免を求めてそこに向かったのである。かくして「ローマへの旅」は、中世初期から、贖罪の意味を帯びるようになる。贖罪の意味は、払われた努力に応じて、あらゆる巡礼に認められるが、ローマへの巡礼において他よりも際立っていた。以上を先例として、十三世紀末、こうした恩寵の源泉は、各世紀の終わりごとに、後には〔一四五〇年以後〕いっそう頻繁に〔通例二五年ごとに〕出されるようになる大赦の年の宣言によって、すべての信徒に及び得るとする考え方が芽生えた。最初の宣言が下されたのは一三〇〇年のことである。こうした状況の中、ローマのバジリカを訪れることは、それを達成した人びとに全贖宥、すなわち、それまでに犯したすべての罪の免除と、その罪を贖うために受けなければならない、堆く積もった罰の免除を約束したのである。

カトリーヌ・ヴァンサン

聖母《ノートル・ダム》マリア

マリアが、関連する文献の中で「我らが貴婦人《ノートル・ダム》」となるのは、十二世紀のことである。聖母崇敬はこの時代に新しい息吹にふれるが、それはキリストの人間性の再発見と結びついている。聖母は、王政と封建制を懸命に結びつけようとする西方世界の内部で、はっきり権力の主役として現れてくる。

八世紀から聖なる王権として明確化されてくる、至高性のイデオロギーに利用されることで、マリアは天上の元后となった。次いで、十世紀のカロリング帝国崩壊によって生じた権力の空白状態の結果、マリアは地上の元后に選ばれる。この時代はまた、様々な新しい支配構造――その中にはたとえば、当時飛躍的発展を遂げつつあったクリュニー修道会がある――が、自らの至高性を確保するために、マリアという人物に訴えた時代でもある。この頃見られたのが、地上に生きる人間たちを救いへと導く天使となることを夢見た宗教者や修道士たちが住まう、罪の汚れのない「純潔の」地として現れた修道院を「至高の貴婦人」が全面的に支配する、という事態である。かたや神の子に対する母性を持ち、かたや人間に対する母性を持つことから、聖母と教会とのあいだに神学的な類似性が認められた結果、それ以後マリアは、グレゴリウス改革がその撲滅を自らの特別な使命とした分離派に対して、教会の権威に発する権力を振るうことができるようになったのである。

膝の上に幼子イエスを置いた「荘厳の」聖母は、このキリスト教の神秘についてそれを危うくしてしまうほどに問う人間たちに対して受肉した神の姿を示しているのである。「なにゆえ神は人間となり給うたか」という問いをめぐる議論を総括した聖アンセルムス(一一〇九年没)は、介在者としてのマリアを論拠にこの問いに答えてみせた。キリスト教徒たちは幼子イエスを崇拝しに行くため、あたかも〔キリスト降誕の際ベツレヘムに礼拝に来た〕東方の三博士のように、マリアゆかりの聖所に向かう――そうした人びとは、自分たちがこの地上における流浪の旅の究極目的地、天のエルサレムに向かって歩いている、と聞かされていた。教理の発展と並行して天后の霊的な母性も確立され、人間と神のとりなし人と明確に見なされるようになった。神の母であるマリアは、人間の母となったのである。

聖母への巡礼は一一〇〇年代に最初の発展を見た。それは主として中央および北ヨーロッパに限定されていた。ラン、ソワッソン、シャルトルなどに、巡礼者はマリアの聖遺物に触れようと大挙して押し寄せた。マリアの聖遺物とは、彼女の白い肌着、細い靴、寝台、あるいは身体的現前の究極的な痕跡である髪の毛などである。たしかに、十二世紀に定着した聖母被昇天への信仰は、魂とともに神の光の中で昇天したマリアの不朽の肉体を、天上に置いたかもしれない。聖母にまつわる様々な奇跡譚は、たいていの場合は修道士や司教座聖堂参事会員によって記述されたが、それらは救済を促すと同時に、巡礼の促進を確実にすることを欲していた。その後まもなく収集本のかたちにまとめられる奇跡譚――一一二三年頃編纂された、マームズベリのウィリアム〔一〇九五年頃―一一四三年頃〕による『聖母の奇跡』や、一二三六年より前に編纂された、ゴーティエ・ド・コワンシ〔一一七七年頃―一二三六年〕の作品――は、神の母がもたらした無数の恵みを物語っている。中世の奇跡体験者は、福音書からひょっこり出てきたかのような雰囲気を持っている。同じような一連の苦痛と障害を体験する彼らは、福音書という共通の物語から引き出されてきた人びとなのである。それは、堕罪以来、天地創造の時に神が築いた秩序の外にいる人間の物語として読み直された。ここで聖母がその恩寵に満ちた一面を見せる。アヴェ・マリアの祈りの一節にもある、「恵み溢れる」マリアである。アヴェ・マリアは、主祷文《パーテル》（主の祈り）やクレド（キリスト教徒の信仰告白の最初の一語）とともに、十二世紀のキリスト教徒にとって必要最低限の教理入門教育の初歩の一つであった。聖ベルナルドゥス（一一五三年没）は、マリアに祈りを捧げるすべての人間に止め処なく注ぐ、神の愛のこうした流出を描写するために、とりわけ水路のイメージを用いている。したがって様々な奇跡譚は、聖母のとりなしへの信仰を表現する機会であった。聖母は、すべての人間が救われるように、諸聖人よりもずっと巧みに人びとの願いを神に伝えてくれるのである。

中世の社会に、堕罪前のエデンの園に満ちていた幸福にも似た至上の幸福を回復するのと同時に、荘厳の聖母は大聖堂の扉口《ポルタイユ》に堂々と座るようになる。聖母はパリのノートルダム大聖堂に見られるような巨大な記念像となる。十二世紀末からは、審判者であり王であるキリストの傍らで、聖母が戴冠する様子が確認できる。書物の中では、聖母は罪人の擁護者として、また女王の中の女王として現れてくる。勝ち誇るマリアは、マントを纏《まと》って教会の戸口、つまり天国の扉に立ち、マントを手で広げてキリスト教徒を迎えるのである。聖書註解者たちは今や、戴冠したマリアを、太陽を着て星の冠を被った黙示録の女（『ヨハネの黙示録』一二章一）と同一視する。彼らは、ドイツのルーペルト（一一二九年没）にならって、世界の終末の歴史においてマリアが果たす役割を強調する。同時に、はっきりと霊的なものとして規定された新しい母性で、聖母の膝はやわらかな丸みを帯びる。かくして、一二〇〇年頃、シトー会は聖母を修道会の設立者にして修道士たちの母と宣言するのである。聖ベルナルドゥス（一一五三年没）は、彼の聖人伝の著者であるセルのペトルス（一一一五年頃—一一八三年）の表現では「聖母の乳飲み子」[29]と呼ばれるが、そのベルナルドゥスにならって、修練士たちは幼子イエスの乳兄弟とされた。彼らは神の母の恵み深い胸から流れ出る霊的な乳を飲んだのである。さらに、シトー会に続いて、聖フランチェスコ（一二二六年没）や聖ドミニクス（一二二一年没）の新しい修道会が聖母の庇護を受けていると主張した。修道士たちは慈悲深き母の大いなるマントの裾の下に身を寄せたのである。

これ以後マリアの姿はその華麗さを誇示するようになる。マリアの身体はたしかに神学の中心に位置し、神学はマリアの身体をめぐって練り上げられてゆく。マリアの身体がキリストの身体を生んだのであるが、そのキリストの身体は、肉を持った身体、聖体として拝領される身体であると同時に、教会の身体、つまり洗礼を受けたすべての者たちの身体であるのだから、マリアの身体もまた教会を意味するメタファーの役目を果たした。したがって、この教会を構成する各人および各団体——一般信徒から教皇まで——は、教会の優れた具象化をマリアに見た。第四ラテラノ公会議（一二一五年）の直後、父なる神への従順の範型である聖母は、教会における標準化の範型として提示された。修道会に模範を示し、神の神秘を見出せるように魂を導き、信徒たちに模範的なキリスト教徒となるよう促すのはマリアである。それは要するに、異端の完全撲滅、俗人信徒の信仰の統率、キリスト教世界の統一性の構築といった、公会議の方針を遵守させることを意味した。

だから女王マリアは、教会が企てたこうした措置のために働く下女としても現れるのである。福音書に見られる「下女」の姿は、聖なるテクストの読み直しの中で際立ってくる。こうして、十四世紀中葉には、聖職者であれ俗人信徒であれ、聖母マリア下僕会を例として、最初の「マリアの下男および下女たち」が登場する。そうした人びとにとって、聖母は愛情深き母であり、「息子」や「娘」たちはこの母に手本とすべき聖性を見出すのである。マリアに倣うことは、とりわけ十四世紀初頭の女性神秘家たちに新しい霊的道程を開いた。彼女たちは、たとえばシエナの聖カタリナ（一三八〇年没）がそうだったように、自分たちが魂において「聖霊を身ごもり」、幼子イエスを「出産する」

ことを知るのである。

マリアへの信心は、各個人ないし各集団の身体を教会の身体に組み入れることを目的とした、前述の同じ統合プロセスの一部を成している。フランドルからイタリアまで、同じ運動によって、諸々の兄弟団、第三会〔修道会によって創設されたカトリック信徒の会。正規修道士の第一会、修道女の第二会に対して言う〕、都市、大学（中世の意味では「一つにまとめるもの」の総称）などが、この統合プロセスに組み込まれた。それゆえ、教会大分裂の時代（一三七八―一四一七年）、教会とともにキリスト教世界が分裂したとき、神に殉じた後に十字架から降ろされた御子が、母の膝に乗った幼子イエスに代わるのである。「ピエタ」〔十字架から降ろされたキリストを膝に抱く悲しみの聖母像〕と呼ばれる、この十四世紀の新しい図像は、同時代の様々な災い（ペスト、飢餓、疫病など）を前に苦しむ聖母の姿を示している。一方で、スターバト・マーテル〔「悲しめる聖母は立てり」。キリストが磔にされたときの聖母マリアの悲しみを歌う賛美歌〕の祈りは、十字架の傍らに立つマリアを描写している。マリアに捧げられる連祷においては苦しみの感情が喜びに取って代わり、神学者たちは聖母とその息子のあいだの受難の共有について解釈を述べるようになる。中世末期には、マリアという西方キリスト教世界の要に、分割回避の最後の望みを見出す試みもなされた。マリアによる奇跡やその出現が利用されたが、それらはとりわけ、教会の一致をかつてないほどの危機に追いやった「聖母マリア無原罪の御宿り」〔マリアがその母アンナによる懐胎の時から原罪を免れているという教え〕をめぐる論争において利用された。中世の終わりには、聖母崇敬は、十六世紀にプロテスタントが実現したような改革の標的ともなる。

シルヴィ・バルネ

慈善事業の急増（十二―十三世紀）

キリスト教会は、原始教会の時代から、貧しい人びとを援助しなければならないと主張してきた。神への愛は隣人への愛と一対なのである（マタイ二二章三四―四〇。マルコ一二章二八―三四。ルカ一〇章二五―二八）。キリスト教の伝統において、この隣人愛の務めは、まずは司教たちの管轄下にあった。修道制、とりわけベネディクト会の発展に伴い、聖ベネディクトゥスの戒律によって要請された貧者の歓待や貧者への施しの実践によって、貧者救済の対応力が拡充されたのである。聖書によれば、施しをすれば罪が帳消しになるというのだから、善行によって救われるという教えは大いに発達し、信徒たちを惜しみない私的慈善の実践に向かわせた。だが十一世紀以来、特に十二世紀からは、多種多様なかたちで行なわれていた私的慈善を一段越えたところで、貧者への配慮は、専門的な修道会の中でも信徒団の運動においても、徐々により組織化された形態をとるようになる。こうした慈善活動は、最後の審判の物語（マタイ二五章三一―四六）を範として、神に選ばれた者を神に見捨てられた者から区別する諸行為を実行することを目的とした。これが「慈善行為」である。神学者たちは、聖書に挙げられている具体的な行為（貧者に食べ物、飲み物、衣服を与えること、病人を見舞い、囚人を訪ねること、異邦人を迎え入れること、死者を埋葬すること）に加え、霊的にそれらと同等の価値を持つ行為（教えること、助言すること、戒めること、慰めること、赦すこと、回心させること、生者と死者のために祈ること）も慈善行為と認めた。

エルサレムに徒歩で向かう途中に力尽きた巡礼者を救助することや、傷つき病を患った十字軍参加者に救いの手を差し伸べることは、教会が率先して取り組むべき活動の目的であった。そうした積極性は、ある名高い修道会の中に芽生えた、隣人奉仕の宗教的使命に明らかに見てとれる。すなわちエルサレム聖ヨハネ救護騎士修道会であり、慈善活動を主目的とする修道会のうち最古の修道会である。十二世紀半ばにこの修道会に与えられた会則は、その後、病人の受け入れに関して、数多くの救護施設によってしばしば手本とされた。必要不可欠な霊的世話（告解と聖体拝領）を受けた後、患者はベッドを与えられ、あたかも家の主人であるかのように遇された。良質の宿舎や手厚い介護は、貧しい人びとを対象に毎日分配される豊富な施し物とともに、模範的な歓待の特徴である。こうした歓待のあり方で有名だったのは、主にエルサレム、アッコ、ロードスの本院だが、キリスト教世界全体に遍く点在していた数多くの修道騎士領にもそれは見られた。

十二世紀に、経済的にも人口的にも目覚しい成長を遂げ、同時にそこからの落伍者も生み出した西方世界では、様々な形態の救貧事業が増加し、また多様化していった。いくつかの都市、あるいはしばしば一介の私人が主導した慈善活動の供給組織と並んで、数多くの救護院やハンセン病療養所が登場してくる。この二種の施設はたいていの場合は別個のものであった。一一九八年、教皇インノケンティウス三世は、その頃設立され、新しい目的を掲げた二つの修道会を承認した。聖霊修道会と三位一体修道会である。ギィ・ド・モンプリエが、飢餓に苦しむ人に食べ物を、貧しい者に衣服を与え、病人を介護することを使命とする施設をモンプリエに設立したのは、一一八〇年頃のことである。教皇による承認が与えられたこと、またその後まもなく、やはり修道士ギィの主導によって、インノケンティウス三世自身がローマのテベレ川の河畔に設立した救護院、サンタ・マリア・イン・サクシアに統合されたこと、そしてヨーロッパに数ある収容施設を徐々に取り込んでいったこと。こうしたことから、すでに十三世紀には、正真正銘の援助修道会の担い手であった聖霊修道会の会士たちは、献身的で有能な福音的愛徳の主唱者となった。その福音的愛徳は、病や不幸の犠牲者のために発揮された。通りすがりの貧者、老人、身体障害者、産褥にある女性、捨て子たちは皆、聖霊修道会の救護院に安らぎと慰めの場所を見出すことができたのである。

聖霊修道会と同時期に設立され、イスラームの地に囚われた捕虜たちの解放を目的とし、聖三位一体に捧げられた修道会も、まったく同様に慈善活動の実践に加わってくる。最初にセルフロワ（モー司教区）に、次いで地中海地域にいくつかの修道院を設立して以来、三位一体修道会の修道士たちは、収入の三分の一をつぎ込んで囚人のために献身するのみならず、大部分の修道院に救護院を保有し、所有財産のさらに三分の一を貧者や病人の介護に費やしたのである。一二二三年には、バルセロナにおいて、三位一体修道会を手本とし、ムスリムの奴隷となったキリスト教徒の解放のために献身する兄弟団が設立され、一二三五年からはアウグスティノ修道祭式者会に属する修道会となった。これが「慈悲深き聖母の奴隷救済会」〔スペイン語で「あわれみ」を意味する「メルセス」会ともいう〕である。「メルセス会士」たちは、主として〔奴隷買戻しのために必要な〕寄付金集めの大規模な運動を組織することに尽力したが、救護院でも活動した。

もう一つ、目的が特化された援助修道会として、ヴィエンヌの聖アントニオス救護修道会がある。この修道会は麦角病の患者のために献身した。麦角病、またの名を「聖アントニオスの火」、すなわち「壊疽性エルゴチン中毒」は、十一世紀から十四世紀にかけてヨーロッパに大流行した重い食中毒である。発酵した穀物の摂取が原因で起こり、火傷したような感覚をもたらした後、病気に冒された四肢の壊死を引き起こす。アントニオス会士は、まずドーフィネ地方に修道院を建設してから、寄付金収益を集約する施設や病人の収容所を設置し、巨大な付属施設群を作り上げた。一二九七年、ボニファティウス八世によって、聖アントニオス救護修道会は、ヴィエンヌの聖アントニオス大修道院長の管轄の下に、聖アウグスティヌスの会則に従うアウグスティノ修道祭式者会の一つとして認められた。アントニオス会士たちの有能さ、彼らによる病の治癒、自らの使命を達成するために彼らが見せた献身ぶりは、その対価として、次のようなものを彼らにもたらした。すなわち、キリスト教社会からの賞賛、数多くの遺言者から寄せられた信心、寄付金募集運動の成功、そして、病に罹った巡礼者や教皇庁の役人の世話をするため、教皇庁の移転の際にはそれに伴って移動する救護院を維持する栄誉である。十四世紀に麦角病が下火になると、修道会の救護院は徐々に、あらゆる病人を区別無く収容するようになってゆく。数世紀を経た今も、慈善事業に対する彼らの誠実さは変わらぬままである。

以上に見てきたような規模の大きい修道会に加えて、救護活動を行なう数多くの小さな共同体が存在した。そうした共同体は大きな修道院のまわりに組織されていたのだが、中心にある修道院の影響力が及ぶ範囲は一定の地域に限られていた。そうした共同体の例として、ロンセスバーリェス〔スペイン〕、アルトパッチオのサンティ・ジャコポ教会、オーブラック〔フランス〕といった場所に設けられた、巡礼者用の大きな宿泊所が挙げられる。また、とりわけ、活動の大部分ないし主要部分を救貧事業にささげた、半修道会的な性質を持つ多種多様な兄弟会や在俗信徒の兄弟団が挙げられる。中世ヨーロッパにおいては、「施し」、「慈善」、「貧者の食卓」[30]がおびただしく増加し、多様な形態をとりつつ、これまた非常に多様性に富む団体規約や規則に従いながら活動した。ただ、いずれの活動もつまるところ貧者の必要を援助することを目的としており、実際的には食べ物や衣服の「配給」によって彼らの身体的必要に応えようとしたのである。これとはまた別種の慈善活動組織が、河川を渡ることに伴う危険性への認識を契機として生まれてくる。かくして、様々な「橋の」会員の団体がその維持管理にあたり、時には土木工事を行なったり、小船を出して渡しをしたり、旅人を川傍の宿泊所に受け入れることまでした。道路交通面での斬新な歓待のあり方をよく示しているが、このような歓待は特にローヌ川沿いでよく見られた（リヨン、ポン＝サン＝テスプリ、アヴィニョン）。

慈善活動を目的とするこれら結社的組織の活動は、制度化するとともに徐々に公有化されていったが、加えて個人主導の活動も急増した。富豪による救護院の設立や、「キリストの貧者たち」を包括受遺者〔目的物を特定しない遺贈の受遺者〕とする制度の設立、君主や高位聖職者による施物所の保有から、裁判所で慈悲深い法律家によって無償提供された援助まで、様々な活動があったのだ。

それゆえ、時と場所による程度の差はあれ、相当な数にのぼる落伍者たちの貧困に代表される社会的宗教的試練に対して、中世という時代が与えた応答には様々なものがあったと言える。十二、十三世紀ヨーロッパに顕著な経済の飛躍的発展を背景に発達し、説教師たちの言葉が呼び起こした信仰心の目覚めによって活性化された貧民救済の諸制度は、「慈善《カリタス》」、すなわち福音的愛の法をよく示すようになる他のすべての行為や行動と同様、俗人信徒に向けて、また聖職者に対し聖なるものの一部について主導権を握る道を開くとともに、自らの救いのために俗人信徒がキリスト教徒として引き受けるべき責任も増すことになるのである。

ダニエル・ル・ブレヴェク

聖体崇敬（十三世紀）

聖体崇敬は――これをエウカリスティアの祭儀（ミサ）のことではなく、ミサ執行司祭が発する言葉によってイエスの体と血とに聖別されるパンとブドウ酒（マタイ二六章二六―二八。マルコ一四章二二―二四。ルカ二二章一九―二〇）の崇敬のことと理解するなら――中世後期に生まれた。実際、キリスト教の最初の千年紀には、聖体の神学を深化させ明確化することにはあまり関心が払われなかった。聖別によって生じる変容をどう解釈すべきかをめぐって二人の修道士が対立したのは、ようやくカロリング朝の時代のことである。一方の人物、コルビーの大修道院長パスカシウス・ラドベルトゥス（八六〇年以後没）は、「実在説」（聖別されたパンとブドウ酒の形態は実際にイエスの体と血に変化する、とする説）と言われる解釈をとった。他方、これもコルビーの修道士であったラトラムヌス（八七〇年頃没）は、一種の霊的な解釈を行なった〔パンとブドウ酒は実際に変化するのではなくキリストの体という実体の形象である、と主張〕。トゥールの聖職者ベレンガリウス〔九九九年頃―一〇八八年〕が十一世紀にもっとはっきりした言葉で再度議論を提起したが、背景には弁証法的アプローチや科学的思考の新たな展開があった。こうした流れに対応しながら、スコラ神学者たちは現代に至るまで西方教会の公式の立場であり続けている事柄を表明するに至った。これが「実体変化」の教理である。この教理によれば、聖別されたパンとブドウ酒の形態は、本物のキリストの体と血そのものであり、見かけはパンとブドウ酒の「外観」をとっているが、その「実体」は聖別の言葉の発話によって変化しているのである。外形はそのままだが、内実が変化する、ということだ。

実体変化の教理は、第四ラテラノ公会議（一二一五年）の決議で明示され、十三世紀から十五世紀にかけて、活発な司牧活動の主題となった。この複雑微妙な神秘を信徒たちに理解させるため、また、絶え間なく申し立てられる異議に反駁するために、技芸、仕草、言葉など、あらゆる術策が総動員された。聖体をめぐる奇跡譚が増加し、祭壇に掛けられた聖布に血痕が付着したり（イタリア、ボルセーナ、一二六三年）、幼子のイエスないし苦しむイエスがホスチア〔聖体のパン〕の中に現れたりするのが目撃された。果てしなく増大してゆくキリストの聖体の影響力は、衰えることなく燃え盛る炎にもたとえられる。ミサ聖祭においては、聖別の後に、聖体奉挙の身ぶりが儀式の過程として組み込まれた。この際、信徒たちに背を向けてミサを執行している司祭は、頭上にホスチアと聖杯を高くかかげて、会衆の目にそれらが見えるようにするのである。そして信徒たちは、「ホスチアを見ること」によって突然死から身を守ることができる、と考えるようになる。「コルプス・クリスティ」（「キリストの聖体」）の瞑想ができるように、また聖体拝領への心構えができるように、様々な祈りが、聖職者と信徒を教育するために作られた。聖別されたホスチアの拝領は、当時は限定的にしか推奨されていなかったが、少なくとも一年に一回、復活祭のときにすることが勧められていた。

聖体への熱情は特に修道士の世界で燃え盛った。たとえば、聖体奉挙への最初の言及が認められるのはカルトゥジオ会においてである。そうした熱気に対して女性たちはとりわけ感化されやすかったようだ。そのような女性たちの一人で、リエージュ地方のアウグスティヌス会修道女であったモンコルニヨンのユリアーネ（一一五八年没）は、聖体の神秘に由来する祝日、すなわち「キリストの聖体の祝日《フェトーディユ》」ないし「コルプス・クリスティ」の祝日と呼ばれる祝日の生みの親である。この祝日はまずリエージュ司教区で制度化され、後には、かつてこの司教区の司教代理であった教皇ウルバヌス四世〔一二〇〇年頃―一二六四年〕によって、一二六四年、ローマの支配圏にある全キリスト教世界に広められた。聖体の祝日に特別に用いられる典礼の祈りは、トマス・アクイナスの作とも考えられる。一三一一年、ヴィエンヌ公会議は聖体の祝日を、守るべき祝日として再確認した。

こうしてこの祝日は、とりわけ都市において、年間の主要行事の一つとなった。その時には行列が組まれたのだが、この行列では、ホスチア（ブドウ酒は実際上の明らかな不都合ゆえに行列からは外された）が、〔行列で聖体の上に捧持する〕移動天蓋の下、入念に細工された小箱状の聖体容器に収められ、後にはこれに代わって「聖体顕示台」（聖体を顕示し会衆に見せるために作られたもの）に入れられて、聖職者やそれに付き従う信徒たちに取り囲まれながら盛大に運ばれたのである。こうした信徒たちの中でもよい場所を占めていたのが、種々の聖体の兄弟団の会員である。これら兄弟団は、小教区において「聖体《コルプス・クリスティ》」の崇敬を発達させるために多数設立されたものであり、たとえば予備聖体の傍に灯す聖体ランプ（この慣例は現在まで教会で存続してきた）の維持のために集金活動を行なうなどした。中世末期には、都市の行政機構が聖体の祝日の際の行列を主導した。それは、都市社会が統合を確認し、社会の様々な構成要素の同一性を明示する重要な機会だったからである。同職組合、教会関係の諸団体（司教座聖堂付参事会、参事会管理教会、修道会、托鉢修道会、兄弟団）、そして都市関係の団体が、最も脚光を浴びようとして、また、長い列の中で一番よい位置を占めようとして、互いに競合したのである。こうして聖体の祝日は市民社会的な意味を獲得し、近世においてもそうした意味を保持したのだった。

十五世紀の終わり、聖体をめぐる霊性は、ライン＝フランドル地方（『キリストにならいて』〔トマス・ア・ケンピス〕

が示すように）においても、イタリアにおいても、よりしっかりと形を持った集団的、個人的熱情の中で再燃してくる。一五〇〇年頃には、ジェノヴァの「神の愛のオラトリオ〔祈りの集い〕会」のようないくつかの信心サークルで、日常的な聖体拝領やより頻繁なホスチアの礼拝という考え方が発達した。一五二七年からバルナバ会やカプチン会がミラノにおいて四十時間の祈り（聖体の前で神に捧げられる贖罪の祈り）を行ない、一五三七年には教皇がこの業に贖宥を認めたことで、災禍の際に顕示される聖体への近代的な信心の全体制が促進された。一五五〇年、フィリッポ・ネリ〔一五一五―一五九五年〕がローマにこの典礼を導入し、それに彩色豊かな装飾を加えて、聖体の力を際立たせる空間を作り出した。したがってバロック芸術の特徴の一つ〔動的で量感あふれる装飾形式〕は、このような背景の中で生まれたのである。一五五二年には、イエズス会士も、トルコに脅かされていたメッシーナにおいて聖体を前にした絶え間ない祈りを行なっている。彼らは、一五五六年から、カーニヴァルのあいだ、この間に犯された過ちを償うため信徒たちに祈るように勧め、そうすることで贖罪のための常時聖体崇敬という観念を練り上げていった。常時聖体崇敬が最も盛んに行なわれたのは十九世紀末のことである。

　こうした新しい感性は、イエズス会により、イエズス会の学院《コレージュ》〔中等教育機関に相当〕において、十六世紀末から大々的に喧伝された。トレント公会議で再度明確にされると、聖体崇敬はカトリック信仰のアイデンティティのしるしとなり、時には、ホスチアの崇敬を強いられた他の宗派に対する抑圧の手段と化した。十六世紀末に生じた様々な奇跡によって強化されたこのアイデンティティを核として、フランソワ・ド・サル〔一五六七―一六二二年〕やベリュル〔一五七五―一六二九年〕やその他大勢の者たちが、信徒個人と栄光のキリストとを結びつける人格的絆の様々な形態を確立した。あらゆる悪に打ち勝つキリストの、具体的で安らぎを与えるような現前を呼び起こすことができるこの力が、キリスト教徒がまだ少数派であった時代に様々な災難に際してもたらされた神の庇護を思い起こすために、あるいは、二十世紀に至るまで、道義的ないし政治的な数々の新しい十字軍を派遣するために執行された、数々の壮大な儀式の根源にあったのである。聖体の前に跪くことは、ローマ教会への服従を示しながら、当人に安らぎをもたらし、かつ世界の罪を償うためになされる能動的な実践となる。パリ・コミューン〔一八七一年三月一八日―五月二八日〕の暴挙によって犯された罪の償いのために、信徒たちからの集金のみによって一八七七年から建設が始まり、そもそもの最初から常時聖体崇敬に奉献されていたサクレ・クール大聖堂は、聖体が世界に対して及ぼした影響力を如実に示す最良の例ではないだろうか。

絶えずよみがえるキリストの恒久的な現前への崇敬によって、キリストの受肉と死に対する勝利を想ってキリストと心的に交流する俗人信徒たち個々人の霊性が涵養された。また、聖体崇敬はカトリックがカトリックたる証であり、超越的存在を具体化するある種の感性であるとともに、悪しきキリスト教徒や異教徒、さらにはローマに対立する人びとと戦う一つの武器でもあったのである。

カトリーヌ・ヴァンサン、ニコル・ルメートル

ヤン・フス〔一四一五年没〕

一四一五年七月六日、コンスタンツ。公会議に出席した司教たちは、異端宣告を下したばかりのチェコ人司祭、フシネツのヤン、いわゆるヤン・フスの焚刑に立ち会った。二カ月もたたないうちに、ボヘミアとモラヴィアの何百人もの貴族がこの時下された判決に異議を唱えた。十五年に及ぶ戦争が起こり、この間ボヘミアは、教皇マルティヌス五世〔在位一四一七―一四三一年〕および皇帝ジギスムント〔一三六八―一四三七年〕がフス派に対し五度にわたって差し向けた十字軍に抗戦した。前代未聞の出来事を前に、バーゼルで再び開催された公会議はフス派との交渉を余儀なくさ

れ、ついに一四三六年、事実上の承認を大幅に与えたのである。寒冷地出身の世に知られていない神学者の死がいったいどのようにしてヨーロッパにおける最初の国民教会を生んだのだろうか。

もっとも、革命を起こすに至らせるほど若きフスに影響を与えたものは、これといっては見当たらない。一三七〇年頃、南ボヘミアの小村に生まれた彼は、しがない家の出であったが、彼の家族は、野心と確信とに基づいて、ヤンを聖職者の道に進ませた。基礎学問を修了した後、ヤンは一三九〇年頃、プラハ大学の自由学芸学部に入学する。彼はそこで、特に華々しい活躍を見せたわけではないが、早々と最初の学位を取得した。一三九三年に自由学芸学士を、その三年後には修士号を取っている。ボヘミアの首都は当時眩いばかりの輝きを放っていた。一三四四年に大司教区に格上げされ、一三四七年には大学が創設され、およそ三万から四万人の人口を有し、ローマ人の王（ゲルマン諸侯による選出からローマでの戴冠までの皇帝の称号）ヴァーツラフ〔ヴェンツェル〕四世〔在位一三六三—一四一九年〕の居住地もここにあった。中央ヨーロッパで最も人口が多く、最も国際色豊かで、最も輝かしい大都市と出会ったフスは、歴代の大司教たちの指導の下にはっきりと姿を現わしていた宗教の刷新運動にもよく親しんだ。司教区会議の主題として討議され、代々の司教に受け継がれた刷新運動が目指したのは、教会制度の諸機能を整えること、世俗の教会のメンバーの地位を引き上げること、全般的に人びとのキリスト教的教養を高めることであった。プラハ大学の他の多くのメンバーと同じく、まもなくヤン・フスも、こうした教育活動に最大限携わることを望むようになる。それは、フスの社会的貢献度を増すとともに、彼の霊的な希求をも満たした。

だが、一三七八年に皇帝カール四世〔ボヘミア王としてはカレル一世。在位一三四七—一三七八年〕が死去してからは、プラハの改革は増大する危機に遭遇した。大司教イェンシュテインのヤン〔一三四七年頃—一四〇〇年〕がヴァーツラフ四世と対立する一方、経済的難局の到来によってチェコとドイツ間の緊張が再燃した。また、他地域と同様プラハでも「教会大分裂」が暗い影を落とし、かつてローマ教皇庁が享受していた崇敬の念に不信が取って代わってしまっていたのである。フスはこの沸き立つ不安の証人であり代弁者であった。たしかに彼は、大学教授として、大司教に助言する聖職者エリートの階級に属していた。だが、彼の世代は、その当否はともかく、切迫した脅威を感じていた。というのも彼らは、上の世代の神学博士たちに比べて知識や学者としての地位への自信が持てず、同僚の法学者たちが有していたような特権や声望もなく、托鉢修道士との競争にさらされ、しぶしぶながら職務と歳入を外国人教授と分け合わなければならなかったからである。フスとその仲間たちには、既成秩序の批判のためにその力を揮う態勢ができていたのである。

　こうした批判がまず取り入れたのは、オックスフォード大学の著名な教授ジョン・ウィクリフ（一三二七年頃―一三八四年）の思想である。この説得力ある神学者は、論争を巻き起こすとともに内実豊かな著作を後世に伝えた。彼の著作は、アウグスティヌスの思想を、教会が用意する様々な媒介に対して明白な異議を提起する目的で解釈している。フスはウィクリフの哲学的著作を書き写し、以後極端な実在論[31]に同意した一人であり、神の理解においては創造されずに存在する形相的な普遍概念（一つの類や一つの種に属するあらゆる個体に当てはまる概念）が実在する、と主張した。だが、信徒たちの霊的な求めにウィクリフよりも柔軟に対応したフスは、同時に説教師としても成功を博した。説教師としてのフスは、ヴァルトハウゼンのコンラート（一三二〇年以前―一三六九年）やクロムニェルジーシュのミリチュ（一三二五年頃―一三七四年）が、十四世紀半ばからプラハで行なっていた司牧活動の潮流の延長線上に位置する。一四〇二年三月に、建てられてまだ新しいベツレヘム礼拝堂（一三九一年設立）の説教師に就いたフスは、十年間ずっとチェコ語で説教し、さらに説教者の一派を指導して模範的な説教を身につけさせた。教会内部の悪弊に対しては厳しい態度をとりながらも、神学の水準ではまだ慎重であった彼の教えは、目覚しい成功を収めたため、彼は新しい大司教、ハーゼンブルクのズビニェク・ザイーツ（在職一四〇三―一四一一年）の支持を得て、ズビニェクにより一四〇五年および一四〇七年一〇月の教会会議における説教師に指名されたのだった。フスにとってそれは、プラハの政治社会に加わり、大学人が長いあいだその影響を受けずにいた愛国的な価値観に接する機会となった。〔ラテン語ではなく日常語の〕賛美歌の作者であり、祈りやキリスト教的徳目の実践に関する俗語教本の著者でもあったこのベツレヘム礼拝堂の説教師は、その道徳的な厳格主義と、翻訳されて広く浸透していた、神の言葉の味わいを伝える持ち前の才能とによって、プラハのエリートたちの心をつかむことができたのだった。敬虔な俗人信徒のサークル、なかでも、以前から信仰の源泉に直接近づくことを求めていたベギン〔十二世紀から十三世紀初めに、ネーデルラントやライン地方を中心に起った、女性信徒による自然発生的な宗教運動〕などは、ヤン・フスに自分たちの望みに適った霊的指導者の姿を認めたのである。

しかしながら、一四〇八年以降、はばかることなくウィクリフを参照したフスは、表立って大司教と対立するようになった。フスは、エウカリスティアに関しては実在説（エウカリスティアにおいてキリストの体と血が、見かけはパンとブドウ酒の形態をとりながら「実際に現前すること」への信仰）を取り続け、予定説は受け入れなかったものの、ウィクリフの教説の排除を望む大司教に対してその思想の正統性を擁護したのである。説教を禁じられたフスだが、これに逆らって国王ヴァーツラフ四世に支援を求めた。この一時的な結束により、大学のチェコ「国民」は王からクトナー・ホラの王令を引き出し、これによって大学におけるドイツ人教授を少数派に追いやり、亡命に追い込んだのである（一四〇九年一月一八日）。フスは、ピサ教会会議（一四〇九年）を仕方なく支持したが、それ以降は俗人信徒の力を大いに頼みとして、自らが強く願う改革を着実に進めようとする。ベツレヘム礼拝堂でも大学でも、フスの下に集う会衆は増え続けた。女王ソフィーから一介の学生や騎士まで、フスに助言を請うたあらゆる人びとと交わされた膨大な書簡の存在がそれを証明している。フスへの風当たりがいっそう厳しくなった一四一二年、彼は国王と対立し、国王が教皇によるイタリアへの「十字軍」派兵を支持して十字軍免償の説教〔十字軍に参加する者に対して免償を与える説教〕を認めたことを非難した。一度ならず破門に付されたフスには、もはやキリストに訴える以外に道はなく、騒乱の極まるプラハから離れるほかなかった。南ボヘミアの庇護者たちが所有する城に身を寄せ、徐々に過激化した巡回説教と、数多くの論争的な著作の執筆に没頭した。そのなかでもひときわ目立つのが、聖職売買に反対する小冊子、チェコ語による多量の説教集（『ポスティラ』）、そして特に論考『教会について』である。この論考からはフスが自ら退路を絶っていることが窺える。当時神学者たちに好まれた妥協主義的な解決を知らないフスは、ついには教皇首位権の正当性を疑い、目に見える共同体という教会の伝統的な定義を疑うに至る。

孤立状態を打開するため、一四一四年夏、とうとうフスは、来るべき公会議に備えて自説を擁護するためコンスタンツに来てはどうか、というローマ人の王ジギスムントの提案に従った。だがフスは、自由通行証を持っていたにもかかわらず、到着するや否やドイツ人だけでなく、フランス人やチェコ人の敵対者たちによって投獄されてしまう。この監禁状態を機として、彼は自らに対する不利な証言に書簡で応答し、プラハにおいてすべての信徒を対象とした両形態（パンとブドウ酒）の聖体拝領を再開した彼の信奉者たちを激励した。当時は、聖体拝領において俗人信徒にはパンのみを与えることが慣例となっていたのである。居合わせたチェコの貴族たちが口々に発する抗議の声を前に、公会議は被告人に公開の席で釈明することを認めた。しかし、六月初めに行なわれたフスへの尋問は、あらゆる制度的媒介を無視して、悪評も時期のまずさも省みることなく進められた改革に対する、公会議の根深い敵意を明るみに出したにすぎなかった。この対立の背後に次のような分裂を認めてみたくもなる。すなわち、改革を自己規制する長い伝統を備えた、旧来のラテン文化圏にあるキリスト教世界と、それに比べて既成の枠にとらわれていないゆえに抑制が利きにくく非妥協的な、「遅れてきた」キリスト教世界との分裂である。ともかくもフスは、自らに帰された謬説を擁護したことはないとして、自説を翻すことを正面切って否定した。枢機卿ザバレルラ〔フランチェスコ、一三六〇—一四一七年〕と他の公会議出席司教たちが最後の仲裁を試みて失敗した後、フスは焚刑に処され、その灰はライン川に撒かれた。しかし、それからまもなく、ボヘミアにおいてフスへの崇敬が広まり、そこにフスと苦難を共にしたプラハのヒエロニュムス（一三八〇年頃―一四一六年）〔ウィクリフ説をチェコに広めたフスの弟子。師と同じく焚刑に処せられた〕への崇敬が結びついた。

フスの殉教という記憶は、チェコの政治史と宗教史に積み重なる対立に、絶え間なく油を注ぐことになるだろう。マルティン・ルター〔一四八三―一五四六年〕に続くプロテスタント改革派は、真の宗教の先駆者と目される人びとにフスを加えたが、白山〔ビーラー・ホラ〕の戦い（一六二〇年）以後は、勝利を収めた対抗宗教改革がフスの記憶を跡形もなく根絶しようとした。だがそれは徒労に終わった。十九世紀の最初の数十年から、再び活性化したチェコの民族主義によって、フスは、ドイツの独裁主義に直面してスラヴ民族のアイデンティティを求める闘争に活力を与える源泉となった。一九一八年、オーストリア＝ハンガリー帝国の崩壊とともに誕生したチェコスロバキア第一共和国は、したがって当然の帰結としてフスの継承者たらんと望み、自由主義および民族主義の信徒からなるフス派の自治独立教会の形成さえも支援したのである。しかしながら、近年、フスのイメージはいくぶん混乱したものになった。一方では、カトリック教会は、フスの教説の復権こそ宣言していないものの、彼の敬虔さと司牧への熱意を認めた。また、中でも、共産主義体制によるフス思想の道具化や、フス派教会と独裁制との蜜月は、最終的に人心の離反を招いた。時代をよく示している特徴だが、ヨーロッパ再統合の時代、ヤン・フスは、チェコ人の心において、強力なヨーロッパ統合支持者であったカール四世〔チェコ人とドイツ人の和解に努めた〕にその座を譲ったのである。

オリヴィエ・マラン

神の探求——東方と西方の神秘主義

神秘主義《ラ・ミスティーク》は、十七世紀に現れた言葉であり、もっぱら瞑想や観想の果てに獲得される神の現前の体験を指したが、「それよりはるか昔の宗教史の始まりまで遡る」（ミシェル・ド・セルトー）。東方教会では、神秘主義の道は宗教生活の重要な構成要素となり、ビザンティン教会の公式の神学に組み入れられるに及んだ。他方、西方キリスト教において神秘主義の道が表舞台に出てくるのはようやく十二世紀以降のことである。

ビザンティンの神秘主義

東方では、神秘主義の道は、すでにオリゲネス（一八五—二五三年頃）の諸論考に現れているが、これを理論化したのは古代末期の修道者たち、すなわち、エジプトのマカリオス（三〇〇年頃—三九〇年頃）、エヴァグリオス・ポンティコス（三四六—三九九年）、あるいはヨハネス・カッシアヌス（三五〇年頃—四三五年頃）である。砂漠の師父(32)たちは孤独の中で自らが体験した神との合一に註釈を加えた。神との合一は、魂の浄化を可能にする長期間の禁欲行と悪魔との戦いを経て得られたが、それはまた「イエスの祈り」ないし「心の祈り」（呼吸のリズムに合わせて発話される短い定詞。「主イエス・キリスト、神の御子よ、私をあわれんでください」）を唱えることによって、あるいは聖書の章句を通じて神の言葉を深く「反芻すること」によって生じる、祈りの状態を経ても得られた。神との邂逅を可能にするこうした祈りの状態を樹立するため、修道士や修道女は「ヘーシュキア」、すなわち、情念と思考を制御することで生じる内的平安の境地を求めた。その時魂は観想修道者が体験する感嘆の念を知ることができたのである。

砂漠の師父たちも、彼らの霊的な伝統を引き継いだ修道者たちも、このような神との邂逅の様々な結果を明確に説明しようとした。そうした結果の一つとしてよく知られるのが、ほかならぬ涙の流出である。フォティケのディアドコス（五世紀）はそのことを次のように記している。「聖霊が魂の中ではたらくとき、魂はすべてを神に任せて穏やかになり、心の奥底で詩篇を詠唱し祈りを捧げる。このような状態には内的な涙が、次いで静寂を渇望する一種の充溢が伴う」。ヨハネス・カッシアヌスの場合、神の現前が啓示されるのは「えもいわれぬ歓びを通じて」である。時に神秘体験は、こうした神の現前について、以下に述べるような感覚による知覚を伴った。すなわち、光に満ちた幻視《ヴィジョン》、賛嘆すべき香りの放散、かすかなそよ風、そしてディオニュシオス・アレオパギテースが語っている、「生命を与える熱によって諸存在をよみがえらせ、諸存在を光で照らしながら、それ自体は交じり合うことなく純粋なままである」内的な火。多くの著述家たちにとって究極の目的は、神を「観ること」、あるいは神との合一に到達することであった。

ビザンティンの神秘主義の伝統は、砂漠の修道者たちにおいて飛躍を遂げ、そこに神秘主義の理論家を見出したが、それは禁欲行や祈りの専門家の手に囲われたままであったわけではなく、数多くの信徒の宗教生活の不可欠な一部となった。ディオニュシオス・アレオパギテースは、神の愛は自らを伝えようと焦がれている、ということを強調している。彼が説くところによれば、火と同じように、「たとえわずかであれ、神の愛は自らに近づくすべての者に分け与えられる」。[33]

しかしながら、神秘主義の道はいつも恵まれていたわけではない。それは時として教会の権威から表現の規制を受けることもあった。聖職者の仲介を経ることなしに、祈りと禁欲によって直接に神に近づくことを奨励したことで、神秘主義の理論家たちは、秘蹟を免れようとし、聖職位階制を批判する危険思想家と見なされることもあったのである。神秘主義的な集団の中には、初めメソポタミアに起こり、四世紀にはアンティオキアに存在したとされ、宗教的実践の中でほとんど唯一の重要性を祈りに認めたことから、その敵対者によって「祈る人びと」と呼ばれたメッサリア派〔メッサリアとは「祈る人びと」を意味するシリア語のギリシャ語音訳〕のように、異端宣告を受けて追放された集団もあった。「メッサリア主義」の糾弾は、その後、他の神秘主義的傾向の排除に権限を与える証印となった。

聖画像破壊《イコノクラスト》運動の時代（七三〇―八四三年）は、神秘主義的思潮の表出に対して寛大な時代ではなかったようだ。とりわけその理由としては、皇帝たちからも、また司教たちからも支援を受けたのが、唯一承認された神の媒介者である在俗聖職者であって、たいていは聖画像崇敬論者《イコノドゥール》（聖画像崇敬を支持する者たち）であった修道士ではなかったことが挙げられる。修道者のあいだでも、神秘主義の道は、その個人主義的な特徴がたたって、ストゥディオスのテオドロス（七五九―八二六年）のような改革者たちの支持をつねに得たわけではなかった。というのも神秘主義の道は、公然と表明された、あるいは暗に仮定された神との近さに基づく、もう一つの位階制を生み出しかねなかったからだ。ところが、修道院再編は個人主義を嫌う実利的な性格を持っていた。だから神秘主義はそこでは控え目でなければならなかった。ローマ帝国の絶頂期（十世紀から十一世紀）、神秘主義的生の中には異端として断罪されるものも出た。そうしたエピソードに窺えるのは、総主教や府主教たちが、ややもすると自分たちの手から離れて民衆的な広まりを見せる諸思潮に対して再び制御を強めようとする動きである。こうした中、パフラゴニアのエレウテリウス（十世紀）の支持者が主教会議により二度にわたって断罪された。エレウテリウスは、彼をメッサリア派や無信仰者《リベルタン》と見なす教会会議が下した、事実を歪曲するような非難を通じてのみ知られるが、彼が居住していた地方では聖人として崇敬されたのだった。

神秘家たちが博した人気や、彼らの神との近さが呼び起こした尊敬の念をよく物語っているのは、新神学者シメオン（一〇二二年没）の生涯である。彼は貴族の家の子に生まれながら、コンスタンティノポリスで最も名高いストゥディオスの修道院に入ることを選んだ。そこで彼が展開したのが、各個人は恩寵によりもたらされる個人的な救いをそれぞれ直接に探求することができる、という思想である。この思想によれば、慈善の業も、秘蹟でさえも、救いへの道にはならない。救いへの道となるのは、ただ、謙遜、霊的指導者への従順、神への畏怖のみであり、これらによって神の光の知覚へと至ることができるのである。ここからシメオンは、神がその恩寵によって選び出した者たちの、聖職への叙階によって司祭となった者たちに対する優越性を主張するに至った。彼はまた、罪人に赦しを与える力は聖霊の賜を通じてキリストから使徒たちに与えられたとし、それゆえ修道士たちは司祭ではなくとも告解を聴くことができる、と主張した。このような考え方は彼に対する疑いの目を招いた。彼はストゥディオスから追放され、次いで聖ママス修道院のヘグメノス（修道院長）の職を辞することを余儀なくされ、その後小アジアはボスフォラス海峡沿岸の町クリュソポリスに流刑にされた。しかしシメオンは、彼が試みた神への直接的な接近に理解を示す、首都に住む数多くの貴族の支持を得ていたため、コンスタンティノポリスに戻ることを許され、そこで聖マリナ修道院を設立した。最終的には、ストゥディオスの修道士ニケタス・ステタトス（一〇〇五年頃―一〇八〇年頃）により、その死から一世代遅れてシメオンの伝記が書かれ、彼の聖性に対する名声が確立されたのである。

神秘主義の道はビザンティンにおいて発展を続けた。しかし、初期コムネノス朝（一〇八一―一一八五年）の治世、在俗の〔修道士ではない信徒たちの〕教会は、この新しい王朝を支持するのと引き換えに、思うままに抑圧政策をとることができるようになり、再び神秘主義的思潮の指導的人物を何人も非難し、処罰させた。たとえば、一一四〇年、俗人信徒のコンスタンタン・クリュソマロスが、異端メッサリア派と共通点を持っている廉で、また、とりわけ、洗礼の秘蹟を受ければキリスト教徒の共同体に入るには十分であることを否認した廉で告発された。主教会議で下されたこの決定から窺えるのは、第一に、コンスタンタン・クリュソマロスの著作が帝国の首都やその周辺の修道院に広まっていたということである。それはまた、神秘主義の、階層秩序を覆すような思想が俗人信徒を対象に流行していたことを教えてくれる。たしかに、神秘主義的思潮がその地位を確立したのは、正統信仰を擁護して列聖された証聖者マクシモス（六六二年没）や、広く読まれ図像化もされた『楽園の梯子』の著者ヨアンネス・クリマクス（六四九年頃没）など、古代末期の教父文献の普及によるところが大きかった。しかし、在俗の教会は、神秘主義の道が秘蹟の道に対して優越すると主張する著述家たちを容認できなかった。彼らが秘蹟に対する批判をやめ、神との交わりに到達する道を典礼の祈りの中に置きなおすのでない限りは。

まさにこの条件に基づいて、ビザンティン帝国の最後の数世紀には、在俗の教会と神秘主義的諸思潮とのあいだに妥協による解決が図られるようになった。ラテン人による占領や、トルコ人の小アジアへの進出による帝国の弱体化、また高地の教会における修道士加入数の増加に伴い、とりわけ非常に多様な霊的体験を共にする修道士たちが集まっていたアトス山において、有力な神秘主義的思潮が開花した。神秘主義の祈りの刷新とヘーシュカスム〔静寂主義〕の発展は、シナイのグレゴリオス〔十三世紀末—一三四六年〕によるものとされている。十三世紀末頃、富裕な家に生まれながら、青年期にトルコ人の捕虜となったグレゴリオスは、キリスト教徒によって解放された後、シナイで修道士となった。彼はそこで心の祈りを学び、絶えず暗誦するとともに、アトス山の多数の修道士たちにその手ほどきをし、その後三つのラウラ（修道院）をマケドニアに設立した。彼の弟子には後に総主教となるカリストス〔?—一三六三年〕がいる。カリストスはグレゴリオスの生涯を賞賛し、その伝記を著した。

シナイのグレゴリオスは、神に近づくためにどのように祈りを実践すればよいかを教え、伝統的な修道士の詩篇詠唱と心の祈りを交互に行なった。だが、ヘーシュカスムを再び理論化し、擁護するのは、グレゴリオス・パラマス（一二九六—一三五九年）である。彼はその著作の中で、到達不可能であり、それゆえ一切の認識作用から逃れ出る神の本質と、神のエネルゲイアとを区別した。後者は、たとえばタボル山上で起こったキリストの変容〔イエスがタボル山上で光り輝き、神聖を啓き示したという出来事（ルカ九章二八—三六）〕の時に顕現した神の光がそれであり、信徒は祈りと観想によってこの光に近づくことができる。この神学は、それが神の一体性に疑義を挟むように見えたために激しい反対にあったが、最後には正教会の公式の教理に組み込まれた。十四世紀半ば、帝国を二分した内戦の際、グレゴリオス・パラマスは、ヨアンネス六世カンタクゼノス〔一二九五―一三八三年〕の側についた。カンタクゼノスが勝利を収めた結果、パラマスは栄えあるテサロニキ府主教の座を得ることができた。パラマスの友人の一人ニコラオス・カバシラス（一三九一年以降没）は、パラマスとは異なり、典礼を通じた、より秘蹟に重点を置く神秘主義を唱えたが、これも大きな影響力を及ぼした。一三六八年、迅速に進められたグレゴリオス・パラマスの列聖は、神秘主義的諸思潮がギリシャ教会にうまく統合された証拠である。

したがって神秘主義の道は、ヘーシュカスムのかたちであれ、典礼に重きを置く思潮のかたちであれ、それに向けられた度重なる非難を越えて、ビザンティンの人びとの宗教的な歩みの不可欠な一部をなしている。彼らにとって、砂漠の師父の伝統は脈々と息づいているものであったし、そのことは修道士の世界に限られた話ではなかった。この伝統は正教会に属する他の教会にも広範に輸出された。ロシア正教会、ブルガリア正教会、セルビア正教会も、聖山、すなわちアトス山に修道院を有した。コプト正教会では、ムスリムの支配に発する数々の制約にもかかわらず、エジプトの砂漠の師父の伝統が修道院の内部で生き続けた。同様に、シリア語を用いるシリア正教会では、中世に非常に生き生きとした神秘主義的思潮が現れたが、これはエフライム（三七三年没）の宗教詩から大いに影響を受けていた。これら豊かな諸伝統の残響は今日でもなお認められる。

ベアトリス・カゾー

西方の神秘主義

西方世界で神秘主義が飛躍を遂げるのは十二世紀のことである。この時代に以下に見るような種類の体験を語った最初の著作群が出現し、次いで神秘主義は十五世紀まで各地の様々な中心地で花開いたが、そのなかでもひときわ輝きを放ったのがフランドル、ライン川流域、そしてイタリアである。パリ大学学長ジャン・ジェルソン（一三六三—一四二九年）は、『神秘神学について』の中で、神秘主義を「神に関する体験的認識」と定義し、今なお有効と認められる言葉遣いで神秘主義の諸形態を分析した。

十一世紀まで、西方修道士の世界では、神の様々な神秘を体験することよりも観想の方が優勢だったようである。しかしながら、特にマルセイユやレランス島にいた修道士の中には、砂漠の師父やヨハネス・カッシアヌスの著作を知り、その伝承を糧とした者たちもいた。また、大グレゴリウスは、教皇になる前に、神秘主義の色合いを帯びた観想生活を送っている。だが、反省的思索から神の様々な「神秘《ミステール》」（これが神秘主義《ミスティーク》という言葉の語源である）の認識の中で受ける啓示に至る道のりを、より体系的なやり方で記述する文献を最初に著す者たちは、十二世紀に登場する。その中でも重要な位置を占めているのは、本来の意味での神秘家というより幻視者といった方がよいが、女子修道院長であったビンゲンのヒルデガルト（一一七九年没）や、それぞれシトー会士であったリーヴォーのアイルレッド（一一六七年没）、クレルヴォーのベルナルドゥス（一〇九一—一一五三年）、そしてベルナルドゥスの友人サン・ティエリのギヨーム（一一四八年没）である。旧約聖書にあるソロモンの雅歌の、燃えるような情熱を滲ませた数々の章句は、クレルヴォーの大修道院長〔ベルナルドゥス〕に霊感を与え、彼がそれらに施した註釈において、創造主と被造物、神と神の教会を、愛によって一つに結びつける関係についての豊かな観念をもたらした。花嫁であるところの魂は、神であるところの花婿を探し求め、合一に向かうものとして提示されるが、合一の際に生じる脱魂《エクスターズ》は、来世においてもたらされるであろう差し向かいの見神《ヴィジョン》に比べれば、この世において実に味気ない現実性しか持たないとされる。他方で、サン・ティエリのギヨームは、三位一体の神秘をより強調し、被造物である魂の中に三位一体の神の似姿を見出す。彼によると、この神の似姿は、三つの位格《ペルソナ》と結びついた三つの働き、すなわち父なる神における記憶、子なるキリストにおける理性、そして聖霊における意志によって、三位一体の神の根本的な認識に達することを望み得るのである。同じ頃、パリでは、知的中心として名高いサン＝ヴィクトル修道参事会の修道院が、サン＝ヴィクトルのフーゴー〔一〇九六年頃―一一四一年〕やサン＝ヴィクトルのリカルドゥス〔?―一一七三年〕の筆を通じて、神についての反省的思索と愛に満ちた神の探求との融和を試みる、より思弁的な神秘主義を発展させた。

十三世紀に神秘主義の潮流は勢力を増し、初めて修道院の禁域から出て俗人信徒や女性の世界に広まった。そうした女性たちの中に、ナザレトのベアトリクス（一二〇〇―一二六八年）のようなシトー会の修道女たちや、マクデブルクのメヒトヒルト（十三世紀）をはじめ、修道誓願を立てず、祈りと隣人への奉仕からなる宗教的生活様式を採ったベギン会女たち、あるいはドミニコ会やフランシスコ会の第三会――俗人信徒を対象にしたこれらの運動は二つの主要な托鉢修道会の影響下にあった――の設立後は、第三会員たちがいた。その第三会員のうち最も名の知れた人物がシエナのカタリナ（一三四七年頃―一三八〇年）であった。これらの女性たちは自らが授かった非凡な体験をためらうことなく人びとに知らしめた。ある場合には、彼女たち自身が体験に関する物語を記録したが、そうした物語には聖書や聖書註釈に関する彼女たちの素養と知識が表れている。またある場合には、彼女たちは自らの体験を霊的指導者に打ち明けた。霊的指導者たちは彼女たちよりも霊的な語彙の使用には熟達していたが、彼女たちから受け取った証言を自分に馴染みのある範型に合わせて変形してしまった疑いもある。しかしながら、時には、指導を受ける女性が指導者を感化することで、まさしく関係が逆転してしまうこともあったのである。シエナのカタリナとドミニコ会士カプアのライムンドゥス（一三三〇年頃―一三九九年）の関係はその一例であった。

今日わたしたちに伝わっている数々の証言は、非常に内容豊かなテーマ群を展開している。その中でも照明のメタファーは重要であり、それはたとえばメヒトヒルトの本の題名『神性の溢れる光』がよく示している。このメタファーは、「世の光」という聖書に見られる神の表現と、偽ディオニュシオスの著作によって広まった新プラトン主義の思潮とを範としている。同じ時代に、同じ精神の中で、フランシスコ会の神学者である聖ボナヴェントゥラ（一二七四年没）が霊的な上昇の三つの道を定めた。すなわち、浄化の道、照明の道、そして一致の道である。しかし、聖ベルナルドゥスの著作から深甚な影響を受けた人びとにとっては、花嫁神秘主義によって練り上げられた様々なイメージは発展性のある表現様式であり続けた。加えて、聖体が与えた強い影響力が挙げられる。これは、同じ社会状況に発し、同じ時代に発達した「キリストの聖体《コルプス・クリスティ》」の崇敬がもたらしたものである。キリストの生涯を瞑想することは、しかしその苦しみの部分を知らずにはいられない。そうした部分は、「受難」のあいだイエスが自らの肉において耐え忍んだ様々な苦痛への生々しい感性によって、とりわけイエスが負った「五つの傷」（両手、両足、脇腹）への信心を通じて瞑想された。さらに、神学的な思弁と異なり、神秘主義の語りは体験の次元を含んでいる。身体、特に女性の身体は、身体を舞台に常軌を逸した諸現象が起こってくることで、そうした体験の特権的な手段となる。語られたものは、そうした記述のための適切な語彙を鍛える必要があったわけだが、溢れる涙、脱魂、恍惚、空中浮遊の記述で充ち満ちている。食事は聖別されたホスチアしかとらないというような篤信の女性が数多くいた。それは時に、天上の夫キリスト自身の手から授けられ、キリストが真に現前する聖体拝領の神秘を明かす、肉の味がすることもあった。十字架上で苦しむキリストへの一致は、聖痕（十字架上のキリストが受けた傷が、外的な原因なしに身体に自然発生する現象）として身体に刻まれることもあった。アッシジのフランチェスコが聖痕を受けた唯一の例というわけではない。苦しむキリストへの一致は、心と心の交流を通じ最も深い内面において頂点に達した（シエナのカタリナやモンタウのドロテア（一三九四年没）がその例である）。

神秘主義の運動は、フランドルやラインラント地方の托鉢修道会およびベギン会の修道院において、紛れもない視点の大転換を経験した。すなわち、魂の上昇の道のりに代えて、自己放棄に創造主からすべてを授かる契機を期待するような全面的放棄が唱えられ、神の存在に溶け込むことで自己の存在を再発見することが目指された。花嫁神秘主義に神の存在の神秘主義が取って代わったわけである。この神秘主義はラインラントの伝統に固有の神秘主義であり、ドミニコ会士マイスター・エックハルト（一三二七年没）がこの伝統を代表する人物である。エックハルトにとって神の存在の神秘主義とは、自己をより深く見出すために自己を失うことであり、「人間が神において神となること」あるいは「恩寵によって、神が本来そうであるものになること」を可能にするものであった。こうした表現のせいで、その著者は不当ながら汎神論の廉で非難されることになる。

東方と同じく、神秘主義的思潮の拡がりと激しさに直面した教会権力は実に多様な反応を示した。ベギン会修道女オイグニスのマリア（一一七七―一二一三年）の伝記を著したヴィトリのヤコブス（一二四〇年没）のように、神秘主義への賞賛を隠さない者もいた。だが、神秘主義に対しては概して警戒心の方が勝っていた。実際、聖職者たちは、素朴な女性たちが霊的生の道において自分たちの先を行っているのを知って茫然としたのだ！　さらに、男性であれ女性であれ、神秘家たちは神との直接的な関係を生き、グレゴリウス改革と第四ラテラノ公会議（一二一五年）によってその必要性が明確にされた、教会が提供する様々な媒体（秘蹟、典礼、説教）を顧みなかった。最終的に教導権が、神秘家たちの個々の体験が生み出しかねない正統からの逸脱を危惧したのも故なきことではない。彼らの目には、神秘家たちが打ち明ける物語は、それが俗語で書かれている場合には特に、効き目が強すぎて魂にとっては益よりも害となりうる薬のように、誰の手に委ねられてもよいものではなかった。ところが、教会の当局者にとっても、こうした著作の中に文字通りの異端の痕跡を見出すことは容易ではなかった。これに関して、ベギン会修道女マルグリット・ポレートの著『単純にして無にされた魂の鏡』の序文を読むと、彼女がこれを公にする前、念のためフランシスコ会士、シトー会修道士、神学修士という三人の聖職者から承認を得ていたことが確認できる。異端の断罪が下される場合、一三一〇年にパリで焚刑に処されたポレートの場合もそうであるが、その原因はとりわけ政治的背景に求められる。ポレートの場合、彼女はフィリップ端麗王〔フィリップ四世、在位一二八五―一三一四年〕と教皇庁の対立の犠牲となったのだった。しかし、大多数の教会関係者にとっては、ジャン・ジェルソンが広く教えた視点にならって、「素朴な人びと」がそうした過激さに走ることがないよう注意し、より安定した霊性の道を提示する方が得策であった。この役割を果たしたのが『キリストにならいて』である。これは、より穏健な霊性文献の白眉であるが、この書物がそれ以前に存在した偉大な神秘主義文献群に負っている点も確かに認められる。

霊性の刷新に伴う混乱を越えて、深い次元での様々なつながりが西方の中世神秘主義を近世神秘主義に結びつけている。近世神秘主義の特徴も、自己無化への言及や、霊や心の交わりへの言及に認められるのである。

カトリーヌ・ヴァンサン

『キリストにならいて』

キリスト教文学の傑作の中でも『キリストにならいて』は、聖書に次いで最も広範に読まれ、最も多くの言葉に翻訳されたテクストである。最も著名な人びとから最もしがない人びとまで、カトリックからプロテスタントまで、何世代にもわたってこのテクストがキリスト教徒たちに与えた影響は、十五世紀から二十世紀に至るまで、きわめて大きいものであった。『キリストにならいて』は霊性に深く根ざした作品のカテゴリーに分類されるが、それでもやはり高度な神学的内容を含んでいる。ラテン語で書かれ、それぞれはっきり異なる四つの論考は、この作品の冒頭の数行からとられて有名になったタイトルの下、一つの書物としてまとめられている。それぞれテクストとしての統一性を備えたこの思考集成は、間違いなく同一の作者によって作成されたが、この作者が誰かはいまだに不明である。書物の内容の中にこの修道士の正体を突き止めることを可能にするものは何もない。少なくとも慎み深い人間である著者は、神を見出すことにおいて、また内的な平安を獲得することにおいて同胞たちの進歩を図るため、自らの体験を詳細に述べている。

大学で教えられ学ばれていた神学に対してはきわめて批判的ながら、外面的な信心の行き過ぎにも同じく怒りを表す著者は、教育の形式主義と戒律遵守の形式主義をまとめて拒絶する。つまるところ彼のねらいは、一つの解釈を提示することでもなければ、まして自惚れた学識の産物である精妙な教理を提示することでもなく、自らの体験について謙虚に証言することにあったが、彼の体験は他の人びとがキリストを見習う助けとなった。彼は読者に対して、神の神秘を洞察するにはそもそも無益である知的営為を求めることはせず、それよりも読者の心の理解力に訴えかけ、キリストの教えを反芻すること、そして聖人たちの手本について熟慮することを促すのである。聖書と砂漠の師父たちの生について瞑想する信仰実践から生まれたテクストは、自己愛や物質的財産への執着や知的な自惚れから生まれてくる様々な桎梏を断ち切り、反対に、謙遜や心の悔い改めや飾り気のなさに喜びを感じるならば、誰であれ、個人をキリストとの親密な、もっと言えば情愛的な近接関係に導くのである。このテクストは、導きを受ける者に対して、多くの条件を必要とするが取り組みやすい禁欲を提示しながら、自身の悲惨な状態について熟慮することから始めて、愛の神と出会い、成聖の恩寵を授かるに至るまで、内面と浄化の道を通じて彼を高めてゆく。自己の認識は、かくして神の認識に開かれる。

これら四つの巻を貫く明確な構想はないが、それはよく用いられる引用文を集めたアンソロジーの体を成してはおらず、引用した文章を著者自身が咀嚼《そしゃく》して、霊的指導に役立てるのである。したがって、そこからいくつかの章句を抜き出し、それについての理解を深く掘り下げることもできれば、続けて読むことで全体的な論の展開を味わうこともできる。ただし、ここで問題になっているのは完徳への漸次的な道のりではなく、つねに取り掛かるべき内的な務めへの様々な勧告である。

第一巻は「内面的な生活に役立つ戒め」の集成である。各人は、外の世界の様々な幻想から自由になり、自己の最も深いところにある本質の探求に努めるよう促される。そうして自由になった魂は、自己の有する最も崇高な性向、すなわち神へと向かう性向を取り戻すことができるだろう。神に到達するための最も確かな道とは、キリストによってたどられた道である。キリストは、人間が福音に従って生きること、つまり神への愛と自己放棄を大切にすることを強く促した。徳への道は険しいが、得られる果実は実り豊かである。修道院を取り巻く状況を基にこの巻はまず何よりも修道士に向けて書かれているが、俗人信徒を排除するわけではなく、彼らにも内的な回心が求められるのである。

第二巻では、人間はキリストとの親密な交わりの中に置かれる。神における安らぎに到達するほどに自己を高めることができる人間だが、その罪深い本性のため、過酷な務めに直面することになる。キリストによってもたらされる恩寵のおかげで、人間は様々な異論や屈辱に耐え、さらには進んで苦しみを被ることすらできるのである。キリストの恩寵を受けるためには、人間は自己の能力を頼みとすることなく、その身を安心して神の手に委ねなければならない。

次いで〔第三巻において〕、思弁的な言説《ディスクール》は「キリストと篤実な魂との」情動的な対話《ディアローグ》に取って代わられる。この対話は次のような探求に伴う数々の試練を説明している。すなわち、この探求においては、神との束の間の遭遇がもたらす無上の喜びと、人間の条件の様々な限界のつらい体験とが代わる代わる続くのである。この時人間に求められるのは、あらゆる欲望を放棄して、おのれの身を全面的に神の手に委ねることである。

あれほど追求された神との合一は、「聖体の秘蹟について」書かれた第四巻において、キリストの聖体を拝領することにおいて得られる。ただしこのキリストの聖体は、ある歩みの果てに報酬として授かるものではなく、探求の道のりに必要な精神的支えとして授かるものである。

キリストにならって生きよ、という道徳的勧告である以上に、全巻を構成する中心的主題は、信者をイエスの人格に結びつける愛の関係にある。イエスが神への道に先鞭をつけた。ただ彼だけが必要な助けを与えることができる。「それゆえイエスを内に迎え入れて、それ以外のものには入らせないようにしなさい」〔第二巻第一章〕。選べる道はただ一つ、堕落した世界の虚栄と、浮き沈みの激しい人間の条件への執着を捨てて、イエスの後に続いて十字架の道をたどり、自己をすっかり捧げることによってキリストの無限の愛に応えることである。こうした関係を養うのは心の支えとなるような慰めであるが、この関係はまた、キリスト教徒が神からのもう一つの賜として受け取ることを学ぶ、欠如の感覚にも貫かれている。自己の放棄と神の迎え入れのこのような状態は、決して完全に獲得できるものではないが、人間の自然本性に発する欲求に譲歩することなく、絶えざる努力を重ねて求めてゆかなければならない。人間の自然本性を高めることができるのは、ただ神の恩寵のみである。

長いあいだ西方において神学と霊性の断絶を不動のものにしたこれらのテクストは、一四二五年頃に広まって以降、成聖の方法として純粋な思弁よりも謙遜や禁欲の実践に重点を置くシンプルな主張に魅かれた読者層に受け入れられた。作者が不明だったため、すぐに誰が作者かをめぐって一連の論争が起こった。テクストが成功を収めたのを目の当たりにして、いくつもの思想集団が作者資格を主張した。いくつかの写本は、それをパリ大学総長ジャン・ジェルソン（一四二九年没）の作としている。十三世紀のイタリアのベネディクト会士ジョヴァンニ・ジェルセン〔おそらく架空の人物〕の作とする説もある。

より広く認められている伝承によれば、これらのテクストは、トマス・ハンメルケン（一四七一年没）という人物に結びつけられる。彼はケルン大司教区の町ケンペンの出身であった。この人物は学生時代に共同生活兄弟会と積極的に交わることで、この兄弟会の創設者ゲラルト・フローテ（一三八四年没）がデヴェンテルに導入した霊性の運動を知った。聖職者と俗人信徒から成る兄弟会を形成しながら、男女の会員が共通の企てを中心に参集していた。すなわち、祈り、黙想、禁欲によって個人の聖化を追求し、各人が各人の能力に応じて同時代の人びとの教化活動に効果的に参与しようとする企てである。彼らは隠遁することを好んだが、そのことが彼らを世間から孤立させることはなかった。貧者を迎え入れることが何より大事だったからである。彼らは、自分たちの師の著作の複製、そして聖書をはじめとする瞑想のための書物の編纂と普及に極めて重要な意味を認め、写本の作業場と学校に活気をもたらした。学校はすぐに多くの人を引き寄せる場所となり、そこでは知と霊性が巧妙に混じり合った。内面の宗教を説きつつ彼らが指導を受ける者たちに提示したのが、「慎み」を旨とする敬虔な生活の設計であり、節度を備えた「新しき信心《デヴォティオ・モデルナ》」である。これは、その担い手がエリート層に限定されていた神秘神学や思弁神学とはまったく異なって、誰にでも開かれた信心であった。彼らは、この世の空虚さとキリストの愛という主題を重視し、謙遜、従順、自己放棄の諸徳を推奨した。彼らが重んじた節度は、簡素化された典礼や、取り組みやすい禁欲の実践にも表われている。

その後まもなく彼らの歩みは、ヴィンデスハイムの修道参事会の歴史に合流する。この会は一三九五年に承認され、宗教生活の真の改革の中心となった。ア・ケンピス〔ケンペン出身の〕と称されるトマスは、一四〇七年にここで修道誓願を立てた。数多くの論考や説教、またゲラルト・フローテに関する伝記を含む諸々の霊的伝記の著者である彼は、死後に『キリストにならいて』の作者と見なされた。『キリストにならいて』は、この拡大する宗教社会において好意的に迎えられ、そこで十五世紀の第四半期以降見られた広範な伝播を確たるものにした。そのテクストは修道士のあいだでも俗人信徒のあいだでも爆発的に読まれ、教会内の様々な改革の潮流がそこで出会い混じり合う霊的なるつぼとなる。とりわけ、キリストの仲介以外のいかなる仲介もなしに神へと近づくことができる、という励ましをそこに見出した女性サークルの支持を集めながら、『キリストにならいて』は、あらゆる偉大なテクストがそうであるように、様々な読みの対象となり、それゆえ、カトリック、プロテスタントの別なく、極めて多様な霊性の運動に結びつくのである。

マリー＝エリザベート・エノー

第Ⅲ部　近代

――多元主義の修行時代（十六―十八世紀）

ベルニーニ「聖テレジアの法悦」
（サンタ・マリア・デッラ・ヴィットリア聖堂コルナーロ礼拝堂）
（17 世紀バロック彫刻の最高傑作）

二十世紀が終わるまでの長きにわたり一般的な教養において、近代の誕生は、進歩と開明、中世の古臭さと蒙昧主義に対する勝利として理解されていた。このような理解の枠組みでは、既存の宗教は否定的な性質を帯びるが、こうした否定的性質こそ次のような大きな変革の理由と見なされてきた。すなわち、政治制度や聖職者制度や修道院制度の改革、教皇権あるいは聖職権力の改革だけでなく、聖書の読解、宣教、個人的な祈り、そしてとりわけ〔教会における〕習俗の改革でもあった。こうした熱望は、よりよき未来、新しい時代、進歩の時代、自由の時代、良心の命ずるままの選択の時代……の方へ導くものと考えられていた。しかし、一切の価値崩壊を確信していた同時代の人びとは、このような改革を始原への回帰と考えていたのである。それゆえ、啓蒙時代の歴史家たちはわたしたちに議論の余地のある読解を伝えている。すなわち、「自明の事柄は、それが共有されていても、つねに正しいのか」「十五世紀末の聖職者は十三世紀の聖職者よりも堕落していたのか」「ボルジア家（アレクサンデル六世）の教皇権はアヴィニョンの教皇権よりも破廉恥なものであったのか」今日、わたしたちは、これらの単純な問いに対してもっと含みのある仕方で答える。わたしたちに伝えられた資料に痕跡を見い出せるにしても、特に悪弊が急増したわけではないが、エラスムスとルターの同時代人はそのように信じていたのであり、後に続く二世紀の歴史家たちは、彼らの言説をそのままに受けて、中世末期の退廃についてのレトリックを展開したのである。

今日の歴史学的方法論は、ゴシック期と〔十七世紀〕古典主義時代のあいだのこの中間の時代を根本的に評価し直した。それらの方法論はこの時代の独創性と宗教的ダイナミズム、そして時代の見せかけの姿を問い、不確実なるものを問い、さらには苦悩さえも問う能力を強調することによって再評価したのである。ルターは自分自身のため、また彼を信奉し共鳴し同じ探求を求めていた多くの民衆のために、唯一の権威として聖書だけを、また神の意志を実現する唯一の仕方として信仰による義認だけを認めることを選択したのである。このようにルターは、できるだけ多くの信奉者のために、かつては宗教的「達人」の狭いエリートにのみ定められていた個人的な完徳のキリスト教を打ち立てたのである。すなわち、人間の（司祭の）媒介を拒否し、超越的存在との直接的な対面関係に基づく信仰である。抜本的であったルターの宗教改革であろうとも、あるいはエラスムス派、ゆえにカトリックにおける改革であろうとも（というのも、エラスムスは両方の側で読まれ、議論されているのだから）、およそ一五二〇年に始まるプロテスタントの宗教改革をこのように考えなければならない。このことは、一五二四年のエラスムスとルターの対立、つまり、人間はただ努力によって神のもとへ自分自身で行くのに自由であるのか、それとも救済のために良心を拘束する聖書と信仰に縛られているのか、という対立の決定的な特徴を生じさせるのである。

トマス・モアからジャン・カルヴァンまで、イグナティウス・デ・ロヨラからアビラのテレサまで、フランソワ・ド・サルからベリュルとサン＝シランまで他の改革者たちは、それぞれの流儀で人生の意味の探求に答えを出そうとする。しかしながら、神が世界の秩序を支配し、善の方へと導き、あるいはその被造物の各々を悪にゆだねると信じることを望んでいたこの世紀において、このような感情の昂ぶりの結果は、何よりもまず、他者の排除、民衆統制への意志、国家権力と教会権力（カトリックで聖職的である権力も、プロテスタントで世俗的である権力も）の強化への意志として現れる。このような対立的な空気の中で、諸宗派の境界が異常な早さで画定された。ルター自身の反抗は一五一七年に始まるとされているが、現実的な働きを見せるようになったのは一五二〇年である。それと、プロテスタントを表明する領邦国家が明確になる一五二九年、そして、カルヴァンがジュネーヴに永住する一五四一年とのあいだはおよそ四半世紀しかない。この数十年のあいだ、ローマ教会という「バビロン」の破壊は一つのライトモチーフとなっている。さらに時には、一五二七年のローマ掠奪のような破壊が生じ、旧世界の終末は多くの人びとに切迫したものとして示されるのである。

このおよそ四半世紀のあいだ、教皇権は〔改革の〕行動を起こすことを拒否している。だが、ローマ教会のあらゆる部分が改革を要求し、その他の者は反逆者たちの徹底的な殲滅《せんめつ》を主張する。一方で、反逆者たちは「教皇至上主義」

の無益さとその終末が近いことを予言する。一五三四年に枢機卿アレッサンドロ・ファルネーゼが新教皇に選ばれ、パウルス三世として即位した際には、公会議を招集する意志があったのである。トリエント公会議を有効なものたらしめるには、十年以上にわたる外交的な闘争を必要とする。そして、公会議が一五四五年から一五六三年のあいだに、教義集を詳述し、広範な同意に基づくカトリック意識を展開するためには、多くの論争と中断を必要とするのである（たとえば「聖マリアの無原罪の御宿り〔マリアが原罪なしで生まれたということ〕」のような神学的な問題が議論されたが、公会議の期間中にこのような問題が文書として作成されるに至ることは決してなかったのである）。公会議は、当時のあらゆる文化的手段を用いたプロテスタント諸派との戦いにおいて、ローマ教皇を戴く実戦的な信仰を押し進めた。こうして、公会議の行政機関となった教皇権は、たしかに論争が信じさせるよりもその方法においてはるかに合理的である強制権を、異端審問制とともに用いている。だが教皇権は、マニエリスムや後にバロックに至る建築と絵画の美によって、また音楽によって、ローマ教会をも新しいカトリシズムの壮麗なローマへと変容させたのである。

両者の闘争は、ローマとプロテスタント諸派の首都との激しい競争を伴っている。学校制度、国内の宣教と同様に海外への宣教、そして文化そのものが、この激しい闘争によって活性化するのである。このような闘争の反響は、問題になった諸制度に張られたレッテルにおいて、今日でも残っている。これ以後、もしキリスト教が複数的となる以上、やむをえず自分とは異なるものの余地を残さざるをえないのであれば、国民的同一性、文化的同一性、かつ強烈な郷土的同一性のうちに、キリスト教は最も多く表現されるのである。そして、国民であると同時に信者である者たちが、こうした同一性の手中に捕えられるのだ。この骨肉の争いの中では、宗教と政治は切り離せない。このような努力が、その正反対の者をも生み出すのである。それは「無神論者」と「リベルタン」であるが、彼らは、各個人がキリストとの接触を見出す特異な生の探求を重んじる神秘的探求の言葉尻をとらえて実行するのである。かつてはわずかな人びとにだけ定められていた内的で心理的な体験を、より多くの人びとに開いて、篤信家やヤンセン主義者や敬虔主義者……といった人びとが、個人的意識を最高の価値として定めるのである。しかし、彼らの兄弟愛と無垢のユートピアにおいて、自らと同様に世界にも福音を宣べ伝えるよう定められた者は、それに着手し行動するための正当性と永続性を地上的な一切の希望の彼方に見出す。近代のヨーロッパの活力がおそらく人口増加によるものであるとしても、それは倫理的なものでもあり、また後天的で各々の宗派とそれを選んだそれぞれの国によって、絶えず鋳直される意識と、その行動が神の計画に一致しているという確信にもよるのである。ロシア帝国あるいはオスマン帝国の権力によって口を封じられた正教会には、このような機会はなかった。

ならば、進歩と啓蒙は信仰分裂の危機のなかに含みこまれていたのであろうか。歴史家はそのことについて何も言うことはできない。宗教に根本的に関わるこれらの亀裂を媒介として、歴史家は、説伏し、また征服すべき他の世界を探求する関心、議論に必要な厳密さと知識への敬意、神体験の内的自由などを単に観察するだけである。それらは、つねに相対的でしかない意識の統御、疑い深い異端審問制の「おぞましさ」、体系に仕立てられた非寛容と排除、支配する側とされる側の順応主義よりも、おそらく重要なものである。暴力的世界のほとばしりは、時に、様々な権力によって牙を抜かれるが、結局のところ、権力の秩序嗜好は、別の暴力へ至ってしまう。これらの暴力は、ある種の信者の過激化、差異化の必要性、そして唯一の永続する真理のために一挙に変化する世界という魅惑から生じる。この活力に満ちた時代はまた動乱の時代でもあるが、殉教者たちと兄弟団創立の黄金時代の称揚ばかりが強調されてしまった。だが逆説的にも、政治権力と社会的集団による宗教的熱望の道具化は——まさしくある信者たちによって糾弾されたが——、西洋社会を宗教的過激主義から保護することに寄与したのである。結局は、これらの出来事と、敵対する兄弟たちとの抗争によって、ヨーロッパは一つに結び合わされてもいるのだ。このような抗争の中でヨーロッパは、あまりに強く主張され、あまりに限られた共同体にのみ属するような宗教的な純粋さを警戒することを学んだのである。

ニコル・ルメートル

第1章　宗教改革の途

エラスムスとルター——人間存在の自由あるいは隷属

一五〇〇年頃に、人文主義はキリスト教の起源とその礎となる文献へと帰ることを推奨しているが、一方で「デヴォティオ・モデルナ〔新しき信心〕」は、より内面的、個人的で、キリストを中心とする信仰を説いている。まさにこうした環境において、エラスムスとルターが自由の観念をめぐって対立したのである。かつて律修参事会員であり在俗司祭であったロッテルダムのエラスムス（一四六九—一五六三年）の深い学識、文学的な才能、福音への愛は、並ぶ者のない威信を彼にもたらし、また激しい反発を惹き起こすのである。教父たちの著作の編纂者として、一五一六年にエラスムスは新約聖書の最初のギリシャ語原典、註釈を付した新しいラテン語訳、さらに、有益に聖書を読むための勧告書と神学的な方法論に関する論文を出版する。一五〇三年から早くもエラスムスは、『キリスト教兵士提要』において、「敬虔さは修道生活と一致しない」という福音に適った生活のプログラムを提示している。

エラスムスは『愚神礼賛』で、権力の濫用と不正取引を促す野心と強欲とに対し、またすべてを支配しようとする神学者たちの盲目さと思い上がりに対し、さらに、敬虔さを歪ませてそれを独占する修道士たちの無知と盲信に対して、自らの才気を向けて非難している。エラスムスにとって、厳しく要求される敬虔さと戒律の遵守は、異教とファリサイ主義という二つの致命的な危険性によってキリスト教を脅かすのである。アリストテレスを聖書の代わりにし、論理学者の傲慢を信者の謙虚さとすり替えるような、誇張と論争に溢れたスコラ神学に対し、エラスムスは聖書神学に訴える。それは聖書を正確に知ることに基づき、またキリストにおいて変容するためにキリストに学ぶことを唯一の目的とすべきものである。弁論術より以上に、文献研究は聖書の理解と心からの改悛への準備をさせる。というのも「真の神学は論争であるよりもむしろ生きることである」のだから。「敬虔さを欠いた単なる好奇心」とはまったく無縁な聖書の字句の厳密な研究、聖霊を迎え入れる研究は、「敬虔な教理と啓蒙された信仰心」を養い育てるだろう。宗教改革において、エラスムスはルターの味方になるのだろうか。

エルフルトのアウグスティノ会修道士で、後にヴィッテンベルク大学の神学教授となったマルティン・ルター（一四八三―一五四六年）は、一五一六年頃に、深刻な霊的危機を経験する。修道会規則を遵守しているにもかかわらず、ルターはつねに自分が神の怒りに値する罪人であると感じていた。ルターは不安と絶望を感じていた。聖アウグスティヌスと聖パウロを読むことで、こうした感情からついにルターは解放され、そこから彼自身の神学へと導かれたのである。ルターによれば、原罪は人間の本性を全面的に堕落させた。人間は高慢と自己愛に蝕まれ、たとえ外面的には善をなしているときでさえ、必然的に罪を犯すのである。人間は救いに値しないが、神は自らの法によって人間を救うために到来する。神は、人間に自らの無力を認めさせ、そしてただ神のみが無償でキリストを通して救済するということを示すために、神の法を知らしめるのである。いかなる善行も功徳もなしに、神の無償の許しにおいては信仰のみが、人を義とするのである。それゆえ、信者は平安と自由を見出すが、この自由とは善と悪を選択する自由（自由意志の自由）ではない。『キリスト者の自由』（一五二〇年）の中で、「キリスト者は最も自由な人、あらゆるものごとの支配者であって、何ものにも隷属しない。キリスト者はあらゆることに関して最も奉仕する奉仕者であり、あらゆるものに隷属する」とルターは述べる。このような内的自由は、いかなる倫理的放縦も反乱も認めない。それは、戒律の縛り、善行の偽の保証、功徳の幻想、高慢と絶望から自由にさせる。それはまた、律法に反対するのではなく別の仕方で律法を実現するために、律法から自由にさせるのである。この別の仕方とは、利益によってではなく、試練の期間でも、感謝によって律法を実現することである。義人かつ罪人であり、信仰によって義とされた新しき人は、救われるためにではなく、救われているがゆえに、古き人と戦う。この救済の途はただ聖書に記された「神の御言葉」

によってのみ知られる。伝統と教権は、忠実にこの「御言葉」を告げ知らせるためにこそ力と正統性を持つ。聖書の意味は明確であり、聖書それ自身が自らの解釈である。そしてキリストのみがこの解釈の鍵である。人間には触れ得ない「隠れたる神」は、十字架に架けられたイエスとして覆い隠されつつ自己を啓示した。「十字架の神学」は、人間の善行と理性に依拠する「栄光の神学」とは対立しているのである。

このような基礎の上に、ルターは同時代のローマ教会の掟の実践、すなわち彼によれば、栄光の神学の実践を一刀両断に批判するのである。サン・ピエトロ大聖堂の新築のためにレオ十世によって出された贖宥状に対するルターの異議申し立ては、ローマ教会の反発を惹き起こす。ルターは異端として破門され、一五二一年に神聖ローマ帝国から追放されたのである。断絶は成し遂げられた。ルターはすべての信徒が聖職者であることを表明し、洗礼と聖餐の二つの秘蹟だけを残す。そして、煉獄、〔十字架上のキリストの〕犠牲としてのミサ、修道誓願、聖人のとりなし、教会法、ローマ教会の聖職位階制度を否定し、教皇を反キリストと見なす。多くの誤解を介しながらも、ルターへの支持はドイツに広がっていったのである。

エラスムスは、ルターの主張が聞くに値するものであり、それを非難するよりむしろ和らげるに値するものであると考えた。ルターにとって、改革は不可避な断絶を要するのに対し、エラスムスは、融和こそ福音の要請であると確信する。ところで、一致を守るにはある程度の多様性に耐えることが求められるように平和を維持するには一定の忍耐が必要である。わたしたちの理解は完全ではないからである。

エラスムスとルターのこのような不一致は、根深いものである。一五一七年から早くもルターは、エラスムスが「キリストと神の恩寵を十分に強調していない」と考える。エラスムスによれば、神はある一つの歴史を通して、またこの歴史の蛇行を辿り、これを尊重しながら、自らを徐々に現してゆく。教父たちが記したように、神は「片言で話す」

し、人間に語りかける神、かつ人間を通して話すことに同意した神は、人間の具体的な状況に「自らを合わせる」。こうした神の教育法は、神の忍耐を示している。たとえば、異教的古代は「福音への準備段階」であり、神の似姿として創造された人間たちは、キリスト教信仰がその後引き受け完成する真理の断片をとどめているのである。たしかに、神の英知は人間にとっては狂気に等しいが、キリストは一切を自らに引き受け、自らのうちで一切を総合し、和解させるのである(『ヨハネによる福音書』一二章三二。『エフェソの信徒への手紙』一章一〇。『コロサイの信徒への手紙』一章二〇)。このように「神の御言葉」は人間の言葉となり、ついに神は人間となった。イエス自身は、ある時代とある場所の言葉を用いたのである。啓示の歴史性は、創造と受肉の秩序のうちに書き込まれている。こうした人間的、歴史的媒介は、福音の光のもとでの諸改革の必要性と同時に、このような福音を伝えてきた伝統に払われるべき配慮を説明する。歴史は進行し、聖霊がその歩みのうちで教会を見捨てることはない。それどころか、聖霊は教会に自己浄化し自己変革するよう絶え間なく求めるのである。

一五二四年、エラスムスはその『自由意志論』において、一つの決定的な主題についてルターを徹底的に攻撃する。神の恩寵をもって人間は自らの救済に多少とも協力しうると、エラスムスは結論する。原罪によって、人間は神との始原的な類似性をすべて喪失してしまったわけではない。愛によって人間を救うのは神ではあるが、それを行なうために、神は人間を尊重し、かつ人間を自らの協力者にするのである。聖トマスがすでに強調していたように、「キリストの哲学」は「善きものとして創られた本性」を粉砕するのではなく「復元する」のである。たしかに、この問題は難しい。エラスムスは諸論点を比較し、聖書と伝統の様々な根拠を分析することを望んだだけである。エラスムスによれば、聖書は歴史や人間の言葉のなかに書き込まれることによって、またこれらの媒介に潜む深遠な神秘によって、つねに明解であるどころか解釈に服するのである。教会が、今日に至るまで、一つの主要な点について間違いを犯していたなどとどうして考えられるだろうか。わたしたちのしがない功徳ではなく、また、すべてを知るつもりになるのではなく、キリストの助けと慈悲を信頼し、よりよく知ろうと自由に努力しながら、キリストに従おうとしてみよう。

このような批判的検討（diatribè）に対して、ルターは『奴隷意志論』によって答える。ルターの書物は一つの断言（assertio）に関わっている。というのも、「神の御言葉」はためらいも妥協もなく、雷鳴のごとく轟き、一刀両断に決着をつけ、堕落した〔人間〕本性《ナチュール》と歴史の表現の未熟さを無にするのである。「神の御言葉」は、ただ無秩序と動揺を引き起こすのみで、調和を生むことはない。なぜなら、神と世界は、神と悪魔のように対立しているからである。ところで聖書全体は、生まれながらの人間の全面的な堕落、神の至上権、神の排他的な聖性、神の他者性、もっぱら信仰による義認をはっきりと述べている。信仰それ自体も、計り知れない神の過分の賜物である。原罪以来人間は、神に、あるいは悪魔に乗られた、牛馬のようなものである。自由意志の主張は人間を悪魔に服従させる。人間の肯定は神の否定である。それゆえエラスムスは不敬虔な者である。しかし、ここでルターが自らの信仰を確信をもって告白するならば、彼は自らの死の前日、次のようにも述べている。「わたしたちはみな物乞いである。これこそ真理である」。

エラスムスより預言者然として、ルターはエラスムスの神学に、超越性の急進的な神学を対抗させる。エラスムスは受肉を超越性と内在性が重なる歴史の頂点となす。この二人の神学者は「十字架の熱狂」から、人間の条件と神の働きの仕方について同じ結論を引き出すのではない。エラスムスは、創造と贖罪の受肉とのあいだに、ある種の連続性があることを主張する。ルターは、キリストの贖罪の完全性を保証することを期して、そこにとりわけ断絶を、古い創造の残骸の上にまったく新しい創造を見出すのである。このように、真理というものに囚われた回心者の信仰は、探求を放棄することなく隠れた真理に向けて一歩一歩歩んでゆく信仰者の慎ましい探求と対立する。二人の感受性と人間論は、等しく望まれている一つの改革に向けて、別々の道を開くのである。プロテスタントの改革者の中でルター以外の多くの者が、エラスムスの根底にある思想を受け入れることはなかったが、彼の著作をより好意的に受け入れた。カトリック改革はとりわけ人文主義者〔としてのエラスムス〕を否定した。だが時には、早くもトリエント公会議からすでに、後にはフランソワ・ド・サルやイエズス会士と共に、そう口にすることはなかったがカトリック改革はエラスムスのいくつかの直観と一致したのである。

神の絶対性に特に執着したルターの思想よりも、多元的な近代性におそらくよりよく一致しているエラスムスの思想に深い神学的重要性が認められるには、二十世紀を待たねばならない。

ジャン＝ピエール・マソー

聖書の極みまで――改革の急進主義者たち

かなり後年になって「プロテスタント」と名づけられた改革の初期の数年間以来、多種多様な分離派が出現している。改革派の陣営から発生し、中世的教会の破綻を確信したこれらの急進主義者たちは、ルターとツヴィングリ（一四八四―一五三一年）のいくつかのためらい、あるいは「妥協」にすぐに失望してしまい――自らの意志で、あるいは必要に駆られて――彼ら独自の道をたどるのである。

最初の民衆の運動は一五二四年から翌年にかけての時期にあたる。それは黒い森〔シュヴァルツヴァルト〕で発生し、それから南ドイツ、中央ドイツ、チロルにまで拡大する。ルターとツヴィングリの反教権的な文書に触発された「農民運動」は、牧師の地方選任権、聖書を読み解釈する小教区の権利を要求し、また聖書に触発されて社会正義の追求を要求する。また多くの地域において千年王国論に刺激された農民運動は流血の事態に至って終息し、カトリック信者に宗教改革への不信を募らせる。

それ以降、ルター派とツヴィングリ派の「改革者」たちは、次第に、神聖ローマ帝国の諸侯と自由都市にとっての厄介事となってゆく。生き延びた分離派は地下活動の途をとる。これに続く数十年間について、わたしたちはプロテスタント「急進主義」の少なくとも三形態を次のように見分けることができる。

第一に、多少とも組織化された「再洗礼主義」の多くの形態がこの時期に見られる。チューリヒにおける最初の再洗礼派は、若い人文主義者たちとツヴィングリの弟子たちである。農民の地方自治への熱望を共有しつつ、コンラート・グレーベル、フェリックス・マンツ、バルタザール・フープマイアーは、新約聖書は幼児洗礼を教えていないと主張する。さらに、「ただ信仰のみ」という改革派の原則は、彼らが個人的な誓願を成人の洗礼の必要条件と見なすよう促すのである——ゆえによく理解された上で洗礼が受けられる。信仰告白に基づいて授けられた最初の洗礼は、一五二五年一月、チューリヒにおいて行なわれる。たとえ、運動の端緒から、キリストの教えのエラスムス的読解に基づいた原則的非暴力をその運動の大部分に見ることができるとしても、これ以後「再洗礼派」と呼ばれる者たちは農民運動と結びつき、危険分子と見なされるのである。スイスの再洗礼主義は、かつてのベネディクト会修道院長ミヒャエル・ザットラーの指導の下で、これ以後は法の保護の外で組織されるのだが、一五二七年二月に「シュライトハイム信仰告白」において練られた諸原則——信仰者の洗礼、共同体内部において執行される原則、俗世界からの隔絶、暴力と宣誓の拒否、牧師の地方選任——によって生き残るのである。

同時期に、より「神秘的」な再洗礼主義の別の形態が南ドイツとオーストリアに見られる。それは、モラヴィアの「フッター派」(ヤーコプ・フッター)の運動において組織化された仕方で生き残る。エルサレムの初代教会をモデルにした財産の完全な共有は、非暴力的で分離主義的なこれら再洗礼派の教会論の一部をなしているのである。

メルヒオール・ホフマンの思想に刺激されて、再洗礼主義の「千年王国論者」の一形態が、オランダでも発生する。キリストの再臨を待ち望むこの流派は、ウェストファリアのミュンスターで一五三四年から一五三五年にかけて強まってゆく。この王国は、キリスト教ヨーロッパ全体を震え上がらせ、農民運動と同様に、血と暴力のなかで終結した。この惨事に続いて、一五三六年に再洗礼派となった司祭メノー・シモンズの指導の下で、オランダとフランドルの再洗礼派運動もまた、福音的非暴力や領邦国家と結びつかない教会を中心にして形成される。時を経るにつれて、これらの再洗礼派は「メノナイト〔メノー派〕」と呼ばれるようになる。

急進的プロテスタンティズムの第二の分派は、しばしば「霊性主義者」と呼ばれる。「外面的」ないし「物質的」な事柄に関する分裂や軋轢に反対して、霊性主義者はキリスト教信仰の内面的かつ霊性的な側面を強調する。これらの人びとはルターのただ信仰のみ（信仰のみが救済の源泉であるとする原則）にも、為されたる行為によりというカトリック教会の原則（秘蹟を与える者や秘蹟を授かる者からさえも独立して、秘蹟はそれが行なわれること自体によって効力を持つと主張する）にも満足しない。霊性主義者の目には、もしカトリック側が善行によって救いに至るとすれば、ルター派は道徳的な放任主義を推奨している。これら霊性主義者は神学的に「ただ聖書のみ」を宣言するが、エラスムスの著作において示された信仰の内在化や中世の神秘思想にも惹き付けられ、大きく影響を受けている。再洗礼主義と同様、霊性主義は様々なかたちで現れる。まずルターの近くにいながら、ルターのためらいを批判し、「民衆」と一体化するトマス・ミュンツァーやアンドレアス・カールシュタットといった人びとのもとに現れた流派がある。カールシュタットは農民運動に直接身を投じることはないのだが、ミュンツァーは、ルターによって直接的に最も影響された諸地域における農民運動の指導者の一人になる。ルターによって、大学で育成され、正しく聖書を解釈する唯一の資格をもつ神学者の新しいエリートが生みだされたことを確信しつつ、ミュンツァーはすべての平信徒の内面におけるキリストの臨在を説き、文盲の農民たちに直接に神へと近づく道を与えたのである。

ミュンツァーの霊性主義はついに反乱農民の暴力を引き起こしたのだが、彼の霊性主義は、より「穏やかな」かたちで他の場所で、ハンス・デンクとセバスティアン・フランクといった人びとのもとで存続する。同様に、一五三〇年代初頭にストラスブールに現れたシレジアの在俗の神学者カスパー・シュヴェンクフェルトは、完全に内面的なキリスト教を説く。彼は、真の洗礼は聖霊による洗礼であり、真の聖体は可感的な諸要素を必要としないし、真のイエス＝キリストの教会は可視的な構造を必要としないと主張する。彼の運動は学識の深い人びとを惹きつけ、南ドイツのそこかしこの小さなサークルの中で生き残ったのである。

原則として霊性主義者は組織化されたグループを形成しないが、共通する諸々の特徴——救済方法の組織による独占の拒否、個人的な体験と信仰の内在性に対する感受性、予定説神学の拒否——を認めることは可能である。

第三に、時には「反三位一体説派」と呼ばれる運動が一五五〇年代に現れる。この運動のよく知られた最初の例は、当時の神学論争に強い興味を持っていたスペイン人の医者で神学者でもあるミカエル・セルベトゥス（一五一一—一五五三年）に導かれた一派であろう。第一に注目したいのは、一四九二年までスペインにおける神学は、三位一体論の教理の拒絶によって結びついたユダヤ人とムスリムの勢力と対峙していたということである。セルベトゥスは、聖書の詳細な研究に取りかかると、ニカイア・コンスタンティノポリス信条のキリスト論のカテゴリーが聖書の論拠を有していないという確認に至る。セルベトゥスにとって、正しいキリスト論は、史的イエスと聖書の厳密な解釈から現れてくるのである。

イタリアには、「三位一体」の概念を拒否する「異端」の一派も存在していた。ジュネーヴでのセルベトゥスの火刑のあと、チェリオ・セコンド・クリオーネ、カミロ・レナーロ、レリオ・ソッツィーニといった数人のメンバーは、中欧および東欧（リトアニア、ポーランド、モラヴィア、トランシルヴァニア）に避難場所を見つける。彼らは最初の活動領域として、新しいカルヴァン派教会を持ち、それらの教会の中心では反三位一体論の陣営が生まれ、ついには「ユニテリアン」〔三位一体説に反対し、神の単一性を主張、キリストの神性を否定する〕や十六世紀の終わり頃には「ソッツィーニ主義者」となるのである。こうした共同体のいくつかは、再洗礼主義諸派の神学的・倫理的特徴のいくつかを共有してもいる。
これら分離派の多様性にもかかわらず、彼らは、ただ聖書のみ、ただ信仰のみという原則にすべての出発点を有している。たとえ公式の改革派運動が彼らを認めないにしても、分離派は「プロテスタント」である。ある同質の一つの運動とは言えなくとも——「急進的宗教改革」ないし「宗教改革左派」について語る歴史家もいるが——共通の諸要素がこうした分派全体にある程度染み渡っていることを認めることは可能である。すなわちそれは、中世神学の諸概念を排除した聖書解釈、義認に関するルターの教説への批判、「コンスタンティノポリス公会議」的な制度上の統合の拒否、そしてキリストのあとに従う生き方にしばしば基づく倫理である。

ニール・ブルー

カルヴァン——選び、召命、労働

カルヴァンの名は、彼の存命中に、さらに死後はよりいっそう、「救霊予定説」という語と結びついている。アウグスティヌスに由来する予定説には、選びと劫罰という二つの顔がある。神の予定説は、人間の功徳にも善行にもよらない「ただ恩寵のみ」の教説によって救済の教義を先鋭化させることでこれを確固たるものにする。マックス・ウェーバーの『プロテスタンティズムの倫理と資本主義の精神』（一九〇五年）以来、カルヴァン派の救霊予定説と「資本主義の精神」は職業的成功の倫理と合わされて、疑わしくも一対と見なされている。実際には、ウェーバーの主張は十七世紀イギリスのカルヴァン派牧師の文書に基づいており、ウェーバーはそれをジャン・カルヴァン（一五〇九—一五六四年）の教義と区別するよう注意を払っていた。カルヴァンにおいて、救霊予定説の神学と経済的倫理を結びつける主題的な原型を見出すことはできるのだろうか。カルヴァンが救霊予定説を論じた文書においては、選びは功徳を生みだす「召命」と結びついている。だが、他の文書では、「職業」という意味での召命〔天職〕のテーマは労働の倫理と結びついているのである。

選びと召命

パウロの手紙に基づいて、カルヴァンは選びと召命を関連づける。すなわち、選びは「召命〔vocation〕」（ラテン語のvocareとは「呼ぶ」という意味）によって、回心と「聖性」への、あるいはより正確には、「聖化」ないし「再生」への神の呼びかけによって、内面的に各自に明かされるのである。

自らの著作のなかで二、三回、カルヴァンは自身の「突然の回心」に言及している。神は、そこから離れることのできなかった伝統的教会の「迷信」の世界から、「真の信仰心の味わいと認識」へと若い学生を至らさせたのである。カルヴァンはその体験——知性的かつ霊的な天啓として示された突然の変化——が特異なケースではないことを知っている。ルターやツヴィングリやその他の人びとの読者であるカルヴァンの同時代人たちは、彼と同じように、神を前にした人間、信仰、福音書についての新しい理解を見出したのである。「サドレへの返書」（一五三九年）の中で、カルヴァンは次のように二重のことを述べている。つまり、抵抗を感じながらも「私は耳を開き、[「新しい説教者たち」に]教えられることに苦しみました。それゆえ私は［……］激しく悲しみ、自分が落ち込んだ惨めな境遇に取り乱したのです。［……］過去の私の生き方を涙とうめき声の中で非難された後、私はもはや自分が神のもとに戻る以外には何の必要もないと思い知りました」。

カルヴァンにとって、かかる恩寵による解放——あるいは「信仰による義認」——は、目的ではなく出発点である。「亡びの深淵」から引き出されて、信仰者（選ばれた者）は新しい生を生きはじめる。この過程の中で主導権を握っているのは、まだなお神である。というのも「神は人を新しい生のなかに再生させ、作り直す」からである。かかる「再生」は、一切の「キリスト教的生」に関わる。それは、「律法の概要」の中にまとめられている「神の意志を探求し、知ろうとすること」に関わり、信仰心と慈悲の二重の命令に関わるのである。言い換えれば、「われわれ自身を放棄すること」、「キリストの十字架を運ぶこと」、神と隣人に奉仕することに関わるのである。「律法」のくびきと功徳への不安から自由になった意識は、神を称えるために、「律法」に自由に従うのである。

信仰は「無為」ではなく、「善き行ない」が生む労働と生産であるならば、信徒たちの善き行ないは神の選びのしるしであると言えるであろうか。マックス・ウェーバーによれば、救霊予定説に不安を感じたピューリタンにとって、「効き目のある信仰」の成果としての行ない、「神の栄光を高めることに寄与するキリスト者の生活行動」は、「救いの確信」を客観的に示すのである。逆に、カルヴァンにとって、原罪につねに汚れた聖者たちの行ないは、選びの確実なしるしではありえない。信仰者の意識に対する唯一の「選びの証し」は、「選ばれた者の召命」であり、「わたしたちの心のうちで確固たるものにされ」、理解され、受け入れられる恩寵の「御言葉」である。すなわち、「御自身のもとへ人間を来させるために、生身の人間に触れることで、神はそれまで秘められていた選びを表明されるのである」。この段階にまで至ると、「良心は、善行を自らの召命の成果と見なすことで、さらに強くなりうる」のだが、そこから派生して次のことが関わってくる。「「聖霊」の内面的な証し」を省いたために、イギリスのピューリタンたちは、選びの主観的な確信を得るために、体系化された行ないや「職業」ないし召命「において絶え間なく働くこと」の重要性を強調したのである。

召命としての労働

カルヴァンの天職〔vocation〕としての労働というテーマは、ルターに負っている。つまり、労働とは、無為を妨げるために堕落以前の人間（アダム）に与えられた神の「召命〔vocation〕」である。ここでは、「召命」は神が各人を呼び招く仕方として、使徒パウロ（『コリントの信徒への手紙』一七章一七―二〇）の意味で理解されている。すなわち、身分（家庭の父、召使……）、「公職」（司法官）、あるいは職業において、「お前がありのままに生きることを私は望んでいます」。「役に立つ」職業は「すべての人の利益」のために「神に承認された」ものである。それゆえ、それは天職なのだ。生活様式の伝統的ヒエラルキーは、次のように転倒されている。修道士の身分、「宗教的召命」は、もはや「キリスト教的完徳の身分」ではなく、観想の理想は利己主義的な無為として性格づけられる。「召命」と呼ばれるのは、在俗信徒（あるいは彼らの労働一般）の職業なのである。

カルヴァンは召命の固有な次元を、「人間同士の相互交流」、彼らの相互作用における職業の多様性のすばらしさと同一視している。それは、近代世界の実際において、つまり商業と貨幣一般の運用において、ルターよりさらに開かれたものとして次のように示される。「もしそれゆえ商品について論じるなら、それは聖なる召命であり、神が承認したものであり、しかもそれは役立ち、さらには一切の人間にとって必要なものであると言えよう。そして人間が商品に関わる際には、神に奉仕するように商品を役立てなければならない。〔……〕だから、商人たちは神が彼らを呼び招き、御言葉によって導くことを知っているのであるから、それぞれの職務において神に仕えなければならないのである」。

カルヴァンは、利子つき貸付金や貨幣の利潤について、アリストテレス、旧約聖書、教父思想を支えに、神学者たちの伝統的な立場に風穴を開けたことでも知られている。カルヴァンは、聖書釈義学者の聖書に関する異論を無視する。さらに、貨幣はそれ自体では何ものも生み出さないために、利子は自然に反するという考えを、公正さの名において拒否するのである。貸付金が借り手にとって利益を生み出すようになる（生産のための貸付金）以上は、伝統的障害は取り除かれ、利子つき貸付や信用貸付の手段は自由であってよい。「貨幣を暇にさせておくな」というのが、カルヴァンの決まり文句の一つであり、カルヴァンは彼の友人の一人でストラスブールに定住した商人に、契約を結ぶために金を借りるよう促したのである。

非活動的な「無為」とは対照的な価値付けをされている社会的に有用な労働の多産的活動性は、マックス・ウェーバーが記したイギリスのカルヴァン主義者とカルヴァン自身との唯一の一致点ではない。「キリスト教的生」に捧げられた『キリスト教綱要』(一五四一年)の章において、カルヴァンは「自己の生をきちんと秩序立てる」という倫理規範を立てるのだが、かかる規範は世俗内禁欲(「世の事にかかわっている人は、かかわりのない人のようにすべきです」『コリントの信徒への手紙』一・七章三一)という職業労働のピューリタン的倫理を先取りしているのである。それは「いつかわたしたちが悟らなければならない寄託」の観念、つまり「わたしたちの召命の務め」である。言い換えれば、各人の行動の枠組みとしての、また生涯にわたって行ないを方向づけ秩序立てる規範としての、各人に特有な召命への敬意である。

カルヴァン主義的―資本主義的倫理のウェーバー的モデルの核心をなす、選びと召命、労働と個人的な天職という二組のテーマ系について、カルヴァンと十七世紀のカルヴァン主義者たちがかけ離れているわけではない。それにもかかわらず、ピューリタンに特有の不断の労働への賛美は、カルヴァンの文書のうちには読み取れない。それは、カルヴァン派神学と「資本主義の精神」とを――ウェーバーによれば――つないでいる動機の痕跡や、行ないによって選びの確信を得ようとする欲求が、彼の文書に見出せないのと同様である。それゆえ、ウェーバーが彼の論証においてジュネーヴのこの改革者を取り上げなかったのも意外なことではないのである。

マリアンヌ・カルボニエ＝ブルカルド

英国国教会の中道の途――緩慢な構築

たとえ英国国教会の宗教改革の起源が社会的、経済的、そしてとりわけ宗教的な諸要素と結びついているにしても、なによりもまずそれは王朝に関わっているのである。国王ヘンリー八世は、男子の王位継承者を得ることで新しいテューダー朝を強化することがぜひとも必要であると考えた。アラゴンのキャサリンとの結婚ではわずか一人の女子しか得られなかったのだが、ヘンリー八世はこの結婚の無効宣言を教皇から得ることは叶わなかった。それゆえ、一五三四年にヘンリーは、婚姻権の厄介な事例に関する長期にわたる審理の末に、ヘンリー自身のいわゆる「重大問題」をローマから英国に引き揚げることを決断し、ヘンリーがキリストに続く最高首長となる、いわゆる英国国教会の形成に向かったのである。

しかしながら、英国の王権は、ルターとその支持者から異議申し立てをされたローマ・カトリック教会の信仰の擁護においては、最も熱心な態度を示したのであった。二人の人物がそれをよく表している。ロチェスター司教のジョン・フィッシャーと、とりわけ『ユートピア』(一五一六年)の著者でエラスムスの「双生児」のようであった非聖職者のトマス・モアである。トマス・モアは、キリスト教的人文主義の理想をエラスムスと共有していた。神学者になりたかったヘンリー八世自身は、ルターに反駁するための著作に署名したのだが、それは、長いこと要請されていた「信仰の擁護者」の称号を教皇レオ十世が彼に与えるきっかけとなったのである。

「ヘンリーの改革」(一五三四―一五四七年)

愛人であったアン・ブーリンとの結婚を可能にした国王の「離婚」は、同時に、ローマ教会との分離を引き起こし、また、一五二〇年代から主にケンブリッジにおいてルター的な思想を教えていた学者たちとの接近をもたらした。ジョン・ウィクリフが十五世紀に基礎を築いていたプロテスタント宗教改革のこの擁護者たちは、聖書を英訳したウィリアム・ティンダル、ヒュー・ラティマー、そして特に、学識豊かな司教で柔軟な政治家で、ドイツ人改革者オシアンデルの姪と一五三二年に密かに結婚したトマス・クランマーであった。ヘンリー八世によりカンタベリー大司教に任命されたクランマーは、英国におけるプロテスタント的理念を普及する最も有能な責任者となった。一五三四年に、議会は英国国教会に対する「首長令」を承認した。一五三五年の初夏には、自分が要求した宣誓を望まなかったために、国王はジョン・フィッシャーと、続いて一五二九年から一五三二年まで宰相を務めたトマス・モアを処刑させたのである。

トマス・クロムウェルは変革に取り組むよう命じられ、新たな理念の普及のための体系的な施策を推し進めた。しかしながら、新しい事態を支えることですべてを得た階級と「ヘンリーの改革」とを持続的に結びつけたのは、王権と民間の受益者への修道院財産の移譲を伴う、一五三六年から一五三九年にかけての修道院廃止の諸政策であった。そして、こうした政策に対しては大規模な抵抗運動があったのだが、これまで過小評価されてきた。「恩寵の巡礼」の指導者たちは、特にヨークシャーと北イングランドに勢力を広げたのであるが（一五三六―一五三七年）、処刑されたのである。

アン・ブーリンの処刑とジェーン・シーモアの死後、クレーフェのアンとヘンリー八世の四度目の結婚は、プロテスタント諸侯との接近の象徴であったが、この接近は破綻し、責任者であったクロムウェルは反逆罪で告発され、一五四〇年に処刑された。その前年に国王は、この時代全体を特徴づける〔新旧の〕振り子運動によって、よりプロテスタント的色調の薄い「六カ条」を一五三六年の「十カ条」に代わるものとして課していた。

ヘンリー八世は、かかる「国家的カトリシズム」によって、その後に英国国教会が主張することになる「中道の途」

をすでに探求していたように思われる。圧政的だが老獪《ろうかい》なこの政治家は、ローマ教会からの離脱と教会内改革を容認し、あるいは望みながらも伝統的な信条にこだわる者たちと、プロテスタント的信条から宗教的革命の到来をまだなお待ち望む者たちとを、同時に満足させることができたのである。

この後、一五三七年にジェーン・シーモアによって男子後継者に恵まれたヘンリー八世は、王位継承を準備する際、出産後すぐに死亡したこの最愛の妻の家族に、摂政評議会における特権を与えた。実際にカルヴァン主義的教理の確立が計画されるのは、一五四七年のヘンリーの死後のことである。

エドワード六世の治世とプロテスタントの時代（一五四七―一五五三年）

ロンドンの国立肖像画美術館にある寓意的な絵画は、エドワード六世の短い治世（一五四七―一五五三年）がそうであるよう望んだように、手法の美しい構成で描かれている。エドワード六世は十歳で王位につき、旧約聖書の幼王ヨシュア――イスラエルで「律法」の復興者となる――にしばしば例えられる。絵画の左側には、病床に臥したヘンリー八世が幼い息子エドワードを指し示し、エドワードは中央で王座に座っている。その下には、開かれた大きな聖書によって投げ倒された教皇が横たわり、傍には「偶像」と「偽りの聖性」という言葉が読める。頭の剃髪部がよく見える二人の修道僧は逃走中である。右側には深刻な表情の八名の人物が見られるが、そのうちの一人の司教は間違いなくクランマーである。彼らの上には、聖母マリアの彫像を倒している人びとの絵がある。

カルヴァンの影響は、エドワード六世自身に送られた手紙によって明らかである。ケンブリッジに避難場所を見出したストラスブールの改革者マルティン・ブーツァーは聖職叙任式の提唱者となる。だが、英語による典礼改革の指導者は、伝統をよく知っているだけでなく、発明者でもあったトマス・クランマーであった。聖体の象徴的概念について知悉していたクランマーは、一五四九年の『第一次一般祈祷書』（祈祷書）と、その後の、プロテスタント的傾向をより明示的に示す一五五二年の『第二次祈祷書』、および一五五三年の『四十二カ条』の主要な執筆者であった。その少し以前に偶像禁止運動により石の祭壇が破壊され、テーブルに代えられた。

一五五〇年のサマセット公〔エドワード・シーモア、エドワード六世の伯父〕の失脚後、権力はジョン・ダッドリーによって掌握された。彼は、アラゴンのキャサリンの娘でカトリック信仰への忠誠を持ち続けているメアリーの王位継承権を剥奪するよう、エドワード六世を説得することに成功した。一五五三年七月の弟の死の際に、メアリーは旧秩序の支持者たちに支えられて後継者として認められることに成功した。メアリーは王位につき、分裂から二十年後に、ローマ教会と英国との断ち切られた絆を復元したのである。

メアリー・テューダーとローマ教会の時代（一五五三―一五五八年）

メアリーはその時まで、ないがしろにされた母の思い出のうちで生きていた。メアリーはドイツとスペインのハプスブルク家と親しくしていたが、彼女にはこの一族はヨーロッパのカトリシズムの最良の支柱のように思われたのである。プロテスタンティズムの支持者に対するメアリーの政策が強硬になるのは、イングランド南部で生じた諸々の反乱以降である。クランマーとラティマーが処刑されたのはこの頃であるが、彼らは他の多くの者たちのように亡命の途をとらなかったのである。

メアリーの母によって王室と結びつき、このためにヘンリー八世により追放されたレジナルド・ポールをメアリーは頼りにしていた。教皇特使でカンタベリー大司教であるポールは、英国とローマ教会を公式に和解させた（一五五六年）。トリエント公会議に出席したこともあるこの人文主義的な神学者は、たとえば司祭養成の神学校設立を前倒しすることで、驚くほど速やかにカトリックの改革に取りかかった。しかしながら、異端者たちに対する追及は反カトリック感情を生み、女王の不人気が増大する原因となった。特に世論は、たとえその選択が外交的には完全に弁護されうるとしても、とりわけフェリペ二世としてスペイン国王となる者とメアリーとの結婚を拒否した。子どもを授かるというほとんど絶望的な願望が叶わぬまま、メアリーは後継者を残さないまま死去し、それから数時間後にレジナルド・ポールも亡くなることで、エリザベスの即位に伴う新たな宗教的大変動を準備することになるのは一五五八年一一月のことであった。

エリザベスと政治の優位（一五五八―一六〇三年）

歴史家が、ヘンリー八世とアン・ブーリンの娘であるエリザベスの信条について断言しうる数少ない事柄の一つは、彼女が生涯にわたって父親に抱いていた尊敬の念と父を真似ようとした意志である。過激なプロテスタンティズムとローマ・カトリシズムとの中間の「ヴィア・メディア〔中道〕」の確立は、エリザベスに負っている。治世の始めから早速、いくつかの修正点を別にして一五五二年の『一般祈祷書』を復活させたことは、英国史上最も偉大な治世の一つであるこの時代に、プロテスタント的な方向性が英国の宗教的・政治的安定において再び重要性を取り戻したことを意味していた。

一五五九年一月に議会はローマ教皇の裁治権を廃止するが、英国国教会の最高首長の称号をより穏健な総裁という称号に代えるという新しい「首長令」を可決した。しかし、このことはピウス十世による女王の破門を防げなかった。一五六三年に起草され、一五七一年に可決された「三十九カ条」は、同時代の神学的な諸論争についての一連の見解を反映させた教理である以上には、信仰告白（クレド）としての教理を提示しなかった。プロテスタントにとって重要な救霊予定説について、あるいはカトリック信徒の頭から離れなかった聖体の秘蹟についての条項は、様々に解釈されうるような仕方で起草されたのである。

このような宗教的妥協は、神学者のリチャード・フッカーによって擁護された。フッカーは、ピューリタンに対して国教会の構造を正当化する。そして女王は、一五五九年のマシュー・パーカーのカンタベリー大司教への叙階によって国教会の使徒的連続性を確立することを望んだのである。フッカーは、とりわけ実定法を自然法と同時に聖書の諸規定と調和させる必要性を示すことを望んでいた。教会統治を状況に適応させることで、国教会が中世的制度から切り離されることなく、英国国教会改革は正当化されえたのである。

タリスやバードのような同時代の最も偉大な作曲家たちが整えた典礼に支えられ、安定した王国において、こうした統合によって、治世末期における反カトリック政策の強化とより強められた服従の要請とひきかえに、国教会主義の永続的な定着が可能になった。このような中道のプロテスタンティズムも、次の世紀の政治的宗教的危機によって脅かされることになるのである。

ギイ・ブドエル

第2章　敵対と闘争

イグナティウス・デ・ロヨラとイエズス会士の冒険

イニゴ・ロペス・デ・オナシ・イ・ロヨラ（一四九一―一五五六年）は十五歳の時、アレヴァロ城のファン・ベラスケス・デ・クエラル――親類であり、カスティーリャの財務長官で王室評議会のメンバーでもあった――のもとへ送られる。イグナティウスは、この官吏の下で十年間行政に身を置いた後、ナヘーラ公でありナバーラの副王であった別の親類マンリケ・デ・ララスに仕える外交官となる。一五二一年にイグナティウスは、パンプローナの戦いで負傷する。故郷のロヨラへ運ばれたイグナティウスは回心する。デヴォティオ・モデルナ〔新しき信心〕の中心地であったモンセラートへ巡礼し、次いでマンレザに赴くのだが、そこでイグナティウスの生活は神秘的転回をして、ついにキリストの足跡を訪ねてエルサレムを巡礼することになる。帰国したイグナティウスは「人びとの魂を助ける」ことを望んで、バルセロナ、アルカラ、サラマンカで勉学する。しかし、いくつかの行き過ぎにより、イグナティウスはアルンブラードス（異端的照明派）と見なされ、異端審問所において弁明しなければならなくなる。

一五二八年、〔ソルボンヌの〕学芸学部へ入るため、イグナティウスはパリの〔ソルボンヌ付属〕モンテギュー学寮で、ラテン語、文法、修辞学の必要な水準を速やかに獲得する。次いで、イグナティウスは革新的なサン・バルブ学寮に入るが、そこではカルヴァンも勉学している。一五三四年三月にイグナティウスは学芸の修士号を授けられた。その年の八月一五日にモンマルトルで、イグナティウスは霊操を実行している六人の友人とともに貞潔と清貧において「福音」を生き、エルサレムへ巡礼し、あるいはたとえ不可能だとしても、異教徒のもとへ派遣してもらえるよう教皇に願い出る誓願を立てる。そのすぐ後に檄文事件が起こりフランス国王による弾圧が強まると、仲間たちはナバーラの学院やソルボンヌにおいてと同じように、ドミニコ派とフランシスコ派のもとで神学を研究する一方で、ルター派との和解に取り組むのである。当時、彼らは聖書と教父思想に興味を持ち、彼らのうち数名はギリシャ語に夢中になって王立教授団〔コレージュ・ド・フランスの前身〕を聴講することを望んでいる。

一五三七年には、彼らは皆、エルサレム行きの船を待つためにヴェネツィアに滞在する。彼らのうちで司祭でない者は、このときに叙階された。なかなか乗船することができないため、仲間たちは教皇の傍へと赴き、教皇によってイタリア布教へ送り出される。ある者たちは霊操を教え（彼らは黙想会の信徒たちにイグナティウス・デ・ロヨラの方法を勧めている）、別の者たちは聖書を説教し、あるいは教える。だが、彼らは皆、慈善活動に没頭するのである。

一五三九年に、長い熟慮の末、彼らは修道士となることを選択する。彼らの目的の独創性は、教皇あるいは彼らの上長の命に従って各地に散らばってゆくことができるように、国際的によく組織された一つの団体として、深い友愛と強い精神性――霊操の霊性――による統一体をなそうとする点にある。一五四八年に刊行された『霊操』の影響は、とりわけ、霊的生活へ接近するこの方法が近代のカトリシズムの特質の一つになった。イグナティウスとその仲間たちにとって、霊操は、それをすでに実行している者によって慎み深く指導されるものである一方、人びとが聖書の光に従う歩みに関わるものでもある。霊操を行なうことにより、このように各人はまったく自由に神との合一へ招かれ、そして教会においても社会においても、自らに固有の召命を見出すよう招かれるのである。

一五四〇年、イエズス会はパウルス三世により認可される。一五四六年に、彼らは学院を設立し、伝道者に四つの顔――大学教育、霊的同行者、福音宣教、慈善活動――を与えることを決める。

フランスにイエズス会が進出するのは容易でない。彼らの修道会の新しさ、その教皇至上主義（ないし教皇への排他的忠誠）、その国際的性格が非難される。多数の枢機卿の支援にもかかわらず、学院設立という望みは受け入れられない。大学にはすでに托鉢修道士が十分すぎるほどいて、学芸と文学を教えるという彼らの願いなどとんでもないと見なされていたからである。一五六一年に彼らは合法的な身分を手に入れるが、本当に定着するにはさらに二十年を要する。一五八二年に会員は三〇〇人を数え、三つの管区に分けられた。ただ一人の総会長によって決定されたこれらの創設は、最も効率よく「最も普遍的な善」を実現するという願いに動機付けられている。こうした戦略においては、異端に対する戦いは唯一の目標などではなく、複数の理由がイエズス会士たちを大学へ駆り立てるのである。つまり、諸々の改革が広まっている大学という場所にいたいという彼らの意志と共に、文化と信仰をしっかりと結び付けようとする彼らの人文主義的な願いがあった。しかし彼らは、才気に満ちた学生たちを募るという、さらに別の動機も持っていた。

つねに敵対的であったパリ高等法院は、一五九四年に、自らの管区からイエズス会士を排除するためにアンリ三世への反逆罪を利用するのだが、ただし、トゥールーズとボルドーの高等法院に同じ決定をさせることには成功しない。一六〇三年に、アンリ四世はイエズス会を復旧させ、その守護者を自ら任ずるのである。ルイ十三世とルイ十四世も同じ政策をとり、一六一六年にフランスのアシスタンシー〔管区グループ〕は五つの管区を数える。これ以後、イエズス会はもはや実質的な変化を経験しない。一七六二年にイエズス会士は三〇四九人を数え、彼らは九一の学院と二〇の神学校を含む一六一の修道院に分けられ、教師と大学教授、著作家と学者だけでなく、説教師と布教師も修道院に居住することになる。

十七世紀初めの約三十年間、フランスのイエズス会士は、スペイン人とイタリア人の同志たちがもたらした神秘的遺産を引き継いだ。イグナティウス的な霊性は、ブルターニュの修道会やボルドー人たちや布教団のあいだだけではなく、居住地や学校と結びついたマリア信心会や友人会など会外にも広まり、伝わったのである。イエズス会士の神学者は、論争において、聖書と教父の重要性を強調するが、彼らのうち何人かはトリエント公会議によって未決のままにされていた恩寵と自由についての論争にも参加する。霊操によって鍛えられたイエズス会士たちは、人間は自らの救いに関係を持たないということだけを認める。こうした立場は彼らに、ドミニコ会士、アウグスティノ会士に対する、そしてさらに正確に言えば、パスカルとポール・ロワイヤル修道院に対する幻滅をもたらすのである。イエズス会の学者たちは、プトレマイオスとコペルニクスの中間の立場であるティコ・ブラーエとともに〔天文学を〕試みることで、それほど大胆ではないことを証明するのである。

フランス人のイエズス会士たちは、北アメリカ、近東や極東の諸国に赴いた。彼らは遠方での布教団から、パリやロンドンやモスクワの学者と頻繁に文通していた。しかし一六八五年に彼らのうち十人ほどの者がルイ十四世の求めでタイと中国へ向かった際、教皇への彼らの従順さは国王には耐えがたいものだったために、イエズス会の立場はフランスで再び悪化する。この事件は、国王の神父、すなわち国王の聴罪師により片が付けられるが、さらに別の事件が起こるのである。

一七三〇年に事件が勃発したとき、イエズス会は自らの脆さに気づいていなかった。イエズス会の学院は、国民国家が教育を手中に収めようとしていた時代の流れに、ほとんど適応できないでいたのである。彼らの財政的機能も弱体化する。利益をもたらす制度の終焉は、イエズス会の困難の始まりを示している。マルティニック島を布教したラ・ヴァレット神父の破産〔植民地の産物をヨーロッパに売る目的で組織した事業が破産したこと〕は、イエズス会の不適応の実例である。イエズス会士の財政的「連帯」の原則に攻撃が加えられる。ところで、もし司法官たちが、法律上、各修道会は自立しており所有者とは見なされないことを知っていれば、実際上も、こうした法律的構造は適用できないことも知っていたはずである。イエズス会士の失策は高等法院を頼りにしていたことと、しかも事実の次元にとどめておかなかったことである。

その当時、「イエズス会士を殺せ！」というスローガンが叫ばれていた。『危険な主張の抜粋』、「戦争の機械」という冊子が刊行されるが、さらに巧妙なことに幾人かの人びとは、教会内部でのイエズス会士とジャンセニストとの対立を、政府内に持ち込もうとしたのである。パスカルとは違って、事件を主導したジャンセニストのル・ページュ〔高等法院のメンバーであった〕は、教会の緩みも王の暗殺事件〔一七五七年のルイ十五世暗殺未遂事件〕も非難しない。彼は『イエズス会会憲』の原則そのものを、その絶対主義を非難するのである。パリ高等法院は一七六二年に、迷った末に、教会と国家における絶対主義の実例そのものとしてイエズス会を告発する王令草案を起草する。高等法院の望みは、イエズス会士を非難することではなく、彼らが囚われているその支配体制を非難することである。すべての高等法院と最高諸院は同じ姿勢をとり、一七六四年に、クレメンス十三世と司教たちの抗議にもかかわらず、イエズス会はフランスで非合法化される。ついに一七七三年、ブルボン朝の圧力で、クレメンス十四世はイエズス会を解散させる。しかしロシア皇帝がこの処置を拒否したために、一八〇一年にピウス六世によりイエズス会が承認されたロシアにおいてイエズス会は存続する。それは、一八一四年のピウス七世による全世界的な再承認以前のことである。この頃、徐々に、密かにあるいは公然と、イエズス会は誕生の地において復活するのである。

フィリップ・レクリヴァン

近代の異端審問所

異端審問所は近代の発明ではないが、十五世紀と十六世紀のあいだに本質的な変化を経験している。すなわち、異端審問所は、王立裁判所がその管轄権を横取りするフランスにおいては衰退するが、イベリア半島に出現し、イタリアでは再編成されるのである。異端審問所は、教会と国家における絶対主義の進展に根本的に結びついた中央集権的で官僚的な機構という新しい顔を持つ。ゆえに、こうした機構としての異端審問所は、同時代に異なった文脈において発展する別の社会的統制組織——たとえば、カルヴァン派の長老会議は習俗について瑣事にまで介入する支配を及ぼし、違反者を厳しく処罰する——と似通っている。ただし異端審問所は、教会の正義と信仰の裁判所という特殊性を有し、自ら熟知している犯罪を規定するのである。異端審問所は世俗権力を頼りにし、イベリア半島の場合は特に緊密に依存しているのだが、まったくの地方権力のような自治権も有している。

近代の異端審問所のもう一つの特色は、政治的・国家的な枠組みへの適合性であり、それが複数の国での異端審問所設立を可能にする。スペインの異端審問所が、このような近代的異端審問所の最初のものである。一四七八年に、イサベルとフェルナンドのカトリック両王は教皇から聖職者判事の任命権を得る。こうした判事は、何よりもまず、新しいキリスト教徒たち、あるいはコンヴェルソ——ときに数世代も前からキリスト教へ改宗し、密かに彼らの古い信仰を保ち続けているのではないかと疑われたユダヤ人たち——を監視する任務を負ったのである。この新しい審査機関はただちに、異端審問所長官、スプレマという中央評議会、そして地方裁判所を伴って組織化される。最初の数十年を特徴づける恐怖政治の時代には、数千人にのぼる改宗ユダヤ人、あるいは改宗ユダヤ人と疑われた者たちが訴追される。引き続いて、古くからのキリスト教徒（ユダヤあるいはイスラームの出自をとがめられない人びと）にも関わる、冒瀆の言葉や迷信的慣行あるいは性的行為のような軽犯罪にまで検邪聖省が訴訟範囲を広げる〔取締りの〕強化段階が現れる。スペインにおける異端審問所の権力は、一五五九年、トレド司教バルトロメ・カランサの異端の疑いによる逮捕に、顕著に示されている。しかしながら、スペインの王政は、異端審問所を厳重な支配下に置き、また異端審問所を設立する多くの王国のうちで法的細分化を免れた唯一の王政であった。ポルトガルで一五四七年に認可された異端審問所は、スペインと同様の性格を有している。イベリア半島の異端審問所は、その権限を海外の征服地にまで広げている。メキシコやリマやゴアでは、異端審問官が、ヨーロッパ人の疑わしいキリスト教徒、改宗ユダヤ人、宗教改革への共感者の移住を注意深く監視し、植民地体験によって生み出された宗教的異種混交のあらゆる形態に制裁を加えるのである。

ローマの異端審問所は出自が異なり、国家とそれほど密接に結びついていない。一五四二年にパウルス三世は、イタリアでの宗教改革の広がりを恐れて、異端を捜査し裁く一切の自由を有す枢機卿会を組織する。この新しい枢機卿会は、理論的にはイベリア半島の異端審問所に服属する地域を除いたカトリック世界の全域に支配権を広げる。だが実際には、その権限はイタリアだけで行使されるのであり、すでにイタリアに存在していた異端審問所が服属するだけであった。しかし枢機卿会の存在は、ローマ教皇庁中枢権力の均衡をはなはだしく変化させるのである。強硬派の牙城であった検邪聖省は、一五四九年のイギリス人枢機卿レジナルド・ポールの場合のように、宗教改革への共感を疑われた枢機卿が教皇に選出されるのを妨害し、あるいは逆に、自分たちの仲間から出た候補者を推薦する。ゆえに、十六世紀後半の教皇のほとんどはかつての異端審問官である。各地では、異端審問所は、分離したプロテスタント諸派を壊滅させ、数十年にわたって支配下に置く一方で、当時、ローマの異端審問所は、その活動領域を別の宗教的軽犯罪へ拡大し、イベリア半島の場合のように、プロテスタンティズムとはまったく関係のない異端的行為に関心を抱く。その後、ローマの異端審問所は、とりわけ書物の刊行と普及に対する世界規模での知的統制を行なう。あらゆる知の領域でカトリックの正統性を認めさせせようとするこうした意志は、十六世紀に端を発する科学革命の革新に対して――ローマ教会の一部は最も著名な学者たちを支持しているにもかかわらず――必然的に対決姿勢をとるに至る。ガリレイに対する裁判と一六三三年に下された判決は、異端審問制および信と知の関係への非妥協的な見方によって引き起こされた科学と神学との断絶を顕著に示している。

異端審問所が論じられる際には、まったく不愉快な名誉回復も、かつての恐ろしい現実をさらに歪める暗い伝説も避けるべきである。異端審問制は、近世以来早くも、カトリック世界の中心においてでさえ激しい反発をかき立て、ナポリからオランダに至るまで異端審問所を導入するという考えは、文字通りの反乱を引き起こした。しかしながら、この導入に対して行なわれた非難は、現代の思考が予想しうるようなものではない。たとえば、拷問の執行は近代の異端審問所に対する最初の反論のなかでは示されてはいない。そして、実のところ、異端審問所は同時代の世俗的な裁判所よりもずっと控えめに規則に適ったかたちで拷問を行なっていたのである。多数（おそらく、スペインでは数千人、イタリアでは数百人）の犠牲者を生み出した最初の数十年を過ぎた後は、異端審問所は非常に稀にしか死刑宣告を下さなくなった。異端審問所は、悪意に満ち利害の絡んだ告発に直面して、非常に多くの証言の審査と被告人尋問を伴う訴訟手続きを整備する術を心得た。そして、被告人は自己弁護するために書類の一部を見ることができたのである。これにより、およそ一五五〇年から一六五〇年までの北ヨーロッパに衝撃を与えた魔術師や魔女を私刑にかける狂気を、異端審問所に従属していた国々は免れたのである。魔術による犯罪を前にして、異端審問所は非常に慎重な態度をつねにとっていたし、他の状況ならば発揮できた残酷さを、魔術に対して示すことは決してなかったのである。異端審問所は、サバト〔魔女あるいは悪魔崇拝の集会〕あるいは悪魔との契約の実在性を疑うことになるカトリック世界における最初の裁判所とも言えるのである。

もし異端審問所の行ないが近代初期ヨーロッパにとってとりわけ恐ろしいものとして現れたとすれば、それは啓蒙の世紀および現代の反カトリック的論調によって、しばしばいい加減に説明されてきたこととは別の面のせいである。被告人が、罪名や告発者の名を知らず、その結果がどうであれ裁判の経過について被告人自身には何も言うことが許されない訴訟手続きの秘密性は、異端審問所の被告人たちに深い不安をかき立てる。検邪聖省による有罪宣告に伴う社会的恥辱は、刑そのものの厳しさよりもいっそうつらいものである。つまり、焚刑の際の演出において、受刑者は公衆の面前で異端を放棄しなければならなかったし、たとえその後に、受刑者が軽い刑に服するだけであったとしても、異端審問所の判決は犠牲者とその子どもたちに恥辱を課したのである。要するに、知的な面ではたしかに異端審問所は、それに服属した国々においてあらゆる創意を窒息させたのではなく、宗教的順応主義と自己検閲の新たな形態が現れることを促したのである。そしてこの自己検閲こそは、幾人かの歴史家の見方では、十七世紀と十八世紀のスペイン、ポルトガル、イタリアの衰退をもたらしたのである。しかしながら、近代における異端審問所とその影響力の包括的な評価は、この瑣事に拘る組織によって残された大量の資料と、二十世紀の全体主義の経験に基づく歪んだ見方のために無謀な企てにとどまっている。歴史家がこうした見方に囚われずに、時代錯誤に陥らずにこのような良心の取締りを分析することはいまだ難しいのである。

アラン・タロン

新しい典礼、あるいは古くからの典礼か

まるでキリスト教はつねに信仰と聖書の未完成の註釈でしかないかのように、諸々の改革は信仰と聖書にあまりにも還元されがちである。ところで近代のキリスト教は身体的で社会的な実践も発達させるのだが、それらは典礼において、また典礼によって信仰を表し、聖書との関係と同じくらい本質的な神との、そしてキリストとの関係を構築するのである。こうした考えは、ツヴィングリに対して保守的なカールシュタット、そのカールシュタットに比しても典礼に関してはかなり保守的なルターの見解である。逆に、カールシュタットやツヴィングリは典礼の文字通り秘蹟的な（彼らにとっては呪術的な）概念から自らの支持者を遠ざけ、典礼の象徴的な側面を展開したのである。一五二三年にルターは、純化された典礼様式を採用し、ドイツ語の洗礼典礼文書を採用した。しかしながら、ドイツ語でルターのミサが実際に執り行なわれたのは、ようやく一五二六年であった。早くも一五二四年から編纂され、最初の賛美歌集に収

められた新教の賛美歌（その多くをルター自身が作曲した）は、逆に、ルターの神学の真の註解となっていたのである。ルターの典礼の身振りと言葉は、非常に早くに重大な人間学的選択を意味していた。ミサと祈祷式で成り立つ中世典礼の基盤は、実際のところ、万人司祭という観念の力に影響され、またとりわけラテン語が問題とされるなかで崩壊する。というのも、当時、幾人かの人文主義者たちはラテン語のうちに異教的ルーツを再発見するからである。典礼の身振りと言葉の再検討は、あらゆる神学的註解にもまして、宗派間の激しい対立を引き起こした。ドイツ語あるいはフランス語での詩篇歌と賛美歌がなければ、ルターあるいはカルヴァンの宗教改革は、今日、どうなっていたであろうか。同様に、『一般祈祷書』なしの英国国教会の改革、「ローマ的」なミサなしのトリエント公会議の改革は、それぞれどうなっていたであろうか。このような領域を探究するため、十六世紀になされた選択がいかに定着したかを見る前に、宗派間の様々な論争の場を概観してみよう。

身振りに関するうかつに踏み込めない危険な問題については、何よりもエウカリスティア〔聖餐〕の慣行を別にしておかなければならない。つまり、ピエール・ショーニュがすでに述べたことがあるように、これについては「すべてが承認されるか、すべてが破棄されるか」のどちらかなのである。教皇至上主義の「鼻持ちならないミサ」に反対する議論の激しさは、実際、改革派の爆発的台頭の一部をなしている。それは、単なる共餐を超えた次元へと儀式が展開するしるしなのである。この儀礼は、参加者のあいだで、勝利するキリストとともに信徒共同体を創設するのであり、彼らのうちに永遠に現存するキリストの姿を中心に形成された兄弟愛の解釈を行なっているのである。だからこそ、聖体の現存に関する諸々の立場が非常に重要となる。具体的には、実体共存〔聖体の秘蹟において、キリストの体と血が、パンとブドウ酒と共存すること〕、実体変化〔聖体の秘蹟において、パンとブドウ酒がキリストの肉と血に変わること〕、現実的な現存〔聖体のなかにキリストの体と血が実在すること〕、肉体的な現存、霊的な現存、記憶的な現存……といった専門用語がそれぞれ同じ程度の情熱をもって主張されるのである。スカトロジー的な罵倒、「パン生地の神」に対する挑発、聖餐の一連の祝宴が食人的だという非難が、キリスト教徒のあいだの相互不信的で閉鎖的な風潮をどれほど形成したか、あまりにも忘れられている。人びとはカトリックとプロテスタントのあいだの激しい対立のことはつねに考えるが、「最後の晩餐」をめぐる論争が、改革諸派のあいだの論争において非常に重大な影響を与えたのである。要するに、ツヴィングリ派とルター派、カルヴァン派と再洗礼派は、自他を区別する境界線を互いにただちに引いたのであり、これが、キリストの最後の食事の記憶の意味に関してつねに持ち上がる論争を引き起こすのである。

プロテスタントはミサの増加と聖餐式の礼拝のしるしを軽蔑するが、カトリックは逆に「聖体」への信心を深める。「聖体」への信心は中世の心情から発したものであるが、しかし十五世紀末の最も熱烈な風潮のなかでこそ高揚したのである。カトリックは儀礼において聖体をますます可視的に（そして、時に儀礼への参加を強制される「異端者」に対してはすぐさま攻撃的に）演出し続けた。カトリックは、数世紀にわたる、それゆえ由緒のある実践に依拠することにより、既聖ホスチアの拝飲〔司祭が余った既聖ホスチアをまとめて拝飲すること〕によってよりも、（ミサで聖体のパンを奉挙する瞬間に）会衆に見せることによって、キリストの犠牲への参与を発展させていくのであるが、十六世紀の半ばの時点では、頻繁に聖体を拝領することは、まだ形成過程にあるイエズス会士のようないくつかの敬虔な集団にのみ見られた慣例であった。

聖務日課の典礼に由来するいくつかの祈りへのキリスト教徒の愛着もまた忘れてはならない。つまり、こうした愛着は、ラテン語でアヴェ・マリアを、フランス語で「我らが父」を、道徳的格言となった『一般祈祷書』の交唱などを歌うことが平信徒を安心させるということを意味するのだろうか。フランスにおける宗教戦争初期のカトリックの暴力は、破壊分子の偶像破壊に起因するのと同じほどに、戸外や通りの真ん中でこれ見よがしに詩篇を歌うことにも起因するのである。ルター派あるいはユグノーの詩篇集や再洗礼派の賛美歌集は、今日なお強烈な自己同一性のしるしを表しているのだが、こうした表徴はそれぞれの宗派的伝統を、各々の起源や聖書時代へと結びつけているのである。しかしながら、断絶が最もはっきりしているのは、典礼の言葉である。俗語が行政機関で自由に話され、文学において偉大な地位を得たとき、また幾世代も前から聖書が翻訳されていたときに、プロテスタント教会はラテン語を捨てることを決め、一挙に成功を収めた。他方人文主義者の一部は、伝統に根付くことの重要性に対する危険を感じ、考証学と歴史学によって詩篇のラテン語訳を守ることにとりかかったのである（たとえば、ジャック・ルフェーヴル・デタープルの弟子であるヨッセ・クリヒトーヴェ）。またカトリックの側では、昔から神聖な事柄の言葉であったラテン語を捨てることは不可能であると長いあいだ思われていた。しかしながら、その神話的性質にもかかわらず、カトリシズムにとどまることを選んだ人文主義者の別の一派は、キリストとの徒弟関係の内面化の原理を守るために翻訳は必要不可欠であると確信していた。そういうわけで、ルフェーヴル・デタープル、ジェラール・ルーセル、クロード・デスパンスといったマルグリット・ド・ナヴァール〔フランソワ一世の姉〕の取り巻きの多くの聖職者たちは、たとえば一五三五年頃までは俗語による典礼を守り、霊的経験によりふさわしい表現にまで導くためにフランス語に磨きをかけるのである。ユグノーの詩篇集を編纂するクレマン・マロの翻訳／解釈もまたこうした努力から生まれたのである。

しかしながら、賭けはなされなかった。もはや俗語使用がプロテスタントの自己証明になっている以上、これを拒否するために再びトリエント公会議において俗語への移行が時宜にかなっているかどうか議論されるのである。この時、公会議は、典礼書のラテン語を改訂し簡素化することを決める。すなわちピウス五世は、これらの審議から、一五六八年に『聖務日課書』を、次いで一五七〇年に『ミサ典書』を公刊し、一六一四年にパウルス五世は『ローマ定式書』を策定するのである。新教徒は俗語で祈ったのに対し、カトリック教徒はラテン語で祈ったのである。それは、カトリック典礼の衰退を引き起こした古典研究の後退が、二十世紀に、この問題を他の基盤に置きかえるまで続いた。

十六世紀の選択は、長期にわたり重大な結果を及ぼしているのである。

カトリックの典礼は、普遍救済説の特徴を、さらに――典礼が様々な言語によって執り行なわれる際に役立つ――国家の垣根を超えた特徴を保持している。しかしながら、たとえばフランスではジャンセニスムによって、典礼における俗語使用への疑問は幾度も繰り返し示された。ラテン語の排他的使用は、聖なるものの意味を強めるとしても、最初の聖体拝領に至る条件をなす、個人レベルでの知識の獲得と内面化の要請とは矛盾する。ラテン語での日常的な祈りあるいはミサは、現代人にもなおなじみうるものだが、聖書理解や、今日の多元的な世界における信仰の応答能力については、同じことは言えないのである。

逆に、カトリックがミサに固執することによって、英国国教会という著名な例外を除く改革派教会の大部分は、「最後の晩餐」の典礼よりも聖書読解と説教に固執するようになる。十六世紀前半においては、最後の晩餐の典礼の挙行は、一般的にすべての信者に共通の四大祭日に限られ、また再洗礼派においては、しばしばそれを記念する質素な食事のかたちをとった。

目に見えないものとの繋がりを打ち立て表現する儀礼の言葉は、初期キリスト教の時代においてそうであったように、多元的である。だが、十六世紀の選択は互いの差異をいっそう際立たせ、かかる差異は、今日まで受け入れられている各々の自己同一性を示している。「受肉」へのキリスト教的な同一の信仰も、同じ一族でもいとこ同士で意味が不明瞭になるようなそれぞれの儀礼によって支えられるが、いずれにせよ、かかる儀礼は、信徒とともに死と悪を克服する永遠なる人―神への信仰を表している。いかなる典礼においても実現される終末論的な共同体は、そこに共感覚的な（少なくとも兄弟愛的な）経験ともう一つの世界に属していることの最上の表現方法を見出せるのであれば、それぞれの儀礼の違いなど、結局は問題にしないのである。

ニコル・ルメートル

心と火と山の神秘家

「研究ではなく祈りの知、論述ではなく実践の知、論争ではなくへりくだりの知、思索ではなく愛の知」（ベリュル）。キリスト教神秘思想、学校では教えない真なる「聖人の知」は、近代において文学的な絶頂を迎える。神秘思想は神を享受する直接的経験を示し、そして神は自らの秘密を明かすことがないにもかかわらず、自らを味わわせるのである。その後非常に多様化する表現活動のはじめにおいて、スペイン、イタリア、フランス……の神秘家たちは、体と心を動揺させる経験の言い表しがたいものを表すために、まず言語のあらゆる可能性を用いたのである。「絶対他者」との合一の探求において、神秘家たちは合一を願い、その兆候をしばしば享受すると同時に、さしあたり到達しえないことを知るのである。触覚、味覚、そしてその他の感覚のメタファーを借り、彼らの言葉は決して満たされることのない強烈な願望という痛々しい喜びを歌い続ける。他の人びとを彼ら自身の経験という困難な道へと導くために、つねに歩みつづける神秘家は、幸福な発見と嘆かわしい失望を伴ったそのぎこちない道程を語ることを好むのである。彼らは、教会の秘蹟の媒介から多少とも自由であるため、ときに異端の嫌疑をかけられて、彼らの目から見ると強制的で不毛な戒律と慣行からなる宗教のなかで、しばしば窮屈を感じる。しかしながら、彼らのうち幾人かは、各々の独創的な正統性の権威を認めさせ、さらに聖人に列聖されるという幸運に恵まれた。神秘家たちは、詩的な創造性によって、先人たちから伝えられた聖書的伝統のシンボルを用いる。これらの要素は、新しい意味がつねに付与されて、神秘家たちに言い表しがたいものをできる限り表現させ、また神の神秘について瞑想する題材を信者に与えるのである。

シナイ山からゴルゴタの丘まで神と民との「契約」が結ばれまた更新される聖書は、大部分が、天と地が接する点である山を舞台にしている。神秘家たちは、魂の上昇について語るために山のイメージを用いるのであるが、こうした魂は、神との合一の絶頂へと高まってゆく険しい小道を登るよう定められている。十字架のヨハネ（一五九一年没）にとって、カルメル山は神との合一の象徴であり、彼は「カルメル山登攀」をイニシエーションとして示す。ヨハネは、まず神のために神では全くないものの全的放棄を要求する登攀の第一段階を描写するが、ひとたび浄化されると、神へと向いた魂は、暗夜にとどまり、そこでは、おそらく、非在の中心において存在が顕現するのである。

キリスト教的伝統において、火の象徴体系は、神の比類ない栄光、この世に対する神の働きかけの効果、捕らえがたい神の超越性の神秘を表現することを可能にする。火は、生命力の作用であり破壊的要素であると同時に、創造者のイメージと、懲らしめる神の現存としての「聖霊」の現存を思い起こさせる。神が顕現した際に、燃える柴、炎の舌、あるいは燃え盛る火炎が、三位格の神の栄えある現存を人間に示すのである。神秘家たちは神の輝かしい恩恵と励ましの熱情とを表すが、しかし甘美な焼けつく痛みと同じ程度に神の荒々しさも感じる。神秘家たちの焼き尽くされた心を神的なものとの融解の場とする前に、火の試練が彼らを浄化するのである。火は広がってゆくが、その輝きをまったく失わないし、すべての人間にとって神の愛に倣って理解された愛徳を意味するのに適してもいる。燃え立つ心は、カルヴァンの姿と同様に、聖アウグスティヌスの姿と結びついた神の愛のシンボルとなるのである。

たしかに、火の神秘思想は、十字架のヨハネにおいてその最も叙情的な表現を見出すのである。ヨハネは『愛の生ける炎』（一五八五年頃）において、ついに神との合一の甘い痛み、甘美な傷を味わいながら、火によって浄化された魂の歌を註解する。十四世紀のヘルフタのゲルトルートとシエナのカタリナのあと、アビラのテレサ（一五八二年没）は、神の愛を炎にたとえるのだが、そこでは情熱に燃える魂に触れるべく火花がほとばしる。それに対し、ウルスラ会のマリー・ド・ランカルナシオン（一六七二年没）は、燃え盛る炎をかき立てることのみを熱望する。図像と典礼において示されている象徴体系は、司教の説教においても見出される。司教の説教は、聖体拝領式や祈りに、心を燃え上がらせる愛の火を掻き立てるにふさわしい要素を認めるのである。

心臓のメタファーは、生命と熱情の座、さらには人間と無限者とのなんらかの接触点を示すために、霊的な言語において慣例となっている。心臓のメタファーは祈りの方法に規則的に入り込むのだが、この方法は、神との親密な出会いに最も適した小礼拝堂において見られるのである。神秘家たちは、心臓を神の愛の容器でありまた彼ら自身の感情が留まる場とするために、こうした祈りの方法を絶えず用いている。近代人において、「イエスの心臓〔聖心〕」は受肉した神の愛の象徴として受け取られている。彼らより以前に、かかる信心は早くも十二世紀から「受難」についての私的な瞑想の文脈において、また特に刺し貫かれた心臓や、傷ついた脇腹から流れ出る神の恩寵の源を観想することにおいて見られた。こうした信仰は、多種多様な霊的グループを貫流した豊穣な運動を培ったのである。

クレルヴォーのベルナルドゥス（一一五三年没）に続き、非常に独創的な感性を伴って、ベネディクト会とシトー会の隠修修道女たちは驚くほど具体的な言葉――神的な傷の泉から流れ出たワインのごとき血に酔うこと、神と人間との神的な媒介である「イエスの心臓」との肉体的な出会い、「最愛のもの」との心臓同士の通い合いのうちなる親密な合一――によって、それぞれの熱情を大胆に書き記した。早くも十四世紀からフランシスコ会は類似の女性的な経験によって知られている。それは、シエナのベルナルディン（一四四四年没）が、「イエスの心臓」への崇敬を叙情的に表現し、キリストの人性への非常に熱烈な愛を感じる以前のことである。十四世紀半ばにライン川流域において、ドミニコ会士のゾイゼやタウラーばかりでなく、ドミニコ会修道女であるマルグリット・エープナーも、キリストの苦しみに対して同じ憐れみを抱き続けていた。また彼らは、「十字架上で身に受けた五つの傷」――ルターにはなお非常に重要なものであった――への崇敬から次第に区別されるようになった、愛に傷ついた「イエスの心臓」に対しても同じ憐れみを抱き続けたのである。カルドゥジア会士ルドルフ（一三七八年没）〔ルドルフ・フォン・ザクセン〕

は、彼の霊的弟子たちに、傷口の開いた「イエスの心臓」を永遠の生へと至る途として考えるよう導いた。次いで、彼の後継者であるランスペルゲ（一五三九年没）は、刺し貫かれた「イエスの心臓」への信心の最初の手引書を作成し、このイメージの使用を導入した。他の信仰深き者たちは、キリストの愛の強さを思い起こさせるために、火のメタファーが心臓のメタファーと結びついた祈りをつくる。カルメル会のマリア・マッダレーナ・デ・パッツィ（一六〇七年没）は、イエスの傷を強烈な猛火に再び喩えるのである。

十七世紀には、フランス社会において「イエスの心臓」の信心への関心が蘇ったことを信仰の文書や実践が物語っている。そこでは、心臓が、知性と感性から成り立つ人格の表現と見なされ、またキリストの肉体的な人性が霊性家や神秘家によって特に研究された。しかしながら、信心の発現は私的な性格を保持している。ベネディクト会士や改革派シトー会士は個人的に「イエスの心臓」を信仰するが、一方でフランソワ・ド・サル（一六二二年没）は聖母訪問修道会において「イエスの心臓」への崇敬を奨励する。ウルスラ会のマリー・ド・ランカルナシオンは「イエスの心臓」との親密な関係に達し、ヌーヴェル・フランス（北アメリカ）にその信心を広めた。瞑想の方法論は、修道女たちに血の流れる「イエスの心臓」に没入することを教えるが、それは修道女たちが、このように与えられた生を生きるため、また彼女たち自身の心臓においてイエスの贖いの愛の経験をするためである。ピエール・ド・ベリュル（一六二九年没）の教えを受けたジャン・ユード（一六八〇年没）にとって、「イエスの心臓」はキリストの聖なる「人性」を表している。それゆえ彼にとっては、キリストが人間に与える愛に感謝するために、典礼式がキリストに敬意を表して挙行されることは重要なことである（一六七二年）。

同時期に、パレ・ル・モニアルの聖母訪問会修道女、マルグリット＝マリー・アラコック（一六九〇年没）の経験、とりわけ肉の「イエスの心臓」について、また人間の罪のためにキリストによって耐え忍ばれた苦しみについて長広舌を揮う彼女の執拗さは、以後の対抗宗教改革に役立つ霊性の表現に拍車をかける。茨が絡まり十字架が上に付けられた「イエスの心臓」の幻視（一六七二年）は、社会的諸関係をつかさどる道徳通念を反映するばかりでなく、分裂したキリスト教世界の必要に応じた新しい特徴を信心に授ける。つまり不敬虔な者たち（プロテスタント）によって蔑ろにされたキリストの愛は、キリストへの贖いの愛を要求するのであり、この愛は、（カトリックの）信者たちが「名誉ある償いの祈り」によってキリストに対して示すのである。また、こうした祈りは、贖い主に対する辱めを償い、イエスの正当な怒りを鎮めることを目的としている。アラコックの霊的指導者であったイエズス会士のクロード・ド・ラ・コロンビエール（一六八二年没）と、その後にベストセラーとなった書物（一六九一年）を著したジャン・クロワゼ（一七三八年没）は、訪問会修道女らとともに、かかる霊性の普及の主要な原動力となる。ジャンセニストの反撃は辛辣なものであり、彼らは、疑わしいと判断された神秘的啓示に基づくこうした信心の情動的側面に対して激しく反発する。神の尊厳への過激な服従を正当化するために、その実践の語彙は絶対主義の政治的言語から借用されるのであるが、その他の場所でもこの特異であると考えられた実践が、もっと好意的に受けとめられることはほとんどない。

しかしながら、この信心は、辱められながらも慈悲深いキリストの傷ついた「心臓」への言及に感動した人びとの中に、好意的な反響を見出すのである。この信心は、傷ついた「イエスの心臓」に、歴史の悲劇的な出来事に応じて苦痛愛好的な色合いを帯びさせるほどである。たとえばヴァンデにおいて、この信心は、モンフォール派〔グリニョン・ド・モンフォールは一七〇三年に英知修道会を、翌年にはマリア宣教会を創立した〕の宣教により十八世紀を通じて広められた。イエズス会士のガリフェ（一七四九年没）の努力の結果、ローマが「聖心〔イエスの心臓〕」に対して公的な崇敬を認めたのはようやく一七六五年である。したがって、この信心は、慣れ親しまれた苦痛愛好的なキリスト教、十九世紀以後の凄惨な近代の戦争の中で、特に奨励され受け入れられたキリスト教に貢献するのである。

マリー＝エリザベート・エノー

「受肉」と従属の神秘家

キリスト教の根本的な教義の一つである神の子の「受肉」は、人間知性にとっては認めることが最も難しい観念の一つであった。心の活動領域をつくるために知的反省を後退させがちである神秘家たちにおいて、かかる神秘の親密な経験は純粋に神学的な記述よりも生き生きと啓示され得たのである。幾人かの神秘家は、中世に、その人性において観想されたキリストとのきわめて個人的な愛の関係をこのようにして体験した。ただし神的本性への全的没入を探求する他の神秘家にとっては、神的本性が「神の子」であったとしても、仲保者はまったく必要とされなかった。新約聖書の再発見によって、またフランシスコ会の霊性とデヴォティオ・モデルナの影響によって、人文主義時代の新しい潮流は全能者としての神と罪人としての人性のあいだの仲保者の役割を「人―神」に再び見出すのである。

近世において、ピレネー山脈の両側では、二人の中心人物が才知に富む「受肉」の神秘思想を語り、幾世代にもわたって霊性家と信心家に影響を及ぼした。アビラのテレサ（一五八二年没）が「神の現存の生き生きとした感覚に捉えられている」のを自覚したとき、神が「彼女の中に」いて、彼女自身が「神の中にまったく沈み込んでしまっている」のを彼女は信じて疑わない。この神秘的合一の体験は、その人性において啓示されたキリストとの連続的な出会いの衝撃のために、将来のカルメル会の改革者の人生を激変させる。テレサは、キリストの人性に身も心も捧げるのである。たしかに、彼女の一切の願望が向かうのは「人―神」である。最初の接触の際には、キリストの不可視の現存はわずかに感じられるだけである。テレサは、彼女のすべての行ないの証人としてキリストを感じる。想像的な幻視と知的な幻視は入れ替わり、愛情に満ちた会話と眼差しの交換に培われたより激しい一対一の人格的関係を徐々に強める。幻視は、魂の登攀の新しい段階である霊的婚姻に至り、ついには「花婿」〔イエス〕によって「三位一体」の神秘へ参入するよう導かれる。テレサはこのような三位一体的現存に満たされ続けるのだが、しかし、彼女はキリストとその人性に絶えず自発的に立ち戻るのである。テレサにとってキリストは、まさに「父」へと至る唯一の途である。この時代には、スペインの女子修道院において似たような歩みが豊かに見出される。しかしながら、アビラの神秘家によって生み出された著作のような、見事な成果が現れるには至らない。彼女は、ずっと後年になって、教会博士を授けられることになる。

ピエール・ド・ベリュル（一六二九年没）はアビラのテレサの後継者として、フランスにスペインのカルメル会を受け入れることに尽力する際に、従姉妹であるバルブ・アカリー〔アカリー夫人〕の支援を受ける。ベリュルは彼女のサロンの常連として、神に対する自己無化を謳いあげるカプチン会士のブノワ・ド・カンフィールド（一六一〇年没）や、ライン・フランドル地方の神秘家たちに手ほどきをしたカルトゥジオ会士リシャール・ボークザンらと出会う。アカリー夫人のサークルは、人間の魂の神的本質への直接的で「離脱的」な合一を特権化する神中心主義を唱える。したがって、若きベリュルが十六世紀末に公刊した『内的放棄に関する小論』においては、キリストについてはほんのわずかしか問題にしていない。他方で、偽ディオニュシオスの著作とそれが行なう世界の序列化が浸透したベリュルの思想は、聖イグナティオスの修練とテレサの神秘思想の発見に同時に影響され、ゆるやかな展開を見せている。同時代にベリュルの指導を受けた聖ヨセフのマドレーヌ（一六三七年没）は、キリストの「人性」を中心とした教えをパリのカルメル会ですでに説いていた。ベリュルは、ライン・フランドル地方の思想的遺産と、何よりも彼らの三位一体論的神秘思想を完全に放棄することなく、神の愛の思召しが「受肉」の神秘とどれほど結びついているかを見出すのである――そこでは、キリストを神と人との唯一の仲保者、「真なる太陽、世界の真なる中心」とするために、「神の子」の神性がその「人性」と結合する。

一六一一年に聖職者の理想を回復する目的でベリュルが創設した在俗司祭の修道院オラトリオ会会員のために、彼は神秘的な入会規則をつくる。それは、偽ディオニュシオスのモデル〔教会位階論〕から着想された教会組織の階層的な概念につながるベリュルのキリスト論の展開を要約している。彼らの身分の高さのため、司祭たちは天上界と特に近しいことの恩恵を受ける。したがって天上界は、彼らに委ねられた魂に対する崇高な責任を彼らに授けるのである。キリストの威光を忠実に伝えるために、司祭たちはキリストの意志に完全に聴従しなければならない。完全な自己放棄と神への全的な服従——司祭たちがそれに服するのを見ることを神は望んでいる——の原型を、ベリュルは「受肉」のうちに見出す。こうした文脈において、ベリュルは司祭たちに、神の母に聴従して生きる願望の表現としての聖母マリアへの従属の誓願と、さらにイエスとその神格化された人性へのもう一つの従属の誓願を勧めるのである（一六一五年）。かかる従属は、「受肉した御言葉」としてのイエスから司祭たち自身が授かったものを、下位の者たちへ伝えることを可能にするのである。

『イエスの状態と偉大さについて』（一六二三年）のなかでベリュルは、同時代の者たちから激しく非難された彼の思考方法を正当化しようとする。というのも、ベリュルの政治的・宗教的背景は、彼の批判者たちが関わっている状況と対立するからである。この書物でベリュルは、彼の「受肉」の神秘思想の最終的な展開を述べている。ベリュルのキリスト中心主義は、「三位一体」の各位格に与えられた役割を彼が考察する仕方の痕跡をとどめている。ベリュルは「父なる神」のうちに、万物の根源と成果を見ている。「神の御言葉」である「子なる神」は「父なる神」が自己自身について抱く「生き生きとした像と完全なイデア」である。一方で「聖霊」は『父』と『子』を結びつけるものであり、かつ両者の一体性」の本質をなしている。したがって、ベリュルは、「神なる子」への瞑想なしに神的本質と結合しようとするいかなる方法にも反対する。イエスの地上での生涯のあいだ、イエスは自らの神性の下にあるゆえに、恩寵をもたらす様々な状態を経るのである。

幼子イエスの状態は、未完成で言葉のない存在（infans 幼児）にまで「神の御言葉」が低められることに衝撃を受けたベリュルを特に驚かせる。「御言葉」は、罪により無に帰された人間本性のうちへ自らを空しくすることを、人間の愛によって受け入れるのである。人性へと空しくされた永遠なる「神の子」の神性を観想したあとで、ベリュルはこの「神格化」された人性を前にして驚嘆し、したがって被造物にとって神への還帰が可能になることを考察するのである。そのために被造物は自己放棄しなければならないし、また「聖霊」の働きへの全的放棄のうちで、あらゆる状態のキリストと「近接しなければならない」。ベリュルによれば、叙階の秘蹟は司祭がこの近接の状態に生きるに特にふさわしくするのである。司祭はこの段階において、「キリストの体」と交感しつつキリストを瞑想することで、神へと還帰する可能性をキリスト教徒に与えることができる。ベリュルの「受肉」の神秘思想が女子修道院に及ぼした感化は、修道女たちに〔受肉の〕神秘への真の熱狂を引き起こす。修道女たちは一切の祈りをその神秘に捧げており、また彼女たちの多くが、たとえばカルメル会に入りマリー・ド・ランカルナシオン（受肉のマリー）という修道名を持ったアカリー夫人のように、その神秘〔受肉〕を名乗ったのである。その後、トゥールのウルスラ会修道女で、ヌーヴェル・フランスの神秘的人物であったもう一人のマリー・ド・ランカルナシオン（一六七二年没）もまた、キリストとの熱情的な関係を生きる。彼女は祈りの恵みにより、キリストが「道であり真理であり、命である」ことに徐々に気づくのである。

キリスト教的霊性の歴史において、従属の概念は、一六二七年に枢機卿に任命されたベリュルの個性と結びついている。この概念は、神、キリスト、あるいはマリアへの自由で全的な帰属の関係を規定するためにすでに用いられていた僕《しもべ》の象徴体系に依拠しているのである。聖母マリア下僕会は、こうして十三世紀にフィレンツェで創立された。十六世紀のスペインで、マリアの僕《しもべ》の信心は、信仰心の実践――ロザリオの祈りの暗唱、九日間の祈り……――のかたちをとって生まれるのだが、かかる実践は、同様にオランダに根づいている多くの信徒団体から派生したいくつかの女子修道院で普及したのである。ベリュルによって、従属の誓願は次のように考えられていた。『神性』と『人性』との何とも言いようのない合一の後に、義務を負う僕《しもべ》の身分でイエスに身を捧げ」、また「神の母」という身分のために人間に対し「特別な権能を有する者であるマリアに身を捧げるため、「受肉」の神秘にもとづいて神へ上昇すること」である。

「受肉」の神秘思想はキリストへの信心に、とりわけ、お告げのマリア修道会のようないくつかの女子修道会によって崇敬された「幼子の状態」のキリストへの信心に通じてもいる。お告げのマリア修道会は「受肉した御言葉」への奉献によって特徴づけられており、修道女たちは、特に厳格な禁域生活に身を捧げながら、マリアの胸のうちに秘められた生に倣うことを熱望するのである。ボーヌのカルメル会の聖なる秘蹟のマルグリット（一六四八年没）は、幼子の状態のキリストと結合するという不思議な恩恵を経験した後に、「幼子―神」への信心の偉大な主唱者の一人となる。イエスの生誕に先立つ時――そこではイエスがマリアのうちに生き、またマリアがイエスにおいて生きている――だけを取り上げる『イエスの生涯』において、ベリュルは「自然本性と幼年期の条件」に「御言葉」が束縛されているということを重んじ、「御言葉」の依存の状態と意志伝達の不可能性を強調するとしても、一方で、「幼子―イエス」への愛情のより強い感情の表出は抑えられず、十七世紀のフランス、イタリア、ボヘミアにおいて、こうした「幼子―イエス」への崇敬が広まるのである。

マリー＝エリザベート・エノー

ジャンセニスム——厳格主義の誘惑と反抗の心性のあいだで

簡素、厳格、無一物は、ジャンセニスムから切り離せない。しかしこのジャンセニスムという語は、今日もまだ喚起力を保っている。それというのも、ジャンセニストは道徳的かつ宗教的意識——かかる意識にとって、「証明の偉大さ」も現世の権力も神の偉大さに匹敵しえないであろう——の挑戦を体現していたからではないだろうか。

ルーヴァン大学の神学者であったヤンセン（ヤンセニウス）の名に由来するジャンセニスムは、聖アウグスティヌスの恩寵論の体系的研究であるヤンセンの遺作『アウグスティヌス』（一六四〇年）にその起源を有している。アウグスティヌスの恩寵論では、人間が神の決定にいわば影響を及ぼしうることがなくても、神は人間の劫罰あるいは救済について思いのままに決定する。それゆえ人間の偉大さは、かかる神の全能を受け入れることに存する。それは、自由意志と自らの救済に協働しうる人間の能力を強調するイエズス会の霊感神学の発展に対する反発でもある。ジャンセニスムは、ヤンセンの盟友であるデュヴェルジエ・ド・オランヌ、通称サン＝シラン神父によって、フランスの篤信家サークルに浸透する。また、この思想は、修道院長のアンジェリック・アルノーがその数年前に規律を復興させたポール・ロワイヤル女子修道院において特によく受け入れられる。アンジェリックは、パリ高等法院の実力者であったアルノー家の支援を受けて、ジャンセニスムの戦闘的な中核となるのである。

何よりもまず世間の人びとから引きこもることへの熱望であった最初の数十年からすでに、彼らは当局の不信とさらには敵意に直面する。ヤンセンが激しく非難したプロテスタント諸侯とリシュリューとの同盟は、ポール・ロワイヤルのサークルの非承認をもたらし、一六三八年には、サン＝シランは投獄されてしまう。こうして、権力との対決が始まる。教皇勅書が出された結果、聖職者と修道女は『アウグスティヌス』の中にあると見なされている五つの公式あるいは命題を非難する誓約書に署名させられる。これら五命題は実際に〔権利上は〔en droit〕〕有罪であるが、事実上〔en fait〕それらはこの著作に見出せない、とジャンセニストは反論する。さらに数年後、『田舎の友への手紙』でパスカルがイエズス会士の弛緩した道徳として示したものを嘲笑した際には、イエズス会士は不器用にしか反論できなかった。それは、シュヴルーズの谷にあるポール・ロワイヤル・デ・シャンのサークルの偉大な栄光の時代（一六七〇年まで）である。すぐ近くに居を構えるようになった在俗の「隠士たち」は、ポール・ロワイヤル修道院で文法と論理学の著作に取り組む。幼いラシーヌ〔悲劇作家〕もその一人であった生徒たちは「初等学校」へ通うのであるが、そこは、他のどこよりもフランス語の優れた教育を行なうのである。

かかる消極的な反対の仕方は、ルイ十四世には受け入れられない。直接の利害関係者がヤンセンの思想を、公式に、また文書によって否認することを要求することで、権力側の攻撃が再び始まる。一六八二年のレガリアの特権〔国王による空位聖職禄の収益取得権〕の難局以来、ジャンセニストの幾人かの司教によってローマに与えられた支持は、国王を激昂させる。国王は、この権利の行使により、フランスのすべての司教区をその支配下に統一するつもりだったからである。一七〇九年に、ポール・ロワイヤル・デ・シャンの最後の修道女たちが追放され、修道院は破壊される。一七一三年にルイ十四世は、オラトリオ会士パスキエ・ケネルの著作から原文のまま抜粋された多くの命題に対する断罪を、ローマから取り付ける。それが勅書（あるいは教書）『ウニゲニトゥス』であり、「教書に反する者たち」の反対を呼び起こすのである。

一七一五年のルイ十四世の死の時点では、ジャンセニスムは決定的に壊滅したように見える。しかし、その亡霊はまもなく姿を現す。それに関しては、本質的な二つの理由がある。第一に、聖職者や信徒たちの中心で活動する核となる組織が主としてパリやパリ盆地にあったこと。第二に、特にオランダにおける亡命者と、ローマの――またイタリアのいくつかの都市における――外国人支援者のあいだでの、定期的な手紙のやり取りに基づく国際的な組織網の出現である。深い信念から単なる共感まで見解が異なる少数派ではあるが、それでもなお有力な圧力団体を形成し、摂政時代に伴う権力の衰退を利用して、フランスのジャンセニストは、教皇勅書への反対を決めた一般公会議の会合に訴える。こうした（公会議に訴える）「上訴人」は多くはない（せいぜいフランスの聖職者の五パーセント）が、学問的な使命を持ついくつかの修道会（たとえば、オラトリオ会士や聖マウルス・ベネディクト会士）では確固として存在し、パリのいくつかの小教区にしっかり根づいたのである。パリ大司教ノアイユの下にいる司教たちは、ジャンセニストの立場を支持することに躊躇しない。可能な限り対立を調停する前に、権力側の態度は硬化する。上訴した司教の一人であるジャン・ソアネンは、一七二七年にラ・シェーズ＝デューへ追放される。一七三〇年には、勅書『ウニゲニトゥス』が国法として布告される。一七四〇年代には、ジャンセニストは聖職から徹底的に排除されるのである。

こうした制度的衰弱は根本的な変化と同時的である。その謙虚さと自発的な清貧により名が知られていたジャンセニストの助祭フランソワ・パリスが一七二七年に亡くなった後、信徒たちはパリのサン・メダール教会の墓地にある彼の墓に押し寄せる。失神と痙攣《けいれん》を伴う奇跡的な治癒がたちまち現れるのである。これは信者と見物人の群集を引き寄せる。この事態を不安視した当局は墓地の閉鎖を命じるが、同種の現象は私的な会合において、引き続いて生じる。このような霊的集会の際に、痙攣を起こす者たち――ほとんどの場合女性――は、真の教会、真理を有する者、迫害された者を体現していると確信している。彼女たちは「神の救い」を求める。自らの体に打撃を与え、傷をつける。ゆえに、彼女たちが苦痛に耐えることは、自らの立場の正しさのしるしとして受け取られるのである。彼女たちは、幾人かのジャンセニスムの聖職者によって展開された旧約象徴論〔旧約聖書を新約聖書の予表と見なす〕の神学を自らの身体においてこのように表すのである。ジャンセニストにとっては、聖書は、ヘブライ民族とキリストの受けた試練を介して、選ばれた者の小さな集団を「予表」し、伝えているのである。

権力への抵抗は、非合法の週刊誌『新しき聖職者』の配布によっても表現される。激しく論争的な論調のこの週刊誌は定期的に刊行され、首都パリに普及する。情報を中央に集めるこの機関紙は、報道機関を組織化するジャンセニストの能力の表れでもある。独立性と協力者の細分化のおかげで、このジャーナリズムは追及と逮捕から身を守ることができるのである。

信教の権利擁護と反抗の精神性というジャンセニスムの二つの性質は、一七五〇年代におけるその運動の展開によって明らかにされる。痙攣の現象は低調になるのだが、聖体拝領、とりわけ臨終の秘蹟を受ける前に、告解証明書――教皇勅書に好意的な司祭が署名した証明書――を提出するよう、パリ大司教は信徒に要求する。この規定は、道徳的に正しい人びとへの最後の秘蹟の拒否という騒動を引き起こすことにより、聖職者と国王権力に対する強い憤りを買うのである。国王権力は、高等法院によってさらに直接に問題にされる。策略あるいは信念によって、判事と検事はジャンセニストの側につく。弁護士ル・ページに続いて判事や検事たち、つまり、法律を「預かり」、法律を守護する少数者は、神聖な法律に違反してその権力を濫用する一個人（ローマの教皇、フランスの国王）の権力を妨げなければならないという考えを、政治的な領域に移すのである。妥協の論理と政治的配慮は、絶対主義の基盤を掘り崩すために一致するのである。

ヴォルテールのような哲学者たちの著作において批判され、聖職者の集団のなかで激しく攻撃され、高等法院が従属させられた際にはこれと運命を共にして、ジャンセニスムはアンシャン・レジームの最後の十年間に衰退したように見える。しかしながら、ジャンセニスムは教会の中心で、下位聖職者の権利と結びついたリシェ主義（極端なガリカニスム、国家教会主義を主張したエドモン・リシェ（一五五九―一六三一年）の説）の主張を擁護する者たちに影響を与えたのである。民衆教育への彼らの関心を動機づける最下層の人びとへの配慮と、いくつかの小教区でのフランス語による典礼の発展を伴う一般信徒の儀式への参加についての寛大な見解がそれである。しかし、非常に厳格な道徳を守っている司教区では、彼らの態度はむしろ宗教的な離反を促してしまうこともありうるのだ。

フランス革命のもとで、フランスのジャンセニスムは、聖職者民事基本法（一七九〇年）をめぐって再び分裂する。彼らのうち幾人かは、司祭選挙の原則と国家による司祭支配に対して好意的ではあるが、反対に他の者たちは、教権と俗権の分離の名においてそれに反対したのである。フランスの外では、少数派だが影響力のあるジャンセニスムに共感する司教たちが、ヨーゼフ二世により始められた諸改革以来のオーストリアの聖職者の再編に尽力する。一方、イタリアの聖職者は、ピストイア公会議（一七八六年）の際に、教会統治における参事会の機能への固執をはっきりと表明するのである。

フランス革命とナポレオンのエピソードには、これらの出来事が新しい時代を予告しているという千年王国論的な希望を介して、ジャンセニスト精神の最後の表明が見られる。しかし、十九世紀において、ジャンセニスムは、教皇無謬性とより緩やかな道徳の確立と共に、迫害された宗教的良心の権利のノスタルジックな象徴へと必然的に変容させられるのである。

イザベル・ブリアン

第3章　世界を宣教し統率する

遠方のキリスト教

アメリカとアジアへ

時代の原則に従って、ポルトガルとスペインの両君主は、彼らの帝国において俗事と宗教とを区別しない。一四八一年のシクストゥス四世によるアフリカの分割と一四九四年のアレクサンデル六世によるインドの分割は、この意味において時代の原則を証明している。というのも、彼らは開拓と福音伝道に関する一切の権威を両君主に認めるからである。それは保護者と呼ばれるものである。スペイン領ないしポルトガル領のインドで、国王の支配下で活動した最初の宣教師たちは、ドミニコ会士、フランシスコ会士、カルメル会士である。ブラジルでは、イエズス会士に少し遅れて早くも一五五五年には、カルヴィニストがリマとペルナンブコに到着する。それに対して、イエズス会士がメキシコとペルーに根を下ろすのはもっと後である。その頃、征服はほとんど完了し、組織化がその後の課題となる。コルテスの息子とフランシスコ会士マンディエタのジェロームに支援されたメキシコでは、インディオ王国の夢はすでに残っていない。ドミニコ会士の司教バルトロメ・デ・ラス・カサスが切望したインディオ教会の余地も残っていない。そこで目指されたことは非常に大規模なものだった。スペインとポルトガルの人口が、せいぜい八〇〇万人を超えるほどであったのに、一五五〇年頃におよそ数千万人のインディオと未踏の地が、いかにしてキリスト教化されるのであろうか。ポルトガルの海上航路がそれほど引き伸ばされたとでも言うのか。

イエズス会士の宣教はこの逆説をよく示している。一五四二年にゴアへ到着してから（ただし司教区は一五三九年に設立されている）、イエズス会士フランシスコ・ザビエルは、フランスシスコ会士の司教ジャン・デ・アルブケルケに「ポルトガル王に服属する地域」での一切の権限を付与するローマからの書簡を手渡す。だがザビエルは、管区長の意見に従ってのみこの権限を行使するのだと説明する。ザビエルは、「異教徒のうちに彼の信仰を植えつけること」以外の望みは持っていない。ザビエルは、六十人の現地人が王の費用で教育を受けている聖パウロ学院を軽んずることなく、貧しい人びとの方へ赴く。ザビエルと、彼より少し後にブラジル、コンゴ、モーリタニア、エチオピアへ旅立った彼の同志たちは、フランシスコ会士やドミニコ会士と同様に、途方もない挑戦に直面する。イエズス会士は人文主義者である。イグナティウス・デ・ロヨラはただちに、ヨーロッパ的「教養人」の協力を得て、異教徒への伝道者を育成するための学院創設を彼らに命じる。こうして、ブラジルではサン・パウロ学院が創設される。フランシスコ会の民族学者――たとえばベルナルディーノ・デ・サハグン――の経験に影響されて、イグナティウス・デ・ロヨラはイエズス会士に、現地社会に「適応し」、彼らの風習を理解するよう命じもする。イグナティウスは結局、定期的に書簡を彼に送るように命じる。書簡の第一の目的はイエズス会の「創設」であるが、それは古代文明に関する知識を激変させもする。「経験」の確実性は書物の「権威」に異議を唱え、古代世界の彼方に空間の無限性の感情が生じる広大な地平を切り開くのである。しかし、他者の発見において、十六世紀と十七世紀の人びとを最も驚かせるのは、こうした他者が彼ら自身と似通っているということである。近代的思考は、主として人文主義と新しい空間との出会いから生じる。イエズス会士が近代的思考をゼロからつくりあげたとは言えないとしても、彼らはそれに十全な効力を与えたのである。

一五五〇年頃に、ポルトガル帝国は、アフリカ周辺より遠方において、ゴアのアルブケルケによって打ち立てられたホルムズ海峡とマラッカ海峡のあいだの統一――それは日本と中国へと延びている――を組み込む。フランシスコ・ザビエルは十年にわたってこの帝国を動き回るが、一方、ブラジルはノブレガとアンシエタによって踏破されるのである。至るところでイエズス会士は「イエズス会が用いる手段で最大の成果をどこで期待できるか、考えなければならない。たとえば、ひとがより広く開かれた扉を目にする場所、より進歩を好み、より進歩にふさわしい者たちがいる場所……というのも、より普遍的な善はより神聖であるから、他の多くの者たちへも首尾よくその進歩が広がっていけるような人と場所を選ばなければならない……」。イグナティウスの死後、総長ライネスの指導の下で、この傾向は弱まる。そのかわりに、総長ボルジアの指導下で、イエズス会士は皇帝領の西インド（諸島）へと赴く。一五六六年にはフロリダ、一五六八年にはペルー、そして一五七二年にはメキシコに至る。リマの副王統治国において、「偶像崇拝の根絶」のために、一大キャンペーンが開始されるが、一方メキシコの副王統治国においては、スペイン国王の求めによって、秩序壊乱的と見なされたベルナルディーノ・デ・サハグンの民族誌的研究が一五七二年に禁止される。その後、一九三〇年代に再発見されたいくつかの研究は、インディオ研究の復興を支えることになる。

アメリカとアジアにおけるイエズス会士の宣教の拡大は、早くも、イエズス会における新しい統治形態を必要とする。そこでメルクリアンとアクアヴィーヴァの二人の総長は、必要なあらゆる権威を有する巡察師――ペルーとメキシコにはラ・プラサ、アジアにはヴァリニャーノ――の派遣を決める。ヴァリニャーノは、保護者を最大限利用し、また独立した宣教活動を切望しつつ、絹貿易の厄介な問題を処理しようとする。日本で、適切な布教方法の諸原則を推進した後、ヴァリニャーノは、外国人宣教師が日本人に適応するのであって、その逆ではない、と主張する。ヴァリニャーノは、〔マテオ・〕リッチとルッジェーリに中国に入る準備をするよう命じる。後に、同じ意図で、〔ロベルト・デ・〕ノビリと〔ファン・デ・〕ブリットがインドへ、またロードがヴェトナムへ赴く。ラテンアメリカで、巡察師は、教義〔doctoroinas〕において不統一にならないよう、また黒人とインディオの傍らで、学院と宣教に全力を尽くすようイエズス会士に求める。彼らは、地方の司教会議に神学者として招かれもする。一五八二年のリマ司教会議では、イエズス会士ホセ・デ・アコスタが、土着信仰の「根絶」という厄介な問題に関する見解を明らかにする。

スペインに帰国した際に、アコスタは『インディアス布教論』（一五七六年）を刊行する。十八世紀まで非常によく読まれたこの著作では、書かれたものが口承のものより優位に立つヨーロッパ・ルネサンスの原則に従って、「文化」の形態学が提唱されている。このようにして彼は、宣教すべき人びとを三つのカテゴリーに分ける。序列の最底辺にいるのが、粗暴あるいは堕落した「野蛮人たち」であるが、彼らには強圧的な方法を使うことが望ましい。彼らの上位に、真の「文明」に恵まれている人びと、メキシコのアステカ族やペルーのインカ族が位置づけられるが、彼らに対しては穏やかに介入すべきである。最後に、中国人、日本人、インド人は、土着の法律と文学の発達によって他の民族からは区別される。最初のキリスト教徒たちが、ユダヤ人、ギリシャ人、ラテン人に対したのと同じように、彼らに対して振る舞うのが重要である。宣教の理解と新しいヨーロッパ意識が、このようにして明確になる。

二つの実験が、イエズス会士の「振る舞い方」を説明しうる。〔イエズス会宣教師により教化された〕インディオの居住村と中国布教である。前者に関して初代パラグアイ管区長ディエゴ・デ・トーレスは、フランシスコ会士から着想を得て、原住民を再編成することを決める。グアラニ族のあいだには、早くも三十の居住村がつくられ、一六〇九年から一七六八年のあいだに、こうした「共和国」はインディオが市民の身分を得ることを可能にさせる。人びとはそこにユートピア〔utopie〕を見たが、それ以上に、ここでは可能な限り人類学に従う「ヨーロッパの地〔eutopie〕」が問題となる。強制的な福音伝道という単純な理念、あるいは怪しげなシンクレティズムによる暫定的な同化——たとえそうした要因は考慮すべきであるとしても——をはるかに超えて、イエズス会士はグアラニ族の自由を尊重しながら、彼らの主体性に内面的に順応しようと試みた。その後、霊的ヴィジョンにおける価値観の転移——すなわち「絶対他者」の価値体系——を伴う改宗が行なわれる。その点では、グアラニ族の芸術作品が彼にとって非常に重要になる。それらは、彼らが探し求めた「悪なき大地（Yvy maraẽ'ỹ）」はたしかに存在するが、死の彼方に存在することを彼らなりのやり方で表現しているからである。

中国では、イエズス会士のやり方は異なっている。中国人が推進した天文学の帝室研究院において、イエズス会士のうち彼らの数学的証明と彼らの教義的外面を分けて考えた者もいたが、その他の者は、より厳格な信仰理解の名においてそれを拒否したのである。さらに、『四書』から三つの書物（『大学』『中庸』『論語』）を翻訳することで、イエズス会士は「原―中国学」に寄与した。その後、ルコント神父の『新報告書』に議論が集中するが、これは文体や内容によって大衆受けするものの、中国の伝統に対する重要な直接的経験も、イエズス会士の順応過程も欠いた書物である。一七〇〇年に、ソルボンヌ大学はこの著作を禁書にする。その後、典礼をめぐる論争が起こるが、これは結局、ただ一つの問いにとりつかれた西洋的な論争である。その問いとは、中国布教の第一人者であるリッチは間違っていたのか、それとも正しかったのか、というものである。言い換えれば、キリスト教はその独自性を失うことなく、他の思考形態、規範、儀式に適応するためにヨーロッパ的な支えから離れることができたのであろうか。いずれにせよ、中国風の儀式は一七四二年に禁じられる。幾人かのイエズス会士、画家、植物学者、あるいは建築家が皇帝の傍にとどまるが、しかしそのときカトリックにとっての新たな一ページがめくられるのである。

フィリップ・レクリヴァン

アフリカ布教（十六―二十世紀）(34)

アフリカでの宣教師の仕事は、ようやく十五世紀末になってから、ポルトガル人の征服に続いて始まった。しかしキリスト教は、アフリカ大陸では、エジプト、エチオピア、とりわけスーダンにおいてはるか昔から多くの根を張っていた。最初の進展が見られたのは、一四九一年以来ポルトガルと関係していたコンゴ王国である。ここでは、アフォンソ王の息子ドン・エンリケが一五二一年に黒人の司教として叙階され、一五七八年には独立した司教区が設立された。しかし、かかる進展は束の間のものにすぎなかった。一六一九年には、司教は二四人の司祭の支えを当てにすることができ、またサン・サルヴァドールの司教座聖堂参事会員は「ヨーロッパの作法に従って」典礼歌を奏でた。一六四〇年に、それより約二十年前にローマに設立された布教聖省は、コンゴ使徒座直轄県を創設し、これをイタリアのカプチン会に委ねた。四三四人ものカプチン会修道士が、一六四五年から一八二〇年のあいだにコンゴとアンゴラへ派遣された。セネガンビア、シエラ・レオネ、ベニン王国とワリ王国で同じ時期に行なわれた努力はほとんど成功を見なかった。そのかわりに、アフリカ南東地域においては、インド洋側だけでなくザンベジ川流域とモノモタパ王国の中心部まで、主にイエズス会士とドミニコ会士からなるポルトガルの宣教団が、控えめだが一定の影響力を二世紀以上にわたって保持することに成功した。

この最初の布教の波の結果は、はかばかしいものではない。諸々の病、意思疎通の困難、政治権力との教会の妥協、奴隷制を受け入れる妥協などが複合的に影響して、発展のあらゆる機会を打ち壊した。宣教師が入ったすべての地域において、キリスト教の影響力はごくわずかであった。キリスト教の実際の影響は、シンクレティズムを通して発揮された。ザンベジ川流域のコンゴの上ギニアでは、伝統宗教とキリスト教教義の玄義を組み合わせて、今までになかった宗教形態が生まれたのである。

十八世紀末にイギリスで、バプティスト派宣教会、ロンドン宣教会、教会宣教協会のようなプロテスタント宣教団が創設されたことは、宣教の歴史における新しい時代の始まりを示している。意味深いことに、福音主義運動に非常に感化された大衆階級が、最初の志願派遣隊を生み出したのである。類似の団体は、続いてドイツ、スイス、アメリカにおいて発展した。遅れをとっていたカトリックは、一八二二年に信仰弘布会を設立してこれに応じることになる。リヨンで設立されたこの団体は、民衆の大規模な支持のおかげで、急速に発展した。最初の年には、寄付金は二万二九一五フランにのぼった。一八四六年には、四七五の司教区において存在し、三五七万五八八五フラン、すなわち一五〇倍以上の寄付金を集めたのである。

イギリス人が地歩を固めていたケープタウンに、一七九九年に、ロンドン宣教会の最初の宣教師が上陸した。英国国教会の宣教師の一団は、五年遅れてシエラ・レオネに到着した。一八三三年に、パリ宣教会は最初の宣教師たちをレソトへ派遣した。ザンジバルとモンバサに最初の宣教師――教会宣教協会から派遣されたドイツ人――が到着するのは、一八四四年まで待たねばならなかった。現在のナイジェリアで、ハウサ族とイボ族への宣教活動が始まるのは、カメルーンと同様、これと同時期である。

よりいっそう集権化されたカトリックの宣教活動は、早くも一八四五年から現地人聖職者の養成を待ち望んでいた教皇グレゴリウス十六世の後押しに恵まれる。一八四一年に、フランソワ・リベルマンは黒人宣教のためにマリアの聖心修道会を設立するが、それはまもなくかつての聖霊修道会と統合される。王政復古期にウジェーヌ・ド・マズノーにより創設された無原罪聖母献身会が、一八五〇年にナタール〔南アフリカ共和国東部〕に到着し、数年後には、反奴隷制の戦いの擁護者で、当時はインカルチュレーション〔福音宣教がある文化に根差し、教会生活にそれらの文化が導き入れられること〕という名で呼ばれることこそなかったが、こうした現象を推進したラヴィジュリ枢機卿が、サハラ以南地域を布教するため、「白い神父たち」とも呼ばれたアフリカ宣教師会を設立した。彼は次のように書き記した。「若い黒人たち、つまり教師と公理教要の創設の対象たる彼らには、アフリカの生活を自身の稼ぎで生きることができる状況、そしてできれば、彼らの名誉となる状況、彼らに影響を与え、間違いなくすべての者から受け入れられるような状況が必要である。彼らが、宣教師の重荷にならずに、宣教師を力強く助けるように」。基本的な文化的宗教的実習を専門とする現地人の職業訓練官は、実際に他の社会において西洋的価値観がいかに解釈されるかという点において重要な役割を果たすのである。

自由裁量の余地をある程度保持してはいたが、宣教師たちは植民地体制に事実上結びついていた。二十世紀の半ばまで、たとえ見識があったとしても、すべての宣教師たちは西洋的な生活様式の優越性を信じていたのである。探険家となった宣教師デヴィッド・リヴィングストンの言葉を言い換えると、宣教師たちはキリスト教と商業と文明化のあいだに根本的な一致があることを疑わなかった。たとえ宣教師たちが物質的、外交的な利益をもたらしたとしても、彼らに門戸を開放しなかった部族の長たちとは異なり、植民地政府は教会の代表者である宣教師たちに、平和、安全、そして通信、移動、自由に説教する権利を保障した。ナタルの英国国教会司教ジョン・ウィリアム・コレンゾウやカメルーンの宣教学の開拓者ヨーゼフ・シュミトリーンのように、植民地体制の悪政に対して立ち上がることができた宣教師はまれであった。そして後に、宣教会の大部分が解放運動を支持することをやめたのである。

宣教に関する伝統的な正史は、ヨーロッパと北アメリカの宣教師が果たした役割を極端に強調することで、アフリカにおけるキリスト教史を歪めている。司教代理の現地人は、宣教活動においてもキリスト教の地方への定着においても、同じくらい重要な役割を果たしたのである。モザンビークのように、福音伝道がヨーロッパ人の到来に先行した事例は、まれではない。そこでは、トランスヴァールにキリスト教を見出していた移民労働者が、一八八〇年代に長老派の布教の基礎を築いたのである。カトリックの側では、セネガルのアロイス・コベス猊下、あるいは中央アフリカのラヴィジュリ枢機卿のような先駆者の努力にもかかわらず、二十世紀初頭以前は現地人の司教はほとんど叙階されなかった。ローマから、ベネディクトゥス十五世の「マキシムム・イリュド」(一九一九年)、ピウス十一世の「レールム・エクレシア」(一九二六年)、ピウス十二世の「フィデイ・ドヌム」(一九五七年)という宣教回勅によって衝撃がもたらされた。現地では、白人司教たちが決着を遅らせるために、実に多様な口実を引き合いに出した。アフリカ人――ウガンダのマサカの司祭ジョセフ・キワヌカ――が司教に叙階されるには、一九三九年まで待たねばならなかった。プロテスタント教会が現地人の司祭と牧師を叙階するのはそれよりは早かった。教会宣教団のために尽力したヨルバ族のサミュエル・クロウサーは早くも一八六四年に、ニジェール司教区の英国国教会主教に任じられた。しかしながらこの実験は教会が主教に脆弱な支援しか与えなかったため、また司教区があまりにも大きかったために、失敗した。だが、他の試みがなされた。『キリスト教世界案内』によれば、サハラ以南のアフリカで叙階された聖職者の数は、一九〇〇年の一二〇〇人から一九五七年の四二〇八人へと変化した。その反面、同時期に、叙階されていない司牧者、教理問答教師、在俗の聖職者、宗教の教師の数は、六〇〇〇人から八万二四三三人まで増加した。それ以来、聖職者の土着化の動きは絶えず加速する。ヨーロッパと北アメリカの宣教師の数はだんだん少なくなっている。かつての首都大司教座——もっとも、人事と財政面ではそれほど強くはないが——に従属しているカトリック教会を除いて、教会の大部分が完全に現地人の教会になっている。

フィリップ・ドニ

「キリスト教国において教育すること」

十六世紀以来キリスト教徒を刺激した教育の大きな飛躍は、二つの指導的理念によって引き起こされた。すなわち、男女は罪を犯し、無知によって破滅するというもの。したがって、治療は子どものうちから始めなければならない、というものである。ここから、宗教改革によって引き起こされた断絶は教会間に対抗意識をつくりだすのだが、かかる意識は、公教要理と学校という二つの相補的な制度に途方もない影響を与えるのである。

救われるためには、知らなければならないことがある。中世末以来、こうした考えは絶えず必要とされてきた。人びとはもはや「黙従的」信仰だけでは満足できない。黙従的信仰においては、信徒は「教会が信じるところのもの」を述べることも、ましてそれを理解することもできずに、それに従ったのである。だが今や信徒が信じなければならないことを知り、またそのことについて説明できるということさえも必要とされる。宗教改革が、他宗派の「信仰告白」と区別して、信徒をある特定の宗派の「信仰告白」に従わせた際には、このことはもちろんさらに必要とされたのである。そして、もし信徒が神の戒律と神が期待する祈りを無視するならば、いかにしてその名に値するキリスト教的生活を送ることができるであろうか。

ところで、この知を教え込まれなければならないのは子どもたちである。というのは、この年齢層がそうした知を容易に受け入れ保つからというだけではなく、もし彼らがキリスト教の信仰と道徳の基礎を知らないとすれば、彼らの魂が危険な状態になるのは「分別のつく年頃」（七歳頃）以降だからという理由もある。フランスのジャン・ジェルソンは、一四〇〇年頃にこうした問題を提起した最初のひとりである。ジェルソンは児童教育を目的としたオランダの共同生活兄弟団に耳を傾けられた。一方で、イタリアの人文主義者は、彼らが夢見る完全な人間はよい教育がつくりだすという理念を主張する。「人間に生まれるのではなく、人間になるのだ」と、人文主義者の第一人者であったエラスムスは一五〇〇年頃に記しているが、彼は子どもに礼儀作法を教えるための小冊子を刊行する労もいとわない。

宗教改革によって、キリスト教徒の教育問題は最も重要なものとなる。一五二四年にマルティン・ルターは、学校を開設し、これを維持するために、ドイツの村々の行政官に向けた熱烈な訴えを出す。チューリヒのツヴィングリとストラスブールのブーツァーも、同様の関心を抱いている。そして、一五三七年にジュネーヴに着いたばかりのカルヴァンは、教会がこの地に「よく適応する」ために市当局に要求した四つの基本条項のうちの一つに児童教育を挙げる。これを引用しなければならない。というのも、以後重きをなした言葉となるからである。「人びとを教義の純粋さに保つために、また、信仰に対して正しく判断するほどに子どもが学識深くあるために、教育は非常に必要なものであるし、ほとんど不可欠なものである」。

それ以来、改革者はそれぞれ、信仰の真理、祈り、キリスト者の生活規則が要約された手引書の作成に着手する。

一五二九年にルターによって出版された『公教要理集』——子ども用として「小判」、教師用として「大判」——は、今日に至るまで否定されない成功を勝ち得た。その後カルヴァンも同様に、ジュネーヴのために『公教要理集』を作成するのである。

「人びとを教義の純粋さに保つこと」。カトリック教会の責任者たちもこう望んでいたことが知られている。人びとは毎週日曜日の説教で決まり文句（使徒信経の十二箇条、モーセの十戒、公教会の五つの掟、七つの慈善行為など）や、ジェルソンの手引書の数節を繰り返すだけではもはや満足しない。トリエント公会議（一五六六年）のすぐ後に、ローマは公式の公教要理を公刊するが、それは小教区の主任司祭が信者の手の届くところに置くように司祭用に作成されたものである。子どもたちのための最初の手引書は、イグナティウス・デ・ロヨラの弟子であるイエズス会士の手になるものである。イグナティウスは、数年間の彷徨の際に路上の子どもたちにキリスト教の教義を教えていた。ピエール・カニジウスの手引書は、中央ヨーロッパのカトリック教徒のあいだでは、今日もまだ権威がある。十七世紀のフランスでは、司教たちは、自らの司教区用の手引書を作成し、それを使用させる方を好んだ。

どこで、いかにして、子どもたちに教えるべきなのか。学校と教会という二つの組織が、そのことに貢献するのだが、両者がいかに相反的であるかではなく、いかに相補的であるかを見なければならない。学校に通う子どもたちは、読み書きを習うのみならず、最初に、そして何よりも、キリスト教徒として信仰し、生きることを学ぶのである。教師の第一の仕事は公教要理を教えることである。それゆえ、たとえばルターは、男子学校と同じように女子学校を推奨する。そして、カトリックと同様にプロテスタントの教会権力は至るところで、教師の見解と道徳に対する支配権を行使するのである。ただし、学校が非常に多い地域であっても、ごく少数の子どもたちだけしか学校には通わない。他の子どもたちは、親の貧しさのために（一般的には、教師にお金を払わなければならない）、あるいはただ単に働く必要があるために、家に留め置かれている。そして女子に関しては、言うには及ばない。少女たちには教育はさらに必要ないものと考えられ、貞淑を重んじる考え方が次第に強まって、少年たちと同じ学校に通わせることを禁じるのである。

学校に行けないすべての子どもには、単なる宗教教育、公教要理、あるいは「日曜学校」が残されている。たしかに、主任司祭や牧師は幾人かの在俗信徒に助けられながら（キリスト教教義普及会と言われる兄弟団に登録されたカトリック信者は、多くの免償によって報いられる）、日曜日の休暇によって、カトリック教会やプロテスタントの教会の椅子に子どもたちを集めることができる。授業から学ぶために、両親がその集まりに出席することが望まれもする。しかし、一定の成果を収めるためには、第一に主任司祭が公教要理を教えるよう、また親たちが子どもをそこへ通わせるよう、説得せねばならなかった。そのために、教会は強固な論拠を利用することができたのである。それは、プロテスタントにおいては信仰告白であり、カトリックにおいては最初の聖体拝領である。

幼児洗礼を正当化するために、再洗礼派に対して遂行されなければならなかった困難な論争において、改革者たちはエラスムスの提言を繰り返した。生まれた際に受洗したことを、どうして若者に公に認めるように求めないのか、と。ストラスブールとカルヴァンのジュネーヴにおいて、かかる信仰告白は、公教要理によって長年確かめられていたのと同じ成果を得る。カトリック側では、信仰告白と競合する方式を明確化するのに一世紀近くを要した。というのも、最初の聖体拝領の年齢と条件は、長いあいだ曖昧なままだったからである。当時、この最初の聖体拝領を集団の祭りにするという考えが広く認められていたために、そこから除外された子どもとその両親に恥辱が及んだであろうことは想像されうる。キリスト教社会において幼年期の終わりをしるしづける儀式を再創造するのに十五―十六世紀を要さねばならなかったことに、人類学者なら驚きを禁じえないはずである。

読み書きを教えることなしに公教要理を教えることは、もはや最後の手段としか思われなくなる。プロテスタントにおいて、聖書を読むことはきわめて重要である。すなわちそれは、学校のない教会堂である。カトリックにおいては、公教要理と信仰書――印刷所と行商による販売が至るところに普及させた――を読めることが望ましいとされる。学校は、道徳の学校でもあるからである。それ以降、社会は少年少女のための学校開設を絶えず押し進める。学校を設立し経済的に援助することは、村の領主と小教区の主任司祭が競う高潔な行ないである。都市では、慈善と言われる、すなわち無償の学校が、貧困層の子どもたちをしつけるために作られる。そこで、まだかなり軽蔑されていた職業である男性と女性の教師の募集が課題となる。この必要に応じるために、子どものキリスト教教育と人間教育に従事することを使命とする女子修道会と男子修道会の増加が見られる。女子に関しては、ブレスキアのイタリア人女性アンジェラ・メリチが提唱して以降、聖ウルスラに捧げられた女子修道会に対しては、教会当局による幾度かの改革が行なわれた。また、ボルドーやロレーヌ地方などで類似の修道会が生まれる。続いて、はるかに柔軟性があり、田舎に適応したその他のいくつかの修道会が現れる。二、三人の純朴な福者や聖女たちが、読み書きや肉体労働というきわめて基本的な教育を施すために村に定住するのである。男子に関しては、ランスの司教座聖堂参事会員ジャン＝バティスト・ド・ラ・サールの提唱によって、少年たちの教育を使命とした修道士会が十七世紀末になってようやく誕生する。しかし、成功はめざましいものである。というのも、この「キリスト教学校修士会」はきわめて堅固な教育組織を有し、教育方法の真の革新の先駆となるからである。

中等教育においても、同じ原動力が作用する。しかし、少年たちだけがそれを活用したのであった。社会的地位の向上は、イタリアの人文主義の影響を受けたいわゆる文法学校でラテン語の素養を身につけることを通じて行なわれる。しかし、これらの学校がごくわずかの都市にしか広がらなかったとすれば、それは宗派の断絶の影響による。カトリックの権力者たちは、なんらかの理由をつけて、プロテスタントに共感する教師を非難する。改革派の都市では、コレージュは宗派に属さねばならない。これらの学校の目的の一つは、将来の牧師の養成である。いくつかの学校は、ヨハネス・シュトゥルムによって設立され、長いあいだ指導されたストラスブールのギムナジウムのように、有名になる。カトリック側からの反撃は、教育のために設立されたのではないイエズス会が一五五〇年代から学校教育を引き受ける際に見られる。こうした学校は、カトリック信仰を守りつつ、キリスト教人文主義を若者たちに教えることができる。期待をはるかに上回る成功を収めることで、イエズス会士は傑出した教育者であることが明らかになるのである。その経験は、一五九九年に、有名な『イエズス会学事規定』にまとめられる。『方法序説』(一六三七年)の冒頭で、デカルトがラ・フレーシュ学院のイエズス会の教師たちから受けた教育について述べた証言を読み返さなければならない。また、ルーアンのコレージュで、コルネイユ〔劇作家〕は古典文化とキリスト教文化の影響を受けたのであるが、それらは彼の軽妙な喜劇、英雄的な戯曲、宗教詩……を培うことになったのである。

結局のところ、若者の教育は、キリスト教諸宗派の競合関係から生まれた果実の主だった受益者だったのだろう。

マルク・ヴナール

トリエント公会議のイメージ――秩序と美

十六世紀初頭の西洋キリスト教国において、宗教美術がまさに開花するのだが、それはきわめて相反する二つの方向においてである。イタリアでは古代への賛美が、形式の合理化を推進し、また、キリスト教の神秘を除外しかねない諸主題の人間主義化が進められる。北方の国々では、極端にまで押し進められたゴシック様式の垂直性に従って、優しさと悲壮さのあいだで張り詰めた感受性が表現される。これら二つの領域と交わったアルベルト・デューラー(一四七一―一五二八年)は、おそらく、真のキリスト教美術の生命力を示す最良の証人である。キリスト教美術は、時には、偉大な至聖所の壁面と窓を色と光で満たすモニュメンタルなものであり、また時には、祈祷室の絵画と版画の増加のように私的なものともなる。しかし、信者が、自分たちを取り巻くこれらすべての聖像といかなる関係を持っていたかを述べることは困難である。

しかしながら、一五二〇年代以来、改革者たちは、これらの聖像は「神の御言葉」への侮辱であると考えた。実際には、カールシュタットやツヴィングリ、また彼らに続くファレルとカルヴァンは、ルター以上にそのように見なすのである。彼らは猛然と、聖書の第二の戒律を振りかざす（中世教会はそれについて触れないでいた）。第二の戒律とは、「私の面前で偶像を作ってはならない」というものだ。そして改革者たちは、聖母マリアや聖人たちのすべての聖像を糾弾する。人びとは、神にのみ向かうべき信仰を、聖像に向けるからである。宗教改革が広まるにつれて、改革が前面に現れた地域では教会の「浄化」も行なわれた。あるいは、聖像や十字架や祭壇を破壊したり運び出したりする、熱心な改宗者による単独の偶像破壊行為も行なわれた。民衆には評判の悪かった、改革派のこうした信仰の表明は、償いとなる儀式と情熱的な説教の対象となる。一五六一年と一五六二年のフランスと一五六六年のオランダにおける偶像破壊の巨大な波は、その後に抑えられない憎しみを残すことになる。

それゆえ、宗教美術を理論的にも現実的にも正当化することは、トリエント公会議がなすべきことであった。一五六三年の第二十五回と最後の会期で、聖人信仰と聖遺物信仰と聖像信仰とを一体化する長い勅令により、正当化が行なわれた。トリエント公会議は七八七年の第二ニカイア公会議の言い回しを引き継いで、聖像への崇敬は物質的対象にではなく、聖像が表しているキリスト、聖母マリア、あるいは聖人たちの人格へ向けられていることを確認することから始める。それゆえ聖像は、信徒たちの信仰心を導くためにのみ存するのである。他方では、聖書や聖人の生涯がわたしたちに伝えているような神の働きのうちに神を表すことが正しいとされる。こうした「物語」は民衆を教化するのに役立つのであり、それらは挿絵入りの公教要理のごときものである。ただし、公会議は濫用に対して警告する。つまり、本当の話と一致しないもの、品位を尊重しないものについては、何も描いてはいけないのである。「聖像が破廉恥に描かれ飾られることがないように、あらゆる猥褻は避けられるだろう」。この些か簡潔な公会議の言い回しは、その後に様々な仕方で明確化される。実際に、ピウス四世は、ダニエレ・デ・ヴォルテッラ（『ズボン作り』）にミケランジェロの『最後の審判』の堂々たる裸体を婉曲に覆い隠すよう命じた。また、ボローニャ大司教ガブリエレ・パレオッティ、あるいはオランダ人イエズス会士ヴァン・ミューレン（モラヌス）が芸術家用に書き記した理論書においては、芸術家が描かなければならない主題と、そのために芸術家が従わねばならない規則が示される。カトリック改革がそれ以降、以前の宗教美術のいくつかの傾向性と手を切ったことが事実であるとしても、カトリック改革はそれでもなお、前の世紀に比べてより力強くはないが、少なくとも同じ程度の芸術の高揚と、公会議の司教たちが想像だにしなかった形式のもとでの芸術の高揚を知るのである。

公会議は、信仰の場所については何も述べなかった。それは、広範な影響力を約束された『教会建設についての司教教書』にその精神を書き記したミラノ大司教、聖カルロ・ボロメオの役割である。円形の平面構成やギリシャ式十字形の平面構成に対して、聖職者専用の内陣と切り離すことで、信者のための身廊を伸ばしたラテン式十字形の平面構成が推奨されるのである。周知のとおり、ローマのサン・ピエトロ大聖堂のためにブラマンテとミケランジェロによって採用された平面構成は、この方向で修正された。教会においては、主祭壇は（内陣仕切りと墓碑を犠牲にして）引き出され、さらに高く上げられるのだが、それにより、すべての視線がミサ聖祭に注がれる。きわめて荘厳に聖櫃《せいひつ》が祭壇の上に置かれる。そして、祭壇を引き立たせるために、また、天と地をつなぐその役目を証するために、祭壇を見下ろす舞台装置風の装飾画が置かれる。祭壇は至聖所においてこのように称えられるのに対し、説教壇は逆に、可能な限り列席者に近づけられる。他方、列席者が典礼をよく見守ることができるように、教会はできる限り明るくされなければならない。十六世紀の初めの半世紀にその最後の光で輝いていた色彩豊かな美しいステンドグラスはもはやない。しかしながら、明るくなった教会内では、改悛の秘蹟がきわめて慎み深く授けられることが重要である。

それゆえ、聖カルロの同じ著書の中で、信徒の告白を聞くために使用しなければならない備品、すなわち告解室が事細かく描写されているのが目に留まる。

芸術のあらゆる統制が整えられるのだが、小教区を視察し、統制する司教たちは、最も効果的に働く巡査である。ここで、彼らは祭壇を移動させ、至聖所をふさいでいた墓や家具を取り除かせる。また、彼らは祭壇画と聖櫃の飾り付けをつくるよう命じるのである。彼らはあちこちで、裸の聖セバスチャンや馬で〔裸体を〕覆い隠された聖マルティヌスといった品の無い聖像を剥ぎ取らせる。人びとは時に不平をもらし、こっそり願いを捧げるためだけに、彼らの教会から「良い」聖人を取り外す。他方で芸術家は、当局が禁じようとした官能性を、改悛者マグダラのマリアや〔性別の〕曖昧な天使たちに移し変えるのである。

公会議の勅令に従って、それ以後カトリック芸術はある種の自由を自らに禁じた。三位一体に関しては、厳密に機能的な表現を採用する。すなわち威厳のある父、人性が磔刑《たっけい》に処せられた子、その両者のあいだには、鳩のかたちをした聖霊。次いで、十七世紀末からは、神の名が刻まれた三角形によってしか、もはや三位一体の神秘を表そうとしない。聖母マリアの生涯に関しては、福音書には基づいていないが、中世には親しみ深かったいくつかの場面が消え、復活したキリストのマリアへの出現として示されるのである。そのかわりに、芸術家は聖ヨセフを陰から出すよう促され、人物の三組に聖家族の三位一体を交わらせるに至る。その行ないに対してつねに神の恩寵が現れる過去の聖者たちの功業のように、教会の権威と秘蹟の価値を表明するすべてが強調されもする。聖者たちは、加護を祈られるだけでなく、信仰の範とされる。

カトリック改革の芸術家によって制作された主要な作品、ローマの偉大な建築家やボローニャ派の画家たちやフランドルの画家たちの主要な作品から、才能豊かな、あるいは不器用な模倣のあらゆるつながりを復元しなければならない。それらは、人びとの移動や版画の往来によって培われたのである。ある町や地方において、新しい主題、新しい装飾がもたらされたことをこのようにたどってゆくことは興味深い。というのも、イエズス会士はしばしばこの領域における先駆者であったので、カトリック改革の様式は、間違って「イエズス会様式」と名づけられる習慣がついたのである。しかし、イエズス会の神父たちは現地の職人を働かせることだけを方針としたのではなく、さらに新しい様式においては、布教に適しているものだけを取り入れさせたのである。

それに対して、トリエント公会議後の芸術の伝播における信徒会の役割は、長年にわたり等閑に付されてきた。教皇庁と司教に促され、新しい修道会によって広められた多くの信徒会が、カトリック改革の主要な信仰――すなわち聖体崇敬、聖母マリアへのロザリオの祈り、煉獄の魂のためのとりなし等々――を大衆化する。各信徒会は、自らの礼拝堂あるいは少なくとも装飾画と一体化した祭壇を持つ義務があるが、それは義務を思い起こすために会員に配られる聖像と同様である。パリの彫金師の信徒会のようないくつかの信徒会は、最も偉大な芸術家を使ったのではあるが、大部分の信徒会は、地元の職人たちによって制作された慎ましい作品で教会を埋め尽くしたのである。

個人信仰用の宗教画もこうした制作と結びつけることができるが、その成功を今日の目で判断することは困難である。これらは、多くの場合、主要な作品や指導書の複製でもある。たとえば、イエズス会士のナダルが、十六世紀末にオランダで、イエスの生涯の場面の挿絵を描くために作らせた版画のシリーズなどがその例である。こうした宗教画は、想像力をよくない方向へ働かせる画家を指導するのに役立つだけでなく、個人生活のうちにもたらされ、祈祷において人びとが聖イグナティオスに推奨された「場の構成」を作るのを助けるのである。さらに、この時代のすべての霊的指導者（そこには、盲目だったセザール・ド・ビュスも含まれる！）は、宗教画を前にして瞑想することを推奨する。多くの家庭で宗教画が、公式には禁じられたお守りなどとして使用され続けたことは否定できない。

わたしたちは、わざと「バロック」という形容詞を使わなかった。マニエリスム（美術史の区分としては、盛期ルネサンスとバロックの合間にあたる）と呼ばれる様式が流行した時代に推奨されたカトリックの新しい芸術は、おのずから芸術の開花をもたらしたのではない。次の世代が洗練させ、われわれが「バロック」と呼んでいる様式のそうした芸術の過剰におのずから至ったわけではない。「バロック」に達したとすれば、それは暗黙のうちにおいてである。というのも、カトリックの芸術には、教皇のローマに非常にはっきりと見てとれるような「真理」の賞揚と並んで、地上の美が天上の楽園の約束となることを意図した、とりわけ視覚を中心とする感覚の発揚が認められるからである。

マルク・ヴナール

ローマとジュネーヴ——コミュニケーションの新しきエルサレム

ジュネーヴは新しきローマであろうか。このアナロジーは、この二つの都市が宗派対立の象徴となった十六世紀以来、避けられないように見える。

トリエント公会議によって始められたプロテスタンティズムに対する対抗宗教改革は、トリエント的というよりむしろローマ的であった。そして、幾人かのガリカニストあるいはジャンセニストが呼び起こしたローマ教皇庁への非難にもかかわらず、ローマへの忠誠はカトリック世界全体に認められた。というのも、教皇庁は正統性の定義と異端検閲の場だからである。ローマの異端審問制と禁書目録がそのことを証言している。ジュネーヴは秘蹟形式の「改革」へ舵を切った最初の町ではなかったが、一五四〇年からすでに、カルヴァンとテオドール・ド・ベーズによって巧みに定義され、そして後に、とりわけアルミニウス派の逸脱に対して、牧師の一団によって擁護された正統派の拠点として姿を現したのである。ローマは近代に、ジョルダーノ・ブルーノと約九〇人の異端者を火あぶりにした。だがジュネーヴも、ミカエル・セルヴェトゥスとスピファムを処刑したのである。

二つの都市はそれぞれ、近代的な情報伝達のあらゆる方法によって、自らの陣営内に広まってゆくことに努めた。中世に大学のなかったジュネーヴでは、ヨーロッパ、特にフランス語圏の改革派のために多くの牧師を養成する学院が設立された。彼らによって、教義と教会組織はライバル同士となる。十六世紀以降、そしてナントの勅令の廃止（一六八五年）以後はよりいっそう、イタリア、イギリス、とりわけフランスの宗教的迫害の犠牲者に対してジュネーヴが果たした避難所の機能により、この都市は影響力を発揮した。また迫害が十六世紀における出版の先制攻撃力をこの都市に与えることで、ジュネーヴの存在をより大きくした。この力は、聖書、詩篇集、論争的神学的政治的なあらゆる文献のジュネーヴ訳のフランス語圏における伝播におおいに貢献したのである。「闇の後に光がある」という表現がこの改革派の都市のスローガンとなった。

ローマも、文字通りの意味で、普遍的・カトリック的な都市を打ち立てるために、都市計画と景観を変え、また免罪を得るためにやってきた巡礼者たちを受け入れることで、大赦によってそのイメージの価値を上げた。ヴァチカンの数カ国語の活版印刷があらゆる有名な言語の出版物を出すことで、教皇権は十七世紀に、世界への信仰宣布を一元化し、宣教団を確固たるものにする諸組織を発達させた。この二つの都市では、学識は宗派論争において他方を論駁するのに役立つのである。

事実、この二つのライバル都市は、互いの破壊を夢見たのであり、それは単に「神学的な怒り」だけによるものではなかった。もしプロテスタントが新しきバビロンとして告発しなかったとしても、皇帝の部隊による一五二七年のローマ掠奪は、冒瀆的な意味を持つことはなかったであろうか。「ローマ的にならないことが、キリスト教徒であることです」と、ルターはレオン十世に対して主張する。「コスカラード」（一六〇二年）〔一二月二日の夜、サヴォイア家の奇襲（「エスカラード＝梯子作戦」）をジュネーブ市民が撃退。これを記念する祭りが毎年行なわれる〕は、教皇、スペイン国王、サヴォイア公の同盟を通して、ロンサール〔詩人〕の表現によれば、「背教の惨めな滞在地」となったこの拠点〔ジュネーヴ〕に対する十字軍的望みを示している。城砦をよじ登ってくる傭兵隊を退けた一二月一二日に、彼らジュネーブ市民は中世封建君主サヴォイア公への服従を決定的に放棄し、今日でもきわめて強い集団的同一性を保持している（集団の仮装行列に加えて、人びとは「このように共和国の敵は滅びるのだ」と叫びながら、家庭の食卓の上の砕かれたチョコレート鍋を食すのである）。サヴォイアとカトリックによる企ての失敗は、宗教改革に対する神の選びの摂理のしるしとして、ヨーロッパの人びとに対しただちに示された。テベレ川沿岸のライバル〔ローマ〕に倣って、レマン湖の岸辺の都市〔ジュネーヴ〕は諸侯と全ヨーロッパの改革派教会の財政的協力を得て、十六世紀と十七世紀に防衛体制を強化した。というのも、この小さな共和国が陥落すれば、「国際的なプロテスタント」の失敗を意味するであろうからだ。神話的な面においても現実的な面においても、この二つの都市はそれゆえ、少なくとも論争の対立において、よく似ているように見える。

しかしながら、二つの都市は同一ではありえない。というのも、両者は、同じ救済の体系にも同じ教会論にも含まれていないからである。ローマは、使徒的伝統と原始教会の殉教者たちの血のなかに自らの根があることを主張する可視的な教会位階の中心に位置している。トリエント公会議以来、幾人もの傑出した教皇と一五八八年以来変革された教皇庁によって、ローマは現在では、伝統の恒久的な連続性と革新を保証している。ルネサンス時代のローマは、古代ローマの遺跡に自らの力の源泉を探った。バロック時代のローマは、一五七八年以来むしろカタコンベを発掘し、古代キリスト教の碑文を解読すると同時に、古代以来のローマ教会に根を下ろすこの新しい媒体を可視化するため、数々の新しい聖堂を建立して自らを飾った。美術は、救済への人間の参与を示す善行の神学の役に立つ。カルロ・ボロメオやピウス十世や、その他の多くの人びとによって奨励された主要な七つのバジリカ聖堂をめぐる中世の巡礼の新版をつくることで、多くのガイドブックや風景画によって新たに永遠の都〔ローマ〕のイメージが巡礼者のあいだに広まった。イメージは豊かな含蓄を持ち、それが、イタリア統一の建設における、ローマ中心部の都市計画の基礎を築くほどであった。教皇座のあるローマは、十七世紀のカトリック教徒にとって、救済の体系の中心となる。教皇座のみが、功業に報いるために聖者を作り出すことを決定し、また、模範的モデルを人びとに対して示すことを決める。ローマは自らの聖なる機能を高めるために、免罪符、大赦、聖遺物を広めるのである。

逆に、神に選ばれた者の不可視性と万人司祭に特徴づけられたプロテスタント教会においては、ジュネーヴが、カルヴァン以後は、聖なる都市のモデルとなったのは確かだが、そこでは、逸脱行為は、目を光らせて警戒する牧師と判事によって衝突や抵抗を伴いながらも追及される。しかしフランス、スコットランド、オランダの教会が自己決定権を持っていることが明らかに示すように、ジュネーヴは、他と同じような一つの教会、優越権のない一つの改革派教会にすぎないのである。

こうしたわけで、ジュネーヴがローマに比較されうるならば、そのアナロジーにも限界がある。このアナロジーは十六世紀という非常に短い一時代に限られるものである。というのも、十七世紀以降、ジュネーヴの教権は、優れた改革派神学者たちのいたソーミュールやライデンなど他の諸都市において確立された教権と競合し、後に十八世紀初頭には、セヴェンヌ地方の預言運動と競合するからである。ジャン＝アルフォンス・トゥレティーニが神学的自由主義を導入したことを受けて、ディドロとダランベールの『百科全書』は、ジュネーヴを啓蒙と理神論の都市として紹介してみせ、おそらくその目的は、「忌まわしいカトリック」の本山をなおいっそうおとしめることにあったのだが、これはジュネーヴの住民とルソー〔ジュネーヴ生まれ〕の不興を買った。とりわけ、一定の時代に限定された二つの教会都市のアナロジーも、それぞれの宗派内部における両都市のそれぞれの機能の相違を隠蔽してはならない。モスクワが望んだようには、ジュネーヴは第三のローマであることを決して望まなかったのである。

しかし少なくとも両都市の対立は、それぞれのアイデンティティと都市景観を形成した。絢爛豪華なバロックのローマと、改革派の牙城ジュネーヴの簡素さとのあいだに何か共通するものがあるだろうか。おそらくこの二つの都市は、ある種の普遍性に達したのである。教皇のローマはキリスト教帝国の遺産の相続を引き受けた。一方、十九世紀のアナーキストや革命家に至るまで、あらゆる種類の被迫害者たちの一時的あるいは最終的な受け入れ先として特徴づけられた避難都市ジュネーヴは、平和、労働法、貧者の援助、宗教間対話の責務を帯びた国際的、非政府的、間宗派的な組織を保護するのである。

ジャン＝マリー・ル・ガル

第4章　感性の新しい地平

バッハ——国境を越えた音楽

その師であるアウグスティヌスの後にルターは、「音楽は神の贈り物である」と主張した。音楽は悪魔祓いし、同時に肉体的にも形而上学的にも、人を超自然的なものとの直接的な関係のなかに置く。そして、言葉によってだけでなく響きの力によっても、「歌う者は二重に祈るのである」。この改革者が確立した新しい典礼の中心に言葉とともに音楽を置かねばならなかったのはこうした理由による。それは、朗読で覚える前にすでに知られているような簡素で感動的な賛美歌を声だけで歌うことで、誰にでも奏でられる音楽であるが、しばしば一流の詩人の手によるその歌詞は、〔味気のない〕規則正しいキリスト教徒の私生活における祈祷と共に、あらゆる信仰箇条を拒絶するのである。教会でも、もちろん小教区の写しである家でも、毎日、朝も夜も信者が演奏し、また学校や街頭でさえも演奏される。というのも都市は、お告げの鐘の代わりに、市役所の高所から和声コラールを美しく演奏するための音楽家集団を有するからである。ライプツィヒの四つの教会では、日曜日のミサはおよそ四時間ばかり続き、午後の晩課は三時間である。これらすべての時間は、説教と音楽によって二重に占められる。集団で歌うことは、日々の悩みを癒すと同時に共同体を結びつけ、霊的教導を受け入れやすい内面的状態にするのであり、こうして教導に何時間も費やすことは不要になるのである。

バッハはライプツィヒで様々な役目を果たす。聖トマス学院のオルガニスト、すなわち宗教教育の任務も帯びた音楽教授である。それゆえ、彼は教会の音楽の師、とりわけライプツィヒのすべての音楽活動や式典に責任を負う音楽監督〔director musices〕でもあった。ジャン・ドリュモー〔『千年の幸福』二〇〇六年など〕によれば、「すべての市民が社会学的にはキリスト教徒であった」この時代において、町全体が宗教的であった都市の音楽家であったバッハ。教会音楽と都市音楽のあいだと同様に、市民と宗教者のあいだに懸隔はない。ライプツィヒ市民が祭りを好み、王侯たちの訪問や名士の結婚や記念日を欠かさずに喜んだとすれば、それはつねに音楽によってである。そして日曜日に教会で人びとが聴く音楽に至るまで作曲し指揮する任務が任せられるのが音楽監督である。市議会の選挙は、感謝の祈りのカンタータを伴って至聖所において執り行なわれた。

日曜日のカンタータは、説教壇からの説教の副本と見なされている。信者たちが完全に理解できるようにするために、歌詞が配られる。宗教的権威と協調し、音楽の力によって与えられる大きな効果において、カンタータはより簡潔に、同じ主題を扱う。だが、カンタータはオルガンのための作品でもある。教会の高壇の高みから、オルガニストは説教壇の牧師と同じように説教するのだ。天と地のあいだにいる媒介者として、音楽家は神について人びとに語り、信者によって歌われた言葉を神に向けて高める。たとえ牧師ほど上手ではないにしても、その才能の大きさを倍加するこの音楽家の神学的な知識の広さを知れば、少なくともバッハに関しては、それはあり得ないことではない!

バッハは、彼の作品で、つねに至るところで言葉を音楽の中につなぎとめることに腐心している。これは同時代にすでに認められていたバッハの才能であり、この時代に人びとはバッハについてきわめて偉大な説教者であるかのように語っていた。このレトリックの時代において、バッハは同時代人たちと同じように、そしておそらくはそれ以上に、聴衆に絶えず「御言葉」を註釈し続けた。バッハは、当時正式に体系化されたオラトリオ芸術の正確な規則に従って自身の音楽言語を形づくり、有機的に構成するのである。それは、形式を整え、聴衆の情動を呼び覚ましつつ制御し、とりわけ音型の束によって言葉をわかりやすくするためのレトリックである。こうした音型の束は、リズムあるいはメロディーの簡潔なモチーフから壮大な作品、さらにはすべてが集められた全体的構造へと至るのである。

バッハは、音響表現においても、驚くべき学識と精度、また皆に知られた象徴的なコードを活かした手法の壮大な合奏に訴えるのである。それは、楽器でも声部でも音色でも、霊的含意を有しない楽章でもない。音楽家は、それらの意味の諸要素を加工し組み合わせるのである。そのうえ、こうしたコラールの引用は、賛美歌の歌詞を伴って、註釈の補足として作用するのである。

いくらバッハの傑作を聴いて激しい美的な喜びを感じても、彼の傑作が伝え高める歌詞や、歌詞を具現化し、註釈する、かつては慣れ親しまれた音楽的記号のアンサンブルについての完全な理解なしには、当時の聴衆のようには、その本当の意味を聞き取ることはできない。個人的な信仰の宗派がどうであれ、バッハの音楽思想の基礎をなし、それを駆り立てる文化と霊性の光を通してしか、彼の音楽思想を十全に理解することはできないのである。

よく聞いてみるならば、多くの「世俗的」作品ですら、世界の霊的ヴィジョン――たとえば「ゴルトベルク変奏曲」――や、また十字架上の贖罪の神秘を証言しているのである。たとえば、バッハが「音楽の捧げもの」として完全な無神論者のプロイセン国王フリードリヒ二世に献じた、謎に満ちたカノン。鏡のなかで同時に読み取られるように、逆行によるカノンの追唱において〔逆行カノンとも言われる〕、第一のカノンのモチーフはすでに十字架の音楽的記号を描いているのである。キリスト〔Christ〕の名であると同時に十字架〔croix〕のイメージでもあるこのギリシャ語chi〔X「カイ」または「キー」〕は、交差配列[35]〔chiasme カイアズマス。ギリシャ語 chi（X）から取ったもの。並行する行がXの形になることからこう呼ばれる〕のレトリックを象徴するものとなるが、バッハはこれをしばしば多用する。

バッハは、生涯を通じて、百科全書的な知を収集した。バッハは、同時代のあらゆる音楽を知悉し、過去のあらゆる音楽を研究し、それらを吸収したのである。バッハは、こうしたヨーロッパ文化を自分の滋養にして、もっぱら自分に属し、またすぐにそれと判別できるようなシンクレティックな音楽言語を作り出した。バッハの音楽言語において、西洋キリスト教の音楽思想は、その最も完成された表現を見出すのである。現代にまで及ぶその音楽的潮流は、バッハの名とその芸術作品の霊性の理想を引き合いに出すことをやめない。ベートーヴェンによれば、「あらゆる音楽の最も重要な源泉」であるバッハは、後続する世代に音楽芸術の本質そのもの、すなわち神の贈り物を伝える普遍的創造者である。

バッハの音楽は、論であると同時に方法として、独自の理論と世界観を持っている。ライプツィヒ人のライプニッツの数十歳年少であるバッハは、「神が世界を創造したというライプニッツの思想の計算と実践に従う」ことを明確にして、この哲学者の思想を作品の中に導入したように見える。神の創造についてわれわれに語りかける音楽世界をバッハが創造したのは、神の像に基づくライプニッツ思想の計算と実践によってである。

バッハが最後に完成させた作品は、きわめて不可思議な作業の成果である「ロ短調ミサ曲」である。これは以前に書かれた様々な曲を編纂したものであり、そのうち古いいくつかの曲は三十五年前のものである。バッハはそれらの断片を統合し、そこになかった三つの新しい曲を加えて完成させる。作品の中心にあるかなめ石である「クレド」は、大きな左右対称構造をとる九曲で構成されている。この左右対称構造の頂点に驚くべき「クルシフィクス」〔十字架につけられ〕が置かれる。これは、この巨大な音楽構造の頂点の基幹をなしている。では、なぜこのミサ曲なのか。なぜドイツ語ではないのか。なぜ、教会で演奏するには適さないほどの規模なのか。キリスト教の典礼と宗派を超えた、完全ミサ（Missa tota）。バッハとは信仰の聴罪司祭である。

基本的に多義的なバッハの音楽理論は、首尾一貫し秩序立てられた霊的本性のヴィジョンにおいて、平安とエラン・ヴィタル〔生の躍動〕のしるしのもと、世界と人間が住む空間についての解読を示し続ける。音楽においてではなく、音楽によって。

ジル・カンタグレル

聖書考証の誕生（十六世紀と十七世紀）

「書物の評価者」ないし「書物を評価する技術」という意味における「考証／批評」〔critique〕という言葉は、十六世紀末に学識豊かな偉大なジュスト＝ジョゼフ・スカリジェによってギリシャ語のモデルに基づいてフランス語に導入される。近代の科学革命において、文献学は物理学や天文学や生物学と比べておよそぱっとしない分野である。しかしながら、文献学的な方法の西洋文化への浸透だけをもって、聖書解釈の領域における批評の開始を説明できるだろう。だがその場合でも、自然科学の圧力と、聖書的モデルを探求する神学的政治的な激しい論争をも考慮しなければならない。文献学、科学、政治。これらが、十六世紀と十七世紀の西洋世界における聖書についての見方の変化を理解するために探求しなければならない領域である。

文献学、考証、論争

中世の大学で教えられていた人文研究〔studia humaniora〕を促進したために「人文主義」と呼ばれる運動は、まず印刷されるに値する最良の文献の探求から始まり、そしてこの目的のために、写本による伝達に伴う改竄《かいざん》を絶えず詳しく調査したのである。文献は、時代考証の誤りや紙質や綴じ方の違いとしてそれ自体の中に歴史の痕跡をとどめているが、博学な者が、文献からこうした歴史へと至る道程を完成させねばならない。しかし、ある文献を理解するために、当の碩学は歴史から文献へという逆の道をたどらねばならない。なぜなら、過去のあらゆる文献は読者を困惑させ、また註釈は、時間の隔たりを乗り越えるための文献学的、歴史学的な書き込みを蓄積することにより、この疎遠さを減じねばならないからである。この二重の運動を聖書へ適用することは、十五世紀末から十六世紀半ばに始まる。

同時に、女性を含めて文字を読めるすべての平信徒用に、原典に基づいた俗語への翻訳が行なわれる。ルフェーヴル・デタープルは、ウルガタ版に基づいた聖書のフランス語訳に新約聖書のギリシャ語校訂を付して、一五三〇年にルーヴァンで刊行する。この版は、その後の翻訳作業に使用されることになる。一方、オリヴェタンの「プロテスタント」の聖書（一五三五年）は、ジュネーヴの聖書に由来している。他方、ルーヴァンのいわゆるカトリックの聖書は、ルターのあらゆる影響を取り除いたものである。実際に、中世のひとつの古いキリスト教共同体が二つの教会に分離したのはこのようにしてである。聖書にとって、かかる分裂の帰結は何であろうか。

亀裂の決定的なしるしは、プロテスタントの聖書的実践との懸隔を示したトリエント公会議第四会期（一五四六年四月）での勅令の繰り上げである。ただ一点だけおさえておこう。すなわち、聖書のテクストでさえ、教会の伝統が与え、またつねに与えてきた意味に従って解釈されねばならない。ところがプロテスタントにとって、こうした規範は、むしろテクストの本当の意味を顧みずに、比喩的解釈と註解を助長しているのである。カトリックの註釈学者によるトリエント公会議の基準の適用と、プロテスタントによる正反対の実践の確立は、宗派の違いとは必ずしも一致しない註釈の二重の方向性を生じさせる。一方で、教義論争に深く関わった論客たちは、既存の規定どおりに選ばれたかまたは恣意的に解釈された聖句によって、それぞれの選択を正当化しようとする。こうした実践は、神学を超えた註解の一種を生み出すが、文献学的歴史学的な研ぎ澄まされた感性を持つ聖書註解者は、こうした実践に反対するのである。このような註解者のうちで最も著名なのは、プロテスタント側ではフーゴー・デ・グロット（グロティウス）、カトリック側ではリシャール・シモンである。両者とも神学者による聖書原典のある種の操作を非難し、字義通りの意味を一貫して重んじる。神学教授たちの釈義に比べると、彼らはアウトサイダーである。しかしながら、講義する神学教授たちも、こと論争に関しては、字義通りの意味が唯一の権威であるがゆえに、「神学的な意味」（これは依然、最重要である）は、文法、語彙、歴史の研究によって字義通りの意味が入念に推敲されてはじめて確立されることはよく承知していた。かかる企てにおいて、イギリスは、多言語の聖書（ウォルトンの聖書、一六五四―一六五八年）と全九巻の字義的註解の集成（『聖なる批評――新約と旧約について一流学者による註解』〔Critici sacri〕一六六〇年）の出版により、第一級の地位を占めている。

こうした努力のすべては、つまるところ聖書時代と一定の距離を保つ方向に向かう。不変不朽の「御言葉」の貯蔵場としてではなく、聖なる文書は、ますますそれが書き記された時代の痕跡として示されるようになる。このように、聖なる書物を、モーセ、イザヤ、ダニエルのような名高い著者に不正確にも帰することは、もはやわたしたちとは異なる時代精神に属し、現代においては、こうした方法は誤りであると批判される。ユダヤ・キリスト教的なあらゆる伝統に反して、モーセはトーラーの唯一の著者（ホッブズ、シモン、スピノザはそう主張するのであるが）ではありえないと考えられるに至る。こうした確信は、資料の文学史に関する知識からではなく、聖書に関する推論から生じたものである。このように、文献学的方法を聖書へ適用することは、聖なる文書の解釈に関する新たな権威、すなわち理性の権威の存在を確立する契機となるのである。

聖書と科学

聖書時代と一定の距離を保つことは、聖書の宇宙論が示す困難にも関係している。聖書の宇宙論にとって、地球は世界の中心に位置する不動の物体であり、その周りを、太陽と他の惑星が旋回するのである。星々は動かないが、天空全体が回転しつづけるのである。コペルニクスの地動説を支持したために法廷に召喚されたガリレイは、トスカーナ大公妃クリスティーナ・ディ・ロレーナへの有名な書簡（一六一五年）のなかで、聖アウグスティヌスと聖トマスの権威を引き合いに出して、自己弁護している。西洋のこの二人の偉大な教会博士は、もし聖書に含まれた宇宙論的記述が学者に否定されたとしても、その記述を表面上の言葉を使用した平易な表現として、あるいは、過去の一般通念として解釈しなければならないと主張している。これは、解釈の運動が前進して至る最後の地点である。こうして、賢人ドン・〔オーギュスタン・〕カルメ著とされている一七一四年の註釈学の論文では、聖書的宇宙論が古代世界の民衆的宇宙論であったことが論証されている。魔術裁判を攻撃する、より大胆な人びとは、新約聖書における悪魔の遍在とイエスによる数々の悪魔祓いが、精神病の存在が知られていなかった時代の信念に由来することを証明しようとする。聖書時代と一定の距離を保つことはもはや自明であるが、今度は聖書文書と古典文献とを比較し、理性の権威を拠り所とすることで、それはなされるのである。

聖書と政治

近代は、二つの革命を経験している。その革命の流れは、激しく対立しあうものである。第一に、宗教的革命。これは、霊性に関する君主の絶対的権威に抗して良心の選択を主張する宗教改革である。第二に、法的革命。これは、封建制における領士と裁判権の多元性に変えて、排他的な主権を有する国家を建てるものである。一方は、良心に従う義務を是が非でも自らに課し、他方は、主権は分割されないという原則を自らに課すのである。この両者とも、旧約聖書に訴えている。良心の権利の信奉者は、預言者が王の個人崇拝の企てに抵抗を行なった事例を利用する。絶対主権の支持者は、イスラエルの民が権力の二元性を経験しなかったこと、すなわち教権と世俗権、それらはまったく一つのものであったことを指摘する。その他の法律家や神学者は、キリスト教徒がもはや旧約聖書の律法に縛られていないことに注意を促し、このジレンマから抜け出す途を探るのである。こうして彼らは、キリストの王国は「この世」に属していないのだから、キリストの王国を築くために暴力に訴えることは無効であると述べる。また彼らは、国王たちの主権は、ただ宗教の外にある秩序にのみ及び、個々人の良心には及ばないと付け加える（だからこそ新約聖書は、ローマ皇帝が不道徳あるいは偶像崇拝的な行ないを命じない限り、信者にローマ皇帝への服従を勧告するのである）。聖書が命じあるいは禁じる政治的モデルについてのこうした考察によって、聖書は過去のなかへ追いやられる。少なくともキリスト教的心性は、良心と理性の権利の名において、旧約聖書の教えから遠ざかるのである。

啓蒙時代に向かって

十七世紀末に、「考証」という語はきわめて急速に普及する。すなわち、あらゆる歴史学は考証的でなければならない。しかし、聖書の歴史にとって、文献学的かつ考古学的な資源の乏しさが、歩みを妨げる。圧倒的多数の釈義学者はあえて註釈をせずに、まだ実現されていないプログラムが描かれた「聖書案内」の執筆に没頭する。聖書考証は、とりわけフランス啓蒙期の風潮のなかで、もっと辛辣に行なわれる。敬虔主義のドイツでは、ルター的教条主義《スコラスティック》への反対が聖書への回帰を生むが、そこでは、霊的な確信が文献学的熱情の炎を消し止めることはなく、むしろこれを掻き立てるのである。こうした開放性により、プロテスタントのドイツは聖書研究の聖域となるよう運命づけられるのである。

フランソワ・ラプランシュ

プロテスタントの刷新——覚醒運動を介して、敬虔主義からペンテコスタリズムへ

十六世紀にすでに多様化していたプロテスタンティズムにおいては、その原則そのもの（ただ聖書のみ、ただ信仰のみ、絶えず改革される教会〔ecclesia semper reformanda〕）によって、新たな教会と新たな運動がつねに現出する。こうした刷新のうちには現代にまで影響を及ぼしているものもある。

十七世紀半ば、この後、様々な宗派（カトリック、改革派、ルター派、国教会）に分かれたヨーロッパでは、宗教戦争が終結する。信仰のための戦争という集団的経験は、様々な、時に互いに矛盾した結果をもたらす。ヨーロッパ大陸とイギリスにおいては、教会に対するある種の倦怠感、さらに大いなる無関心が確認できる。同時に、「プロテスタント的正統性《オルトドクシ》」なるものが発展しつづけ、特に論争的な形で生まれた改革派的あるいはルター派的教条主義の形式をつくりだすのである。

大陸のルター主義の中心においては、宗教改革初期の数年間のダイナミズムへの回帰を訴える反動が現れる。アルザス生まれのルター派牧師フィリップ・ヤーコプ・シュペーナー（一六三五―一七〇五年）は、「敬虔主義」と呼ばれることになる、この新しい傾向を体現している。シュペーナーは、きわめて内面的で深く入り込んだ霊性を熱望し、ルター的正統たらんと欲しながらも論争と討論を拒否して、「新しき誕生」（『ヨハネによる福音書』三章三）のテーマでストラスブール大学への博士学位論文を執筆し、ドイツにおけるルター主義刷新運動の指導者となる。シュペーナーによれば、ルター主義は信徒たちが、現実的な信仰と関与をほとんど持たなくなるような形式主義的宗教となる危険を冒した。ルターのダイナミックな神学は干乾びた正統性へと変質してしまったのである。

彼の古典的な著作（『敬虔なる願望』一六七五年）は、一方では受け入れられ、他方では公然と非難された刷新のプログラムを提案している。彼が提案したものの中には、より意識的で個人的な信仰、家族内および小グループ内での聖書の学習、兄弟愛と論争の拒否に基づいた実践的なキリスト教、神学部の改革がある。

シュペーナーとその弟子アウグスト・ハーマン・フランケ（一六六三―一七二七年）といった著名人によって、敬虔主義は、独自の大学、独自の神学部（ハレ大学）、独自の社会参加の計画（孤児院など……）を有し、ルター派内で重要な潮流となる。シュペーナーはつねに、ルター派の信者であると自称し、また、彼の目に教会が始原的なダイナミズムを持っていたと思われるところへ教会を回帰させようとした。つまり、この最初の敬虔主義は、分派主義者ではなく、改革者たらんと欲したのである。しかしあいにく、事態は常にこうであったわけではない。幼い時からハレの敬虔主義の環境で育った十八世紀のルートヴィッヒ・フォン・ツィンツェンドルフ伯爵（一七〇〇―一七六〇年）は、敬虔主義的傾向の扇動者であったが、最後にはルター派の教会共同体から離脱する。ツィンツェンドルフとモラヴィア移民集団（フス派信徒）との彼の父の領地〔この領地はその後、ヘルンフート（主の守り）と呼ばれる〕での出会いにおいて、モラヴィア兄弟団が誕生する。キリストとその苦難を中心とする情熱的な信仰心に特徴づけられるモラヴィア人たちは、霊的な飛躍の力を有し、ヨーロッパでの普及を促進した。ツィンツェンドルフの死の直後には、すでに二二六人の「モラヴィア人」の宣教師がヨーロッパの外（アンティル諸島、南北アメリカ、南アフリカ）へ派遣されていたのである。

英国国教会司祭のジョン・ウェスレー（一七〇三―一七九一年）は、イギリスの囚人が多く居住していたジョージア植民地へ宣教師として赴く船中で、ドイツ敬虔主義と出会う。ロンドンに戻ると、ウェスレーはモラヴィア人と接触し、敬虔主義的な改宗に至る（一七三八年）。ウェスレーとその信奉者は、英国国教会を内部から刷新しようとして、最初の頃は幾度かの妨害に遭遇する。教会での説教が不可能となり、彼らは戸外で長々と論じ立てるほかなくなったのだが、こうして運動は、庶民階級を強く惹きつけることになる。ジョン・ウェスレーとジョージ・ホウィットフィールドは、生活の重要な変化（聖化）を呼びかける回心のメッセージを告げ知らせる。きわめて厳格な精神の持ち主であったウェスレーは、効率的に彼の運動を組織化し、運動は急速に広まってゆく。生涯の終わり頃には、ウェスレーは教会の許可なしに、合衆国となった北アメリカの植民地で司教を自ら聖別するのだが、この事件は、英国国教会と「メソジスト」とのあいだの亀裂へと行き着くのである。

たしかに、敬虔主義的あるいはウェスレー的な運動は、国境と宗派の垣根を越える新しいプロテスタンティズムの誕生に寄与している。英国国教会においても、ピューリタンや、十七世紀初頭にすでに生まれていたイギリスのバプティストのようなより分離主義的なグループが見られるのと同様に大陸のルター派と改革派において、敬虔主義の潮流が見られるのであるが、こうしたタイプのプロテスタンティズムは、北アメリカにおいてきわめて好意的に受容される。

　このプロテスタンティズムを特徴づける別の仕方は、「覚醒」の現象に言及することである。敬虔主義は、十八世紀以来、大西洋対岸の英語圏のプロテスタントの現実を形成するのに寄与する。一七五〇年頃には、戸外での集会に特徴づけられる「第一次大覚醒」が問題になる。こうした集会では福音が述べ伝えられ、聴衆は回心や「覚醒」、言い換えれば、衰退していたキリスト教的参加《アンガージュマン》を蘇らせるよう促されるのである。こうした集会には、ときに情動的な現象と反応が伴い、ジョン・ウェスレーがついにそれを非難するほどであった。

「第二次大覚醒」は、十九世紀前半に、北アメリカとヨーロッパで生じる。人気のある説教師たちは福音を述べ伝えるために群衆を集めつづける。覚醒は、大規模な方法で、白人と黒人のアメリカのプロテスタンティズムの統一を形成し、ここではメソジストとバプティストが多数派となる。こうしたプロテスタンティズムは、アメリカの民主主義の実現を支え、また生活の可能な限りの向上を信じ（メソジストの聖化と文明の「進歩」との結合）、大衆にきわめて支持される。同時期のヨーロッパでは、覚醒運動はイギリスから大陸へと進み、新しい潮流（バプティストとメソジスト）を導き入れながら、スイスとフランスの改革派地域に影響を及ぼすのである。

　南北戦争（一八六一―一八六五年）、奴隷制の廃止、工業化、膨大なカトリック信徒の移住の後に、十九世紀末から二十世紀初頭のアメリカのプロテスタンティズムは、大規模な「覚醒」を再び経験することになる。幾人かのメソジストの人びとは、沈滞ムードとペシミズムが広まっていることに不満を高め、そうこうするうちに、ウェスレー的な運動の起源を引き合いに出しながら、聖霊と聖化の個人的体験の重要性を主張する「聖化運動」が生まれてくる。一九〇六年には、ロサンジェルスのアズサ・ストリート教会で、異言《グロッソラリ》と治癒の発現を伴った大規模な覚醒が生じる。

その時の説教師は、かつての奴隷の息子であるウィリアム・シーモア（一八七〇―一九二二年）である。その起源からして大衆的で多人種的なこの運動は、やがて「ペンテコステ派」と呼ばれ、合衆国南部と世界各地へ――一九〇六年以降はヨーロッパへ、一九二〇年代にはフランスへ――ただちに広まり、今日では、世界で最も大きなキリスト教の宗派の一つとなる。

注意深い読者は、現在「福音派」と呼ばれているプロテスタントの潮流の大部分の起源を、この運動の展開のうちに認めるであろう。この潮流は合衆国と重要な絆を有しているとしても、その起源はきわめてヨーロッパ的であり、宗教改革そのものにではないにせよ、少なくとも十七世紀まで遡るのである。

ニール・ブルー

聖人と国家（十四―二十世紀）

楽園の聖者は、この世の政治的分裂とはもともと無縁である。しかしながら、ローマや大都市では、フランス人の聖王ルイやスペイン人の聖ヤコブ、ロレーヌの聖ニコラ、フィレンツェの聖ヨハネが見出される。それゆえ、人びとの共同体――キリスト教の都市、農村、国々――は、一人の聖人と結びつくことがある。洗礼名を付ける人の選択は、ブルターニュのイヴ、リムーザンのマルシャル、フランシュ・コンテのクロードのように、最も一般的な家族の慣習に属している。いくつかの都市では、礼拝行進がすべての民衆を、市民宗教の中心に位置する一人の聖人の周囲に集める。たとえば、パリの聖ジュヌヴィエーヴ、バリの聖ニコラウス、あるいはナポリの聖ヤヌアリウス……。聖人たちの祭りのいくつかは、結局のところ、国家の祭典である。たとえば、フランスでは、中世の聖ドニ、アンシャン・

レジーム下の聖王ルイ、あるいはいまだ今日でも、アイルランドの聖《セント》パトリックやボヘミアの聖ヴァーツラフ。プロテスタンティズムへと変化したイギリスさえも、ユニオンジャックの旗を選ぶのである。すなわちユニオンジャックは、それぞれスコットランド、イングランド、アイルランドの守護聖人であるセント・アンドリュー、セント・ジョージ、セント・パトリックの十字を組み合わせている。

それゆえ、その誕生以来、国家は聖人たちの栄光から利益を得ている。国家は古の守護聖人を持つことを誇りにしているが、そうした守護聖人は、国家の福音伝道と存在の証しを使徒時代に書き込み、原始教会の選ばれた民族のしるしを国家に与えるのである。フランスが、聖パウロの弟子ディオニュシオス・アレオパギテースにより布教されたのを誇りにするように、スペインは、使徒聖ヤコブに布教されたことを誇りにしている。十六世紀末に考証研究がこうした伝説を動揺させると、考証研究は、不信、さらには反対にぶつかる。こうして、一六〇二年にフェリペ三世は、聖ヤコブのスペインでの布教文書がローマの聖務日課書の中に保存されるように、ローマにかけあうのである。

たとえばナポリ王国の諸都市は、地域に根ざした守護聖人を持つことに熱心であるが、国家は、世界的な伝道を行なった守護聖人や、より広範囲で崇拝を受けている守護聖人を特に好む。こうして、セント・ジョージ〔聖ゲオルギウス〕は、イングランド、ジェノヴァ、マルタ、カタルーニャ、ポルトガル、ハノーヴァー、そして無数のドイツの諸都市の守護聖人となる。

このことが、諸国家と諸都市を、聖遺物を保持し、それを奪い合うようにさせるのである。アンジェ、トゥールーズ、コンポステラは、それぞれが聖ヤコブの聖遺物を保持していると主張する。一方、サンドニとレーゲンスブルクは、アレオパギテースの聖遺骨の所有をめぐって争うのである。

聖人たちによるこうした領土の聖化は、『イタリア聖人目録』（一六一三年）、『聖なるバヴァリア』（一六一五年）、『フランス殉教史』（一六二六年）のような国民的な聖人伝の確立により、宗教色が濃くなる時代に生じる。それぞれの国々に生きていた聖なる「守護神」たちはこれらの聖人伝に現れ、あるいは、彼らの痕跡が残っている。これらそれぞれの聖人伝の存在のおかげで世界的な殉教者名簿の大部分が手に入るのである。一六二六年にアンドレ・デュ・ソーセによって列挙されたおよそ六万五〇〇〇人の聖人がいることからしても、フランスは間違いなく教会の長女の資格に値する。

しかしながら近代は、守護聖人の土着性への愛着が増大する点に特徴がある。聖ゲオルギウス〔セント・ジョージ〕は、カッパドキアの人ではなく、おそらく、コヴェントリー生まれのブルターニュ人だったのであろう。ポルトガル人たちはパドヴァの聖アントーニオをリスボン生まれだという理由で、自分たちのものだと主張する。ペニャフォルの聖ライムンドが一六〇一年に列聖された際に、彼の母の祖国カタルーニャは、実際、すぐに彼を守護聖人とする。ナポリは、聖アルフォンソ・デ・リゴリに対して同様に行動する。現行の政治的枠組みに結びついている近代の聖人たちは、古の聖人よりもたやすく国家の占有化に馴染むのである。しかし、国境の変化のせいで、国家の占有化はつねに自明なものではない。イグナティウスはたしかにスペインのナバーラで生まれたが、この王国はフランス領と主張され、一部はフランスにより領有された国であり、またイエズス会はパリに創設されたのであった。それゆえ、篤信王の王国〔フランス〕は、カトリックの王国〔スペイン〕のみがイグナティウスの聖性を賞賛することを望まない。しかし、近代の聖人の国籍は、敵対する国へ受け入れられることを妨げることがある。だからこそ、フランス教会独立主義者は、イベリア半島とイタリア出身の聖人を優遇する十六世紀から十八世紀のローマによる列聖の影響力を阻止することに腐心したのである。

これらの守護聖人たちは、国家およびその戦争の帰趨に関わる守護者である。イギリスの聖ゲオルギウスの守護のもとにあるガーター騎士団、フランスの聖ミカエル騎士団と聖ルイ騎士団のように、多くの騎士団が守護聖人の保護のもとに置かれる。龍と戦う聖ゲオルギウスは、教皇至上主義、フランス、ドイツといった度重なる敵と戦うイギリスのシンボルとなる。聖ヤコブはマタモロス、すなわち「ムーア人の殺害者」であり、続いて、カスティーリャの発展とともに、マタインディオス、すなわち「インディオの殺害者」となった。フランスでは、聖ドニと聖ミカエルは、中世における敵軍イギリスとの戦いで、広く加護を求められた。十九世紀以来、外国人をフランスの外へ追い払うというジャンヌ・ダルクの表象は、イギリスに対して、またとりわけドイツに対して発動されたが、国内の政治論争においても利用されたのである。

実際、国家に対する見方は一つに限らない。教権における昇格がローマに帰せられるように、世俗化の時代には、二つの要素が守護聖人の選択をきわめて政治的な争点にするのである。

ある者たちにとっては、天の擁護者を選ぶことが可能だとしても、守護聖人は神によって選ばれ、不可侵の神的秩序に含まれる。カスティーリャの「議会」の望みとローマの許可にもかかわらず、カトリック君主制は一六三〇年に、聖テレサをスペイン共通の守護聖人に昇格させることを諦めた。なぜなら、聖テレサは聖ヤコブの独占的地位を侵害するかもしれないからである。ここでは守護聖人は政治秩序にまさるのであり、政治秩序が弱体化する際に守護聖人はそれを補うため、必要とされるのである。聖イシュトヴァーン、あるいは聖ヴァーツラフの王冠は、あらゆる歴史的事件を超えて、ハンガリー、あるいはボヘミアの超越的な永遠性を具現しているのである。

しかし、聖人から国家の守護聖人への昇格、あるいは別の聖人の降格は、国家がまさに歴史的な構築物であることを示している。ヘンリー八世はローマと関係を断つ際、聖トマス・ベケットの聖遺物とそのあらゆる聖画像を破壊させる。それというのも、イギリス王に殺害されたこの殉教者がローマとの断交に反対する人びとの熱意をかき立てるのを恐れたからである。十八世紀におけるヤン・ネポムツキーの列聖は、ボヘミアのトリエント公会議的再編成を定着させる。それまで、ウトラキスト教会とヤン・フスの表象によって特徴づられてきたボヘミアは、こうしてカトリック世界の最後の砦となる。

フランスでは、革命により、部分的にはカトリシズムに対抗して形成されたと言える国家の政治的概念が確立する。聖ジュヌヴィエーヴの聖遺物のような輝かしい聖遺物が燃やされるのだが、国家権力は対照的に、革命の聖なる犠牲者への崇敬に価値を付与するのである。十九世紀には、聖職者が国家から自由になるのを助けるため、ローマは、「聖人の世紀」、すなわち十七世紀の多くのフランス人――それまでジャンセニスム、あるいはガリカニスムの疑いをかけられていた――を列聖する。二十世紀初頭には、聖職支持者と共和派との対立は、互いに聖性をつかみ合う。かかる対立は、一九〇五年のコンピエーニュのウルスラ会修道女たちの列福へと至り、あるいは、一九〇六年のカルメル会士の犠牲者（一九二六年に列聖）やアンジェの犠牲者（一九八四年に列福）のような、フランス革命の様々な殉教者の大義を示すことへと至る。殉教者たちは、不敬虔な革命に対して、信仰への愛を象徴している。しかし、殉教者も国民をまとめられると主張することはできない。反面、両陣営はジャンヌ・ダルクを大いに奪い合うのである。ミシュレ〔十九世紀の歴史家〕は彼女に、王に見捨てられ、教会に焼かれた民衆の娘を見る。教会はそのことを認めることができず、また一八九四年に列聖と名誉回復のための大義名分を導入するのだが、それは一九二六年、まさにローマがアクション・フランセーズを断罪する際に達せられる。ところで、民族主義的右翼はジャンヌに、彼らにとってフランスを汚すものすべて――プロテスタント、フリーメーソン、社会主義者、ユダヤ人――に対する闘争の象徴を見ており、ジャンヌに関するそれまでの宗教的な自明性に反して、改めて彼女の神秘的な形象を奪い取るのである。

世俗化の進展に伴い聖人崇敬は衰えるが、聖人は大小を問わず、国民や都市をめぐる記憶の葛藤のなかに存在し続けている。これは、教権や教理教育とはまったく別に、聖人は共同体の動員にいまだ役立ちうるということの証拠である。

ジャン＝マリー・ル・ガル

ロシア正教会——一枚岩と分裂（十六—十八世紀）

ウラディミール大公の改宗の後、十世紀末に創立されたロシア大主教座は一体性を保ち、一四四八年までビザンティン総主教の保護のもとにとどまる。ビザンティンが暫定的に受け入れた一四三九年のフィレンツェ合同会議（東方正教会とローマ・カトリック教会の再合同が議論された）を拒否したロシア大主教座は、自治独立教会となる。しかし、ロシア大主教（教会の長）がモスクワで選ばれるため、ポーランド王は地方君主にそそのかされて、一四五八年以来ロシア大主教の権威を認めることを拒否し、主教区の約半分をロシア大主教から取り上げた。ポーランド・リトアニアの東部地域でどうにか存立するルテニア正教会と、管轄地域がモスクワ大公国、その後のロシア帝国の領域とすぐに一致することになるロシア正教会、この二つの正教会がそれ以来共存することになる。教会と国家の絆は、正教会の信仰が国家のアイデンティティ形成に中心的な役割を果たす近代において、再び強固なものとなる。しかしながら、ロシアの教会は、重大な分裂に直面することも強いられる。

総主教制から宗務院へ——官僚化された教会

教会と国家の関係は、霊性的なものの世俗的なものへの従属が常により強まる方向に展開する。一四四八年から一五四七年のあいだ、モスクワ大公はロシア大主教の選挙の調停者であり、属司教たち、とりわけノヴゴロド属司教が従順であることを確認する。イヴァン三世（一四六二—一五〇五年）、ヴァシーリー三世（一五〇五—一五三三年）と、イヴァン雷帝（一五三三—一五四七年）未成年期の摂政時代を支えた旧貴族たちは、彼らを不快にさせる高位聖職者の罷免をためらわない。この時代の教会の重要人物の一人であるマカーリーが府主教になったとき（一五四二—一五六三年)、教会と国家の関係の不安定性は終焉する。

マカーリーは、ビザンティンを手本にロシア君主体制を刷新したイヴァン雷帝の戴冠式(一五四七年一月一六日)の責任者である。彼は、カザンとアストラハンのタタールのハンによって支配された王国を征服するようツァーリを奮い立たせる(一五五二―一五五六年)。ロシアにカスピ海とシベリアへの途を開くこの勝利は、福者聖ヴァシーリーの名で有名な聖ヴァシーリー大聖堂を「赤の広場」に建設すること(一五五五―一五六〇年)、またとりわけ、カザン正教会大主教区の設立(一五五五年)によって祝賀される。こうして、カザン正教会大主教区設立は正教会の序章となる。

しかしながらロシア人は、ツァーリの側についた府主教を一人持っただけだった。そしてイヴァン雷帝は、マカーリーの後継者の一人フョードル・コリチェフをためらうことなく罷免し、次いで暗殺するのである(一五六九年)。イヴァン雷帝の息子であるフョードル一世の治世下において、一五八九年に新たな段階に入る。フョードル一世は、コンスタンティノポリスの総大主教からロシア総主教座創設の許可を得る。この際、ビザンティン・モデルがモスクワにおいて復活させられる。教会は、国家の問題において、決定的な役割を果たしうるのである。一五九八年、モスコ大公国の王朝が絶えた際に、総主教老ヨブはツァーリ・ボリス・ゴドゥノフの選出を支持する。動乱時代に、別の大主教ヘルモゲンはロシアのツァーリだけを受け入れるよう、そしてポーランド人を祖国の外へ追放するよう、民衆に呼びかける(一六一〇―一六一二年)。形成期の国民感情は、これ以後、ロシアと正教会のあいだのこうした同一性に基づくことになる。ミハイル・フェドローヴィチ・ロマノフがツァーリとなり(一六一三―一六四五年)、父であるフィラレート・ロマノフが総主教となる際に(一六一九―一六三三年)、ロシアはついに、中世セルビアの状況を連想させるような状況を経験するのである。

しかしながら、総主教の時代は、一世紀(一五八九―一七〇〇年)しか続かない。事実、風俗の西洋化に対してもしばしば激怒した総主教アドリアンの死後、ピョートル大帝は二十年にわたり総主教の地位を空位にしておき、スウェーデンとの戦争に傾注するため、教会財産を食い物にするのである。さらに、若者が修道士の道に進むことを厳しく制限し、非ロシア系の臣民における正教会以外の信仰への寛容を表明する。そして最終的に、ピョートル大帝は教会を国家に従属させる教会法を課すのである（一七二〇年）。総主教は、一七二一年以降、皇帝により任命された在俗の聖宗務院総長〔ober-ptokuror〕が主宰する聖主教会議に取って代わられる。聖職者はツァーリへの忠誠を誓い、信徒の忠実を監視しなければならず、告解の秘密を守る義務を口実にすることさえできない。エカチェリーナ二世は、一七六四年に教会財産を没収して、この政策を完成したのである。

ストグラーフからラスコールへ――規律と分離

イヴァン雷帝（一五四七―一五六四年）の治世初期は、皇帝戴冠とカザンの征服だけでなく、その他の重要な改革によっても特徴づけられる。教会内部で成し遂げられた成果は、第一にマカーリーによるものであるが、しかしツァーリは敏感にそれに興味を示す。一五四七年の主教会議では、ロシアの「新しい」聖人たちが信徒の崇拝対象として初めて示される。一五五一年には、百章（ストグラーフ）と呼ばれる主教会議が、信徒たちにも聖職者にも規律を立て直すように、またすべての階級に対して、在俗者の不当な介入を免れる教政を発展させるよう促すのである。これは、イコン画家たちに対してルブリョーフの描いた『聖三位一体』を模範として定めた会議でもある。

しかしながら一世紀後、信者たちをさらによりよく統率し、典礼書の誤りのある異本を校正する必要性が、教会上層部において強く感じられるようになる。これらの誤りを首尾よく修正することを要求する「信心の敬虔な熱狂者」のサークルが、皇帝アレクセイ（一六四五―一六七六年）の周辺で形成される。一六五二年、メンバーの一人であるニーコンが総主教となる。ニーコンは、一連の性急な改革を開始するが、これらの改革は、古い伝統を守る同志たち、とりわけ長司祭アヴァクームの拒否反応を引き起こすのである。事実、ギリシャ式典礼との完全な一致を望んで、ニーコンはイエスの名の綴り、十字を切る仕方、あるいはハレルヤの発音……を断固として修正する。伝統的信仰の支持者、あるいは古儀式派にとっては、こうした刷新はアンチキリストの君臨を告げ知らせるのである。ニーコンはまず、威圧し、アヴァクームを流刑に処することで、反対者たちを黙らせる。しかし、総主教の高圧的な姿勢はツァーリとの不和を招き、一六五八年に彼の改革の実行を断念させる。こうして効力をもつ組織網を構築しながら、古儀式派たちが請願書と抗議書を乱発する混乱した時代が始まるのである。

一六六六年にツァーリは主教会議を招集する。主教会議はニーコンの罷免を決定し、総主教の職権の弱体化を決定的にする。しかし主教会議はまた、伝統的信仰の保持者たちを分離派教徒(ラスコーリニキ)として断罪する。アヴァクームと彼の最も熱心な同志たちは極地の彼方へと流刑に処される。にもかかわらず、彼らは証言しつづけ、彼らの著作は秘密裡に普及するのである。一六八二年四月、最終的に彼らは火刑に処される。一六七五年に流刑地で死んだ領主のモロゾヴァのように、あるいは一六七六年にツァーリの軍隊に襲撃された白海に面する名高いソロヴキ大修道院の修道士たちのように、他にも殉教者はすでに出ていた。亀裂はただ広がるばかりだ。というのも、僻地のロシア農民たち、あるいはロシア国境地帯のコサックたちは、束縛を逃れた古儀式派たちと接触し、しばしば彼らの教説に影響されるからである。この点に関しては、教会は、教会に逆らったすべての者たちを「分離派教徒」として断罪する。それゆえ、「ラスコール(古儀式派=分離派)なるもの」について語っても、不正確な認識を生むだけのおそれがある。一六九四年以降、「司祭派」(ポポーフツィ)と「無司祭派」(ベスポポーフツィ)という二つの流れが区別されるようになるが、他方で、抵抗運動は、準修道会的共同体、神秘家と繊維業者が結合した商人――請負人の一族、世界の終末について説教する放浪者たち、農村から金品を奪う反乱グループ……といった無数の地方的形態をとって現れることになる。

一七一六年にピョートル大帝は、届出と、二倍の税金を義務づけるという条件をつけて、古儀式派に対し一時的な寛容を与えるのであるが、伝統的信仰の保持者らは国家と教会との断絶を続け、一九〇五年まで断続的に迫害されるのである。こうした甚だしい困難にもかかわらず、あるいはむしろそのために、古儀式派たちはロシアにおける最初の分離派文学（その精華は、長司祭アヴァクームの自伝である）を構成する重要な文学的遺産を形作り、それを保ち続けるのである。

ピエール・ゴノー

第Ⅳ部

現代世界への適応の時代

（十九―二十一世紀）

マチス「ロザリオ礼拝堂」
（晩年のマチスが内装を担当した、フランス・ヴァンスにあるドミニコ会修道院の礼拝堂）
（20 世紀キリスト教美術の代表作）

十九世紀から今日に至るこの二世紀間、キリスト教は、自らに絶え間ない適応を課した様々な変動と係わり合い、しばしば苦しめられた。

歴史的―考証的註釈は聖書の読解を大きく変更させた。ほとんどがプロテスタントであった聖書学者たちは、この問題に関して先駆的な役割を果たした。長いあいだ、沈黙し、さらに敵意さえ持っていたカトリック教会も、最終的には、新しい研究に対して好意的な態度を示した。

そしてこの同じ時代に霊性の無垢を植えつけられ、それ自体聖母信仰の蘇りに活気づけられる汚れのない敬虔さに認められる謙譲と自己放棄に満たされた聖性の代表者たちが、姿を現すのである。

工業化社会の到来とそれにより生じる経済的、社会的なあらゆる変革は、社会的、慈善的活動の方法を発展させた。回勅レールム・ノヴァールムの公布は、この分野における重要な事件である。

十九世紀と二十世紀は、様々なイデオロギーの強い影響力によって特徴づけられるが、自由主義、社会主義、マルクス主義、ナチズムは、キリスト教徒に対して、それぞれのイデオロギーへの態度を表明するよう強いたのである。とりわけカトリックの教権は、意見を鮮明にしなければならなかった。すなわち、論理と毅然とした態度が明瞭に示されている一連の非難である。

一八七〇年以降、教皇権は、教皇領の喪失に、それゆえ世俗的なあらゆる権力の喪失に直面する。そして、当初は非妥協的な態度であったのが、こうした喪失をまずは断念として、最後には自らの意思として受け入れるのである。一九六二年に始まった第二ヴァチカン公会議には、現代世界に適応するためにカトリック教会がとった並外れた努力が、はっきりと示されている。

この惑星の最後の未知の領域の探索、新しい方法に則して実行された大規模な植民地化の再開は、布教活動の再編を導いた。伝統的キリスト教国の領土から来た司祭と修道士たちは、少し前まで宣教の地と見なされていた国々の聖職者と在俗者に、しだいにその役割を譲ることになる。
すべてのキリスト教徒を結集させるために払われている努力の重要性と、近年の宗教間対話の開始が呼び起こしている期待が、わたしたちのものであるキリスト教の歴史の長期的展望において残されている。

アラン・コルバン

第1章　聖書註釈の展開と信仰の諸形態

聖書と宗教史（十九—二十世紀）

十七世紀において「古代人」に対置された「近代人」は、自らのルーツを過去に見出さず、理性の光によって啓蒙された新しい世界に一挙に飛躍してきたと考えていた。にもかかわらず、十八世紀以降、過去の遺産に対する軽蔑への反動が姿を現すのである。人類は個人に似て、その描写が「人類の精神の歴史」を示すような諸段階を経てきたのではないだろうか。また、ある意味において、最も始原的な段階は、最も希望に溢れ、最も溌剌とし、最も豊穣なものではなかったか。起源へのこうしたロマン主義的陶酔の中でも、神話に関するシェリングの評価は、ひときわ目立っている。神話は、暴君と祭司の同盟によってでっち上げられた虚偽の術策どころではなく、人類の坩堝《るつぼ》である。言語、社会、宗教は、人類の発明であるどころか、人類はそれらのうちで、またそれらによって、自らを作り上げたのである。キリスト教徒を喜ばせるようなこうした伝統への回帰は、神の御言葉がつねに同時に、人間の言葉であること、歴史の移り変りに左右される言葉であることを受け入れるという、新しい要求をキリスト教徒に課すのである。「宗教なき歴史がなかったとすれば、歴史のあらゆる一般法則から自由であった宗教もなかったのである」（リトレ）。文化によって取り戻され、「諸世紀の伝説」〔ユゴーの叙事詩〕に収められた古の聖なる歴史は、様々な歴史家たちのメスにより事細かに分析されもするであろう。

旧約聖書と新約聖書は、次々に、細部に至るまで問いに付されるのである。新旧の聖書は、歴史学者の信頼に値するものであろうか。そもそも両聖書は、伝承がそれと認めている作者によって書かれたものなのか。明らかにそうではない。モーセ五書は、バビロン捕囚より後に編纂され、ソロモン王の時代からバビロンより帰還するまでに編纂された四つの文書をも含んでいる。福音書も、直接的な証言者の手によるものではない。それは、それぞれの書の最終的な編者の見方に則して様々に解釈されたイエスに関する伝承の集成である。十九世紀前半になると、『マルコによる福音書』は、イエスの言行の集成によって補われた、別の二つの共観福音書の典拠でありうるという仮説が生まれる。かかる仮説は十九世紀末に強まり、現在ではよりいっそう受け入れられている。それが伝える出来事から隔たった時期に書かれているという理由で、聖書の物語は歴史的な証言の性格を失うに至る。聖書の物語はむしろ、それ自身が由来する共同体の信仰へと差し向けるものであり、共同体に生じた信仰の諸問題を扱い、モーセとイエスという英雄／創設者によって与えられた解決を伝えているのである。『イエスの生涯』(一八三五―一八三六年)において、ダーフィト・フリードリヒ・シュトラウスは、福音書の物語はただユダヤ教信徒との関わりにおいてのみ考察されることを示そうとする。すなわちそれは、ナザレのイエスが待ち望まれていたメシアであったということを示すために「こしらえられた」物語であると。この本は多くの反論を呼び起こし、著者はチュービンゲン大学私講師の職を失う。旧約聖書に関しては、イスラエルの宗教の真の創設者は紀元前八世紀の預言者たちだとする革命的主張がなされる。彼らこそ、それ以前にはいかなる形跡も見出されない律法(トーラー)の考案者だと(ユリウス・ヴェルハウゼンの重要な著作『イスラエル史序説』(一八八三年))。ドイツのプロテスタンティズムのすべての著作は、アルザスの学者エドゥアール・ルスの仕事によって、またルナンの著書の魅力によって、フランスに浸透するが、ドイツの知的状況を知悉していたルナンは、それらの結論をより穏やかな形で普及させるのである(『イエス伝』(一八六三年)、『イスラエル民族史』)。

聖書の領域における歴史科学のこうした進歩は、自らに固有の歴史に関心を抱きはじめたドイツにおけるユダヤ教の只中に反響を見出す。キリスト教徒の環境への同化を求めるユダヤ人学者の努力は、イエスその人への関心をキリスト教徒に抱かせ、イスラエルの賢者のうちにイエスを含めようとする。しかし、イエスのユダヤ性を強調することは、キリスト教徒の誰にとっても不都合であった。四世紀の公会議のキリスト論によるイエスの神学的定義づけの信奉者は、イエスの歴史のユダヤ的読解にイエスの矮小化を見るのである。そう考えたのは、カトリックでもあれば、いわゆる「正統派」（フランスでは「福音派」）のプロテスタントでもあった。この「正統派」に反対していわゆる「自由主義」プロテスタントが結集するが、彼らは歴史学を聖書に適用することを受け入れるのである。彼らは、イエスのユダヤ性は、その教えを聴く者たちに対する一つの譲歩なのであって、その下に「イエスの信仰」（すなわち、イエスの宗教的意識）が隠れているただの衣装だと考える。イエスの教えは、無限に愛に満ち慈悲深い天の御父の啓示にほかならず、それこそがユダヤ的終末論に由来するあらゆる次元を取り除いたキリスト教の本質である。こうした自由主義プロテスタンティズムの教えは、ヨーロッパに強い反響を呼び起こした。それは、オーギュスト・サバティエやモーリス・ゴゲルを通して、フランスにもたらされる。しかしその後、イエスの信仰のこうした描写は、恣意的なもののように思われてくる。なぜなら、ルドルフ・ブルトマンが反論するように、イエスの生涯や活動について、わたしたちはたいしたことは知らないからである（『共観福音書伝承史』一九二一年）。イエスの教えについては、明瞭である。つねに与えられているが、いまだ所有されていない神の国をただちに選ぶ責務を人間に課す神の絶対的な呼びかけを、キリストの教えは告げ知らすのである。そして、たとえブルトマンの弟子たちが、師よりもいっそう毅然としてイエスの歴史的出現を探究したとしても、彼らは教会のうちにこの世の栄光を見る一切の誘惑（彼らにとってそれは、カトリシズムの傾向である）に対して用心深い態度をとり続ける。また彼らの新約聖書解釈は、この用心深さの跡をつねに有しているのである。

　十九世紀と二十世紀のプロテスタントの註釈学の運動はきわめて活発であるために、カトリックの註釈学がその後に付いていけないほどである。カトリックの註釈学は、はるか以前に後退するのであり、その古めかしさのせいで、若きルナンは一八四〇年代にカトリシズムから永久に離れたのである。カトリックの註釈学は、ブーシェ・ド・ペルト〔フランスの考古学者〕の洞窟での発見の後、聖書年代学の緻密さと正確さにまず譲歩するところから始めた。一般的に、カトリックの註釈学と神学は、新たな「ガリレイ事件」を恐れて、歴史学者の攻撃に屈する前に自然科学の成果に近づいたのである。それに対し、アルフレッド・ロワジーの断罪された諸命題（一九〇七年の勅令「ラメンタビリ・サネ・エクシトゥ」および回勅「パスケンディ」）、ドミニコ会士マリー・ジョセフ・ラグランジュが受けた侮辱と彼の偉大な著作の成功に対してもたらされた妨害、エルサレムの聖書学院の創設、これらは歴史科学の結論に直接関わるものだった。ロワジーは論争を受けて立ち、破門されたのである。ラグランジュは屈服するものの、その死に至るまで疑われつづけた。カトリック註釈学者の不満は、もっと自由に学ぶことを彼らに許した回勅「ディヴィノ・アフランテ・スピリトゥ」を教皇ピウス十二世が一九四三年に公布するまで続く。この回勅の教えは第二ヴァチカン公会議によって決議された教書「デイ・ウェルブム」の教えによって補われて完成する。この教書は、福音書の歴史性の確認と、その物語に関する伝承（と福音書記者）の働きを認めることとの、ある種の均衡の獲得を求める。二十世紀末には、カトリックの註釈学者は「聖書釈義学者」の主要な一群を集めたのである。

ここで検討している時代における聖書学の動きは、「ゆるやかな長い河」として流れるようなものではまったくない。それはいくつもの中断と再開によって区切られたものであった。それは、学者のあいだの論争から生じたにとどまらず、特にイギリスとアメリカの世論において激しい論争を引き起こしたのである。フランスでは、大学における宗教学に課された中立性がむしろ軋轢を強め、聖書釈義学者たちが同僚の学者のあいだで得た承認は、伝統主義者のあいだでは同時代に対する卑怯な譲歩として受け取られたのである。

二十世紀末頃にはアメリカ文化の影響下で、聖書釈義学者の関心は、聖書の歴史的価値から正典の限定とその文学的な特質へと移行する。新旧二つの「聖書」以外は外典と判断し、排除して成り立った聖書正典の絞り込みにより、いかなる歴史的結果が生み出されたのであろうか。聖書の様々な文学的ジャンル（物語、詩篇、箴言《しんげん》、律法）を通じて、いかにして神的啓示は感知されうるのだろうか。こうした新しい方向性は、歴史に対する関心のいかなる消滅も意味してはいない。イスラエルの歴史は、歴史学者によっても考古学者によっても事細かく調査が続けられ、捕囚以前の時代にとっての歴史的中核はしだいに焦点が絞られてきている。キリスト教の起源の歴史は、ユダヤ教のエッセネ派あるいはファリサイ派の研究に、よりいっそう依存するようになり、Q資料（マタイとルカによって共通に伝えられているイエスの言行）の重要性は、正典外の『トマスによる福音書』におけるその優越的な地位により、いっそう強められるのである。聖書は、「真の宗教」という唯一の場に自らを築いた護教的な論理を用いて文化における自らの地位を求めることをもはやしなくなる。聖書は、その詩的表現あるいはその宗教的霊感——つまり、聖書が霊感を与えるものとして、自由に認識される限りにおいて与えられた霊感——の力を通じて、自らの特異性を表すのである。

フランソワ・ラプランシュ

アルスの小教区司祭、ジャン＝マリ・バティスト・ヴィアンネー（一七八六—一八五九年）

聖司祭。この聖司祭という語は彼の存命中にすでに示されていたが、彼は福者となり（一九〇五年）、次いでアルスの聖司祭となり（一九二五年）、フランスの司祭の守護者（一九〇五年）、さらに世界の司祭の守護者（一九二九年）になったのである。一九五九年七月には、ヨハネ二十三世が彼を「すばらしき司祭」として祝福し、また一九八六年一〇月六日にアルスに赴いたヨハネ・パウロ二世は、「司祭職を完全に遂行し、かつ司祭の聖性を同時に示した並ぶ者なき司牧者」として彼を褒め称えるのである。しかしながら十九世紀において、一介の司祭の聖別は自明のことではなかった。この世紀においては、フランス革命後に復興されたカトリシズムが、国家に雇われ、司教と知事の二重の監視に従属する聖職者を生み出したのである。こうした聖職者の存在は、村の範囲の狭さによって、田舎司祭の様々な義務によって、そして村長や学校教師とライバル関係にある司祭の権威によって限定されていたのである。

聖性の中心には、規範性と例外性が同時にある。一七八六年五月八日、リヨン近くのダルディリー村の田舎地主の家に生まれたヴィアンネーは、国民公会が共和国の「脱キリスト教化」を企てた際には、七歳であった。革命期の非宣誓司祭のもとで告解するのは、十一歳のときである。そして十三歳のときに、ある納屋で彼は聖体拝領を受ける。敬虔な子ども時代の宗教的迫害の経験は――「ほとんど絶え間なく祈ることに専念していた」とある証人は証言するのであるが――信仰を強めると同時に簡素化したのである。自らの命を危険にさらしてまで秘蹟を授ける非合法の宣教師たちを、彼は「司祭の卓越した尊厳」と考える。「もし私が司祭と天使に出会っていたとしたら、私は天使に挨拶する前に、司祭に挨拶したであろう」。非キリスト教化の経験から、彼は、民衆の信仰生活の中心に再び神と秘蹟とを置き直す必要性があると結論する。「小教区を二十年のあいだ司祭なしにしておけば、人びとは悪魔を崇拝することになるだろう。司祭のいないところには、もはやミサはない。ミサのないところには、もはや信仰はないのである」。ジャン＝マリ・ヴィアンネーは、王政復古期の若い司祭たちの世代に属している。大多数が農村出身であること、早熟な成長、熱情、非妥協性、敬虔さを、ヴィアンネーは彼らと共有している。かつての聖ジュヌヴィエーヴ修道会士で厳格な司祭であったシャルル・バレイに年をとってから教え導かれたヴィアンネーは、中等神学校に通うことなく、質素な「司祭の学校」へ通ったのである。一八〇九年一〇月にヴィアンネーはスペインとの戦争に参加しないために脱走し、マドレーヌ山脈に十四カ月間隠れ住んだ。彼はラテン語の習得に苦労するが、一八一三年一〇月にリヨンの聖イレネー神学校から成業の見込みのない者として退学させられそうになるが、フランス語で神学の試験を受けることになる。一八一五年八月一三日、挫折のうちにあった二十九歳の時にグルノーブルにおいて彼は司祭に叙階され、ただちにリヨンに程近いエキュリーの助任司祭としてバレイ師のもとで「絶えざる教育」を受けることになる。

評価の高くないこの若い司祭は、一八一八年に、まったくの田舎のごく小さな小教区を受け継ぐ。トレヴーの下流、ソーヌ川対岸のアルス・アン・ドンブには約二五〇人の住民しかいない。この村は八年間司祭がおらず、教会の鐘楼は革命暦二年に取り壊されていたのだが、ヴィアンネー師はこの村に四一年間、生涯にわたり居住するのである。「私は、自分がよりよく教え導くことができ、そこで自らをよりよく聖化できるような小教区を望む」と若い司祭は告白している。彼は司祭職を最後の審判を恐れるなかで再び見出された一体感として経験されるような集団的回心を目指す仕事として理解する。村の人びとの回心はまず、ある個人的な証言を通して現れるのだが、その農民は、一八六二年に次のように伝える。「ヴィアンネー師が小教区に来たとき、彼はまず私たちに対し、とても親切で陽気で愛想のよいように思われました。しかし私たちは彼のことを、きわめて深遠な高徳な方のようには思えなかったのです。私たちは、彼がしばしば教会へ行き、そこで長いあいだ過ごしているのに気づきました。師がきわめて峻厳な生活を送っていたという周囲の評判はまもなく広まってゆきました。ヴィアンネー師はミサの従者をまったく持たなかったし、前任者のように城館へ夕食に行くことも、また他の聖職者を訪ねることも、聖職者を招いてもてなすこともなかったのです。私たちに強烈な印象を与えたのは、まず何よりも、彼が何も持っていなかったからです。俗っぽい振る舞いがまったくないことに、私たちは喜びました。それ以来、私たちの司祭は他の司祭たちと同じではないと、互いに言い交わしたのです。」司祭は、傷んだジャガイモを食べているという噂が広まる。司祭は断食と苦行を増やす。奇怪な騒音がときおり司祭館から聞こえてくるようになった。それは「熊手のように引き捕らえる」悪魔である。「聖性」のきわめて地方的な認識のされ方ではあるが、そこには、住民の宗教的実践への「回帰」を促すための首尾一貫した司牧神学が伴っているのである。まずは修道会で教えられた若い娘たちを通して、次に村の若者たちとの対立は覚悟の上でのキャバレーやダンスホールに対する戦いを通して、最後に、子どもや使用人に対する自らの権威を回復させなければならない家庭の父親たちを通して、宗教的実践が行なわれるのである。それはまた教会の具体的な再建を通して（主任司祭はわずかな遺産をそれに使い果たす）、壮麗な礼拝式を通して、そしてキリスト教としての実践の遵守を通して行なわれるのである。たとえばアルスでは、人びとは日曜日には働かない。一八五五年には、復活祭の聖体拝領をしなかったのはわずかに七、八人の住民だけだった。一八二三年八月六日、まずは船で、それから徒歩で司祭は「彼の人びと」を引き連れ、「三つの美しい教会旗に先導され、聖歌と賛美歌を歌い、ロザリオの祈りを朗誦して」、リヨンのマリア信仰の聖地であるノートルダム・ド・フルヴィエール大聖堂へ赴く。アルスの集団的な回心はそこで完遂されたように見える。

しかしながら、巡礼の誕生という新たな出来事が、回復された一体性を脅威に晒すことになる。小教区での日々の日常的で集団的な実践と、個人的、あるいは苦行会による、さらには「パニック」的な実践という巡礼が引き起こした緊張感によって、アルスの司祭は、最大の動揺（一八四三年と一八五三年の二度にわたり、彼は「自らの惨めな生を悔いて」、「死に対して準備をする」ために村を逃げようと試みる）にありながら、十九世紀的近代性の只中に断固として身を置くのである。「キリスト教世界に浮かぶ小島」のなかで心の平安を見出しうるどころではない。強い海風、すなわち宗教的行動の個人化、農村と都会の脱キリスト教化、工業化と都市化の宗教的帰結、赦しや治癒や救済を必死に求めること、さらには「同僚たち」の嫉妬に、彼は立ち向かわなければならない。アルスの司祭の地方的な名声の芽生えは、周辺の市町村やトレヴーやヴィルフランシュにまで説教に招かれる一八二〇年代末の王政復古期の布教に端を発する。彼はすでに自らの告解室に改悛者が殺到するのを経験する。「アルスの噂」は広まってゆく。一八三〇年七月の自由主義革命が宣教を禁止する際に、「一カ所に留まる宣教師」へと変わった「聖司祭」に会い、説教を聴き、じかに触れることを望む人びとがこのアルスにやって来る。一八五〇年代には、毎年六万から八万人の巡礼者が徒歩や馬に乗って、あるいは乗合馬車で、あるいは近くの駅から押し寄せるのである。司祭の生活はそれにより激変する。季節に応じて一日八時間から十二時間、彼は「魂の囚人たち」の告解を絶えず聴き、また神学校では熱心な群集を前にして公教要理を説くのである。彼の名声は大きくなる。旅行者や手紙が、ホテル、商店、運送業を備えたこの村へと押し寄せてくる。改悛の秘蹟を通して、過去、現在、未来を明かす預言者として、また彼がその信仰を洗礼名にまで広めた「小さな聖女」聖フィロメナのように、魂のみならず肉体をも癒す奇跡を行なう者として、人びとがそのイメージを広げてゆき（「私のカーニヴァル」と称される）、また人びとが通りがかりに髪の毛を引き抜く「生きた聖人」として、人びとは彼のもとを訪れるのである。一八五九年八月四日、司教と多くの聖職者に取り巻かれて、彼が七十三歳で息絶えたとき、住民と巡礼者は彼の体を奪い合う。ジャン＝マリ・ヴィアンネーは、フランス・カトリシズムの歴史において、「普遍的な司祭」としての地位を占めるのである。

フィリップ・ブートリ

マリア神学と聖母信仰の刷新

トリエント公会議（一五四五―一五六三年）の直後、近世の聖母〔Vierge〕は、マリア〔Marie〕へ信仰を偶像崇拝ではないかと疑う宗教改革の進行に対抗するカトリシズムの聖母像〔madone〕となる。カトリックの対抗宗教改革は、改革に反発するだけに、より大きな可視性をマリア信仰に付与するのである。

十七世紀に、勝利の聖母教会とロレート〔アドリア海側のイタリア中部の町〕の聖母教会は、君主制が続々と、自らの権力を構築し、確固たるものにするために、マリアの勝利の形象を召還しようとしていた全ヨーロッパに定着する。たとえば、「イマクラータ（聖母マリア無原罪の御宿り）」は、イベリア半島の諸国家の君主制再興の企てを正当化する。そして「ルイ十三世の誓願」（一六三七年二月一〇日）〔同名の絵画をアングルが描いている〕は、フランス全土を聖母マリアの加護の下に置く。聖母〔Vierge〕の姿は、同様にキリスト教の「処女地」〔vierge〕としての広大な大地である新世界での布教を試みる宣教師たちの計画に役立つものでもあった。

国内宣教の聖職者たち――ピエール・ド・ベリュル（一六二九年没）、ジャン・ユード（一六八〇年没）、ルイ＝マリー・グリニョン・ド・モンフォール（一七一六年没）――が、十八世紀にヨーロッパの農村の奥深くを布教する手立てとして見出した聖母マリアの聖画像においても同様である。マリアへの祈願、マリアの徳に倣うこと、マリアへの聖なる従属、ロザリオ朗誦は、最も普及した信心行を形づくる。マリア信仰の聖地巡礼の飛躍的発展を背景として、一七八九年のフランス革命は、「神の聖母」を追い払い、「理性の女神」をパリのノートルダム大聖堂に祀るのである。

フランス革命の直後、宗教的シンクレティズムが浸透した十九世紀において、聖母は白と青の衣を纏った立像の姿で再び見られるようになる。一八三〇年頃には、パリのサン・シュルピス通りにいた公教要理の挿絵画家たちが、ロマン派の花で飾られた女性の顔立ちをマリアに与える。敬虔なイメージは、薔薇と菫《すみれ》を感じさせるのである。一八四五年に設立された「マリア会」が、白と青の衣を纏って行列をなす。マリア会のマザーたちは、新しい社会的カトリシズムが広めようとする模範的なこの聖家族の母の相貌の下に至りつくのである。「恩寵」「慈悲」「憐れみ」、あるいは「よき救済」の聖母マリアは、社会主義の高まりを背景にして、労働者・勤労者階級の声なき多数派を支える。一八三〇―四〇年代には、たとえばル・ピュイへの巡礼のような多くのマリア信仰の巡礼が復興する。守護聖人の祭りの再興、祭壇上に荘厳に置かれた奇跡の立像の再発見は、マリア信仰の新たな飛躍を意味するのである。

一八五八年のルルドでの聖母出現は、羊飼いの少女ベルナデット・スビルーの幻視の場への祈りへと、群集をかきたてる。次第に広まりゆく聖母出現への信仰は、国家対教会、世俗性対カトリックの普遍性、科学対奇跡などといった、十九世紀の大きな論争において利用されることになる。教会による聖母出現の認定（一八五一年九月一九日のラ・サレット、一八六二年一月一八日のルルドなど）は、戦略の一つである。中世と同様、聖母出現に与えられた承認は教義の展開を伴う。「聖母マリアの無原罪の御宿り」という一八五四年に示された教義も、四年前にルルドの聖母が「私は無原罪の宿りである」と明言したことに由来する。

ひとりの「慈愛」の少女カトリーヌ・ラブレ（一八七六年没）に啓示された言葉「原罪なくして宿り給いし聖マリア、御身により頼み奉る我らのために祈り給え」が彫られている奇跡のメダルが、一八三五年から何千となく鋳造されるが、これは、教義上の正式承認の場を準備したのである。「無原罪の御宿り」という言葉を「ロレートの連祷」中に入れること、民衆の誓願、枢機卿とカトリック司教会議による評議は、この運動を促進する。「マリアの無原罪の御宿り」の公式な定義は、一八五四年一二月八日に、教皇ピウス九世により宣言される（回勅「イネファビリス・デウス」（これにより一二月八日が祝日となる））。生誕の瞬間から原罪を免れているマリアという「神により啓示された教義」を、回勅は布告する。こうした定義は、東方教会や改革派教会との新たな躓《つまず》きの石となる。実際、プロテスタントと正教会は、マリアが原罪から免れていることを否定する。これは、聖書の中に根拠を見出せず、東方教会の伝統とは異なる西方教会の伝統による原罪解釈に従っているからである。新しいマリア教義の布告は、教皇権確立という文脈にも関係している。この布告は、キリスト教会のなかでのもう一つの対立点となる第一ヴァチカン公会議（一八七〇年）による教皇無謬性の教義の布告にすら先立つものであった。

その後、自由主義的で反教権主義的な教義に直面して、龍と戦う女の黙示録的形象が、現代の革命的脅威に対するカトリック教会とローマ教会の闘争のシンボルとなる。他方では、聖母は、旧約聖書の「強い女」の姿をとる。聖母は、五メートル、一〇メートルあるいは二〇メートルの高みからフランスの岩壁や鐘楼を見下ろし、世俗的あるいは共和主義的なその時代のあらゆる普遍主義を名乗る一匹の蛇を、圧倒的な高みから踏み潰すのである。

第一次世界大戦（一九一四―一九一八年）と一九一七年のロシア革命の直後に、奇跡と聖母出現は道具化されてゆく。こうして、ファティマの聖母出現（一九一七年）の黙示録的読み直しは、戦間期の反共プロパガンダに寄与する。

天の元后〔La Dame du Ciel 聖母マリア〕は、権威と反近代主義が優位を占める過激で非妥協的なカトリシズムの言説にも入り込むのである。二十世紀前半を支配するのは、この聖母である。同時に、伝統と近代性のはざまで、マリア形象の構築の新しい試みも姿を見せはじめる。ベネディクト十五世（一九一四―一九二二年）により「ロレートの連祷」に付け加えられた称号である「平和の元后マリア」の表情は、大戦後の道徳と宗教と平和の再構築の努力に参与するのである。棘に貫かれた聖母の心臓は、大戦によって特に被害を蒙った女性たちの信心の期待にただちに応える。他方で、聖母の普遍的なイメージは、アフリカ、アジア、あるいはインドの植民地の大掛かりな宣教計画にも伴うのである。

第一ヴァチカン公会議（一八七〇年）と第二ヴァチカン公会議（一九六二―一九六五年）のあいだに、マリア信仰はローマ暦の新しい聖日の判定としても展開される。「聖母の汚れなき御心の祝日」（八月二二日）は、「聖母御訪問の祝日」（五月三一日）制定の十年前の一九四四年に、ピウス十二世により全ローマ教会の祭礼に加えられる。マリア崇敬は、同様に、新しい教義を誇りとする。教皇無謬性の特権に基づいて、一九五〇年に教皇ピウス十二世は、「肉体においても魂においても天の栄光へと上げられた」聖母被昇天を宣言する（回勅「ムニフィケンティッシムス・デウス」、一九五〇年一一月一日）。教父時代から知性ある人びとを悩ませてきた、現世におけるマリアの生の始まりと終わりに関する考察は、これ以後、終わりを告げる。それゆえ、二十世紀半ばのマリア神学は、これらの定義を掘り下げてゆくのか、あるいは逆に聖母の別の相貌を思考するのかという選択の前に置かれたのである。

第二ヴァチカン公会議（一九六二―一九六五年）がその議論の口火を切る。回勅「ルーメン・ゲンティウム」は、信心のキリスト論的修正と、救済史と教会史においてマリアが占める地位の再定義の必要性を強調する。一連の教皇回状と文書――パウロ六世の「マリアリス・クルトゥス」（一九七四年）からヨハネ・パウロ二世の「レデンプトリス・マーテル」（一九八七年）まで――は、第二ヴァチカン公会議の方向性を補い、明確化するのである。こうした教皇たちによって世界的な規模で発せられたマリア信仰的な司牧神学は、一九五〇年代から失速していた信仰を改めて活性化させる（一九八六―一九八七年の「マリア年」が思い起こされよう）。結局のところ、マリアへ捧げられた崇敬は、途を探しつづけているのである。

シルヴィ・バルネ

幼きイエスのテレーズ（一八七二―一八九七年）

テレーズ・マルタン、修道女としては「尊い面影の幼きイエスのテレーズ」は、最も一般的には「リジューのテレーズ」と呼ばれている。教皇たちは彼女を形容することを惜しまない。すなわち、「現代の最も偉大な聖人」（ピウス十世）、「わが教皇位の花」（ピウス十一世）。そして彼らは、彼女の聖性を認めさせるために不可欠な手段を用いたのである。一八九七年に死去したテレーズは、一九二五年に列聖される。さらに二年後、彼女は布教伝道の守護聖人と布告される。唯一の躓《つまづ》きは、彼女を教会博士に布告すべしというデビュコワ神父の意見（一九三二年）を、ピウス十一世が評価しなかったことである。一九四四年にピウス十二世は、彼女を戦時にあったフランスの守護聖人にする。一九四七年、彼女の聖遺物が最初のフランス周回を始める。半世紀後の一九九七年、「世界青年の日」の際に、テレーズは教会博士に叙せられる。この栄誉に浴した三番目の女性であるが、近年では唯一人の「教会博士」である。そして、すでに数年前から、彼女の聖遺物は世界周回で成功を収めていた。ただし、位階制度が聖女テレーズを作ったわけではない。位階制度は、聖性のこの新しい形象の出現を誘導しただけであり、聖性の新しい形象の教義（「小さき道［petite voie］」）は、書き直され編集された文献（『ある魂の物語』一八九八年）を通して近づきやすいものとなり、またカルメル会によって集められた多くの奇跡（『薔薇の雨』）は神へのとりなしの力を示したのである。

こうした成功の理由はどこにあるか。第一に、テレーズという人物は、フランス・カルメル会の霊性の豊かさを証している。一四〇〇以上の修道院に居住していたカルメル会修道女は、それほど多くはなく、パレスチナからインドシナまで、外国へと広がることもなかった。同時に、修道女たちは、スペインの偉大な神秘家の方に重要性を認めるために干上がってしまっていたフランスの霊性の潮流を苦労を伴いながらも放棄したのである。十字架のヨハネの読者であったテレーズは、こうした「源泉への回帰」の特権的な証人である。テレーズ、彼女の後に従った三位一体のエリザベート、あるいはその果実によって評価されたカルメル会の系譜。

より時代状況に即した別の背景として、一八八〇年代以降のフランスに生じる転換がある。活動的な修道会の衰退、観想の道への関心の蘇り、文壇や知識人層における回心の動き、最後に霊的著作の革新。テレーズは自らもまた回心した者だと自伝において述べるのだが、彼女はこうした状況と完全に結びついているのである。『ある魂の物語』は、文体においてより近代的で、よりキリスト中心主義的な霊的著作の新しい典型の端緒となる。テレーズの成功は、結局のところ、近代主義の危機と一致している。ローマ教皇庁は、疑わしく断罪されるべき知性に反対して、内面の啓示、心の道、頻繁で日常的な聖体拝領に頼ることを重んじる。若いカルメル会修道女の登場は、こうした状況にもかなっていたのである。

しかしながらテレーズは、何よりもまずそれ自身で存在する。一風変わってはいるが、孤独ではない。人びとは、テレーズの死まで彼女に深く影響し危うくさせた困難な家庭状況の重荷を強調する。いずれにせよ、この点はよく知られている。アランソンで、テレーズは一家のなかで、母と共にいた。ビュイソンネでは、テレーズは父と姉たちと共にいた。カルメル会では、テレーズは三人の姉と従姉妹と共にいた。彼女の年長者たち、何よりもアニェス修道院長（テレーズの次姉ポーリーヌ）のおかげで、テレーズの栄光は増すことになった。テレーズは、九人のうち五人の娘たちが生きのびたうちの末っ子であり、マルタンの末娘テレーズが四歳の時、彼女の母は出産と、アランソンのレース卸業の経営で疲れきり、乳がんで死去する。取り返しのつかない喪失。一家は、リジューの薬商人の叔父ゲランの保護の下に居を移す。というのも、優しく敬虔な老齢の父マルタンは、五人の娘たちを一人で育てられなかったからである。テレーズの「小さなお母さん」である次姉ポーリーヌがカルメル会へ入会するのを選ぶまで、リジューはテレーズにとって安らぎの場となる。〔ポーリーヌの〕カルメル会への入会は、この十歳の少女にとっては耐えられない断絶であった。それは奇妙な病として現れ、勝利の聖母への九日間の祈りの後に治る。それから四年後に、長姉マリーもカルメル会に入会し、ポーリーヌと再び一緒になる。

一八八六年のクリスマス、十四歳の時に、幼年時代が突然終わり、不意の霊的成熟、彼女が後に回心と語ることになる切断を経験する。一八八七年夏にテレーズが確信を得たイエスは、翌年のクリスマスに、彼女のカルメル会への入会を望むのである。テレーズは司教に入会の請願を幾度もするために父を動かす。司教の慎重な姿勢を前にして、彼女はバイウ司教区のローマ巡礼団と共にレオ十三世に謁見する機会を利用するが、許可は下りない。しかしながら、ようやく司教は折れる。テレーズは十五歳でリジューのカルメル会に入会し、六年後には、彼女の最も近い姉セリーヌと、叔父ゲランの二人娘のうちの一人、誠実な従姉妹マリーも入会することになる。

カルメル会の修練期は厳しいものである。テレーズは遠方の霊的指導者ピション師への毎月の手紙で、胸の内を打ち明ける。師は僅かしか書かないものの、悩ましい逆境のなかで彼女を支えるのである。実際、病気で苦しんでいるテレーズの父はカーンの精神病院に収容されるのだが、修道院を含めて多くのひとが、彼の精神は最愛の娘との別れに耐えられなかったのだと囁きあう。テレーズ自身は、イエスの聖なる御顔への崇敬に平安を求める。次いで、彼女の若さを考慮して、修道女となる誓願式は延期される。修練期三年が終わり、いかなる発言権も持たないテレーズであったが、彼女は、修練女たちと共に残ることを決意するのであり、修練女たちの特別な同伴者となる。テレーズは、彼女の心を平安にするリジュー修道院の年老いた創設者の告白も聴く。そして彼女は十七歳のとき、特に十字架のヨハネを見出す。その読書は彼女を成熟させ、雅歌の恋人、すなわち愛されかつ愛するイエスとの婚約の祝福された時に、彼女を入らしめるのである。

かかる長い教育のあと、二つの決定的な転機が彼女の短い人生に刻印される。まず、運命の後押し、摂理の目配せがある。すなわち、一八九四年、テレーズが二十一歳のとき、彼女の姉ポーリーヌ——アニェス修道院長——が院長に選ばれる。テレーズは修道院のための作家となる。彼女は生き生きとした信心の学習書や、カルメル会の祝日のためにテレーズと修練女によって演じられる小さな作品を手早く書き上げる。テレーズは、修練女たちを励ますため、また詩を欲している修道女たちの信心を強くするために、詩作もする。祝福された年、一八九五年が不意に訪れる。テレーズの父は前年に死去し、姉セリーヌは膨大な旧約聖書を携えてカルメル会に入会する。セリーヌは渇望する者のように旧約聖書に身を任せるのである。祝日のために演じられた一月の「ジャンヌ・ダルク」を気に入っていたアニェス院長は、翌年のために、アランソンの思い出——ル・マンの修道院にいたためアニェス院長が知らない時代——を書くようテレーズに命じる。テレーズは二十二歳で、彼女の自伝（原稿A）の執筆を許されたのである。執筆のまさに途中の一八九五年六月に、決定的な啓示、神の慈愛の啓示が突如として訪れ、彼女はそれに身を捧げる。自伝の文体は、そのために混乱する。こうした啓示の光は、カルメル会へ入会する以前にリジューで過ごした数カ月を新たに照らし出す。クリスマスの回心、カルメル会入会以前の恩寵に満ちた数カ月、ローマ巡礼。そして、神が彼女の求めに応じて恩寵によって死刑台にのせられた彼女の「最初の子ども」を回心させた時の、祈りの力の発見。彼女は、こうした最も有名なくだりを、歓喜と生気と共に書き記す。

劇的な第二の出来事は、テレーズの夭折の啓示である。一八九六年、聖金曜日の朝、テレーズは枕元に数カ所の血痕を発見する。それは、二十五歳に満たない彼女の命を奪うことになる結核の明白なしるしである。いまや、彼女の命は残り数カ月を数えるのみである。彼女は同時に、信仰の夜のなかへ入る。彼女がそれまで、聖人たちやすでに死んだ身内の者たちと共に生きてきた「美しき天空」は、完全に隠される。しかしこの悲劇は、修道女たちには隠される。逆説的なことだが、テレーズは重要な役職に就く。彼女は、肩書きなしに修練長となるのである。彼女は、中国に出発する直前の若い司祭と交流し、彼のうちに、彼女の代わりに彼女がなりえなかった司祭となるために、ずっと以前から神より与えられていた修道士を見出す。

テレーズは、文体の穏やかな熱情のうちに、彼女の成熟を示す作品を生み出す。まず、唯一の神秘的な文書である彼女の九月の詩（原稿B）において、テレーズは飽くことを知らない欲望に直面する。ついで、数カ月間、二人の修道士へきわめて美しい手紙を書き送る。一人は中国に向けて出発し、もう一人はアフリカへ向かおうとしている。一人は彼女と同じ年の兄弟、もう一人は年下の弟〔*petit frère*〕、彼女の断末魔の苦痛の子どもである。一八九七年六月、相談相手でもあった「最愛の修道院長」マリー・ゴンザグに秘密を打ち明ける。日々の手紙の形で（原稿C）、テレーズは院長に二年前からの彼女の人生、彼女の「信仰に反する誘惑」を打ち明ける。慈悲について、また人間にはそのメンバーを選ぶことのできない神に選ばれた家族と日常生活を共にする仕方について、テレーズは院長に語るのである。まさしく過酷さと優しさ。

テレーズは、七月半ばに、カルメル会に入会していない家族の幾人かに手紙で別れを告げる。天国を味わういかなる欲望も持たないが、しかし世界の終末まで家族の者たちと共にいるために「戻る」と、テレーズは述べ、書き送る。テレーズは一八九七年九月三〇日に死去する。ポーリーヌは、テレーズの神秘的な言葉を整え、霊的な子どもの「小さな声」〔petite voix〕が「小さな魂たち」〔petites âmes〕の元に届くように、必要な表現形式を見つけるのである。冷酷な時代の夜明けに、「小さきテレーズ」〔petite Thérèse〕が生まれたのである。

クロード・ラングロワ

ピウス十世、霊的な幼年時代と私的な聖体拝領

側近の言葉によれば、私的な聖体拝領を公式に認めた回勅「クアム・シングラーリ」が一九一〇年八月八日に公布された際、教皇ピウス十世はうれし泣きをしたという。ピウス十世はそこに、マルコとマタイの両福音書が伝えているような、幼子たちに対するイエスの特別な愛への承認を見たのである。

実を言えば、ローマ教皇庁は、私的な聖体拝領に関してほとんど何も改革してこなかった。第四ラテラノ公会議（一二一五年）はかつて、分別のつく年齢以降の子ども、すなわち六―七歳の子どもの告解と聖体拝領を規定した。その年齢では、自分の行為の悪い点を自覚し、また聖体のパンと普通のパンを区別することができるからである。十六世紀には、トリエント公会議の教皇たちが、こうしたかつての規定を承認する。これらの決定は、その後、特にベネディクトゥス十三世在位中に開かれたローマの宗教会議の際に明確にされる。この分別年齢は、理性の行使、自由の意味、それゆえ責任の意味を習得すること、すなわち、信仰に関する基本的な知識を得る必要性を忘れないことに対応するのである。

十九世紀において聖職者のあいだで実際に抱かれた不安にもかかわらず、多くの人が、子どもたちの告解の実践という事実を認めている。聖職者たちは、告解において、子どもたちにあまりにも教えすぎてしまう恐れと、子どもたちに問うことを怠った場合に悪を根づかせてしまう恐れとのあいだで迷っていた。こうしたためらいは聖体拝領についてよりいっそう強いものであった。司祭は、子どもが聖体に対してまったく尊崇の念を示さないのを見ることを恐れていた。ジャンセニスムと、より一般的には世間の厳格主義の潜在的な影響が、頻繁すぎる聖体拝領を、ましてや幼児の聖体拝領を抑制していたのである。若者たちが聖体拝領台に近づくことができたのは十二―十三歳の時である

が、それは十七世紀初頭以来の公教要理の教えの帰結でもあった。こうした最初の聖体拝領は、主任司祭の指導のもとでの禁欲的、道徳的な準備の後で執り行なわれるが、それは同時に、小教区の儀式と祝祭の一部でもあったのである。

だがそれも、十九世紀に徐々に変化する。国民的あるいは国際的な聖体拝領集会の開催と同様に、常時聖体崇敬〔祭壇上の聖体を休みなく交代で礼拝すること〕のような一連の動きが示しているように聖体拝領への新しい欲求が湧きおこる。レオ十三世在位中に、そこかしこでの論争が、十二歳以下の子どもの聖体拝領を望む低位聖職者と、こうした行ないに遠慮がちな司教とを対立させる。一八八八年にアヌシー司教区で不意に生じたこうした対立に関して相談を受けた教皇は、聖体拝領台に子どもが近づくのを望む人びとを正しいと認める。数年後に、将来のピウス十世である（マントヴァ司教でのちにヴェネツィア大司教となった）サルト総大司教は、子どもの聖体拝領に熱心な支持の態度を表す。そして彼は、子どもたちのために、比喩に富む平易な言葉で公教要理を起草するのである。

教皇に就任したピウス十世は、一九〇五年一二月二〇日の回勅によって、頻繁な、すなわち週に一回ではなく毎日の聖体拝領を促す。こうして、聖体の秘蹟を一つの「報い」とする禁欲的な概念に対して、「現存する」聖体拝領、すなわち信徒の心の底に永遠の現存を抱かせる日々のパンという概念が勝利する。回勅「クアム・シングラーリ」は、こうした論理と結びつく。それは、第四ラテラノ公会議とトリエント公会議の決定を引き継ぎつつ、子どもの宗教的かつ道徳的な教育に関する両親、特に父親の責任を新たに強調するのである。それ以降、主任司祭はもはや子どもの教育に関わる唯一の者ではなくなる。

この回勅につながった変化をいかに解釈するかという問題が残されている。そのためには、この問題をより明らかにする限りにおいて、わたしたちはイエスの幼年時代に向けられた神学的な関心の歴史を描かなければならない。中世を通じて、幼子イエスの物語は幾度も表されている。そうした物語は、受難の物語と共に、対話劇や儀礼の韻文劇の特権的な主題をなしている。「幼子―神」についてこのように示された関心は、キリストの幼年時代への聖ベルナルドゥスの崇敬や、イエスの生誕像に関するフランシスコ会の信仰と一致する。福音のメッセージに記された霊的な幼年時代へ信徒を導くことは、イグナティウス・デ・ロヨラの『霊操』にも見出される。すでに見たように、十七世紀において、聖三位一体のマルグリットと同様に枢機卿ベリュルは、イエスの幼年時代に見られる自己卑下と魅力とを賞賛し、幼年期の精神の獲得を奨励する。このことは同時代に、プラハにおいて、幼子イエスへの熱情を強めるのである。

こうした霊性のあり方はその後に衰退したようだが、キリストの幼年時代への信仰は、聖家族への信仰の盛り上がりに促され、十九世紀にはきわめて活発でありつづける。ピウス十世の行ないとほとんど同時代であるテレーズ・マルタンのメッセージは、回勅「クアム・シングラーリ」を芽生えさせた霊性をめぐる当時の状況を証している。

こうしたプロセスの全体が、一九一〇年の決定を説明するのに役立つ。歴史家フィリップ・アリエス〔『〈子供〉の誕生』一九六〇年〕と彼に続く研究者たちが、西洋において「幼年期〔enfance〕という感性」が徐々に生まれてきたことを強調したが、たとえばルソーやスタンダールがものしたような偉大な文学作品は、こうした変動の証しである。この変動はさらに、私的空間の拡大と、その内部で働く感情の稠密化――「結婚の霊性」というものの誕生によって、トリエント公会議以降、準備され、次いで、「繊細な魂」と「恋愛結婚」という新たなモデルの成功により加速された複雑な過程――に対応するのである。信心の領域においても、この変動は、時に家庭の小さな礼拝堂のなかでの祈りの朗誦で実践されるような家庭内での儀礼によって表される。十九世紀を通じて、「天使のごとき感性」を喚起するような宗教的な版画が流行する。子どもとその守護天使という反復される一組の主題、ルイ・ド・ゴンザクという人物により示されたモデル、子どもに擬されてきた旧約聖書のトビアの人物像、いずれもこうした状況を示しているのである。

それは、私的な聖体拝領を制定した司祭たちの動機をも説明する。男性に対する影響力を失う教会は、とりわけブルジョワ家庭における非キリスト教化を食い止めるために、女性たち、つまり教育者である母親たちを当てにする。これらすべては、子どもの聖体拝領を、道徳的、宗教的教育の担い手たる家庭内の親密さの中心に位置する私的行為にしなければならないとしたレオ十三世——次いでピウス十世——のこだわりを説明する。

回勅「クアム・シングラーリ」をただちに知らしめるため、一九一〇年に、きわめて厳しい命令がローマによって出される。大多数の信徒と聖職者のうちに明白な反対が生じたにもかかわらず、この命令はとりわけ寄宿学校においてただちに適用される。こうして二十世紀前半は私的な聖体拝領の絶頂期となる。一九五一年六月三日、教皇ピウス十二世は、ピウス十世の列福に際してこの成功を強調する。ピウス十二世によれば、このことは「子どもたちにイエスを与え、またイエスに子どもたちを与える」最後の機会であった。私的な聖体拝領は、司祭職の仕事の拡張を促し、在俗使徒の広がりを準備したのである。

二十世紀半ば以降、私的な聖体拝領の実践が衰退したことは否定できない。西洋がそれ以降、年少の国王を認めることの重要性を考慮するならば、一見するとこれは逆説的な過程である。たしかに、この相対的な衰退に関しては、非キリスト教化の世界的展開による影響と、カトリック信仰を実践する信徒の態度の変化による影響とを区別することは容易ではない。私的な聖体拝領は、実際、最も熱心な信徒のあいだでは行なわれ続けたからである。

おそらく私的な聖体拝領も、全体としての聴罪告解の明らかな減少に大きく影響を受けたということである。子どもの宗教教育に関してしばしば重視されたのは、原罪の恐れを教え込むことや悔悛の必要性よりむしろ、信仰への段階的な目覚めであった。六—七歳のうちから罪悪感、さらには責任感を引き起こそうとした意志と、社会全体において、この年齢をずっと越えても悪しき行ないが続くこととのあいだには、実際に何かしら矛盾があったのではないか。

幼子イエスへの信仰の衰退と並んで、きちんと教会に通う家庭でも信仰の衰退が生じて、むしろ私的な聖体拝領の実践の社会全体での持続に対して不利に働いたと考えることもできる。

いずれにせよ、私的な聖体拝領は、それが最も広まった時代に、子どもやその親に強烈な感動の瞬間を作り出し、責任の早熟な自覚を促進した。それは、限られた家族成員のあいだの感情的な絆を強めることを可能にしたのである。その衰退は相対的なものであるとはいえ、自己省察や瞑想や観想に関わる心的技法の衰退を追認するのである。それよりはるかに長大な「霊的な幼年期」の歴史の一部をなす私的な聖体拝領の短い歴史は、カトリック教会における信心の変化を示しているのである。

アラン・コルバン

宗教芸術をめぐる論争の二世紀

聖なる芸術とは何か、宗教芸術とは何か、キリスト教芸術とは何か、ここは、間違いなく、こうした論争を始める場ではない。距離を置いて見ると、「サン・シュルピス」の十九世紀と『聖なる芸術』誌によって覚醒された二十世紀のあいだには、特に著しい対照が認められる。事実、この主題に関するほとんど絶え間ない論争は二世紀に及んだ。ディドロンの『考古学年報』の周辺でゴシック芸術の支持者と反対者を対立させた論争（一八五〇年頃）は、一九五〇年代の論争と似かよっている。どの時代も、宗教芸術の傾向と問題について絶えず自問していると言えるだろう。

革命の激震が終わると、多くの者がただ「復古」だけを夢見て、革新を望む者はほとんどいなくなる。とにかく、資金が乏しく、注文もほとんどない。マイナーな芸術はアンシャン・レジームの形式へ回帰する。建築は、バジリカ式プラン、破風と柱廊の付いたファサード、半円形の穹窿と四分穹窿の後陣という「新古典主義」のスタイルに忠実であり続ける。一方で、ロマン主義がきわめて激しい反対にもかかわらず、ゴシック様式への持続的な偏愛をもたらすなかで生じたカトリックの力強い覚醒によって注文が増加するのは、一八四〇年代のことである。古い様式の擁護者は、それがより経済的であると主張するが、彼らは、とりわけ十三世紀の芸術を唯一の真にキリスト教的なものとして理想化するのである。パリのサント・クロチルド聖堂のようなゴシック様式の教会が、至るところで増加する。この系譜は数え切れないほどだ。ヴィオレ・ル・デュク[36]の名と結びつく教会修復の現場は言うまでもない。宗教的テーマ自体は、その後も、早咲きの成功を引きのばすが、内装と装飾芸術における「トルバドゥール」様式の流行は束の間のものであった。

十九世紀後半、全体的な富裕化と結びついたカトリシズムのより現実に根ざした真の活力が、宗教建築と宗教的物品の需要を高めた。生産の工業化は、様々な産業分野に、一様にではない刻印を残すが、少なくとも、需要に目を向けるよう促すのである。一八五〇年頃からパリのサン・シュルピス教会（その名から建築様式が命名される）の周りに商業の中心地が形成される。この地域は、たとえそこで（強力な隣人の「様式」との）真剣な競争に出くわすにしても、地方のものや外国のものも提供し、第二ヴァチカン公会議の年まで存在する。

宗教芸術のうちには、工業化と「サン・シュルピス」様式の美学によって影響されることがほとんどなかった分野もあった。こうして、最も名高い建築現場（ルルド、モンマルトル）でさえも、建築は慎ましやかな折衷主義、すなわち、新ロマン主義様式、新ビザンティン様式、新ルネサンス様式で満足するのである。ただ、リヨンのフルヴィエール大聖堂だけが、あえて新しいことを試みる。だが、鉄の使用そのものが形態を刷新するのではない。例外もあるが、壁画は同時代のアカデミズムに追従し、典礼芸術――装飾と聖器――には、とりわけ中世の趣向の特徴が残ったままであった。

いかにも甘ったるく安易な信仰の雰囲気に「サン・シュルピス」という名が付けられる。これは、イタリアのマニエリスムとフランスの古典主義（とロココの要素）の低俗版としての遺産が、工業製品の特色と共に集積したものである。特に好まれた領域は、ステンドグラス、絵画、家具、そしてとりわけ彫像（彩色石膏の流行）といった教会装飾の諸要素であり、宗教的版画など私的に使用される様々な「信仰の品」も同様である。こうした現象は、広く国際的に見られ、おそらく根絶はできないだろう。しかし、この傾向は二十世紀にさらに強まるのである。

宗教芸術のこうした堕落（あるいは少なくとも人びとにそのように判断されたもの）に対し、一八九〇年以後、抗議が繰り返され、より激しくなる。そこでは、つねにユイスマンス〔フランス十九世紀の作家。『大伽藍』など〕が引用されるが、彼は、声をあげた最初の者でも、唯一の者でもない。これとは別の重要な事実は、この世紀の変わり目における「世俗」芸術の加速度的な変化である。絵画と概略的な検討だけにとどめておくが、三十年間でわたしたちはクールベからピカソに移ったのだ。宗教芸術は、こうした状況変化に反応せずにいることはできない。

数多くの試みが、より確固とした正統性をもたらす（と信じられる）ためになされる。たとえば、ボイロン（ドイツ）の修道士たちによって、また画家のモーリス・ドニとジョルジュ・デヴァリエールの提案で設立された「芸術家信徒会」によって追求された成果に注目しなければならない。最も早く変化する分野は、コンクリートの到来により変貌を遂げた建築である。モンマルトルの聖ヨハネ教会での「鉄筋コンクリート」の使用は、その全体的な外観を変えることはない。外観の変化は、ペレ兄弟によるル・ランシーのノートルダム教会（一九二二年）を待たねばならない。同種の変化は、ゲルマン諸国においてさらにはっきりと成功を収める。

一九二五年代から三五年代にかけて、新たな転機が訪れる。それは、まず、一九二五年のアール・デコ展である。この新しい様式は、マイナーな宗教芸術を、よりいっそう表現主義的で図式化された「ネオ・サン・シュルピス」様式へと変化させることに寄与する。一九三一年には、「枢機卿の建築現場」であるパリ司教区における建築計画——数年のうちに約一〇〇の新しい教会——が、（一九二〇年代の再建後に）再開されるが、それは限定された芸術的効果しか持たなかった。威信をかけたいくつかの活動（たとえば、ネオ・ビザンティン様式、コンクリート、アール・デコの聖霊教会）を別にすれば、いずれも経済を無視しては推し進められならなかったのである。

とりわけ一九三五年には、宗教芸術の革新において以後三十年以上にわたり主導的役割を果たすことになる『聖なる芸術』誌が創刊される。これは、一九三七年から一九五四年までドミニコ会士のクチュリエとレガメイにより編集され、戦前は月刊で、その後は一九六九年の廃刊まで隔週で出されていた。この雑誌は、十九世紀の美術に対してはきわめて批判的な態度を示す一方でいくつかの大規模な計画を熱心に支持した。それは、論議を呼んだジェルメーヌ・リシエのキリスト像を含むアッシー（オート・サヴォワ県）の教会の装飾、「芸術家の礼拝堂」グループの最年長者であるアンリ・マティスにより構想されたヴァンスの礼拝堂（アルプ・マリティーム県）、ル・コルビュジェにより設計されたロンシャンの教会（オート・ソーヌ県）とラルブレール（ローヌ県）のドミニコ会修道院、その他多くの作品である。

激しい論争が起こり、一九五〇年から五二年に頂点に達するが、これらの論争にはいくつかの真の問いを提起するというメリットがあった。第一に、宗教芸術とは何か。あるいは、具象的ではない美術が、聖なるものを表現することができるのか。さらに、個人的に無信仰の芸術家が、真に宗教的な作品を作ることができるのか。これらはいずれも、完全な回答を見出すことはできない問いであろう。しかし、論争は徐々に熱を失い、新しい風が吹きはじめたのである。

別の嵐が起きようとしていた。第二ヴァチカン公会議と、公会議後の危機である。この危機には、召命と宗教的実践の後退が伴い、そこから、様々にある宗教芸術全体への需要の著しい衰退が生じる。建築に関しては、図像装飾を減らした宗教建築の「不可視性」への欲望が、一九七〇年代から一九八〇年代にかけて増大する。重厚なエヴリー大聖堂は、こうした傾向の目的をよく表している。マイナー芸術もまたそれに関わっている。典礼改革は、時には過度に教会を「浄化」し、より地味な装飾を取り入れるに至る。しかし、心配はいらない。「サン・シュルピス」様式は健在なのだ！

現代の宗教芸術のこうした長い危機はなぜ生じるのだろうか。もちろん、宗教的感情の変化が考えられるが、もっと先まで考察を進めなければならない。こうした危機は、「カトリシズム」と「啓蒙期の思想から生じた文明」とのあいだの恐るべき分裂を反映しつづけているのである。しかし、おそらく「宗教的」という語がすべてを説明するのではない。世俗の建築もまた模倣に陥ってしまったのであり、「キッチュ」なものがあらゆる作品を害した。問いは開かれたままである……

クロード・サヴァール

第２章　現代世界に直面するキリスト教教理

非妥協的なカトリシズム――「ピウス九世の時代」（一八四六―一八七八年）

十九世紀の半ば、ピウス九世（マスタイ・フェレッティ）の在位（一八四六―一八七八年）は、特にカトリシズムの歴史において非妥協的な時代として現れる。これは、「ウルトラモンタニズム」〔アルプスの彼方〕、すなわち「イタリア的」あるいは「ローマ的」と呼ばれていた傾向を形容するために、まずはイタリアで、次いでフランスにおいて、歴史家たちのあいだで使われた言葉である。非妥協性は、十九世紀のカトリックの知的、精神的、感情的な最も深い体制と関係している。何よりも非妥協性は、あらゆる妥協、すなわちあらゆる後退、譲歩、和解、仲裁の拒否によって、そして信仰と教義とカトリックの規律の維持と伝達を危うくさせるようなあらゆる危険の拒否によって定義される。非妥協性はこうして、同時に、防衛的かつ攻撃的で、肯定でありかつ非難であり、時に挑発あるいは攻撃でもある。

歴史的に、非妥協性は、回勅「クアンタ・クーラ」（一八六四年一二月八日）に続く最も有名なピウス九世在位中の文書「近代主義者の誤謬表八十の命題」に拠っている。一八五九年以来の教皇領の決定的な消滅と、イタリア王国（一八七〇年）の首都としてのローマの併合へと至る深刻な状況において、その長い在位の初期に「自由主義的」教皇と誤解されたピウス九世は、同時代の宗教的、哲学的、道徳的、法律的、政治的な自由主義と正面から根本的に関係を絶つのである。断罪された八十の命題のうち、とりわけ最後の一節に教皇の怒りを爆発させる。「ローマ教皇は現代の進歩、自由主義、文明と和解し譲歩することが可能であり、またそうしなければならない」。この究極の否定によって、教皇は近代を軽蔑し、カトリシズムの近代拒否を決定的にする。「誤謬表」はこのように、神に関する命題（汎神論、自然主義、合理主義）、信仰に関する命題（「無関心主義」あるいは「広教会主義」――それらによれば、救済は各人がまったく自由に選びうるどんな信仰によっても到達しうる)、「自然道徳」と離婚に関する命題の乱れを拒否する。ピウス九世は、意見、表現、良心、信仰の絶対的自由や教会と国家の分離という考え、合法的な政府の転覆、社会主義と共産主義を否定し、カトリックの統一性と普遍性の座としての教皇庁の国民教会に対する独立性と権威を、国家に対する教会の権利と同様に、再確認するのである。このような一連の否認のうちには近代的な色調を帯びているものもある。ピウス九世はこうして「非介入」の原則を批判し（六二節）、法に基づく市民的権威に根拠を与え（「権威とは物理的な力の数量の総計以外の何ものでもない」六〇節）、信教に関する国家の無際限の権力を、とりわけ偶像崇拝として拒否する（「あらゆる権利の起源かつ源泉である国家は、無限に権利を享受する」三九節）。

たとえ非妥協性が時代や自由主義的な近代性から生じた価値観とまるで一致せず何も譲歩しないとしても、純粋な否定性へ帰着することはない。ピウス九世が望んだのは、「信仰の寄託物」（デポジトゥム・フィデイ）を無傷のまま維持し、後継者に伝えることであった。それは信仰をめぐるあらゆる面が脅威にさらされ、またその存在まで疑問視された教会の心配と不安の本質的なテーマであった。こうしてローマ教会の権利と権威の十全性は、諸世紀を通じた信仰の生きた伝統の深まりとその帰結である新しい教義の宣言を正当化するのである。一八五四年一二月八日の「聖母マリアの無原罪の御宿り」の教理の宣言は、カトリック世界におけるマリア信仰の強さと普遍性を、司教団の例外的な満場一致によって確立することになる。宣言は次のようなものだ。「福者処女マリアは、その受胎の最初の瞬間に、全能なる神の特別なる恩寵と特典により、人類の救い主イエス・キリストの功徳を考慮して、原罪のあらゆる穢れから守られ、それを免れたのであった」。その四年後、ルルドにおけるベルナデット・スビルーへのマリア出現（一八五八年）は、民衆には教皇の定義を奇跡によって裏付けるものと映った。「Qué soï l'immaculé counceptioû」、すなわち「私は無原罪の宿りである」。

同様に、ローマへの中央集権のさらなる強化、ローマ、すなわち「使徒座の敷居（アド・リミナ・アポストロルム）」

への司教訪問の増加、ローマの典礼をめぐる信仰の統一化、ローマの直接の権威の下に置かれた男子と女子の修道会の増加、布教聖省（プロパガンダ・フィーデ）により組織され制度化されたカトリック宣教の飛躍的発展、カトリックの新聞と版画による教皇の人格そのものの称揚は、一八六九年一二月八日に招集され、一八七〇年七月一八日にフランス司教団と幾人かの自由主義的な高位聖職者の反対にもかかわらず、教皇無謬性の教義を宣した第一ヴァチカン公会議に通じるのである。「教皇がエクス・カテドラ[37]（司教座から）について語る際、すなわち、あらゆるキリスト者の牧者と神学者という自らの責務を果たす際、教皇は至高の使徒的権威に従って、信仰あるいは道徳に関する教理はすべての教会により正しいと認められねばならないと定める。無謬性が信仰あるいは道徳に関する教理を定める際に、教皇は、聖ペテロの代理として約束された神の助けにより、教会に与えられるよう贖い主が望んだ無謬性を有するのである」。二カ月後の一八七〇年九月二〇日、イタリア軍がポルタ・ピア門からローマ市内へ進駐し、数世紀間に及ぶ教皇領の存在を決定的に終わらせる。教会論においても神学においてもかつてないほど包囲された要塞のようなカトリック教会は、「キリストの代理人」（＝教皇）の権威と人格を中心に結束したかのようである。

　プロテスタント改革の否定、啓蒙主義哲学の否定、一七八九年のフランス革命の否定、自由主義国家の否定という四重の否定におけるカトリックの非妥協性は、教会がそのなかを生きている「悪しき時代」への抵抗の方法、また歴史や現在の脅威や未来の望みへの感性のあり方を形成している。非妥協性は、苛立ち、硬化、非寛容、時に不正義にもなりうるし、また世界や市民社会や他宗教との関係を、敵対的に捉えてしまう。一八四八年一一月、ピウス九世は民主主義運動と妥協するよりはむしろローマを離れることを選んだ。一八五八年六月、ボローニャで使用人によって密かに洗礼を受けた六歳のユダヤ人少年エドガルド・モルタラを両親から引き離すように教皇は命令を下した。なぜならば、少年が洗礼の恩寵を失うことなく、カトリック信仰のなかでローマで育てられるようにするためである。一八六〇年夏に、ピウス九世は、イタリア統一を妨げるため、ラモリシエール将軍指揮下に軍を招集するが、一八六〇年九月一八日、カステルフィダルドで敗れる。一八六一年一月、教皇は、ヴィットーリオ・エマヌエーレ二世の新興イタリア王国の議会設立のための投票を棄権するよう、全カトリック教徒に命じる。続く数年間、教皇は、とりわけフランス、ベルギー、オーストリア、ケベックに至る全ヨーロッパに、ローマ防衛のための義勇軍「教皇護衛隊」を呼びかける。一八六七年春に、教皇は、自らの軍隊とフランス駐留軍に、ローマ奪回を望むガリバルディの「赤シャツ隊」の企てをメンターナにおいて粉砕するよう訴える（一八六七年一一月三日）。一八七〇年九月二〇日以後、教皇は「ヴァチカンの囚人」としてヴァチカン宮殿にこもり、彼がその再統一承認を拒んだイタリア議会から提示された「教皇保障法」（一八七一年五月一三日）を拒否するのである。

非妥協性は、むしろ教皇座の世俗的独立性の失墜を裏づけることになる。枢機卿ジャコモ・アントネッリは、逆風のなかこの方針を維持することに努め、ヨーロッパおよび全世界における教皇の権威を劇的に孤立させる。しかし、教皇権は、カトリック世界において、証言、すなわち語源的には殉教という仕方で、強く体験されるのである。一八六七年、パリ万国博覧会の際に、教皇庁は……カタコンベを教皇庁の代表とすることを選ぶ。かつては終末論的、あるいは黙示録的な領域とは無関係であった忠誠の犠牲的側面は、ピウス九世の在位と切り離せない。一八七八年二月七日、歴史上最も長い在位の終わりに、人気《ひとけ》の無い広大なヴァチカン宮殿で、ピウス九世は大いなる孤独のうちに死去する。十九世紀の非妥協的カトリシズムは、以上のような拒否と肯定、硬化と希望を糧としたのである。

フィリップ・ブートリ

回勅「レールム・ノヴァールム」（一八九一年）とカトリック教会の社会教説

レオ十三世の回勅「レールム・ノヴァールム」（一八九一年五月一五日）に認められる重要性は、二つの理由に基づく。この回勅は、同時代の言葉をそのまま用いれば、「社会問題」についてのローマ教権の最初の態度表明である。他方、「レールム・ノヴァールム」は、特にその公布記念日以来、一九三一年、一九七一年、一九九一年のように定期的に言及される基礎的文書である。この回勅の成立、内容、影響力について考察してみよう。

ローマの決定を理解するためには、マインツ司教フォン・ケテラー師のような聖職者たちだけではなく、しばしば、工業化の結果と社会主義の高揚と労働運動に直面した信徒たちからも生まれた豊かなイニシアティヴと熟慮を知らなければならない。イタリア議会の福利厚生活動の社会経済部門、オーストリア・ハンガリー帝国とドイツにおけるキリスト教社会主義者、アルベール・ド・マンとルネ・ド・ラ・トゥール・デュ・パンに率いられたフランスの労働者カトリック・サークルの社会活動を想起するだけでも十分であろう。一八八四年以来、「フリブール同盟」〔メルミヨ枢機卿がスイスのフリブールに創設〕の社会研究を行なうカトリック系労働組合は、聖トマス哲学を手がかりとした省察を旗印に、様々な国の社会的カトリックを結びつけた。

これらの人びとは様々なグループに分けられる。最も急進的な人びとは所有権の合法性を問題にし、資本主義を非難し、公共の利益の名の下で国家が経済に介入する必要性を確信する。逆に、アンジェ司教フレッペルに由来するアンジェ派〔北仏カトリック実業協会〕は、フランス革命により生じた個人主義社会を非難するのだが、彼らは国家の役割を否定し、個人のイニシアティヴに基づいた穏健な自由主義を信頼する。

一八九〇年の〔ベルギーの〕リエージュでの「カトリック社会事業国際会議」において、アンジェ派とリエージュ派の争いは特に激しくなる。そこで数年来求められていたレオ十三世〔在位一八七八―一九〇三年〕の態度表明が必要となるのだが、かつてのペッチ枢機卿は、教会と文明についての司牧書簡のなかで、「レールム・ノヴァールム」を予告するような主題の概要をすでに示していた。つまり労働の価値を機械のそれと同じように見なす「あくどい高利貸し」と「近代経済学派」への非難であり、「希望なき大衆」と「蓄財に熱心な少数者」の対照である。一八六四年の「誤謬表」におけるピウス九世と同じく、ペッチ枢機卿は、富の蓄積に基づく自由主義経済を非難する。将来の教皇レオ十三世の場合は、『シヴィルタ・カットリカ（カトリック文化）』誌のイエズス会士に多くを負っている。彼らのうちの一人マテオ・リベラトーレは、自然法に関するトマス主義的考察に影響を受け、未来の回勅の最初の最重要な概要の執筆者となる。

布告一〇〇周年の際に行なわれた研究以来よく知られているように、執筆者たちは、回勅を対立する諸学派を越えた妥協の文書にしようと望んだのである。フリブール派とその組合主義の影響は、考えられていたほど大きくはない。むしろそこでは、イギリス人のマニング枢機卿とボルチモア大司教ギボンズ枢機卿の役割が明らかにされた。一八八七年からさっそく、ギボンズは、北アメリカの地下組織である労働者団体である労働騎士団をローマが非難することに反対した。ギボンズは、労使が分離した労働組合を資本家と労働者が協同する労働組合に加えるよう、レオ十三世を動かす。「私の希望は満たされました」と、ギボンズはレオ十三世に書き送る。

「労働者の境遇について」という副題が付された回勅「レールム・ノヴァールム」は、その冒頭で、「長い期間にわたり社会を捉えてきた改革への渇望〔レールム・ノヴァールム〕」を認めている。この回勅は、「大衆の貧困に比べて、少数者の手に握られている過剰な資産」について述べる。そして問題一覧は、「多くの場合」に「下層階級」の人びとを襲う「不幸と不当な貧困の状況」に言及している。同業組合の廃止、国家の世俗化、「貪欲な高利貸し」は、「孤独で守る者のいない労働者」を「非人間的な支配者」へ引き渡すことに加担する。要するに、「少数の金持ちと富裕層」

が「ほとんど奴隷的な従属をいつまでも多数のプロレタリアに」課すのである。回勅は階級闘争の存在を認めてはいるが、それに反して、その社会的現実の解釈は、中産階級の台頭を考慮に入れていない。社会主義に対する強烈な批判は、次の二つの動機に依拠している。「自然法によって認められた私有権」を問題にするためであり、レオ十三世によれば、市民社会に対して優先権を持つ家族を問題にするためである。

レオ十三世は、「われわれの権利のまったくの十全性における」社会問題への教会の介入の正当性を明確にする。教会は、「二つの階級の人びとに、彼らの相互の義務と、そして何よりも、正義に由来するものを想起させることにより」、豊かな人びとと貧しい人びとを和解させなければならない。労働者に対しては労働協約を重んじ暴力を否定することを、また資本家に対しては「労働者を奴隷のように扱う」ことをせず、労働者の「人間としての尊厳」(ディグニターテム・ペルソナエ)を尊重し、「双方が同意した賃金を与える」ことを求める。「共同体とその構成員を保護する」という任務として、国家には介入する資格がある。不正に立ち向かう警察権力と公共の利益への配慮は、国家の介入を正当化するが、しかし一部のカトリック社会主義者にとって重要な所有権の社会的共有というテーマを正当化することはない。ここに国家の介入の限界は明らかである。すなわち「不正を抑え危険を遠ざけるために必要である以上のことを試みること」は認められていないのである。

勤務時間表と労働条件に関して引用された例は、レオ十三世がアンジェ派の穏健な自由主義からほとんど離れていないことを示している。賃金は、「労働者を節度よく誠実に生きさせるのに不十分であってはならない」。だが、国家の介入は、時宜を得たものでなければならず、第一に優先されるべきものではない。「とりわけ時と場所の様々な状況にかんがみて、どんな解決も同業組合あるいは労働組合に委ねられていることが望ましい」。社会主義に行き着くような国家統制論の危うさに直面したレオ十三世の見解は、必然的に「仲介的な集団」に頼ることになる。

この点に関しては、リエージュ派とアンジェ派のカトリック教徒は同意する。社会問題の解決は、労働と資本の話し合い次第である。かつて回勅がその「有益な影響」について述べた同業組合は、対立を乗り越えることを可能にするが、同業組合も「新しい状況」に適応しなければならない。レオ十三世は、「労働者だけで構成されるものにせよ、労使が結びついたものにせよ、この種の団体が至るところで形成される」のを見て喜ぶ。最初の決定的な公式は、ギボン枢機卿の勧めで教皇自身により最終草案に加えられる。それは、「自ら組織化する」ことをキリスト教徒の労働者に求め、労働団体は一般的に「キリスト教の名称に敵対的」であったが、これが宗教的労働組合の新たな設立を促す公式となる。教皇は、「フリブール同盟」の中でつくられた「義務として課される組合」という観念を踏襲しなかったのである。

カトリック世界の外も巻き込んだ回勅の大きな反響は、正史によって時に忘却されてきたが、現代の研究者は、民衆と民主主義の方へ歩み寄るレオ十三世が保守勢力との関係を断ち、失われた影響力を取り戻すために労働者階級の方へ歩み寄ったことに着目している。レオ十三世は、非妥協的な人びとが好んで行なった自由主義と自由主義経済に対する批判を引き継いだが、ローマが「社会問題」に包括的見解を与えたのは、これが初めてである。「社会問題」は、道徳的非難という側面だけを通しては、もはや取り扱えない。この認識から方針は決められる。

妥協の文書である回勅は、いくつもの問題を未解決のままに残すのだが、そこでは、一八九一年以来、社会問題に取り組むカトリック教徒たちのあいだに広がってゆく断層が読み取れる。家族手当、最低賃金、国家介入の規模、労働組合運動、資本主義などに関する論争は激しく、それらはローマ教皇庁の権威を新たな介入へと仕向ける。それ以来、ローマの権威は、仲裁し、拒否し、問題を掘り下げることになる。現代まで再確認されているカトリック教会の社会教説の正当性が、ここで明らかにされたのと同時に、ベルギーの歴史家ロジェ・オベールの言い方によれば、ここで「社会的カトリシズムの最初の公式な布石が打たれた」のである。

ジャン＝マリー・マイユール

二十世紀のキリスト教とイデオロギー

たとえキリスト教がイデオロギーを抱かせそれを掻き立てることがあるとしても、キリスト教は自らがイデオロギーであることを否認する。しかし、キリスト教はイデオロギーを無視できず、またイデオロギーもキリスト教を無関心のままにしておくこともできない。キリスト教はイデオロギーと競合するのである。すなわちキリスト教は人間の運命に関する説明を示し、また福音書の読解から一つの人間学を引き出し、キリスト教がイデオロギーと共有すること、あるいはキリスト教をイデオロギーと対立させるあらゆることを引き出すのである。それゆえ、キリスト教とイデオロギーとの関係は、ほとんどいつも葛藤を生み出す。このことは、すぐれてイデオロギーの世紀であった二十世紀に特に当てはまる。二十世紀において、イデオロギーは人びとを魅了し、権力を獲得し、体制を動かした。その衝撃は、こうした思想体系が全面的に人びとの精神を支配しようと欲すれば欲するほど、避けがたいことであった。イデオロギーは信教の自由にいかなる余地も残さなかったのであり、キリスト教に取って代わることを熱望したのである。イデオロギーの野心は、教会にイデオロギーとの関係において自己定義するよう強い、両立不可能な点を明確化させた。こうした世俗宗教の発生は、社会生活のあらゆる面に関する霊的教導権による指導の練り上げを促進させ、その規模と一貫性は、時に、キリスト教は一つの反―イデオロギーをなすという印象を与えるほどであった。

イデオロギーとの競合と脅威があらゆるキリスト教派に関わったといっても、すべての教派が同様にイデオロギーに反対したわけではなかった。自由主義の精神から思想の自由の権利を主張した改革派教会のようないくつかの教派は、むしろそうしたイデオロギーとの類似性を感じる。さらに、各教派は、個人的信仰と社会参加との関係についておしなべて同一の考えを持っていたわけではなかったのである。キリスト教のあらゆる現れのなかで、異質な哲学との共存に最も消極的だったのは、明らかにカトリックである。カトリックは教皇制によって教導権を有するのであり、思想傾向を決定し、「信仰の寄託物（啓示の総体）」に照らして誤りを告発するのが、教導権の機能だからである。

二十世紀初頭において、最も古いイデオロギーである自由主義は、カトリック教会にとって主要な哲学的ライバルでありつづける。改革派教会が自由主義を敵と見なすのと同じ理由ではないのだが、カトリック教会は自由主義に対し敵対的な態度をとり続ける。カトリック教会は、自由主義の中に近代的なあらゆる過誤の源泉、あらゆる異端の母胎を見るのである。カトリック教会は、自由主義を、社会を襲う脱キリスト教化と諸々の悪の元凶と見なす。合理主義――批判的精神態度を教理教育と対立させる――と、個人主義――個人の意志を規範とする――を、カトリック教会は主に批判する。こうした自由主義への非難は、久しく、他の制度を判断する際の基準でありつづけ、カトリック教会が、自由主義との対立を通じて自己規定された体制に長いあいだ迎合し、権威を称揚し、個人を集団的要請に従わせるイデオローグに一定程度、共感したこともここから説明されうる。

しかしながら、カトリシズムと自由主義との正面からの衝突の理由を、両者の根本的な両立不可能性ではなく、その時期の状況に規定された誤解にあると判断する人びと、また自由はキリスト教に反するものではなく、信仰は信教の自由によって害されるものではない――その証拠に、たとえばアメリカでは、信教の自由はむしろカトリシズムの発展に貢献した――と主張しようとした人びとも、カトリシズムのなかに存在した。少し遅れて、歴史が、それが正しいことを認める。権威主義的イデオロギーから発生した全体主義体制を経験したことは、人類と信仰にとって自由主義より恐ろしい敵がいたことと、第二ヴァチカン公会議が敬意を表した信教の自由の価値を、カトリック教権に気づかせたのである。だからと言って、教皇庁は自由主義のすべての成果を受け入れたのではない。教皇庁は自由主義を経済に適用することに関しては、特に控えめな態度を表明する。特に市場のメカニズムに自由に任せること、軍事的関係の効力を野放しにすることなどは論外である。一時期同業組合の組織化による調停を強く勧めた後に、教会の社会教説は法律による調整に賛意を表すのである。

カトリック教会は、それにもかかわらず、社会主義イデオロギーの様々な形態に、共感以上のものを示すことはなかった。カトリック教会の人間観とは、労働によって獲得されたか、または家族から継承された私有財産を個人の延長部分と考え、その独立性を教会が守るというものだからである。両者の対立、特にカトリック教会とマルクス主義との対立は、政治的である以上に哲学的である。マルクス主義の公準は、断固たる唯物論であり、宗教は疎外の要因かつその結果であるという理由で、無神論を標榜する。マルクス主義的基準を示した共産主義体制の反宗教的政治学は、カトリック教会の敵意をいっそう強めた。たとえ、司祭と在俗の活動家の一部が、共産主義の計画のなかにキリスト教的ユートピアの残響（最も貧しい人びととの連帯、正義の要求、兄弟愛を実践する熱望）を聞き取ることができると信じ、共産主義を動かしている社会計画を反キリスト教的哲学から分けて考えることに努めたとしても、一九三七年、教皇ピウス十一世は、共産主義を「本質的な悪」として非難し、教皇庁は、キリスト教と共産主義の歩み寄りのどんな試みにもつねに反対したのである。

キリスト教会は、いわゆるファシズム体制を鼓吹するイデオロギーの偏向性を認識すること、信徒たちをファシズムの誘惑から守ること、自由主義と社会主義陣営に対するように、キリスト教信仰とファシズムとの両立不可能性を表明することにおいては、おそらくぐずぐずしすぎた。それほど堅固に形成されていたわけではないファシズムのイデオロギーは、かつてのイデオロギーに比べて一貫性を有していなかったのであり、それゆえキリスト教会にとって、これは教義的判断の範疇に属していなかったのである。キリスト教会の当局は、既成権力の尊重を推奨する神学的伝統にも従い、相手が約束を尊重しないと確信するまで、ファシズム政権との間で法的関係を築こうと試みたのである。イタリア・ファシズムの経験は、国家崇拝〔statolâtrie〕の危険性に目を開かせた。ピウス十一世は、共産主義への非難を表明すると同時に、国家社会主義に特有の人種差別と権力崇拝を告発する回勅を布告した。

こうした経験とこうした経験が促す反省は、今日のキリスト教の権威と組織化の表れ――教会とその責任者――が、民主主義体制のうちに最も満足のゆく社会組織のあり方を見出す傾向があることを説明する。ローマ帝国を継承するカトリック教会がつねに高い評価を与えてきた法を、キリスト教は尊重するのである。教会は無条件に、公共の自由という遺産を受け入れる。敵対するイデオロギーに依拠する体制の経験が、かかる自由の価値を教会に認めさせたのである。第二ヴァチカン公会議以来、信教の自由のために戦ったヨハネ二十三世、パウロ六世、ヨハネ・パウロ二世の在位とともに、キリスト教と自由との歴史的亀裂は埋められた。カトリック教会は、それ自体として、あるいは教皇自身の活動によって、時に決定的な仕方で、敵対するイデオロギーに基づく体制の崩壊に加担する。冒頭で述べたように、キリスト教はイデオロギーではない。キリスト教は、イデオロギーに対してむしろ警戒するのである。もしキリスト教が、二十世紀の経験によって教えられ、またそこから教訓を引き出すことで、政治的選択を方向づける総体的なヴィジョンの必要性を認めるならば、キリスト教は、良心の自由とキリスト教信仰を抑圧する思想体系の誘惑から、精神を守ろうとするのである。

ルネ・レモン

第二ヴァチカン公会議（一九六二―一九六五年）

第二十一回公会議である第二ヴァチカン公会議は、一九六二年一〇月一一日から一九六五年一二月八日まで、ローマのサン・ピエトロ大聖堂で開催された。それは、一八六九年一二月八日から一八七〇年一〇月二〇日まで同じ場所で開かれ、また建国したばかりのイタリア王国による一八七〇年九月二〇日の教皇領の首都ローマ占領によって無期限に中断された第一ヴァチカン公会議を遅れて引き継ぐ公会議であった。第一ヴァチカン公会議にならって、第二ヴァチカン公会議は全世界的《エキュメニカル》と呼ばれる。それは、ヨハネ二十三世（一八八一―一九六三年、在位一九五八年一〇月二八日―一九六三年）の特別招集により、信仰と習俗に関わる教会の問題を論じる能力を有する使徒の後継者として、全世界の大司教、司教、修道会総長全員が集められたという点においてである。公会議に出席する神父たちは、約二五〇〇人の審議会を構成する。ハンガリー首座司教とザグレブ大司教を除く東欧諸国の司教たちも、ローマへ赴く許可を得た。発言権を持つ約二〇〇人の専門家と、二人の女性を含む幾人かの在俗のオブザーバーの存在も忘れてはならない。

第一次世界大戦の直後に、唯一公会議を招集する力を持つ教皇庁は、カトリック教会が根本的な変化に直面させられたことを認識するが、カトリック教会は人びとを回心へと呼びかける手段を失っていた。世界は教会に、世界へ適応することを求めるのである。公会議の計画は、一九二二年一二月にピウス十一世により、また一九四八年にはピウス十二世により検討されていた。この企ての重みは、ヨハネ二十三世の前任の教皇たちをためらわせた。教皇に選ばれて三カ月後のヨハネ二十三世による公会議立案は、こうした企てとは無関係であった。それが神の摂理によることをよりよく示すために、教皇の立案がどれほど個人的なものであったかが強調さえされるのである。ヨハネ二十三世は、自らが望んだ公会議が長期にわたり、また困難なものになるとは思いもしなかった。教皇は、教会の「今日化」〔aggiornamento〕、すなわち近代世界に直面して教会の使う言葉や儀礼を現代的なものに変えるには、一年にも満たないわずか数カ月の会議で十分だと考えていた。また「改革」という言葉は、十六世紀の改革派教会とのあらゆる混同を避けるために使われなかった。

第二ヴァチカン公会議の総会に先立って、いわゆる準備期間（一九五九年六月一八日―一九六〇年五月三〇日）が設けられる。この期間中に、公会議に出席する神父たちが、とりわけ平信徒やカトリック・アクション〔十九世紀後半以降の、一般信徒による組織化された使徒職的活動を指す〕から人びとの願いを集め、公会議のプログラムを練り上げることが行なわれる。ヴァチカンでは、「国民投票による調査」まで論じられる。こうした誓願〔vota〕の表明は、とりわけ、あらゆる断罪の否定や、教会のより司牧的な開放性への要求、第一ヴァチカン公会議以来未解決のままにされ、教皇無謬性の採択により抑圧されていた司教職の地位の向上、そして、教会内における平信徒の地位を考慮することに関わっている。カトリック教会と、プロテスタントおよび東方教会との和解は、ほとんど言及されなかった。カトリック教会について非常に分裂したイメージを与えるきわめて豊かで多様なこうした議論の材料は、公会議準備委員会が、これをより大きな主題に整理し、七十二の草案の審議に関する第二ヴァチカン公会議の議題を定める。公会議の規定（一九六二年一〇月六日）は、草案が項目ごとに準備委員会によって審議され、賛成〔placet〕か反対〔non placet〕か修正案〔placet juxta modum〕によって部分ごとに投票を行なうことを定めている。採択された文書は、公式会議の会期中に、教皇によって発布されることになっている。

一九六二年一〇月一一日の公式会議の開幕は、ユーロヴィジョン〔西欧諸国の報道網〕によって放映された。キューバ危機を巡る米ソ対立のきわめて緊迫した重大な時期であっただけに、ますますこの出来事は注目された。たちまちのうちに公会議は二つの困難に直面する。第一に、開催以来、公会議の進展のなかで教皇庁によって占められた過重な地位。第二に、全世界のメディアによって伝えられた、しだいに熱心に、そしてまた批判的になる世論の重み。ヨハネ二十三世は、公会議の議論を、一年毎の会期に分けて編成することを決断しなければならず、一〇月一三日から早速、委員会の選挙方法に関する教皇庁事務局との確執の影響を受けつつ、公会議は開催された。会議の冒頭からいわゆる教会内進歩派の公会議出席者たち、言い換えれば、教皇と協力して公会議を真の討議を行なう場にすることを望む多数派と、公会議を教皇とローマへの妨害と見なす、主として教皇庁の保守的で反動的な少数派に意見が分かれた。ヨハネ二十三世のきわめて優れた辣腕と教皇への大きな敬意が、一九六二年一二月八日に不安定な雰囲気のなかで散会する公会議を救う。第一会期と第二会期のあいだに開かれたいくつかの合同委員会が、とりわけエキュメニズム〔教会一致促進運動〕の分野で立ち上げられる。

一九六三年六月三日、ヨハネ二十三世は死去する。教会法の規定通り、公会議は中断される。ミラノ大司教の枢機卿ジョヴァンニ・バッティスタ・モンティニがただちに新教皇に選出される。彼はパウロ六世を名乗ったが、異教徒たちを改宗させた使徒パウロを彷彿とさせた。一九六三年九月二九日、パウロ六世は第二会期のための公会議を招集する。新教皇は、限られた議題のいくつかの重要な点に関して、公会議を決着させることを自らの使命とする。それは、啓示の位置づけ、教会の内的本質の定義、教会学校のなかでの司祭職の役割の権限分担、信仰の生き生きした発露としての典礼、信徒の役割、他文化との関わりにおける教会の使命、教会と現代世界との関係である。

第二会期は、第二ヴァチカン公会議のあらゆる出来事のうちで最も困難を極めたものとなる。信教の自由の問題（信じる自由と信じない自由）は、かつて予想されなかったような地位を占める。ルフェーヴル枢機卿の支持者たち〔ピウス十世会〕の将来の分裂の根が現れるのも、このときである。パウロ六世は、過度の影響力と同時に過度のためらいを示す。公会議主義のある種の記憶——公会議による教会統治、議会制度の一種——が、メディアに中継されるなかで、対等な者たちのなかで一番目であるだけでは満足しようとしない教皇の存在を浮かび上がらせる。教皇が行なった旅は、国際的な名声を教皇庁に与えたが、公会議の不安定化を招くのである。

公会議は第三会期では以前よりも穏やかな動きを見いだす。第三会期では、重要な諸々の公会議文書、特に「教会憲章」「エキュメニズムに関する教令」が採択される。しかし、パウロ六世は次の会期を最後の会期とすると宣言する。一九六五年九月一四日から一二月八日まで開催された第四会期は、決定的なものとなる。十六の公会議文書のうち七つの宣言、あるいは教令が採択されるのである。一二月七日、待望の「現代世界憲章」（ガウディウム・エト・スペス）

が採択される。この憲章は、最も野心的な公会議文書の一つである。また、この憲章に関して、教皇と公会議のあいだでも、公会議の最中でも、激しい対立が生じた。世論は、公会議に与えられた「司牧」〔pastoral〕という形容に、私的倫理に関する最大限の自由が回復される期待をかけていた。世論は、個人主義と人格の美学の影響下にあったのである。ところが公会議に出席した聖職者たちからほとんど何も知らされないまま、公会議が習俗の問題については明確な態度を示さなかっただけでなく、これらの主題——何よりも結婚と産児制限の問題——が、もっぱらパウロ六世により教皇の裁治権に委ねられたことを知り、世論は驚くのである。結婚と出産に関する回勅「フマーネ・ヴィテ」の布告（一九六八年七月一五日）に続いて、深刻な危機が教会内に生じることになる。しかし、第二ヴァチカン公会議の成果は、現代世界に理解されようとする教会の意志と、また教会に理解されようとする現代世界の意志に関する基準でありつづけるのである。

フィリップ・ルヴィヤン

産児制限に直面するカトリシズム

性は、神学者と聴罪司祭が言及する領域である。しかしそれは、フィールド経験のない人類学者が机上で旅行者たちの話を継ぎ合わせるように人から聞いて語ることでもある。聖職者たちは、救済にとって障害に満ち、危険で、致命的な世界を喚起する。というのも、この領域においては、「問題はつねに深刻である」からだ。カトリシズムと性との関係は、二つの制度をめぐって構築される。すなわち、性の営みが許された唯一の場である結婚と、それについて述べる権利を有する者たちが、権利上において（宗教にかかわる者として）あるいは事実上において（聖職者として）職業とする聖なる独身である。性の支配は、自然的なものと社会的なものという二つの領域でなされる。生殖力を持つ男女の交わりが自然である。ゆえに、一人での実践（マスターベーション）、他のパートナーの選択（同性愛、獣姦）、男女間での非常識な方法（オーラルセックス、アナルセックス）は、自然ではない。七つの秘蹟のひとつである解消できない結婚は、社会的に基礎づけられている。したがって、この第二の観点では、姦淫、自由恋愛、不倫、聖職者との性的関係は許されない。

この領域における根本的な変化を理解するために、一八二二年の王政復古期のもとに身を置いてみよう。ル・マン神学校の神学者であるブーヴィエ神父は、自慰好きな夫を持つ妻に対して取るべき態度を知るために、告解について助言する資格を有する教皇庁の機関である教皇庁内赦院〔教皇のみが赦免しうる罪を裁く場〕に諮るが、一八二七年、ブーヴィエは神学校の生徒向けの性の問題に関する教科書――（それなりの）ベストセラーになる――を刊行し、その中で、「オナンの罪」に関する考えを示す。ここでの新しさを理解するために、四つの要素を考慮しなければならない。第一に、射精しないことまたは膣外射精を、オナン（創世記三八章九節）と同罪と見なすアウグスティヌスに遡る伝統。第二に、若者の生命それ自体にとって致命的であると判断された若者のオナニーが問題として注目されたことに存する十八世紀後半に生じる変化。第三に、人口の爆発的増加という来たるべき世界を示し、また育児能力に応じて「産児を制限する」よう各夫婦に勧める、マルサスがもたらしたコペルニクス的転回。最後に、十八世紀後半にフランスで始まり、フランス革命がその普及を促進させるが、その事実確認を遅らせた産児制限。実際、フランスの聴罪司祭たちがオナンの罪に気づくのは、一八二〇年代まで待たねばならないのである。

教会の責任者たちは、答えなければならない問題の特別な緊急性にただちに気がつく。というのも、新しい悪徳は結婚、すなわち性行為の実践が正統とされるまさにその場所と関係しているからである。夫婦の寝床の秘密に介入することによって、さらに性の行使を制限すべきなのか。あるいは、もしも厳しく取り締まるならば、妻は夫の避妊の実践よりも死を選ぶべきであるという周囲の厳格主義に従わねばならないのか。ところで、フランス革命によって弱体化した社会において、教会が家族と結ぶ唯一の絆を維持するのは女性である。なぜなら、男たちはもはや避妊の実践を告白せず、黙っているからである。ブーヴィエは、内赦院の支持を得て、妥協による解決策を提案する。自慰好きな男との関係において、妻は夫の避妊の実践を耐え忍んでいるのであり、そうした状況を妻は強制されているのだから妻には罪はないと。ブーヴィエは、配偶者の悪い行ないに居合わせる妻にとっての「確かな根拠」を保証するために、決疑論の伝統に訴える。そしてすべての神学者と聴罪司祭は、ほとんどの場合に欠席裁判によって夫を非難することを覚悟の上で、少なくとも「女性を救う」ことを可能にするこの立場に与するのである。

一八四二年、いまやル・マン司教となったブーヴィエは、家族の慣行についてより確信を抱くようになり、またフランス教会と同様に男性側の反論に直面して、産児制限の評価に関する見方を深く変更するよう提案する。ローマに忠実な内赦院に告白する夫婦は、善と悪〔堕胎、姦通〕を区別する道徳的行為者である。こうした夫婦は性的関係を持ち続けながらも、良いと思われる理由のために、家族の規模を抑えることを望んでいる。したがって、夫婦が使用する方法〔避妊〕は、彼らには間違っているとは見えない。ブーヴィエはこうした観点を考慮することを受け入れ、避妊の罪悪感からの解放を求める。ローマの交渉相手は本質的な質問をはぐらかすが、しかし実際的な修正を受け入れる。列聖されたばかりのアルフォンソ・デ・リゴリを拠り所として、内赦院は理論的原則を受け入れ、実践的規則を定める。ブーヴィエは、理論的原則も実践的規則も明確にする。避妊をする夫婦はたとえ誤っていても、自らの良心に従うことによって誠意を持っていると見なしうることをブーヴィエは知らしめる。したがって、告解において彼ら夫婦に尋ねるべきではない。この新しい潮流に関して聖職者のあいだで見解が分かれたにもかかわらず、フランスの聴罪司祭の大半は、少なくとも二十世紀初頭まで（それ以降常にというわけではないが）既婚の男女に告解において尋ねることを自制するのである。

しかし、一八五〇年代の最初の数年間に、状況は急激に変化する。一八四九年にブーヴィエは、夫婦の誠意を理論化し、また聖書研究の大きな進展に拠りつつ、聖書におけるオナンの断罪と避妊との関係を慎重に取り上げる。ところが、教皇庁の状況が変化する。すなわち、ブーヴィエもその一人であるガリカニスムの教会論が禁書目録に載せられ、ローマ式典礼が強制的に押し付けられるのである。初めて意見を求められた教理聖省は、一八五一年にオナンの罪を断罪し、実際に行なわれていた避妊行為への妥協的な管理に反対する。同時に、二つの「革新」が現れる。すなわち、素材としてのゴムが、避妊具にある程度もっともらしい有効性を与え、月経周期の最新の発見（一八四二—一八四五年）が周期的な不妊の実態を明らかにする。一八五三年、こうした科学的革新に関して意見を求められた内赦院は、生殖に結びつかない性的関係を認めることによって、それまでの寛容な方針をいっそう確固たるものにする。コンドームについて尋ねられた教理聖省は、逆に、その使用を非難する。二つのやり方のあいだで分裂が生じるが、実際には、どちらも効果を持たなかった。射精せずに男性器を抜くことが、その後もしばらく、実際的な避妊行為でありつづけるからである。

一八七〇年以降、事態が変化する。フランスでは、避妊が政治問題となり、それゆえ大衆的な議論の的となる。出生率の低下は、多産な隣国ドイツに直面するフランスを危険に晒す。現在でも、新マルサス主義と新人口増加主義という二つの陣営が対立している。神学者と聴罪司祭は避妊に反対する。司教たちは、同時に、人数の少ない小家族はもはや司祭にも修道士にも人材を提供しないのではないかと考えるのである。産児制限は、「人口学的な十分の一税」から糧を得ている教会にとっては、死活問題である。ローマ教会は夫婦の誠意を疑い始める。一八八〇年代頃には、内赦院が教理聖省に同調する。二十世紀初頭には、避妊は全ヨーロッパに広まる。一九〇九年にはベルギー司教団、一九一三年にはドイツ司教団、一九一九年にはフランス司教団、一九二二年にはオランダ司教団が、この論争に介入する。一九一六年、内赦院の見解は、十九世紀初頭のフランスにはびこった厳格主義へ回帰するのである。

一九三〇年にピウス十一世は、回勅「カスティ・コンヌビイ」において、家族を襲う諸悪の中心に産児制限を位置づける。これは、教皇がこの問題に介入した最初である。産児制限に関する教皇の非妥協性は、英国国教会と一線を画そうとするが、英国国教会はランベト宮殿〔カンタベリー大司教館〕において寛大な司牧的立場を採用するのである。教皇は特に聖職者を対象として、夫婦の告解において質問するよう指示する。教皇の包括主義〔intégralisme〕は、人間的行為全体を再び掌握しようとする意志と出会うのであるが、教皇の要求を真面目に受け止める家族は、最近公刊された悲痛な記録『良き神の子どもたち』において、心の動揺を告白している。

一九三〇年代にやっと広まるクナウス―荻野式の救済策は、女性が子どもを産まなくなる時代を生じさせるのだろうか。医学の現代性に開明的であったピウス十二世は、そう信じ、またそう言わせる。避妊は、〔グレゴリー・〕ピンカスと〔彼が開発した〕ピルとともに、より安全になって新時代に入ることになる。第二ヴァチカン公会議は意見を述べようとしたが、パウロ六世は、避妊に好意的な大多数の見解を表明する委員会のために、避妊についての自分の意見を封じたのである。パウロ六世はためらいつつも、ピウス十一世の路線の遵守を主張する少数派の神学者たちの意見に賛意を表する。それが回勅「フマーネ・ヴィテ――適正な産児制限について」(一九六八年)である。パウロ六世によれば、夫婦を産児制限をするために用いる手段を最終的に判断する道徳的行為者として認めることは不可能である。神学者たちの中には、教皇庁の立場への反感を示した者もいたし、フランス司教団は、ローマにおいては原則的な非難を発し、司教団においては司牧的な管理を行なうという役割分担を受け入れたのである。

クロード・ラングロワ

第3章　地球規模でのキリスト教

オスマン帝国時代（十五—十九世紀）の東方キリスト教の長い歴史への回帰

隷属した教会組織

この長い期間にわたる東方キリスト教の歴史の主な特色は、イスラームの権力への服従である。東方教会の生活のあらゆる様相を服従が決定づける。たしかに、アジアのキリスト教のほぼ全領域は、アラブ・ムスリムの征服の最初の世紀（六三二—七一七年）以来、イスラームに服属している。しかし、この第二段階のあいだに、トルコ人ムスリムの支配が、バルカン半島、ドナウ川以南、東地中海の島々へも広がる。コンスタンティノポリス陥落（一四五三年）の少し後には、はるか彼方の北欧のロシア正教会を除くと、東方にはいかなるキリスト教権力も存在しない。キリスト教徒——そしてムスリム以外の「経典の民」——は、それ以来、ズィンミー〔dhimmis〕、すなわち被保護民の立場で生きるのである。たしかに、ウマイヤ朝（六六一—七五〇年）以来、よく知られているこの立場は、オスマン朝のもとで、はるかにいっそう実存的な意味を持つ。というのも、東方教会の信徒が従うことのできるキリスト教の政治権力はもはや存在しなくなったからである。さらに、ズィンミーの立場は、一方では支配された非ムスリム共同体組織が形成される基盤を構成し、また他方ではオスマン帝国の経済的かつ社会的なあらゆる生活と同様に、オスマンの政治権力と非ムスリムの臣民との関係が成立するのである。

このように確立され適用されたズィンミーの地位は、メフメト二世が任命した（一四五四年一月四日）最初のコンスタンティノポリス総主教ゲンナディオス二世スコラリオス（一四〇〇年頃—一四七二年）に与えた「特権」に由来する。征服者の意志に従って、この新しい首都の主教は、オスマン帝国の全キリスト教徒の長（roum millet bachi、キリスト教共同体の長、ethnarque）となる。その後、同じ特権が、オスマン帝国の他の一神教徒の共同体（ユダヤ教徒、アルメニア人キリスト教徒〔非カルケドン派〕、コプト教徒など）の宗教的指導者にも与えられる。しかしながら、ローマ・カトリック教徒はそこから除かれる。オスマン宮廷周辺のカトリック教徒の利益は、「カピチュレーション（外国人特権付与条約）」によって保障され、西欧キリスト教諸国の大使館によって保護されるのである。ズィンミーの地位は、たしかに、すべての非ムスリムに対するのと同様に、キリスト教徒の臣民に対して、彼ら自身の社会的、市民的、宗教的生活を成り立たせ、儀礼を実践し、知的で霊的な教育を施すある程度の自由を残しておくのである。しかし、こうした自由には、莫大な数の制約と苦しみをもたらす代償が伴っている。すなわち、人頭税（dijzya）、年間の所得税（kharadj）、公益事業のための賦役（angaria）。「子どもの徴集〔徴用〕」あるいは兵役義務（devchirmé, pédomazoma）。イスラームの法廷におけるムスリムよりも不利な立場。新しい教会建設の禁止。さらには最も目立つ信仰の場が没収されモスクに改造された後に使用を許された教会を修理することも禁止される。行列、鐘の音、十字架、あるいは他の外面的な宗教的しるしによって信仰を表すことの禁止。イスラームおよびその預言者ムハンマドに対するあらゆる侮蔑的見解、あらゆる宗教的勧誘、ムスリムの改宗の絶対的禁止。非ムスリムの男性がムスリムの女性と結婚することの禁止などである。

オスマン帝国の非ムスリムの臣民は、このように、自らの社会的、知的、文化的、霊的生活を彼ら自身の共同体の中に閉じて組織化するようにさせられる。唯一許された集会の場、信仰の場が、共同体の生活の中心となる。オスマン・トルコ宮廷に対する唯一の代表者であり、またオスマンの政治権力に対する共同体の成員の行動の唯一の責任者である宗教的指導者が、共同体の長に置かれる。ここでわたしたちにとって興味深いのは、シノド〔教会を管掌する組織〕と幾人かの秘書官によって補佐されたコンスタンティノポリス総主教は、共同体のため、その秩序の維持のため、服従のため、そしてオスマン・トルコの権力から発せられる命令に従い、それを施行するために、徴税の任務を負っていることである。その代わりに、「ミレット・バシ」〔全キリスト教徒の長〕は、正教会の教会法とビザンティン社会の慣例と風習に従い、キリスト教共同体と帝国の正教会信徒を組織し存続させ、文化的、霊的生活と信徒の知的教育を支え、大規模なイスラーム化からキリスト教徒を守り、トルコ人権力者の専制に対して信徒を保護し、ローマ・カトリック宣教師とその後のプロテスタント宣教師による伝道と勧誘に直面する正教会と正教徒を保護する余地を獲得するのである。こうして教会は、大主教区、主教区、司祭区、輔祭区……といった主教制度を、共同体および同業組合における信徒組織と同じように保護する。だが、総主教、府主教、他の高位聖職者から成るシノドは、スルタンが発する叙任令ベラト〔bérat〕の布告に従う。ところが、ただちにベラトは、教会の財源にとって高くつき教会の存続にとって酷な税金の競り上げという、オスマン・トルコの専制的行政機関の恐ろしい手段となる。コンスタンティノポリス総主教の職務に限っても、一四五三年から一八二一年までに、総主教はおよそ一三〇回交替したのだが、平均在任期間は三年以下で、計七七人の大主教が総主教座に就いたのである。このことは、総主教のうち幾人かは少なくとも一度はその座から追われていることを意味している。現職で死去した総主教のうち、自然死であった者は数えるほどしかおらず、ほとんどは亡命先で、あるいは監獄で死去している。無慚な死を遂げた六人の総主教のうちには絞首刑に処せられた者、首を絞められた者、生きたまま海に沈められた者もいる。

あらゆる権力の首都への極端な集中は、コンスタンティノポリスの教会組織にビザンティン帝国時代には決して持ちえなかった重要性を結果的に付与することになる。教会の最高意思決定機関は、高位聖職者、一般聖職者、教会高官、著名な信徒から成るシノドである。シノドは府主教、五つの府主教区の大主教を選び、大主教区と主教区を管理し、学校の設立とその運営のための必要を満たし、信仰と文化的実践の正当性の判断を下し、軽犯罪をその権能において裁き、あれこれの教会や自治独立教会の自主性を布告し、ラテン教会ないし改革派諸教会に対する態度を決定する。シノドは、徴税と同様に、スルタンに対する納税を各地方間および各同業組合間で公平に配分する任を負っている。コンスタンティノポリス総主教に関しては、その全世界な力が、かつてこれほど広く、重要で、決定的であったことは決してなかった。こうして例えば、コンスタンティノポリスシノドは、フェラーラ・フィレンツェ公会議（一四三八―一四三九年）において決定された東西教会統一の無効を宣言するのである（一四八四年）。シノドは帝国の各主教区における学校の開設を進言する（一五九三年）。コンスタンティノポリス総主教エレミア二世は、ロシア正教会を府主教の地位にまで引き上げ（一五九一年）、正教会と改革派諸教会との教義的関係を明らかにするために、チュービンゲンのプロテスタント神学者の要請に応えるのである（一五七三―一五八一年）。

アレクサンドリア、アンティオキア、エルサレムの府主教は、教会において当然、重要な役割を果たす。しかしそれは個人的に行なわれるのであり、すなわち彼らの教養、行ない、彼らの個性の力によってである。特に該当地域において勢力を広げた東方帰一教会〔東方の典礼を残したまま、ローマ・カトリック教会の教義を受け入れる〕を非難するために、ヤシ〔ルーマニア〕（一六四二年）とエルサレム（一六七二年）で開かれた全正教会会議についても同様である。在俗司祭と修道僧は、他のラヤ〔rayas〕（非ムスリムの臣民）を苦しめる重税を免れ、いくつかの特権を享受し、移動することを許された者たちであるが、彼らは、特異で目立つ外面的なしるしとして、濃い栗色か黒の法衣を着用し、特殊な帽子をかぶり、ビザンティンの聖職者の顎髭《あごひげ》を生やし、髪を長く伸ばさなければならない。

一般的に山岳地帯に位置し、都市の中心部と主要な幹線道路から離れていた修道院は、避難所の役目を果たす。修道院は、深く悩み途方に暮れたすべての信徒たちに保護と霊的慰めを与える。修道院は、とりわけ正教会の文化的、霊的、知的な生活を生き生きと維持する中心となる。聖山アトスの修道院は、たしかに最も有名である。しかしながら、重要できわめて活動的な修道院は、すなわちギリシャ文化の世界、アラブ文化の東方地域、スラヴ文化のバルカン半島、アルメニア正教会やネストリウス派やコプト教会やマロン派といった他のキリスト教共同体などにある。こうした修道院の役割は、信徒を励まし、その信仰を守るために、限りなく大きく有益なものだったはずである。

霊的生活と「国民的正教会」への帰属意識

この長い隷属の期間に、キリスト教徒の諸民族は、物質的、知的、道徳的にみじめな生活条件を経験する。司祭、そして多くの場合、教会も不足しているため、また信徒たちは、そこでより安心を感じるため、岩窟の礼拝堂や修道院に頻繁に通う。あらゆる重要な祭礼は、人気《ひとけ》のない田舎や切り立った断崖へ逃亡する口実となる。儀式の挙行は、より自由に、安全な環境のもとで、より大きな連帯感に包まれて執り行なわれる。それ以降、宗教的生活はきわめて儀礼的な性格を帯びる。司祭は、数が少ないうえに、概して、粗野で文盲である。修道士の教育が、その在俗司祭の教育よりも優れているのも稀にしかない。しかし彼らの隠遁生活と伝統への愛着、さらに宗教的実践の最も外面的な形式への愛着は、それらの形式を揺ぎない指針とする信徒たちに強い影響を及ぼす。彼らの宗教的生活は、この時代において、また今日においてもつねに看取されうる際立った修道的特徴を獲得したのである。

ムスリムの支配者の圧政から信徒を保護すること、彼らの物質的、霊的苦境を慰めること、イスラームへの改宗とローマ・カトリック（そして十九世紀にはプロテスタント）への入信という二つの重大な危険を前にした信徒たちの正教会信仰を強固にすることが、隷属した教会全体の主な関心事である。隷属した正教会は、いずれも不均衡な二つの戦いをしなければならない。すなわち、一方で正教会は、ムスリムの信仰と論争することの絶対的な禁止の下で、ムスリムの支配者の権力と富がラヤ〔非ムスリム臣民〕にもたらす魅力に直面しなければならない。他方で、ラテン教会の宣教師たちの明白な知的優位性と対決しなければならない。彼ら宣教師の仕事は、一つの巨大組織〔ローマ・カトリック教会〕と、西洋諸国の利害の絡んだ支援に支えられているのである。東方教会は、ミサ典礼の美しさとその霊的な豊かさだけを信徒たちに示すほかない。すなわち東方教会は、信徒たちに、伝統への無条件な愛着と正教会の宗教的実践の厳格な遵守を促すのである。その伝統と宗教的実践は、各民族の歴史と文化にあまりに深く根付いているので、東方諸教会は、これらの民族の儀礼的、文化的、民族的アイデンティティの不可分な一部になっているのである。

さらに、宗教的、道徳的生活の本質は、ラヤの教育と知的生活の水準に密接に結びついている。ところが、〔オスマン朝の〕最初の世紀（一四五三―一五三〇年）に、教育はほとんど存在していない。宗教的、道徳的生活もまた、危機的な段階に達するのである。しかし十六世紀半ばには、それ以前から教育の土台を築き、教育の内容を明確化しようと努めてきた者が中心となる知的、宗教的な改革運動が姿を現す。一世紀の後、一六一四年から一六四〇年まで新アリストテレス主義者のテオフィロス・コリダレウス（一五七〇年頃―一六四六年）によって行なわれた大学の高等教育が、教育の著しい進歩と教育組織と教育内容の根本的な変化を可能にする。コリダレウスの教育システムは、ブカレストとヤシ〔ハンガリー〕の王立アカデミーにおいて十八世紀に全面的に展開し、この教育システムが、その後、ヨーロッパ啓蒙時代の知識を受け入れる精神を育むことになるのである。

ヨーロッパ啓蒙時代の知性は、教育（一七四二―一七六五年）、とりわけアトス山のアカデミー（一七五三―一七五七年）、そして修道士エウゲニオス・ヴルガリス（一七一六―一八〇六年）の科学的な仕事によって、正教会の教育システムに導入される。正教会世界がヨーロッパ啓蒙時代の科学と新しい思想に開かれたことに加えて、「新ギリシャ語の啓蒙時代」（一七五〇―一八二一年）は、さらに学校の増加、隷属した正教会のすべての領域における教員と生徒の著しい増大、研究水準の上昇、無知から知へと可能な限り早く達することへの渇望によっても特徴づけられる。「フィロカリア運動」の名において一般的に知られている霊性の途方もない刷新が位置づけられるのも、この文脈においてであるが、アトス山と新たなギリシャ的霊性に由来するこの運動は、十九世紀スラヴ圏において目覚ましい展開と普及を見ることになる。

一般的に教会の知識階層は、ヨーロッパの諸大学において西洋（最初はイタリア、次いでヨーロッパのあらゆる国）について研究する。これらの大学で、彼らは様々な思想潮流とヨーロッパの宗教論争を学ぶ機会を得る。儀礼、教育、教育制度、宗教一般についての書物（初めはギリシャ語、次いでアラブ語、スラヴ語、アルメニア語、コプト語などで）が出版されるのも、西洋に関してである。反イスラームの書物の刊行と普及が危険な試みであるとしても、反カトリックの論説は特に多い。説教集、聖人伝、教訓話、公教要理の手引書、古代教会の教父文書の現地語への翻訳など他の書物も執筆され出版される。

教会組織の本質と生活の悲惨な条件が、隷属した正教会のすべての人びとの一体性の意識の発生と展開へと徐々に至る。とりわけ高位聖職者と中等・高等教育によって育まれた正教国家へのこうした帰属意識は、たしかに共同体の中心において、現地語によるミサ典礼と並んで下級聖職者と小学校によって育まれる民族意識を排除しない。というのも、キリスト教信仰は何よりもまず、歴史や言語やそれぞれの民族文化に結合されたものとして体験されるからである。正教会のすべての民族の歴史のいかなる瞬間においても、民族意識と宗教意識、文化的アイデンティティと信仰の真正さがこれほど密接に結びつき、混ざり合い、融合したことはなかった。しかし、彼ら自身の民族意識を超えて、正教会のラヤの全体は、自らが選ばれた民を構成しており、神は、苦難を感じ、神の愛を証言するために、この選ばれた民族にあらゆる苦難を与えているという感情を抱くのである。ところで、こうした試練は一時的なものにすぎない。神の僕《しもべ》たる信者たちの苦難を短くするためにせよ、間近に迫る「パルーシア〔キリストの再臨〕」の後に永遠の命を信者に与えることで、あるいは以前より一層大きく強力で荘厳な東方正教会帝国を彼らが再興するのを助けることで彼らに報いるためにせよ、いずれにせよ神は改めて歴史に介入するのである。ビザンティン帝国の完全な消滅以前に生まれていたこの思想は、オスマン帝国支配のすべての時期を経て、様々な貢献で豊かになり、様々な時代の潮流を経験し、きわめて豊かな終末論的文学を生みだす。この思想は、占領軍へのラヤの抵抗を引き起こすが、同様に、この思想自体が、様々な反乱運動によって、またキリスト教権力の巧みなプロパガンダによって、そしてとりわけロシア正教会の東方政策によって勢いを増すのである。

十八世紀後半の二回の露土戦争（一七六七―一七九二年）と、それに伴った、あるいはそれに続く抵抗運動は、人びとを熱狂させ、オスマン帝国の軛からの解放への強い願望を増幅させる。十八世紀末頃から十九世紀初頭の数十年にわたり、「平等」や「言語的・文化的アイデンティティ」や「国民的独立」に付随する啓蒙時代の政治思想は、統一的な正教会意識と東方正教会帝国の復興の夢を打ち砕く。それ以来、隷属した民族、とりわけバルカン半島の諸民族は、それぞれ自らのために、秘密裏にであるが活発に、解放と独立した国民国家の創設を準備するのである。彼らは実際に、独立国家の建設、独立した国民教会の創設、独立した国民文化の建設という三つの目標を追い求める。統一的な正教会意識の解体と帝国復興の夢の放棄を前にした総主教座とファナリオティス〔コンスタンティノポリスのファナル地区に住んでいたギリシャ人正教徒の特権階級〕の狼狽を尻目に、各民族教会はそこから帝国復興の夢が進める闘争へと邁進するのである。独立の達成には、呵責ない闘争と膨大な犠牲を必要とする。バルカン各民族の野心に満ちた領土要求とトルコの反対と大国の利害関係のなかで、道のりは長く、曲がりくねり、障害に満ちたものとなる。実際に、第一次セルビア蜂起（一八〇四年）とアルバニア独立承認（一九一三年）のあいだには、産みの苦しみに満ちた一世紀以上の時間を要するのである。このことは、総主教制を前にした諸教会の独立についても同様である。すなわち、ギリシャ教会独立の一方的な宣言（一八三三年）からコンスタンティノポリス総主教によるその承認（一八五〇年）までには、二十年という期間を要し、またブルガリア正教会の問題の解決には一世紀もかかったのである（一八六〇―一九六一年）。しかし、バルカン諸国のキリスト教徒が独立を求めて闘っているあいだに、英仏の委任統治領が中近東に確立される。宗教的であると同様に政治的なこれらの諸問題は、それ以降、まったく異なった様相を呈してゆくのである。

アステリオス・アルギリウ

十九世紀と二十世紀の宣教活動

海外宣教は、十六世紀と十七世紀における目覚ましい発展の後、十九世紀と二十世紀に、第二の大きな飛躍を経験する。かかる飛躍は、アメリカとフィリピンのキリスト教化、アジアとアフリカ赤道地帯へのキリスト教共同体の進出、日本とコンゴ・アンゴラにおける一時的な定着、インドあるいはヴェトナムへの持続的な定着を可能にした。長いあいだ、教会の二次的活動と見なされていた宣教は、現在では、宣教団の母国と同様に、布教先の国においても、その決定的な重要性を明確にする再評価の対象となっている。

国際的な動員

ヨーロッパでは、革命の危機に曝《さら》されていたにもかかわらず、宣教の拡大がキリスト教の活力を揺るぎないものにする。十八世紀末のイギリスのプロテスタントから始まった近代の宣教動員は、十九世紀に、まずは北ヨーロッパの国々、次いでアメリカ合衆国といったように、プロテスタントのすべての大国へ広がる。それまで異教徒への宣教活動をためらいがちであった改革派教会にとって、海外宣教は彼ら自身の変化に寄与する新たな経験となる。カトリックの場合には、逆にそれは、力強く突如生じる覚醒として現れる。こうしたカトリックの宣教への参入においては、フランスが中心的な役割を果たす。フランスでは、宣教を目的とした新しい修道会（マリア会、白衣の神父たち、リヨンのアフリカ宣教会……）が興隆し、またフランスはこうした宣教活動を支援する力強い組織（一八二二年にリヨンで創設された「信仰布教支援組織」）を生む。一九〇〇年時点において、男性宣教師の三分の一以上と女性宣教師の大部分がフランス人であった。しかし、宣教会の国際化によって、ベルギー、オランダ、イタリア、スイスあるいはドイツといった国々の占める割合が二十世紀に増加するのである。

カトリック宣教は、ローマの布教聖省（ラテン語でプロパガンダ・フィーデ〔propaganda fide〕という（「教皇の内閣の省庁」という意味での）権威のもとに置かれる。布教聖省は布教領域を定め、それらを男子修道会に割り当て、宣教の指導者（長官ないし代牧）を任命し、現地人の聖職者の速やかな育成を重視する指示を出し、定期的な報告を求め、正当な権利を持つ司教区への変更を決定する。こうした中央集権化されたカトリックのモデルに対して、プロテスタント宣教は、歴史的な諸々の教会（聖公会、ルター派、メソジストの宣教……）のただ中において形成された宣教会、あるいは逆に教会の壁を乗り越えることを推し進める宣教会（ロンドン宣教会、パリ福音宣教会）の多様性によって特徴づけられる。プロテスタント宣教は、優先課題として、各地での自治独立教会の形成を自らに課すのだが、話し合いによる合意によって布教地での激しい競争を避け、エディンバラ世界宣教会議（一九一〇年）の開催に表されたようなプロテスタント内部の世界教会意識の創出に寄与するのである。

世界的組織網と不均衡な成果

カトリックあるいはプロテスタントの宣教は、共通して、信徒を拠り所とし、基金を集め、使命感を掻き立て、資本投資を合理化する世界的組織網のなかで機能している。宣教を支えるため、きわめて早くから最も近代的な情報手段が使用されてきた。こうした情報手段によって、遠方の世界の読者の関心を喚起し、成し遂げられた布教の成果が報告され、集められた基金の有効な使用が証明されるのである。ラジオや写真や映画が情報を伝え、情熱を維持し、不可欠な援助を得ることに貢献する以前に、宣教の新聞には、世界で約一〇〇の定期刊行物があり、かなりの部数に達するのである。

改宗の面で獲得された成果は、時間的にも空間的にも不均衡なものである。短いこともあり何世代も持続することもある潜伏期の後、ある住民たちが集団でキリスト教に改宗する。こうしてキリスト教は、赤道地帯のサハラ砂漠以南、そして東アフリカと南アフリカにおいて主要な宗教となる。太平洋は、きわめてキリスト教徒の多いもう一つの広大な地域となる。反対に、朝鮮半島南部を例外として、アジアの大部分は伝道を受け入れていない。インド、中国、あるいは日本の社会で示されたキリスト教への関心の前兆も、改宗の大きなうねりに達することはなかった。フィリピン（九〇％）、東ティモール（九五％）、韓国（二五％）、ヴェトナム（九％）、インドネシア（一〇％）、シンガポール（一三％）、スリランカ（八％）といった国々を除いて、アジアの民衆のあいだでキリスト教は極めて少数派にとどまっている。

二つの世界のあいだの境界領域

しかし、以上の記述では、宣教団が根付いた国々において、現代の宣教団が果たした役割についての部分的なイメージを与えるだけである。彼らの影響力は、実際に、信徒集団のさらに向こう側、とりわけキリスト教化にためらいがちな地域において発揮される。宣教団は、民衆の大半にとって、学校や衛生活動、あるいは社会活動を通して、民衆の中に近代性をもたらした媒介者である。宣教をめぐって様々な奉仕活動が打ち立てられるが、その力は現地人の協力によって広がってゆく。男性宣教師によって中心が占められる第一の集団には、現地の女性を援助し、育成する任務を負ったかなりの数の修道女ないし女性信徒がおり、そこには、専門家（カトリックの場合には修道士）、物づくりの仕事（建築、農業、木工、煉瓦作り……）を担う者、そして教育者も含まれる。結局のところ、こうした任務で海外に在住する人員は、一九三〇年頃には、カトリックもプロテスタントも含めて、おそらく三万人に達していた。しかし、宣教団の有効性は第二の集団、はるかに大人数でしばしば全住民に達するほどの「現地の助手」の集団に依拠している。教理問答の教師、村長あるいは共同体の長、小学校教師、こうした人びとが教会の地域的枠組みを徐々にもたらすのである。彼らは、土着的な教会を作り上げる。そして、彼らはやがて国際的な権威のある場（プロテスタント世界教会会議、カトリック司教会議）において、こうした土着の教会の声を聞かせるのである。

西洋の宣教と普及

近代のキリスト教宣教の活力は、普及のための人材と手段を提供してきたヨーロッパと北アメリカの教会によって、長いあいだ供給されてきた。この意味において、宣教運動は、西洋の拡大と切り離せない。西洋による支配に道徳的正当性と良心を与える宣教は、西洋による支配の一つの特殊な形態にすぎないとして非難されてきた。実際、宣教はしばしば植民地として建設された国々によって手段として利用され、信教の自由とキリスト教徒ないし彼らの財産の安全性を確保するために、宣教そのものが強大な権力の保護のもとに置かれた。かかる干渉は、国と時代によっては、善隣関係から、公然と誇示され主張される共同謀議に至るのである。こうした共謀においては、物質面での植民地化は大いに促進されたとしても、入信という点でもたらされた成果は乏しかったのである。アフリカのサハラ砂漠以南では、信徒数の統計的な上昇は一九五〇年代に生じ、独立後に増大する。このように、カトリック教徒の数は、一九五〇年から一九六〇年のあいだに一千万人から二千万人に増加し、その後一九九五年には一億六〇〇万人に達する。二十世紀後半の発展は、むしろ信者による教会伝道の私物過程を明らかにするのである。こうした信者たちは、独自の仕方でキリスト教を生き、考えることによって、近代性へと到達する手段と自らのアイデンティティを確立する場を教会に見いだす。この意味で、植民地計画とは根本的に区別される宣教の公然たる目的、すなわち現地教会の設立は、しっかりと達成されたのである。宣教の目的は、西洋教会に対する財政的依存をなくす代わりに、外国人宣教師からの段階的独立に至る。時代の急激な変化によって、二十一世紀初頭には、宣教から生じた教会は、彼らを生んだ教会へ聖職者や牧師を提供することさえも可能にするのである。

西洋における宣教の危機と変容

宣教から生じた諸教会のダイナミズムは、一九七〇年代にヨーロッパの宣教運動が経験する深刻な危機と好対照をなしている。たしかに、ヨーロッパの宣教運動は人材の行き詰まりを経験し、それ以降、あらゆるかたちの宗教的ないし文化的支配に対する不信によって生じた正当性の喪失に苦しむ。しかしながら、この危機は、宣教の理念の終焉ではなく、その変容と転換へ帰着するのである。その後、宣教は、キリスト教のなかで、協力や相互依存、非キリスト者への敬意に強調点を置く。かつてのキリスト教国において作り上げられたモデルを海外に移転するやり方は衰退し、あらゆる文化への配慮（inculturation）と適応（contextualisation）が行なわれるようになる。ポスト宣教時代のキリスト教は、世界規模の多元主義の体制のなかで一体性を生きることを学ぶ。しかし人びとの普遍的連帯性の確立をもたらす限りにおいての宣教の理念は、世俗化され、別の領域に情熱を注いだ。それは、人道的活動と開発に取り組む数多くの非政府組織の創設において、とりわけ重要な役割を果たしたのである。

クロード・プリュドム

北アメリカのプロテスタンティズム

現代において北アメリカが世界のプロテスタントの最も重要な極でありつづけるとすれば、それは北アメリカの歴史に起因する。たしかに、もともとアメリカの植民地は、ヨーロッパから排除されたプロテスタントの分離派によって占められていた。出エジプトをした神の民を迎え入れる希望の地という「新しきイスラエル」としてのアメリカ建国神話は、長いあいだカトリックの他者性を脅威と見なしてきたアメリカ・プロテスタントのアイデンティティと切り離せないものである。しかしながら、こうした宗派上の現実は、今日において、かつてより弱まっているわけではない。アメリカ合衆国の全人口の四割が（二六パーセントが所属するカトリックをはじめとして）プロテスタント以外の宗派に属しているのに対し、およそ六割が、現在、プロテスタントに所属している。カナダでは現在、人口の二九・二パーセントが自らをプロテスタントと見なしているが（二〇〇一年の調査）、十年以上前は三四・九パーセントであった（一九九一年の調査）。

北アメリカのプロテスタンティズムは、今日では、宗派への帰属の緩慢な低下を伴う世俗化（合衆国よりもカナダで著しい）と、多元化（非一神教的宗教の多様性の拡大）という二つの変化に直面している。それでもやはりキリスト教は、社会的、文化的、さらには政治的な生活に影響を与える支配的な宗教勢力であることに変わりはない。こうした影響力は、カナダと合衆国では異なった色合いを帯びている。

プロテスタンティズムと新しい「神の選民」意識との同一化がよりいっそう進んでいるのは、合衆国である。このことは、主に英国国教会信徒とカトリック教徒（アカディア人〔東部大西洋岸のフランス系住民〕）が数多く居住している、後にカナダとなった地域とは逆に、後に合衆国となった地域には、母国の英国国教会と断絶したプロテスタントであるピューリタンが多くを占める最初期の植民者が定着したという事実によって説明がつく。こうしたピューリタンにとって、ヨーロッパとイギリスは神との契約に背いたのである。歪められたものを立て直すのは、彼らピューリタンの役目である。新世界は、その聖書的な基盤の上に神の計画を再建すべきタブラ・ラサである。最初の植民地のピューリタン文化に由来するこうしたアメリカ例外主義は、新世界への航海の際（一六三〇年）に、ピルグリム・ファーザーズを前にしてなされた説教で植民地知事ジョン・ウィンスロップ（一五八八―一六四九年）が展開した「丘の上の町」のテーマと伝統的に結びついている。カルヴァン主義者のウィンスロップは、「すべての人びとの目」が彼らに向けられていると述べ、神に拒絶されるという罪を受けたくなければ、受け取った呼びかけを裏切ってはならないと聴衆に説く。

ニューイングランドの最初のピューリタンにとって馴染み深いこのテーマは、聖書、特に『マタイによる福音書』（五章一三―一六）にその源流が見いだされる。イエス・キリストに帰せられている有名な言葉である、この山上の垂訓の引用で、信者（と弟子の共同体）を丘の上の町に譬えながら、聖句は実例《エグザンプル》による証言に重きを置いている。丘の上の町は、隠れることはできず、今なお暗闇にいる人びとの模範《エグザンプル》となるため町は見えるようにされねばならない。ウィンスロップに従ったプロテスタントのピューリタンたちは、ひとたびマサチューセッツに居を定めると、この神の勧告を文字通りに適用して、ユートピア的な見事な「町」をただちに建設する。彼らに続いて、ニューイングランドの入植者が、新しいイスラエルの建設に専念する。それは、ヨーロッパの不純さが取り除かれた模範的な土地である。アメリカの起源的なプロジェクトにおけるプロテスタンティズムのこのような重要性は、次世紀にも弱まることはない。大衆総動員の運動である「覚醒」は、個人単位での回心と新しい教会の創設によって特徴づけられるが、選ばれた民のテーマを周期的に今日化させてゆく。アメリカのための驚嘆すべき神の摂理に忠実であるために、アメリカ市民は彼ら自身の結合と全能の神〔Lord Almighty〕との契約を密にしなければならない。こうした覚醒は、四つの波によって形作られた。

最初の本質的な大波は、伝統的に「大覚醒」〔Great Awakening〕の時代と見なされている一七三〇―四〇年代に生じる。ニューイングランドのピューリタンの説教師で神学者のジョナサン・エドワーズ（一七〇三―一七五八年）と、イギリス人のメソジストの福音派ジョージ・ホウィットフィールド（一七一四―一七七〇年）によってもたらされたこの波は、回心、個人の目から見た聖書の絶対的権威、組合教会主義（各地方の「覚醒」集会の自治）、やがて福音的（福音派）と名付けられるプロテスタンティズムの骨格を構成する広がり、これらを尊重するのであり、新しい信奉者で満ちた（New Lights と呼ばれる）リヴァイバル〔信仰復興〕教会の発展によって表される。リヴァイバル教会は、その勢いのただ中でプロテスタントの二つの領域を育む。すなわち（ウェスレーとホウィットフィールドにより英国国教会に導入され、次いでその外に生じた）メソディズムと（十七世紀初頭に誕生した）バプティズムである。「大覚醒」とともに、一七七〇―一七八〇年代に合衆国独立へ至る事態を準備しつつ、決定的に動揺したのが、既成教会によって強固にされ、上から階層化された社会という不安定なモデルである。個人的選択、権威の共有、階級制度対自由、中央機関対民衆のイニシアティヴ、「徳」の観念といったテーマが、宗教的領域から政治的領域へと移ってゆくのである。カナダでは、人びとは、イギリス王権と結びついた「既成」の多数派のプロテスタンティズムにとどまるのに対し、「覚醒」に支えられた合衆国の福音派プロテスタンティズムは、ピューリタンから分離した途を追求する。ここでは、プロテスタンティズムは、秩序破壊的なものとして、保護植民地の独立と解放の力として際立ってくるのである。

それ以降、下からのキリスト教再動員の契機としての覚醒の表象は、合衆国の歴史において多くの変化を経験する。一八〇〇―一八三〇年代の第二次大覚醒、続いて、十九世紀末のリヴァイバル運動の第三の波は、プロテスタントの状況を動揺させる。一九六〇年代から福音派のビリー・グラハムによって開始された第四のリヴァイバル運動という仮説は、目下議論されているところである。一つの事実は明らかである。すなわち、合衆国のプロテスタンティズムは、十八世紀以来、回心と地域共同体と保守的聖書主義に基づく福音主義タイプのプロテスタンティズムの定期的な再強化を経験したのである。二十世紀初頭には、原理主義（超正統派と福音派運動からの分離派という急進派）とペンテコスタリズム（奇跡と聖霊の働きに重きを置く分派）という二つの新しい潮流が登場する。主流派〔mainline〕と称される既成教会の後に続く多元的プロテスタンティズムは、一九四〇年代まで強い影響力を保持した後、大いに衰退する。この主流派プロテスタンティズムの代表を再編成した「全米キリスト教会協議会」（NCC）も、福音派がまとまった「全米福音派協会」（NAE）や、あるいは原理主義者の大半によって一九七〇年代以降に組織された新しいキリスト教右派よりも、もはや影響力は低下している。これらの保守的プロテスタントは、神と合衆国との創設的な契約というカルヴァン主義的な神話を再活性化しつつ、今日、社会におけるキリスト教的価値の衰退と認識されているものに対して戦うのである（離婚や中絶に対する戦い、学校における祈りの復興のための戦い）。

南の隣国とは逆に、カナダでの展開はより早く著しい世俗化によって特徴づけられる。合衆国と比べて、カナダの国家的アイデンティティとの結びつきが弱いプロテスタンティズムは、一九六〇年代以降、大いに衰退する。この衰退は、特にエキュメニカルな性格を持った主要なプロテスタント教派である、カナダ合同教会における宗教的実践の崩壊において顕著に見られる（一九九一年から二〇〇一年にかけて、実質八・二パーセントの落ち込み）。逆に、福音派の潮流は、比較的拡大しているのが認められるが、だからといって、カナダ連邦の政治プログラム（二〇〇五年の同性結婚の合法化）を転換させるには至っていない。合衆国と同様にカナダでは、プロテスタンティズムが、個人とその業績が優位に立つ消費社会において自己聖化のモデル〔self-made-saint〕を再び活性化させ、世俗化に最もよく抵抗しうるのは活動的で集団的な回心を希求するかたちにおいてである。

セバスティアン・ファト

エキュメニズムから宗教間対話へ進むか

十一世紀から十六世紀の分裂以来、キリスト教の宗派分裂の収拾を目指した試みは、数世紀間ほとんどなかった。すべてはことごとく失敗した。そして、宗派の分散は、とりわけ英語圏プロテスタント世界において続行した。この点に関して、二十世紀は、キリスト教がその周囲から被った三つの挑戦によって生じた決定的な趨勢の急変を、「エキュメニズム〔教会一致促進運動〕という新語の登場によって示すのである。

まず、宣教の挑戦がある。主要な英語圏プロテスタント教会が集まった一九一〇年のエディンバラ宣教会議において、当時はまだ「第三世界」と呼ばれていなかった地域の代表者たちは、宣教師が福音を宣べ伝えることよりも、教会内の論争の方に気をとられていると嘆くのである。こうして一九二一年に「国際宣教協議会」（ＩＭＣ）が生まれ、四十年後の一九六一年に「世界教会協議会」（ＷＣＣ）に合流する。

次に、一九一四―一九一八年の第一次世界大戦の挑戦がある。そこでは、しばしば神の名において、またかつてなかったほど暴力をもって、宗教的信仰と愛国的熱情をただちに混同するあらゆる宗派のキリスト教徒同士が敵対するのである。無信仰に直面したかかる反対証言は、その反動として、英語圏プロテスタントと正教会の中心から、ストックホルムにおける「生活と実践《ライフ・アンド・ワーク》」に関する世界会議（一九二五年）、そしてローザンヌでの「信仰と職制《フェイス・アンド・オーダー》」に関する世界会議（一九二七年）の開催を促す。しかし、ピウス十一世は、一九二八年、誕生したばかりのこうしたエキュメニズムを「汎キリスト教」の名のもとにきわめて激しく非難するのである。

そして、イデオロギーと、「新しい人間」という観念と異なる信仰を根絶やしにする以外のいかなる究極的な目的も持たない全体主義体制の挑戦がある。一九三七年のオックスフォードでの第二回「生活と実践」世界会議とエディンバラでの第二回「信仰と職制」世界会議の主要テーマは、このエキュメニカル運動の二つの流れを、第二次世界大戦の影響で設立が十年遅れた世界教会協議会（ＷＣＣ）において合流させることであった。一九四八年にアムステルダムで開催された世界教会協議会第一回総会には、一四七の非カトリックのキリスト教派が、神であり救い主であるイエス・キリストという共通認識の「基盤」の上で、しかしそれぞれに固有の信条を放棄することなく合流する。ジュネーヴに拠点を置くエキュメニカル運動がここに誕生するのである。

エキュメニカル運動は二つの障害に苦しむ。一つは、冷戦のただ中で、エキュメニカル運動をアメリカ帝国主義に属するものと見なすモスクワの勢力範囲にある東方教会の反対である。もう一つは、自らの統一性の観念を放棄することへのローマの拒否である。東方教会など「分離していった」諸教派が「東方帰一教会」を介して中心へ復帰するというカトリック側の考えは、利害関係にある主要教会によって激しく反対された解決策である。しかしながら、ドイツ、ベルギー、オランダ、フランスのカトリシズムの中では、統一の大義に転向した司祭や修道士が、祈りや神学的対話における国際的な結集を主張する。最初は懲戒の処罰に脅かされながらも、彼らはローマから徐々に暫定的な承認を得るのだが、この暫定的な承認は、エキュメニカルな問題のためのカトリックの会議の創設（一九五二年）にも示されている。だが、こうした障害が減り、現代のキリスト教の基調の一つとしてエキュメニズムが認められるためには、教会内外での楽観主義の息吹によって特徴づけられる一九六〇年代を待たねばならない。

東西の平和共存戦略の宗教的領域への適用は、ジュネーヴでの第三回世界教会協議会（一九六一年）へのソ連圏の正教会の加盟として現れる。第三回世界教会協議会は、この時、連合体的性格を失うことなく最大規模に達する。すなわちそれは、上位に立つ超越的教会を持たず、また将来の教会統合の母胎でもなく、三位一体なる神を認める諸教会の友愛的連合体である。一九五八年に教皇に選出されたヨハネ二十三世の後押しのもとで、カトリック教会のエキュメニズムへの転換が並行して生じる。一九五九年一月に招集を宣言した第二ヴァチカン公会議の二つの目標のうちの一つは、分裂したキリスト教徒の和解ではなかったか。キリスト教徒の統一と非カトリックのオブザーバーの様々な会期への招待のためのローマ教皇庁官房の創設は、こうした転換が具体化されている二つの文書――「エキュメニズムに関する教令」（一九六四年）と「信教の自由の宣言」（一九六五年）――の採択だけに限られないエキュメニカルな特徴を公会議に付与する。ローマとコンスタンティノポリスのあいだの相互破門の取り消し（一九六五年一二月）は最も劇的なものだが、そうした象徴的行為の増大と、それに付随したあらゆるレベルでの宗派間対話の増加は、一九六〇年代半ばのきわめて幸福な新たな状況をもたらす。統一のための祈りは、それまで最も緊張の激しかった領域にまで及ぶ。上部から下部まで誠意に満ちた交流が展開され、それは、一九六〇年代末のジュネーヴの世界教会協議会へのローマ教会の可能な限りでの参加により急速に膨れ上がった観測気球に至るのである。

それから四十年後には、こうした展望はそれほど人びとを喜ばせない。たしかに、エキュメニカルな態度は、かつては例外的でしかなかったのに、今では規範となった。もちろん、教会は、最もつらい過去の問題の清算に努力した。たしかに、「帰一教会主義（ユニアティスム）」の禁止に関する正教会とカトリックのバラマンドでの同意（一九九三年）と、信仰義認に関するルター派とカトリックのアウクスブルクでの同意（一九九九年）が示しているように、神学者たちは躓きの石の除去に努めた。しかし、一九七〇年代半ばの経済不況への後退以来、地球全体に及んだアイデンティティの復興は、各キリスト教宗派を自己の欲求に連れ戻してしまい、このことがそれぞれの歩み寄りにブレーキをかけている。ナショナリズムの復興を伴う正教会信仰の浸透は、教義と慣習に関する西方キリスト教のリベラルな進展に異を唱える。こうしたリベラリズムと、エキュメニズムを決して評価しない聖書的原理主義のあいだで英語圏プロテスタンティズムが分裂する。またヨハネ・パウロ二世のカリスマ的人格が新たな飛躍を与えた教皇権のカトリック的高揚が生じる。時に、あらゆる種類の伝統主義によって二十世紀の異端として批判されたエキュメニズムだが、それでもジュネーヴやカンタベリーやコンスタンティノポリスと同様に、ローマにとっても主要方針であり、それゆえ、二十世紀の主要な宗教的革新の一つであることに変わりはない。

しかしながら、ムスリムの挑戦のかつてないほどの規模とアジアの宗教の拡大は、現代の火急の課題からは時代遅れのキリスト教徒の内輪の次元にエキュメニズムを限定する傾向にある。次のことは、はっきり述べておかなければならない。近年の宗教間対話は、エキュメニズムの拡張とは別のものである。さらに、宗教間対話は、ショアー〔ユダヤ人大虐殺〕の前でも、とりわけ後でも、「ユダヤ・キリスト教の友好」として先立って行なわれているのである。カトリックとプロテスタント双方のキリスト教徒は、こうした「友好」によって、反ユダヤ主義の重苦しい過去を取り除こうとした。さらにこの点において、世界教会協議会と第二ヴァチカン公会議は決定的であった。非キリスト教の宗教に関する公会議の宣言のなかでユダヤ人に捧げられた一節は、迫害と侮蔑の数世紀について述べている。ユダヤ人を完全に満足させることはできないものの、ヨハネ・パウロ二世は、こうした道を広げ深めるために多くのことを行なった。同様に、イスラームとキリスト教の友好は、控えめながらも、ムスリムの信仰への敬意を表した同じ宣言の一節に至ったのである。これら二つの動きは、ほとんど結びつけられていない。ユダヤ教との関係は、ローマの組織機構において、エキュメニズムの範囲内であるが、それに対して、イスラームとの関係は、近年になって教皇庁文化審議会の担当任務になる前は、非キリスト教の諸宗教との関係に属する事柄であった。ローマのイニシアティヴで、本来的な多国間での宗教間対話が形を整えるのは、一九八六年のアッシジでの集い〔世界宗教者平和の祈りの集い〕を待たねばならない。宗教間対話は、エキュメニズムと比べて、本来的な差異性を示す。キリスト教徒のあいだでの対話、あるいは同一の起源から生じたユダヤ教徒とキリスト教徒のあいだでの対話は、彼らを結びつけ、また分離させる信仰を対象とする。しかし宗教間対話は、関わっている信仰の多様性ゆえに、戦争の拒否、人間の権利の尊重、目に余る不平等の廃止、あるいは地球環境保護のような切迫した問題について世界と間近に接して共に証言する各宗教の能力によってのみ存続しうる。宗教間対話は、人類の未来の共通ヴィジョンを作り上げることに基づくのであり、信仰における有機的で存在しうる統一性の探求に基づくのではない。

エティエンヌ・フイユー

原注・訳注

(1)(訳注)柴田有訳「第一弁明」(『キリスト教教父著作集第一巻』教文館、一九九二年、八三―八四頁)(文脈の都合上部分的にフランス語のテクストに従った)。

(2)(訳注)ギリシャ語 *παραβάλλεσθαι* より。「おのれを危険にさらす者」の意。主として病人の世話や葬儀に関する奉仕に従事した、聖職者を補佐する一般信徒。四世紀から六世紀にかけて記録が残っている。アレクサンドリアで大集団を形成し、司教キュリロス(三七〇/八〇―四四四年)が当地の総督と対立した際には一種の護衛隊を組織したとされる。

(3)(訳注)トレント公会議後、一五九二年に『シクスト・クレメンティーナ版ウルガタ聖書』が出版され、その後版を重ねて広まった。この版の不備を補う新しい批評校訂版の出版が、一九〇七年ピウス十世の承認のもと教皇庁立聖書委員会の委託を受けて、ベネディクト会によって一九二六年から始まった。これが『聖ヒエロニュムス修道院の修道者たちによる聖書ウルガタ版』で、最良のものとされる(『新カトリック大事典』参照)。

(4)(訳注)エウセビオスの『教会史』をラテン語に訳した。また、テオドシウス帝死去の三九五年までの続史二巻を自ら著して付加した。

(5)(原注)祈りが行なわれる時間は、夜の祈りに始まり以下のように続く。徹夜課または朝課、讃課、一時課、三時課、六時課、九時課、晩課そして終課である。

(6)(原注)これは歴史家オーギュスタン・フリッシュの表現であるが、グレゴリウス改革より前の時代の状況、そして改革が取り組むことになる状況を形容するために広く用いられる。

(7)(原注)ユスティニアヌス帝治下、五三五年から五五四年にかけてイタリアの東ゴート族に対して引き起こされた。イタリア半島の領土にランゴバルト族が進出する以前、この戦争は「再征服」の一環をなしていた。

(8)(訳注)「デーン人の法が行なわれる地域」の意で、九世紀以来ブリタニアに侵入してきたデーン人の居住地。ウェールズ地方北端とテムズ河口を結ぶ線の北東側のイングランドがこれにあたる(上智大学中世思想研究所『キリスト教史3 中世キリスト教の成立』平凡社、一九九六年、第三章注47、一一七頁参照）。

（9）（訳注）九九八年頃ライヘナウの大修道院で作成された『オットー三世の福音書 Evangeliar Kaiser Ottos III』の中にある細密画。オットー三世に金銀の贈り物を捧げる四人の女性たちは擬人化された国々であり、それぞれ頭上に名前が大文字で記されている。オットー三世に向かって最後尾のスクラウィニアは赤黒い髪の毛をしている。後ろから二番目のゲルマニアは肌が白く、ブロンド色の細い毛である。三番目のガリアは後ろ髪のフランス娘、一番前にいる巻き毛のローマは帝国の支配者に対して最も低く頭を下げている。Cf. Christopher de Hamel, *A history of illuminated manuscripts*, 2nd ed, London : Phaidon, 1997.http://www.meisterwerke-online.de/gemaelde/reichenauer-schule/3977/evangeliar-kaiser-ottos-iii-miniatur-.html

（10）（訳注）八世紀末頃の偽書で、コンスタンティヌス帝がキリスト教に改宗後、教皇シルヴェステル一世とその後継者に西方諸地域の領土や世俗的支配権を寄進したとする。九世紀の『偽イシドルス』所収。中世末期まで真正文書と信じられた。「コンスタンティヌス帝御寄進状」とも訳す（上智大学中世思想研究所『キリスト教史3　中世キリスト教の成立』平凡社、一九九六年、第四章一六六頁、注6を参照）。

（11）（訳注）旧約聖書「レビ記」中の「ヨベルの年」に由来する。すなわち、ユダヤ民族がカナンに入った年から数えて五十年ごとの年で、負債の帳消し、奴隷の解放、人手に渡った土地の返還等が行なわれた（二五、八―一七）。ヨベルの年は物質的な事柄に関わるものであって魂の事柄には関わりがなかった。これがキリスト教に取り入れられたのは、一三〇〇年にボニファティウス八世により、ローマに行って聖ペテロと聖パウロのバジリカを訪れた悔悛者には全贖宥《しょくゆう》が与えられると布告されてからである。この布告が目覚ましい成功を収めた結果、聖年大赦は定期的に行なわれるようになった。

（12）（原注）教皇の書簡集であり、十三世紀から、十二世紀半ばに編纂されたグラティアヌス（一一七九年頃没）の『教令集』と同様に、教会法大全における規範となる。

（13）（訳注）「中世以来修道院では修道者が二つのグループに分かれたが、このうち主として聖務日課を共同で、荘厳に唱える義務を負う者が共唱祈祷修道士である。これに対して、主として手仕事に従事する義務を負う者が助修士と呼ばれた」（上智大学中世思想研究所『キリスト教史3　中世キリスト教の成立』巻末の「用語解説」、四八一頁参照）。

（14）（訳注）「参事会員とは元来、司教とともに生活する司祭（司教座参事会員）を意味したが、そのあるものが中世になって、誓願を立てる修道会に発展したので律修参事会員と呼ばれるようになった」（上智大学中世思想研究所『キリスト教史3　中世キリスト教の成立』平凡社、「用語解説」、四七五頁）。

(15)（訳注）マカバイとは、セレウコス朝シリアに対して前二世紀に起こされたユダヤ人反乱の指導者ユダのあだ名である。シリア王のユダヤ教弾圧に抵抗して武装蜂起した父の死後、戦いを引き継いだユダとその兄弟たちは、二年近くの激戦の末（マカバイ戦争）、前一六四年に異教化されていたエルサレムを解放し、神殿を清めて再奉献した。『マカバイ記』は七十人訳聖書の枠内で伝承された四つの文書であるが、第一、第二、第四がマカバイないしマカバイ戦争と関連する。『岩波キリスト教辞典』参照。

(16)（訳注）シリアの単性説派教会。六世紀にカルケドン派のビザンティン帝国教会に対抗して成立した一派で、創立者とされるエデッサ司教ヤコブ・バラダイオス（五〇〇年頃—五七八年）の名に由来する。『岩波キリスト教辞典』参照。

(17)（訳注）エルサレム国王アモーリーは、トルコ人のヌールッディーン（一一一八—一一七四年）とファーティマ朝エジプトの支配をめぐって争うが、結局はファーティマ朝の宰相となったサラーフッディーンがアイユーブ朝を樹立した。

(18)（訳注）アッシジのフランチェスコは一二一九年に第五回十字軍と共にパレスチナ、エジプトに向かい、スルタンの改宗を試みるも失敗した。

(19)（訳注）いわゆる「カタリ派」を指すと考えられる。「ギリシャ語 katharos（清浄）に由来するカタリ派という名称はマニ教などにも付されたが、狭義には中世に発生した分派を指す。彼らは「善きキリスト者たち boni christiani」、「善き人びと boni homines」と自称した。ただ、本文でも指摘される通り、実際には地域や時期に応じて複数の呼び方があり、同一のグループとして捉えることは不可能である。

(20)（訳注）一連の公会議については、それらがそもそも公会議であったかどうかという問題が今も議論されている。最初の七つの帝国教会会議については全教会的性格が認められているが、これらと合わせて二一の公会議を数えるローマ・カトリックに対して、東方教会は第八回以降をエキュメニカル（全教会的）公会議として認めず「地方公会議」と呼ぶ。

(21)（訳注）裁判制度における弾劾主義とは、「犯罪がある場合、国家が進んで訴追手続きをせず、原告の訴えを待って裁判所がこれを審判する方式」。これに対して糾問主義とは、「訴えによらずに裁判所の職権で手続きを開始し、事件を審理する方式」。『大辞泉』参照。

(22)（訳注）黄色の十字架を衣服の上に付けるということが行なわれた。『新カトリック事典』「異端審問」の項を参照。

(23)（訳注）本邦での表記上の慣例に従って、「フランチェスコ」はイタリア語原語の音にならい、彼が設立した修道会名については「フランシスコ会」とした。

(24)（訳注）「キリストが受肉によって示した謙遜、しかも厩で最も貧しい者として生まれたことに思いをめぐらせていたアッシジの聖フランチェスコは、一二二三年の降誕祭にイタリア中部の町グレッチョで、飼い葉桶や敷き藁、雄牛やろばを用意させてミサに参加した。これを起源として、現在でも教会や家庭で降誕節頃から公現の主日まで、プレゼピオが作られる」『岩波キリスト教辞典』。

(25)（訳注）アヴェロエス（アラビア名はイブン・ルシド）はアリストテレスの著作について、註解、要解、略解の三種類の註解を書き、ヨーロッパ中世思想界において「註解者」と呼ばれ、多くはラテン語に訳されて十三世紀のスコラ哲学に大きな影響を与えた。

(26)（訳注）麦角病は、ハンセン病やペストと並ぶ中世ヨーロッパ三大疫病の一つとして恐れられた。感染当初は四肢に焼け付くような痛みをもたらしたため、「聖なる火」と呼ばれた。ある貴族がこれに侵された息子のために聖アントニオスに祈りを捧げたところ、治癒したことから、「聖アントニオスの火」とも呼ばれ、聖アントニオスにゆかりのある地が人びとの信仰を集めるようになったと言われる。

(27)（訳注）聖ヤコブは、イスラーム勢力と戦ってレコンキスタを進めるスペインのキリスト教徒を勝利に導く聖人として崇められるようになる。「サンティアゴ・マタモロス（ムーア人殺しの聖ヤコブ）」の図像はレコンキスタの象徴として有名。

(28)（訳注）最古の武勲詩『ローランの歌』（十一世紀末頃）をはじめとする多数の叙事詩・物語は、シャルルマーニュ（カール大帝）を全キリスト教世界の最高君主として謳い、いわゆる「黄金のカール」像を確立した。

(29)（訳注）この呼び名は、聖母が自らの乳房を押すと、そこから乳が飛び出して、ベルナルドゥスの唇を濡らしたという彼の有名な幻視に由来する。

(30)（訳注）「貧者の食卓」とは、基本的には小教区に居住している貧民に食糧その他の必要物資を提供した組織で、もっぱら俗人によって管理・運営された。河原温『中世フランドルの都市と社会――慈善の社会史』中央大学出版部、二〇〇一年、第四章参照。

(31)（原注）唯名論と反対の教説で、主体による認識からは独立して存在する普遍概念の実在性を主張する。

(32)（訳注）アントニオス（二五一―三五六年）をはじめ、三世紀末から四世紀初めに、シナイからシリアにかけてのエジプトの砂漠地帯に隠遁して修道生活を送った修道士たちを指す。彼らの語録集『砂漠の師父の言葉』が残っている（『砂漠の師父の言葉』谷隆一郎・岩倉さやか訳、知泉書館、二〇〇四年）。

(33)（原注）有名な『天上位階論』など、一連の文書の著者（五〇〇年頃）は偽ディオニュシオス〔偽ディオニュシオス・アレオパギテース〕と称される。これらの文書は、十六世紀まで、聖パウロによって回心したアテネ人、アレオパゴスのディオニュシオスのものと信じられていた。また、その著者に（六世紀の司教で聖人伝の著者トゥールのグレゴリウスによれば）二五〇年頃殉教したとされるパリ司教聖ドニを認めようとする者もいた。新プラトン主義をキリスト教に統合したこれらの著作は、中世の霊性と神秘主義に深い影響を与えた。

(34)（原注）アフリカの歴史の時間的特殊性を考慮すると、この五世紀が、ここでの包括的研究の対象となる。

(35)（原注）並列関係ないし対句関係を形成する二組の文節のシンメトリックな部分において、単語の順序を反対に構成する文体の綾（文飾）のこと（『フランス語宝典』）。

(36)（訳注）十九世紀フランスの建築家。中世教会堂の修復で知られる。ラ・マドレーヌ寺院の修復を手始めに、パリのサント・シャペル、ノートルダム、アミアン、ルーアンの大聖堂など多くのロマネスクやゴシックの教会堂、城館の修復、復興に携わった。

(37)（訳注）ローマ教皇が全世界のカトリック教会にあてて、教皇としての指導力を発揮し、信仰と道徳に関する教会の指針を発布する、その公的な様式のこと。

キリスト教用語解説

教理教育（カテケシス） Catéchèse

「口頭で教える」という意味のギリシャ語の動詞に由来する用語。洗礼志願者に対して教理教育を行なう者が口頭で信仰について教えることであり、教理教育者は神の声を反映するものと見なされている。紀元一世紀から公教要理教育は行なわれてきたが、教会によって異なるものであり、それは何年も続くことがある。信仰のシンボルについての教育、主の祈り、秘蹟、道徳生活、キリスト者の義務を含むものであり、教父たちの教理教育がそのことを証明している。

司祭の耳元にささやく告解 Confession auriculaire

十世紀から西洋で始まった、秘密のうちに何度も行なうことのできる悔悛の規律の形式で、信者が司祭の耳元で過ちを告白することである。

デヴォティオ・モデルナ（新しき信心） *Devotio moderna*

十四世紀後半の現在のオランダで生まれた黙想と禁欲に基づいた霊的な潮流。

エウヘメリズム Évhémérisme

神話上の神々は神格化された人間でしかないとする主張で、メッシーナのエウヘメロス（紀元前三四〇—

紀元前二八〇年）によって唱えられ、護教論者とキリスト教思想家たちによって繰り返された。

教会大分裂　Grand Schisme

西方教会が、一方はローマの、他方はアヴィニョンの二人の教皇への服従に分裂していた時代（一三七八—一四一七年）。コンスタンツ公会議で二人の敵対する教皇が辞任し、マルティヌス五世を選出することで分裂は終わった。

贖宥《しょくゆう》　Indulgences

神の名において教会が罰または苦行を免除すること。これは個人的な犠牲（ただ単に財政的な供物だけではない）を課し、教会内の時空を通じてキリストと聖人によって蓄積されてきた功業に根拠を置いている。ルターは、他の多くの人と同様に、この贖宥によって与えられる救済に関する偽の保証を批判している。

聖物売買　Simonie

秘蹟や聖職者の職の売買を指す。聖霊と交渉する能力を使徒たちから買おうとした魔術師シモン〔Simon〕に関係がある（『ヨハネの黙示録』八章一九）。

東方帰一教会信徒　Uniate

この用語はローマ教会と一致している東方の伝統と儀式を持つ教会を指す。

文献案内

本書で扱った個々の点については、読者は次の二つの概説書を参照されたい。

J.-M. Mayeur, Ch. et L. Pietri, A. Vauchez, M. Venard (dir.), *Histoire du christianisme, des origines à nos jours*, Paris, Desclée, 1990-2001.〔『キリスト教の歴史、起源から現代まで』未邦訳〕

—— vol. 1, L. Pietri (dir.), *Le Nouveau Peuple : des origines à 250* (2000) ;

—— vol. II, Ch. et L. Pietri (dir.), *Naissance d'une chrétienté : 250-430* (1995) ;

—— vol. III, L. Pietri (dir.), *Églises d'Orient et d'Occident* (1991) ;

—— vol. IV, A. Vauchez (dir.), *Évêques, moines et empereurs : 612- 1054*(1993) ;

—— vol. V, A. Vauchez (dir.), *Apogée de la papauté et extension de la chrétienté* (1994) ;

—— vol. VI, M. Mollat du Jourdin, A. Vauchez (dir.), *Un temps d'épreuves : 1274-1449* (1990);

—— vol. VII, M. Venard (dir.), *De la Réforme à la Réformation : 1450-1530* (1994) ;

—— vol. VIII, M. Venard (dir.), *Le Temps des confessions : 1530-1620/30* (1992) ;

—— vol. IX, M. Venard (dir.), *L'Âge de raison* (1995) ;

—— vol. X, B. Plongeron (dir.), *Défis de la modernité* (1995) ;

—— vol. XI, J. Gadille, J.-M. Mayeur (dir.), *Libéralisme, industrialisation, expansion européenne : 1830-1914* (1995) ;

—— vol. XII, J.-M. Mayeur (dir.), *Guerres et totalitarismes : 1914-1958* (1990) ;

—— vol. XIII, J.-M. Mayeur (dir.), *Crises et renouveau : de 1958 à nos jours* (2000) ;

—— vol. XIV, F. Laplanche (dir.), *Anamnésies : origines, perspectives, index* (2001).

第6巻と第12巻はファイヤール出版社との共同出版。

The Cambridge History of Christianity, Cambridge, Cambridge University Press, 2005-2006.〔『ケンブリッジ版キリスト教の歴史』未邦訳〕

—— vol. I, M.M. Mitchell, F.M. Young (dir.), *Origins to Constantine* (2006) ;

—— vol. V, M. Angold (dir.), *Eastern Christianity* (2006) ;

—— vol. VI, R. Po-chia Hsia (dir.), *Reform and Expansion 1500-1660* (2006) ;

—— vol. VII, S. J. Brown, T. Tackett (dir.), *Enlightenment, Reawakening and Revolution 1660-1815* (2006) ;

—— vol. VIII, S. Gilley, B. Stanley (dir.), *World Christianities c.1815-c.1914* (2005) ;

—— vol. IX, H. McLeod (dir.), *World Christianities c.1914-c.2000* (2006).

もっと特殊な問題点については、さらに次の書物を挙げておこう。

Philippe Levillain (dir.), *Dictionnaire historique de la papauté*, Paris, Fayard, 1994.〔『教皇庁の歴史事典』未邦訳〕

監訳者あとがき——キリスト教の知識を蓄えて観光旅行に出かけよう

本書は sous la direction de Alain Corbin, *Histoire du Christianisme, Pour mieux comprendre notre temps*, Edition du Seuil, 2007 の全訳である。著者はコルバンのほかに五五名である（本書著者紹介を参照）。

キリスト教の歴史をイエスの誕生から二十一世紀の宗教間対話までキーワードとなる事項をそれぞれ短い記述で集めて通史としたものであり、初めから終わりまで通読するもよし、気になる項目を拾い読みするもよし、という具合に平易に書かれている。項目ごとに執筆者が異なり、それぞれの著者がその道の専門家なので、項目間で若干のニュアンスの違いがあるところもあるが、通史として読み通せるように編集が十分に行き届いた本になっている。コルバンの力が十分に発揮されている証拠であろう。感性の歴史家と言われるアラン・コルバンが、キリスト教に関する知識がヨーロッパにおいても低下していることに危機感を覚え、第一級の専門家（文献案内にある専門的な『キリスト教の歴史』の編者を含む）の協力を得て編集したのが本書なのである。

夏のバカンスでフランスの片田舎の教会を訪れたとき、当時まだ小学生であった息子は帽子を被ったまま教会内に入った。神父が息子に近づいてきて、「教会の中では帽子を取りなさい」と注意を与えた。わたしは自分の迂闊さを恥じた。教会は単なる建築でもないし、美術品として見るものでもない、神聖な場所なのだということを改めて認識したことを今でも思い出す。わたし自身は私立のプロテスタントの中学校で、宗教の時間に毎週主として新約聖書についての教えを受け、聖歌隊で賛美歌を歌った経験があり、また現在の勤務先は日本では数少ないカトリックの大学の一つである。いわゆる信者ではないが、ある程度キリスト教に関する知識は持ち合わせているつもりであったが、教会に入るときのマナーを子どもに伝えることを怠ったことを後悔している。わたしの勤務先の学長と名古屋大学総長濱口道成氏が対談した折に、濱口総長は次のように述べたことがある。「われわれは、どういう作法で教会に入っていくか知らないので、大変無作法なことをしているかもしれない。知らないから教会に入って写真をバシャバシャ撮って、相手に無意識にメンタルなダメージを与えている」(『南山常盤会会報』二〇一〇年四月)。おそらくこれが大多数の日本人観光客に共通することであろう。まさにキリスト教についてのこのような無知がヨーロッパにおいても拡がっていることにコルバンは危機感を覚えたのである。

無作法ということでわたしはダスティン・ホフマンの『卒業』のラストシーンを思い出す。教会で結婚式の真っ最中にホフマンが教会の高い窓の向こうに姿を現し、ついには花嫁を奪い去るのだが、その際に十字架を振り回し、ドアに十字架を差して逃げる。アメリカ映画だから許されたのかもしれないが、教会関係者は大いに眉をひそめたシーンだったのではないだろうか。その点、イスラームの方がドレス・コードについて厳しいことはよく知られているが、イスラーム圏に語学研修に行った女子学生が研修先で服装について注意を受けて、初めてイスラーム圏における生活の仕方を学ぶといったこともたびたびあった。翻って我が国の中高校生の修学旅行の行き先としては京都や奈良が多いが、わたしたちはお寺や神社巡りをしながら、いったいどれほど仏教や神道についての知識を持っているのだろうか。わたし自身も神社とお寺での参拝の仕方に違いがあることを知らない。

では「キリスト教の歴史の理解のために最も重要なこと」、言い換えれば「キリスト教徒にとって最も重要なこと」とは何か。それは「イエスの復活を信じる」ことである。だからこそ、毎週日曜日に教会に出かけなくなった多くのカトリック信者のなかにも、キリストの復活を祝う復活祭のミサにだけは出席して、聖体拝領を受けるという人がいる。

本書は、こうしたキリスト教信仰の核心を極めて分かりやすく詳細に論じているが、そのように「イエスの復活を信じた」十二人の使徒たちが、まずキリスト教を世界に広めてゆくのである。「イエスは独立した宗教としてのキリスト教の創始者ではない」のだ。原始キリスト教は、パレスチナの地を離れ、このように広範囲に拡がる中で次第に「律法」から「信仰」へとその性格を変えてゆくのである。

キリスト教の伝道に最も大きな役割を果たしたのは、生前のイエスには会っていない唯一の使徒パウロである。パウロの伝道旅行の最初の目的地は、現在のトルコであった。今や欧州連合に加盟するか否かの議論の渦中にあり、もし加盟すれば唯一のイスラム国家となるトルコこそ、初期キリスト教伝播の主要な舞台であった。カッパドキアの観光地はキリスト教の伝道の名残である。イスタンブルのアヤソフィアも、もともとキリスト教の教会であったが、一四五三年のオスマン帝国による征服によってイスラムのモスクとなったものだ。その後、キリスト教が世界に広まる画期となったのがローマ帝国のキリスト教国化である。これは、キリスト教の信者になった四世紀初のコンスタンティヌス帝からと思われがちだが、「公式には、むしろ四世紀末に異教の儀礼を禁止したテオドシウスから」なのである。地中海の東側で始まり、当初迫害されていたキリスト教が国家権力と結びついてローマ帝国全域へと拡大してゆくわけだ。教義上では、三二五年の第一回ニカイア公会議で、厳格な唯一神教を奉じ、神（父）とキリスト（子）は異質であるとするアレイオス派を異端としたニカイア信条をはじめ、正統と異端の戦いの歴史がある。「多様性が誕生期のキリスト教の特色である。（…）四世紀に、その後長く支配的となったイメージを浸透させた。つまり、教会は元来一つのものであったが、後に現われた数々の『異端』によってその統一が揺るがされた、というイメージである」。

ところが後に「正統」とされた流派が当時は少数派だったという。とりわけ初期キリスト教の歴史に関する、このような最新学説がふんだんに盛り込まれているのが、本書の大きな魅力である。

その後のキリスト教の世界への展開については、本文をじっくり読んでいただきたいが、本書には、少し知識のある者にとっても、キリスト教に関してそれまで抱いていたイメージが覆されるような指摘が随所に見られる。

たとえば、古代キリスト教世界の最大の教父で、ヨーロッパ中世キリスト教思想の源泉となったアウグスティヌスも、ヨーロッパではなく「北アフリカで生まれた」のである。またキリスト教における女性蔑視はいつから始まったのか。わたしは長いこと旧約聖書のアダムとイブの物語で男が先に生まれた記述が気になっていたが、本書によれば、これは二世紀に始まるのである。考えてみれば、イエスのまわりにはマグダラのマリアのような社会的に地位の低い女性もいたのである。

欧米の小説、映画、音楽、美術、哲学、倫理、建築、政治、経済、戦争そして日常生活など、あらゆるものを読み解くためにキリスト教の知識が必要であることは誰もが感じているところであろう。さらに言えば、この二千年にわたる世界史のなかで、最も大きな影響を与え続けてきたのは、キリスト教であろう。大航海時代以降、アジア、アフリカ、南米などの植民地化の歴史を正当化してきた福音伝道の歴史を振り返ってみれば、そのことは明らかである。すでに日本語で読めるキリスト教関連書は膨大ではあるが、本書はキリスト教を知らない人にこそ読んでもらいたい。二千年の世界史と現代世界の理解に大いに貢献すると確信を持って言える。

なお原著にはないが、日本語版では事典的な性格を生かす意味で人名、地名索引を付けた。ぜひ利用していただきたい。

翻訳にあたっては第Ⅰ部第2章までを浜名が、第Ⅰ部第3章から第Ⅱ部までを渡辺優が、第Ⅲ部と第Ⅳ部を藤本拓也が担当し、全体の校閲を浜名が担当した。したがって訳文については最終的には浜名に責任がある。

ここで宗教学を専門とする渡辺優、藤本拓也君という、専門的知識があるだけでなく、フランス語にも堪能な俊英を紹介してくれた南山大学宗教文化研究所の奥山倫明教授に感謝するとともに、学年末の多忙な時期に本書の原稿を通読し、種々の有益な助言をしてくれ、そのうえ写真を提供してくれた、キリスト教の異端を研究している同僚の山田望教授に感謝の意を表しておきたい。

最後に、本書の編集を担当した西泰志君は訳文の隅々まで入念に点検してくれたので、とんでもない誤訳を避けることができた。翻訳書の完成には編集者の力が大きいということを記しておきたい。

二〇一〇年四月　八重桜が満開のもとで

訳者を代表して
浜　名　優　美

ペルージャ（Pérouse）　133, 257
ペルガモ（Pergame）　65
ベルギー（Belgique）　464-465, 468, 479, 491, 501
ペルナンブコ（Pernambouc）　379
ベレム（Belém）　23
ポーランド（Pologne）　205-207, 210, 267, 335, 422
ボヘミア（Bohême）　206, 208, 298-299, 302, 371, 418, 420
ボルセーナ（Bolsena）　295
ポルティウンクラ（Portioncule）　259
ボルドー（Bordeaux）　351, 391
ポルトガル（Portugal）　23, 354, 357, 379-380, 383-384, 418
ボローニャ（Bologne）　252, 394-395, 463
ポワティエ（Poitiers）　83, 88, 142
ポン＝サン＝テスプリ（Pont-Saint-Esprit）　293
ポントス（Pont）　146, 150

マ　行

マールディーヌ（Mardinu）　106
マインツ（Mayence）　208, 465
マオン（Mahón）　170, 172
マクデブルク（Magdebourg）　207-208, 311
マグレブ（Maghreb）　164
マケドニア（Macédoine）　54-56, 308
マコネ山地（Mâconnais）　196
マナスティリーヌ (Manastrine)　129
マルセイユ（Marseille）　142, 202, 310
マルタ（Malte）　418
マンレザ（Manresa）　349
ミノルカ島（île de Minorque）　170
ミラノ（Milan）　68, 81, 88, 134, 157, 225, 297, 394, 475
ムーズ川（Meuse）　240
ムツヘタ（Mtskhéta）　178-179
メキシコ（Mexico）　354, 379, 381-382
メソポタミア（Mésopotami）　27, 52, 106, 174-176, 305
メッシーナ（Messine）　297, 509
メディネット・マディ（Medinet Madi）　108
モーリタニア（Maurétanie）　380
モザンビーク（Mozambique）　386
モスクワ（Moscou）　352, 400, 422, 423, 501
モノモタパ（Monomotapa）　384
モラヴィア（Moravie）　205-206, 298, 333, 335, 415
モレーム（Molesmes）　220
モロッコ（Maroc）　266
モン・サン・ミシェル（Mont Saint-Michel）　23
モンセラート（Montserrat）　349
モンテ・カッシーノ（Mont-Cassin）　193-194
モンバサ（Mombasa）　385
ユーフラテス川（Euphrate）　234
ヨークシャー（Yorkshire）　342
ヨルダン（Jourdain）　34, 41

ラ　行

ライプツィヒ（Leipzig）　405-406
ラインラント（Rhénanie）　240, 312-313
ラヴェンナ（Ravenne）　201
ラオディケア（Laodicée）　55
ラン（Laon）　225
ラテンアメリカ（Amérique latine）　1, 381
ラングドック（Languedoc）　221, 237-238, 240-242, 245-246, 252, 263
リーベ（Ribe）　205
リギュジェ（Ligugé）　142
リジュー（Lisieux）　445, 447-448
リスボン（Lisbonne）　419
リトアニア（Lituanie）　335, 422
リマ（Lima）　354, 379, 381
リヨン（Lyon）　53-54, 64, 100, 104, 141, 184, 239, 270, 293, 384, 438, 440, 455, 491
ルルド（Lourdes）　442-443, 455, 462
ルンド（Lund）　208
レーゲンスブルク（Ratisbonne）　206, 418
レソト（Lesotho）　385
レバノン（Liban）　180, 234
レヒフェルト（Lechfeld）　205
レランス島（île de Lérins）　142, 310
ロードス（Rhodes）　291
ローヌ川（Rhône）　53, 65, 242, 293
ロシア（Russie）　9, 204-205, 309, 324, 353, 422-426, 443, 483, 486, 489
ロレーヌ（Lorraine）　391, 417
ロワール川（Loire）　194

ワ　行

ワリ（Warri）　384

デーンロー（Danelaw）　204
テサロニキ（テサロニケ）（Thessalonique）　54, 88, 309
テュアナ（Tyane）　148
デンマーク（Danemark）　207
トゥール（Tours）　127, 142, 294, 370, 508
トゥールーズ（Toulouse）　233, 242-243, 246, 265, 351, 418
ドゥラ・エウロポス（Doura Europos）　57
ドーフィネ（Dauphiné）　245, 292
ドナウ川（Danube）　182, 184, 483
トビリシ（Tbilissi）　178
トラキア（Thrace）　56
トランシルヴァニア（Transylvanie）　205, 335
トランスヴァール（Transvaal）　386
トランスヨルダン（Transjordanie）　47
トルコ（Turquie）　50, 74-75, 124, 145, 148-149, 235, 297, 484-485, 490
トロアス（Troade）　56
トロワ（Troyes）　220

ナ　行

ナイジェリア（Nigéria）　385
ナイル川（Nil）　105, 138-139
ナグ・ハマディ（Nag Hammadi）　100, 105
ナポリ（Naples）　122, 268, 356, 417-419
ニカイア（Nicée）　74, 81, 83, 88, 103, 110-113, 130, 149, 173, 175-178, 180, 183, 185, 215, 335, 393
西インド諸島（Indes occidentales）　381
西フランシア（Francie occidentale）　197
ニダロス（Nidaros）　208
日本（Japon）　380, 382, 491, 493
ヌミディア（Numidie）　160
ヌルシア（Nurcie）　193
ネアポリス（Naplouse）　74, 122
ノヴゴロド（Novgorod）　204, 422
ノルウェー（Norvège）　204-205, 207-208
ノルマンディー（Normandie）　204

ハ　行

バーゼル（Bâle）　214, 298
バイエルン（Bavière）　206-207
パッサウ（Passau）　206
ハッティン（Hattin）　235
ハノーヴァー（Hanovre）　418
バビロニア（Babylonie）　39, 106
パフォス（Paphos）　54
パラグアイ（Paraguay）　382
ハラン（Harran）　174
パリ（Paris）　1, 67, 161, 202, 214, 223, 243, 254, 268, 270, 287, 298, 310-311, 313, 317, 349, 351-353, 368, 372-375, 385, 396, 417, 419, 442, 455-456, 464, 492, 508
バルカン半島（Barkans）　55, 266, 483, 486, 490
バルセロナ（Barcelone）　242, 292, 349
バルト海（Baltique）　204, 267
パレスチナ（Palestine）　4, 27, 44-45, 81, 86, 123, 128, 147, 231, 446, 506
ハンガリー（Hongrie）　205-207, 210, 303, 420, 465, 473, 488
ハンバリク（Khanbaliq）　267
ハンブルク（Hambourg）　207-208
ヒエラポリス（Hiérapolis）　55
東ティモール（Timor oriental）　493
ピシディア（Pisidie）　54-55
ピシディアのアンティオキア (Antioche de Pisidie)　54-55
ヒッポ（Hippone）　135, 141, 157, 160
ピテュウス（Pityus）　150, 178
ピリピ（Philippes）　54-56
ビルカ（Birka）　205
ファティマ（Fatima）　444
フィリピン（Philippines）　491, 493
フェニキア（Phénicie）　56, 105
フォッサノーヴァ（Fossanova）　270
ブラジル（Brésil）　379-380
プラハ（Prague）　23, 207-208, 299-303, 452
フランドル（Flandre）　162, 289, 296, 310, 312, 334, 395, 507
ブリタニア（Angleterre）　159, 195, 202, 504
フルーリ（Fleury）　194
ブルガリア（Bulgarie）　207, 309, 490
ブルゴーニュ（Bourgogne）　197, 220, 241
ブレーメン（Brême）　207
プロヴァンス（Provence）　245
フロリダ（Floride）　381
ベース・ラーパート（Beth Lapat）　106
ヘーゼビュー（Hedeby）　205
北京（Pékin）　267
ベニン（Bénin）　384
ペラ（Pella）　47
ペルー（Pérou）　379, 381-382

コマナ（Comana）　150
コリントス（Corinthe）　51, 54-57, 59, 119-120
コロサイ（Colosses）　55, 123, 330
コンゴ（Congo）　380, 383-384, 491
コンスタンツ（Constance）　214, 298, 302
コンスタンティノポリス（Constantinople）　6, 83, 90-91, 111-113, 131, 145-146, 148, 150, 174, 182, 189, 199, 201, 204, 209, 214-219, 234, 253, 306-307, 336, 423, 483-486, 490, 501-502
コンポステラ（Compostelle）　283-284, 418

サ　行

サヴォワ（サヴォイア）（Savoie）　241, 398-399, 457
ザクセン（Saxon）　161, 206-207
サシマ（Sasimes）　147
サマリア（Samarie）　43, 46, 74
サラマンカ（Salamanque）　349
サラミス（Salamine）　75, 104-105, 108
ザルツブルク（Salzbourg）　206, 208
サルディス（Sardes）　74-75
サルデーニャ島（Saldaigne）　65
サロナ（Salone）　129
サン゠ドニ（Saint-Deny）　222
サン・ブノワ・シュール・ロワール（Sait-Benoît-sur-Loire）　194
ザンジバル（Zanzibar）　385
サンドニ（Saint-Denis）　418
ジェノヴァ（Gênes）　297, 418
シエラ・レオネ（Sierra Leone）　384-385
シナイ山（Sinaï）　94, 308, 363, 507
シャルトル（Chartres）　225, 275, 286
シャロン゠シュール゠ソーヌ（Chalon-sur-Saône）　220
シャンパーニュ（Champagne）　220, 234
ジュネーヴ（Genève）　9, 163, 224, 322, 335, 340, 388-390, 397-401, 410, 500-502
小アジア（Asie Mineure）　50, 52, 58, 64, 103, 105, 118, 140, 173, 175, 193, 307-308
ショーモン（Chaumont）　220
シリア（Syrie）　39, 46, 52, 54-55, 57, 74-75, 103, 105, 120, 127, 138, 140, 146, 175-178, 180, 231, 233, 235, 306, 506-507
シンガポール（Singapour）　493
スイス（Suisse）　333, 384, 416, 465, 491
スウェーデン（Suède）　205-206, 208, 251, 281, 424
スーク・アフラス（Souk-Ahras）　157
スーダン（Soudan）　383
スカンディナヴィア（Scandivavie）　204-205, 207-208
スクラウィニア（Sclavinia）　208, 505
スケーティス（Scète）　139
スコットランド（Écosse）　400, 418
スシアナ（Susiane）　106
ストラスブール（Strasbourg）　335, 340, 343, 388, 390-391, 414
スビアーコ（Subiaco）　193
スペイン（Espagne）　67, 91, 129, 158, 170, 172, 178, 184-185, 201, 232, 251, 293, 335, 344-345, 351, 354, 356-357, 362, 368, 370, 379, 381, 398, 418-420, 438, 446, 507
スポレート（Spolète）　257
スミルナ（Smyrne）　64
スリランカ（Sri Lanka）　493
セネガル（Sénégal）　386
セネガンビア（Sénégambie）　384
セビーリャ（Séville）　201-202
セレウキア（Séleucie）　148, 175
セレウキア・クテシフォン（Séleucie-Ctésiphon）　106
泉州（Zaitun）　108
ソーヌ川（Saône）　220, 439
ソーミュール（Saumur）　400
ソワッソン（Soissons）　221, 286

タ　行

タガステ（Thagaste）　157
ダストゥミーサーン（Dastumisan）　106
ダッハラー・オアシス（oasis de Dahlah）　108
タベンネシ（Tabennèse）　139
ダマスコス（Damas）　51-52
ダミエッタ（Damiette）　236
タルソス（Tarse）　46, 51, 123, 149
ダルマティア（Dalmatie）　207
チェラーミ（Cerami）　232
中国（Chine）　108, 267, 352, 380-383, 449, 493
チューリヒ（Zurich）　333, 388
チュニジア（Tunisie）　157
チュニス（Tunis）　236, 267
ティアティラ（Thyatire）　56
ティパサ（Tipasa）　129

ヴァランス（Valence）　267
ヴァンデ（Vendée）　366
ヴィエンヌ（Vienne）　53, 64, 283, 292, 296
ヴィタ（Vita）　134
ヴィテルブ（Viterbe）　243
ヴェトナム（Vietnam）　381, 491, 493
ヴェネツィア（Venise）　207, 234, 350, 451
ウプサラ（Uppsala）　206, 208
ウンブリア（Ombrie）　193, 257, 268
エジプト（Égypte）　52, 73, 85, 100, 103, 105-106, 108, 113, 128, 139-140, 142, 146, 152, 173, 193, 235-236, 266, 283, 304, 309, 383, 506-507
エチオピア（Éthiopie）　6, 27, 179-180, 380, 383
エデッサ（Édesse）　174, 234, 236, 506
エフェソス（またはエフェソ）（Éphèse）　52, 54-58, 74, 112-113, 127
エルサレム（Jérusalem）　9, 35-36, 39, 44-45, 47, 50-52, 54, 82, 108, 117, 124, 126, 135, 138, 174, 200, 216, 219, 231-236, 248-249, 251, 258, 284, 286, 290-291, 333, 349-350, 397, 436, 486, 506
オーストリア（Autriche）　303, 333, 376, 464-465
オーセール（Auxerre）　220, 249
オーデル川（Oder）　208
オスティア（Ostie）　53, 92
オフリド湖（lac d'Ochrid）　55
オランダ（Pays-Bas）　333-334, 356, 370, 373, 388, 393, 396, 400, 479, 491, 501, 509
オリーブ山（mont des Oliviers）　249
オリエント（Orient）　48, 52-54, 57, 64, 67, 75, 232-234, 236-237, 244, 253, 258, 267
オルヴィエト（Orvieto）　268
オロモウツ（Olomouc）　208

カ　行

カイサリア（Césarée）　5, 47, 81-82, 86, 99, 121, 136, 140, 145-147, 169, 176-177
カザン（Kazan）　423-424
カスティーリャ（Castille）　349, 420
カスピ海（mer Caspienne）　175, 423
カタルーニャ（Catalogne）　418-419
カッパドキア（Cappadoce）　136, 140, 145-148, 176, 179, 182, 419
カナダ（Canada）　496, 498-499
カノッサ（Canossa）　212
カフカス（コーカサス）（Caucace）　150, 178-180
上ギニア（Haute-Guinée）　384
カメルーン（Cameroun）　385-386
カラブリア（Calabre）　250
ガリア（Gaule）　53, 64, 67, 91, 142, 158, 173, 184, 194, 202, 505
ガリラヤ（Galilée）　34, 45
カルケドン（Chalcédoine）　91, 113, 173, 484, 506
カルタゴ（Carthage）　54, 65-66, 105, 120, 126, 135, 157, 158, 161
カルトリ（Kartli）　178
カルパティア山脈（Carpates）　205
韓国 (Corée)　493
カンタベリー（Cantorbéry）　283, 342, 344, 346, 480, 502
キエフ・ルーシ（Russie kiévienne）　207
北アフリカ（Afrique du Nord）　65, 126, 156-157, 164, 173-174
キプロス島（Cypre）　54-55, 75
キュロス（Cyr）　171
キリキア（Cilicie）　55
キレナイカ（Cyrénaïque）　52
ククスス（Cucuse）　150
グニエズノ（Gniezno）　208
クムラン（Qumrân）　40-42, 44
グラン（エステルゴム）（Gran（Esztergom））　208
グリーンランド（Groenland）　204
クリュニー（Cluny）　6, 196-198, 203, 219-222, 248, 278, 285
グルジア（Géorgie）　6, 27, 178-179
グレート・ブリテン島（Grande-Bretagne）　204
クレタ島（Crète）　52
グレッチョ（Greccio）　260, 262, 507
クロアチア（Croatie）　129
ケープタウン（Le Cap）　385
ケベック（Québec）　464
ゲルマニア（Germanie）　195, 212, 243, 505
ケルン（Cologne）　108, 317
ケルンテン（Carinthie）　204
ケント（Kent）　202
ゴア（Goa）　354, 379-380
黒海（mer Noire）　150, 178

地名索引

＊本文（目次，原注・訳注を含む）に登場する主要地名を対象とした（但し，頻出するイタリア，ヴァチカン，ギリシャ，ドイツ，フランス，ローマは除く）。

ア　行

アイルランド（Irlande）　277, 418
アヴィニョン（Avignon）　213, 293, 321
アウクスブルク（Augsbourg）　205, 502
アカイア（Achaïe）　54
アキテーヌ（Aquitaine）　185
アクィレイア（Aquilée）　111, 169, 178-179
アクスム（Axoum）　179-180
アゼルバイジャン（Azerbaïdjan）　178
アッコ（Acre）　236, 266, 291
アッシジ（Assise）　7, 188, 236, 257-262, 280, 312, 503, 506-507
アッティカ（Attique）　73
アテネ（Athènes）　58, 75, 101
アトス（Athos）　308-309, 486, 488
アドリア海（Adriatique）　55, 204, 441
アナトリア（Anatolie）　47, 52, 54-55, 150
アフリカ（Afrique）　8, 53, 65-67, 77, 91, 108, 126-127, 152, 156-157, 160-162, 164-165, 173-174, 179, 184-185, 379-380, 383-387, 415, 444, 449, 491, 493-494, 508
アペニン山脈（Apennin）　193
アメリカ（Amérique）　8, 10, 352, 365, 379, 381, 384, 386-387, 415-416, 436, 466, 470, 491, 494-497
アラゴン（Aragon）　341, 344
アラビア（Arabie）　52, 181, 507
アリアンゾス（Arianze）　148
アルヴェルナ（La Verna）　259
アルカラ（Alcalá）　349
アルジェリア（Algérie）　129, 141, 157, 163
アルス（Ars）　9, 437, 439-440
アルバニア（Albanie）　178, 490
アルプス山脈（arc alpin）　204, 245, 258, 461
アルメニア（Arménie）　6, 27, 148, 150, 176-177, 234, 486
アレクサンドリア（Alexandrie）　41, 50, 52, 54, 65, 71-77, 83, 102, 105, 108-109, 111-112, 131, 135, 138-139, 147, 152, 173-174, 180, 216, 486, 504
アンゴラ（Angola）　384, 491
アンジェ（Angers）　225, 262, 418, 421, 465, 467
アンダルシア（Andalousie）　231
アンティオキア（Antioche）　46-47, 51, 54-55, 64, 76, 101, 105, 111-112, 118, 125, 148-150, 174, 179, 216, 233-234, 305, 486
アンナバ（Annaba）　157
アンニシ（Annesi）　146-147
イープル（Ypres）　162
イギリス（Angleterre）　207, 251, 336, 338, 340, 384, 398, 411, 414-416, 418-420, 436, 491, 496, 498
イサウリア（Isaurie）　148
イスラエル（Israël）　4, 34-35, 38, 45, 48, 74, 93, 233, 249, 276, 343, 412, 434, 437, 495, 497
イドメア（Idumée）　43
イベリア（カフカス地方の）（Ibérie du Caucase）　178, 179
イベリア半島（péninsule Ibérique）　53, 174, 231, 284, 353-355, 419, 441
イラン（Iran）　52, 106, 175
イリュリア（Illyrie）　55
イル＝ド＝フランス（Île-de-France）　226
イングランド（Angleterre）　203-204, 207, 342, 344, 418, 504
インド（Inde）　27, 174, 179-180, 379, 384, 444, 446, 491, 493
インドネシア（Indonesie）　493

ルートヴィヒ（敬虔帝）（Louis le Pieux）　195
ルキアノス（Lucien）　57
ルコント神父（père Lecomte）　383
ルソー，ジャン＝ジャック（Jean-Jacques Rousseau）　163, 400, 452
ルター（Luther）　7, 100, 162, 303, 321-322, 327-334, 336-339, 341-342, 349, 351, 357-359, 364, 388-389, 393, 398, 405, 410, 413-417, 419, 492, 502
ルッジェーリ（Ruggieri）　381
ルッジェーロ（Roger）　232
ルドルフ（カルトゥジア会士）（Ludolphe le Chartreux）　364
ルナン（Renan）　434-435
ルフィヌス（アクィレイアの）（Rufin d'Aquilée）　169, 178-180
ルフェーヴル・デタープル（Lefèvre d'Étaples）　360, 410
ルブリョーフ（Roublev）　424
レアンデル（セビーリャの）（Léandre de Séville）　201-202
レオ（修道士）（Léon, frère）　113, 260
レオ一世（Léon I）　112
レオ九世（Léon IX）　211-212
レオ十世（Léon X）　329, 341
レオ十三世（León XIII）　133, 447, 451, 453, 465, 466-468
レカレド（Reccared）　185, 201
レギナルドゥス（ピペルノの）（Raynald de Piperno）　270
レナーロ，カミロ（Camillo Renaro）　335
レンブラント（Rembrandt）　23
ロベルトゥス（Robert）　220
ロマノフ，ミハイル・フェドローヴィチ（Mikhail Fedorovitch Romanov）　423
ロヨラ，イグナティウス・デ（Ignace de Loyola）　8, 322, 349-351, 380-381, 389, 419, 452
ロレーナ，クリスティーナ・ディ（Christine de Lorraine）　411
ロワジー（Loisy）　436
ロンサール（Ronsard）　398
ロンバルドゥス，ペトルス（Pierre Lombard）　161, 255
偽ディオニュシオス（Pseudo-Denys）　312, 368-369, 508
偽ヒッポリュトス（Pseudo-Hippolyte）　102, 104

ヤ 行

ヤコブ（ヨハネの兄）（Jacques, frère de Jean） 33, 46-48, 51, 104, 234, 284
ヤコブ（義人，主の兄弟）（Jacques le Juste） 45-47, 117, 284
ヤコブ（聖ヤコブ）（Saint Jacques） 284, 417-418, 420, 506-507
ヤコブス（ヴィトリの）（Jacques de Vitry） 313
ヤズデゲルド一世（Yazdgard I） 175
ヤンセン（Jansen） 162, 323, 372-373
ヤンナイオス，アレクサンドロス（Alexandre Jannée） 39-40
ユイスマンス（Huysmans） 456
ユード，ジャン（Jean Eudes） 365, 442
ユゴー，ヴィクトル（Victor Hugo） 23, 223, 433
ユスティニアヌス（Justinien） 102, 131, 174, 185, 199, 504
ユスティノス（Justin） 64, 74-76, 100-102, 122, 124, 134, 171
ユダ（Judas） 35, 43, 106, 117
ユダ・マカバイ（Juda dit Maccabée） 39-40
ユリアヌス（Julien） 29, 57, 84
ヨアキム（フィオーレの）（Joachim de Flore） 250
ヨヴィアヌス（Jovien） 84
ヨウィニアーヌス（Jovinien） 71
ヨエル（Joël） 247
ヨーゼフ二世（Joseph II） 376
ヨセフス，フラウィウス（Flavius Josèphe） 33, 40-42
ヨセフのマドレーヌ（聖ヨセフのマドレーヌ）（Madeleine de Saint-Joseph） 368
ヨナタン（Jonathan） 39-40
ヨハネ（使徒）（Jean） 33, 38, 46, 50-52, 58, 99, 123, 130, 247-251, 269, 275, 287, 330, 414, 417, 510
ヨハネ（洗礼者）（Jean le Baptiseur） 34, 41, 43-44, 123
ヨハネ・パウロ二世（Jean-Paul II） 437, 444, 472, 502-503
ヨハネ・ヒルカノス一世（Jean Hyrcan I） 39-40
ヨハネ（十字架のヨハネ）（Jean de la croix） 363, 446, 448
ヨハネ二十三世（Jean XXIII） 437, 472-475, 501
ヨハネス十九世（Jean XIX） 197

ラ 行

ラ・コロンビエール，クロード・ド（Claude de La Colombière） 366
ラ・サール，ジャン=バティスト・ド（Jean-Baptiste de La Salle） 391
ラ・プラサ（La Plaza） 381
ライネス（Launez） 381
ライプニッツ（Leibniz） 408
ラヴィジュリ枢機卿（Lavigerie） 385-386
ラシーヌ（Racine） 373
ラス・カサス（Las Casas） 379
ラティマー（Latimer） 342, 344
ラドベルトゥス，パシカシウス（Paschase Radbert） 294
ラトラムヌス（Ratramme） 294
ラブレ，カトリーヌ（Catherine Labouré） 443
ランスペルゲ（Lansperge） 365
リヴィングストン，デヴィッド（David Livingstone） 386
リカルドゥス（サン=ヴィクトルの）（Richard de Saint-Victor） 311
リキニウス（Licinius） 68
リゴリ，アルフォンス・デ（Alphonse de Liguori） 419, 478
リシュリュー（Richelieu） 372
リッチ，マテオ（Mateo Ricci） 381, 383
リディア（Lydie） 56
リバニオス（Libanios） 145, 149
リベルマン，フランソワ（François Libermann） 385
リュジニャン，ギー・ド（Gui de Lusignan） 235
ル=ゴフ，ジャック（Jacques Le Goff） 275, 277
ル・コルビュジェ（Le Corbusier） 457
ル・ページ（Le Paige） 353, 375
ルイ（聖王ルイ）（Saint Louis） 162, 236, 241, 243, 246, 281, 351-353, 373, 417-419, 442
ルイ十三世（Louis XIII） 351, 442
ルイ十四世（Louis XIV） 162, 351-352, 373
ルーセル，ジェラール（Gérard Roussel） 360

ボレスラフ（二世・豪胆王）（Boleslas le Hardi） 207-208
ポンティクス（Ponticus） 64
ポンペイウス（Pompée） 40

マ 行

マール，エミール（Émile Mâle） 227
マイモニデス（Maimonide） 235
マウリキウス（Maurice） 201
マウルス（Maur） 193, 374
マカーリー（Macaire） 422-424
マカリオス（エジプトの）（Macaire l'Égyptien） 304
マクシモス（証聖者マクシモス）（Maxime le Confesseur） 308
マグダラのマリア（Marie Madeleine） 104, 256, 395
マクリナ（Macrine） 140, 146
マシュトツ（メスロップ）（Machtots, Mesrop） 176-177
マズノー，ウジェーヌ・ド（Eugène de Mazenod） 385
マタイ（Matthieu） 33, 36, 42, 63, 87, 134, 136, 169-170, 247, 257, 269, 275, 290, 294, 437, 450, 497
マタイ（シリア人の）（Matthieu le Syrien） 234
マティア（Matthias） 117
マティス，アンリ（Henri Matisse） 457
マニ（Mani） 5, 49, 67, 103, 106-108, 172, 221, 506
マミコニヤン，ヴァルダン（Vardan Mamikonian） 177
マリア（聖母）（Marie, Vierge） 7, 9, 113, 131, 221, 280, 283, 285-289, 313, 323, 340, 343, 351, 359, 366, 369-371, 385, 393, 395-396, 440-445, 462, 491
マリア（オイグニスの）（Marie d'Oignies） 313
マリー・ド・ランカルナシオン（Marie de l'Incarnation） 363, 365, 370
マルー，アンリ＝イレネ（Henri-Irénée Marou） 95, 159-160
マルガリータ（コルトナの）（Marguerite de Cortone） 262
マルキアノス（Marcien） 113
マルキオン（Marcion） 49, 59, 71, 102
マルクス・アウレリウス（Marc Aurèle） 64, 74-75, 122
マルグリット（聖なる秘蹟のマルグリット）（Marguerite du Saint-Sacrement） 371, 452
マルコス（魔術師）（Marc le Mage） 105
マルタン，テレーズ（Térèse Martin） 452
マルティヌス（Martin） 142, 395
マルティヌス五世（Martin V） 298, 510
マロ，クレマン（Clément Marot） 360
マンツ，フェリックス（Felix Mantz） 333
ミエシュコ一世（Miesko I） 205, 207
ミカ（Michée） 247
ミケランジェロ（Michel-Ange） 394
ミシュレ（Michelet） 421
ミュンツァー（Müntzer） 334
ミリアン（Mirhian） 179
ミリチュ（クロムニェルジーシュの）（Milíč de Kroměříže） 300
メアリー・テューダー（Marie Tudor） 8, 344-345
メシアン（Messiaen） 23
メトディオス（Méthode） 207
メナンドロス（Ménandre） 105
メノー・シモンズ（Menno Simons） 334
メヒトヒルト（マクデブルクの）（Mechtilde de Magdebourg） 311
メフメト二世（Mehmet II） 483
メリチ，アンジェラ（Angela Merici） 391
メリティオス（Mélèce） 148
メリトン（Méliton） 74-76
メルクリアン（Mercurian） 381
モア，トマス（Thomas More） 322, 341-342
モーセ（Moïse） 36-37, 42, 46, 93-94, 102, 389, 411, 433-434
モンテ・クローチェ，リコルド・デ（Ricoldo de Monte Croce） 267
モンテコルヴィーノ，ジョバンニ・ディ（Jean de Montecorvino） 267
モンテスキュー（Montesquieu） 132
モンフォール，ルイ＝マリー・グリニョン・ド（Louis-Marie Grignon de Montfort） 366, 442
モンプリエ，ギィ・ド（Gui de Montpellier） 291

d'Assise)　7, 188, 236, 250, 257-263, 266-267, 280, 288, 312, 506-507
ブランディーヌ（Blandine）　64
フリードリヒ一世（赤髭王）（Frédéric Barberousse）　250
フリードリヒ二世（Frédéric II）　236, 243, 407
フリッシュ，オーギュスタン（Augustin Fliche）　504
ブリット，フアン・デ（Britto）　381
フリティゲルン（Fritigern）　183
プリニウス（小プリニウス）（Pline le Jeune）　63
ブルーノ，ジョルダーノ（Giordano Bruno）　280, 397
ブルカルドゥス（ウルスペルクの）（Burchard d'Ursperg）　263
ブルトマン，ルドルフ（Rudolf Bultmann）　435
ブルネハウト（Brunehaut）　202
フルメンティオス（Frumentius）　180
プロクロス（Proclus）　172
プロティノス（Plotin）　105
ベアートゥス（リエバーナの）（Beatus de Liébana）　249
ベアトリクス（ナザレトの）（Béatrice de Nazareth）　311
ベーズ，テオドール・ド（Théodore de Bèze）　397
ベーダ・ウェネラビリス（Bède le Vénérable）　202-203, 249
ベートーヴェン（Beethoven）　407
ベケット，トマス（Thomas Becket）　283, 420
ペッチ，ジュゼッペ（Giuseppe Pecci）　133, 466
ペトルス・ウェネラビリス（Pierre le Vénérable）　220-221
ペトルス（セルの）（Pierre de Celle）　287
ペトロ（Pierre）　33, 45-48, 50-52, 58, 64, 91-94, 101, 197, 211, 215, 217, 219, 233
ベネディクトゥス（アニアーヌの）（Benoît d'Aniane）　280
ベネディクトゥス（ヌルシアの）（聖ベネディクトゥス）（Benoît de Nursie）　193-196, 200, 219-221
ベネディクトゥス十二世（Benoît XII）　277
ベネディクトゥス十三世（Benoît XIII）　450
ベネディクトゥス十五世（Benoît XV）　386
ペラギウス（Pélage）　158, 159, 162
ペラギウス二世（Pélage II）　199
ヘラクレオン（Héracléon）　105
ベリュル（Bérulle）　162, 297, 322, 362, 365, 368-371, 442, 452
ベルナルディン（シエナの）（Bernardin de Sienne）　364
ベルナルドゥス（クレルヴォーの）（Bernard de Clairvaux）　6, 198, 219-223, 280, 287, 310, 312, 364, 452, 507
ペルペトゥア（Perpétue）　65
ヘルモゲン（Hermogène）　423
ベレンガリウス（Béranger）　294
ヘロデ・アグリッパ一世（Hérode Agrippa I）　46
ヘロデ大王（Hérode le Grand）　34, 40-41, 43
ヘンリー八世（Henri VIII）　8, 341-345, 420
ホウィットフィールド（Whitefield）　415, 497-498
ボエモン一世（Bohémond）　234
ボークザン，リシャール（Richard Beaucousin）　368
ポール，レジナルド（Reginald Pole）　344-345
ポーロ，マルコ（Marco Polo）　108
ホセア（Osée）　247
ホッブズ（Hobbes）　411
ボロメオ，カルロ（Charles Borromée）　394-395, 399
ポテイノス（Pthin）　64
ボナヴェントゥラ（Bonaventure）　260, 312
ボニファティウス八世（Boniface VIII）　213, 265, 292, 505
ホノラトゥス（Honorat）　142
ホノリウス三世（Honorius III）　259
ポリュカルポス（Polycarpe）　64
ボルジア（Borgia）　321, 381
ポルフュリオス（ティルスの）（Prphyre de Tyr）　105
ポレート，マルグリット（Marguerite Porète）　313-314

Césarée)　5, 136, 140, 145-149
バシレイデース（Basilide）　105
パスカル（Pascal）　352-353, 373
パッツィ，マリア・マッダレーナ・デ（Marie-Madeleine de Pazzi）　365
バッハ（Bach）　1, 9, 23, 405-408
ハドリアヌス（Hadrien）　64, 73
パノフスキー，エルヴィン（Erwin Panofsky）　227
バル・コクバ（Bar Kochba）　59
バルテルミ，ピエール（Pierre Barthélemy）　233
バルナバ（Barnabé）　55, 297
パレオッティ，ガブリエレ（Gabriele Paleotti）　394
ハンメルケン，トマス（Thomas Hemerken）　317
ピウス四世（Pie IV）　394
ピウス五世（Pie V）　360
ピウス六世（Pie VI）　353
ピウス七世（Pie VII）　353
ピウス九世（Pie IX）　443, 461-464, 466
ピウス十世（Pie X）　9, 345, 399, 445, 450-453, 475, 504
ピウス十一世（Pie XI）　386, 445, 471, 473, 480, 500
ピウス十二世（Pie XII）　386, 436, 444-445, 453, 473, 480
ピエール（隠者ピエール）（Pierre, l'Ermite）　232
ピエトリ，シャルル（Charles Pietri）　92
ヒエロニュムス（Jérôme）　5, 71, 89, 94, 134, 151-155, 203, 504
ヒエロニュムス（プラハの）（Jérôme de Prague）　303
ピピン（小ピピン）（Pépin le Bref）　210
ピョートル大帝（Pierre le Grand）　424, 426
ピラトゥス（ピラト），ポンティウス（Ponce Pilate）　34-35, 45
ヒラリウス（Hilaire）　83, 88
ヒルカノス一世（Hyrcan I）　39-40
ヒルカノス二世（Hyrcan II）　40
ビルギッタ（スウェーデンの）（Brigitte de Suède）　251, 281
ヒルデガルト（ビンゲンの）（Hildegarde de Bingen）　250, 310
ファレル（Farel）　393
フィッシャー，ジョン（John Fisher）　341-342
ブイヨン，ゴドフロワ・ド（Godefroi de Bouillon）　233
フィラストリウス（Filastre）　108
フィリッポス（シデーの）（Philippe de Sidè）　75
フィリポ（Philippe）　46, 104
フィロン（アレクサンドリアの）（Philon d'Alexandrie）　41, 52
ブーヴィエ神父（L'abbé Bouvier）　477-479
フーゴー（サン=ヴィクトルの）（Hugues de Saint-Victor）　311
ブーツァー（Bucer）　343, 388
フープマイアー，バルタザール（Hubmaier Balthasar）　333
ブーリン，アン（Anne Boleyn）　341-342, 345
ブーローニュ，ボードゥアン・ド（Baudouin de Boulogne）　233-234
フェーリクス，ミヌキウス（Minucius Félix）　77
フェヌロン（Fénelon）　150
フェリキタス（Félicité）　65
フェリペ二世（Philippe II）　345
フェリペ三世（Philippe III）　418
フェルナンド（Ferdinand）　354
フォティオス（Photius）　108, 218
ブシャール，C・B（C. B. Bouchard）　222
フス，ヤン（Jean Hus）　7, 298-303, 415, 420
フッカー（Hooker）　345-346
フッター，ヤーコプ（Jacob Hutter）　333
プトレマイオス（Ptolémée）　105, 352
プトレマエウス（Ptolémée）　64
ブラーエ，ティコ（Tycho Brahé）　352
フラウィアノス（Flavien）　112
ブラウン，ピーター（Peter Brown）　195
プラシド（Placide）　193
プラトン（Platon）　74-75, 102, 125, 150, 172, 312, 508
ブラマンテ（Bramante）　394
フランク，セバスティアン（Sebastian Franck）　334
フランケ，アウグスト・ハーマン（August Hermann Francke）　414
フランチェスコ（アッシジの）（François

テオドレトス（キュロスの）（Théodoret de Cyr） 73, 171
テオドロス（ストゥディオスの）（Théodore Stoudite） 306
テオドロス（モプスエスティアの）（Théodore de Mopsueste） 124, 306
テオフィロス（Théophile） 74, 76
デカルト（Descartes） 392
デキウス（Dèce） 66, 127
デスパンス，クロード（Claude d'Espence） 360
デューラー，アルベルト（Albert Dürer） 392
テルトゥリアヌス（カルタゴの）（Tertullien de Carthage） 4, 69-70, 72-74, 77, 102, 105, 120, 135
テレーズ（リジューの）（Thérèse Martin, Thérèse de Lisieux） 9, 445-449
テレサ（アビラの）（Thérèse d'Avila） 322, 363, 367-368, 420
デンク，ハンス（Hans Denck） 334
トゥレティーニ，ジャン=アルフォンス（Jean-Alphonse Turrettini） 400
トーレス，ディエゴ・デ（Diego de Torres） 382
ドナトゥス（Donat） 82, 126, 160-161, 163, 173
ドニ（ルテチアの）（Denys de Lutèce） 417, 420, 508
ドニ，モーリス（Maurice Denis） 456
ドブラヴァ（Dobrava） 207
トマス（チェラーノの）（Thomas de Celano） 260, 283, 341-343, 405, 411, 420, 437, 465-466
トマス（使徒）（Thomas, apôtre） 33, 52, 104, 174, 283, 411, 437, 465-466
トマス・アクイナス（Thomas d'Aquin） 7, 268-272, 296, 330
ドミニクス（Dominique） 263, 265-267, 288
トラヤヌス（Trajan） 63-64
トリュフォン（Tryphon） 74, 100
ドリュモー，ジャン（Jean Delumeau） 405
ドロテア（モンタウの）（Dorothée de Montau） 312

ナ 行

ナヴァール，マルグリット・ド（Marguerite de Navarre） 360
ナポレオン（Napoléon） 376
ニーコン（Nikon） 424-425
ニノ（Nino） 179
ネクタリオス（Nectaire） 150
ネストリオス（Nestorios） 112, 234
ネポムツキー，ヤン（Jean Népomucène） 420
ネリ，フィリッポ（Philippe Neri） 297
ネルセス（大ネルセス）（Nersès le Grand） 177
ネロ（Néron） 64
ノアイユ（Noailles） 374
ノビリ，ロベルト・デ（Robert de Nobili） 381
ノブレガ（Nobrega） 380

ハ 行

パーカー，マシュー（Matthew Parker） 346
ハーキム（Hâkim） 231
バード（Byrd） 346
バーラーム一世（Vahram I） 106
ハイモ（オーセールの）（Haimon d'Auxerre） 249
ハインリヒ一世（捕鳥王）（Henri I l'Oiseleur） 206
ハインリヒ二世（Henri II） 207, 210
ハインリヒ三世（Henri III） 210
ハインリヒ四世（Hneri IX） 212
バウアー，ヴァルター（Walter Bauer） 100
バウト（Bauto） 182
パウルス三世（Paul III） 323, 350, 355
パウルス五世（Paul V） 360
パウロ（Paul） 4, 33, 45-48, 50-59, 64, 91-94, 99-101, 117-119, 123, 153, 172, 215, 247, 269, 284, 328, 337, 339, 437, 475, 502-503, 505, 508
パウロ六世（Paul VI） 444, 472, 475-476, 480
バクリウス（バクゥル）（Bacurius, Bacour） 178
パコミオス（Pachôme） 139-140
バシレイオス（カッパドキアの）（Basile de

シャープール二世（Shabuhr II）　175
シャトーブリアン（Chateaubriand）　132
シャハーク（Sahak）　177
シャルルマーニュ（Charlemagne）　203, 208, 210-211, 225, 284, 507
ジャンヌ・ダルク（Jeanne d'Arc）　251, 420-421, 448
シャンパニ，フランツ・ド（Franz de Champagny）　133
シュヴェンクフェルト，カスパー（Caspar Schwenckfeld）　335
シュトゥルム，ヨハネス（Jean Sturm）　391
シュトラウス，ダーフィト・フリードリヒ（David Friedrich Strauss）　434
シュニュ，マリー＝ドミニク（Marie-Dominique Chenu）　256
シュペーナー，フィリップ・ヤーコプ（Philipp Jacob Spener）　414
シュミトリーン，ヨーゼフ（Joseph Schmidlin）　386
ショーニュ，ピエール（Pierre Chaunu）　358
ジョット（Giotto）　259
ジョリヴェ，ジャン（Jean Jolivet）　240
シルヴェステル二世（Silvestre II）　208, 505
ジルソン，エチエンヌ（Étienne Gilson）　270
スカリジェ，ジュスト＝ジョゼフ（Juste-Joseph Scaliger）　409
スコラスティカ（Scolastique）　193
スコラリオス（ゲンナディオス二世）（Scholarios）　483
スタンダール（Stendhal）　23, 452
スティリコ（Stilicon）　182
ステタトス，ニケタス（Nicétas Stéthatos）　307
ステファヌス二世（Étienne II）　210
ステファノ（Étienne）　46
スピノザ（Spinoza）　411
スピファム（Spifame）　397
スビルー，ベルナデット（Bernadette Soubirous）　442, 462
スュジェ（Suger）　222
セシリウス（Cecilius）　77
セルトー，ミシェル・ド（Michel de Certeau）　304
セルベトゥス（Servet）　335, 397
ソアネン，ジャン（Jean Soanen）　374
ゾイゼ（Suso）　364
ソッツィーニ（Sozzini）　335

タ 行

ダイエ，ジャン（Jean Daillé）　125
タウラー（Tauler）　364
タキトゥス（Tacite）　64, 69
タダイ（Thaddée）　174, 176
ダッドリー，ジョン（John Dudley）　344
タティアノス（Tatien）　49, 74-75, 77
ダニエル（Daniel）　38, 43, 247, 249-250, 411
ダビデ（Davide）　38, 43
ダマスス一世（Damase I）　92-94
ダランベール（d'Alembert）　400
タリス（Tallys）　346
ダンテ（Dante）　275
ツィンツェンドルフ（Zinzendorf）　415
ツヴィングリ（Zwingli）　332-333, 337, 357, 359, 388, 393
ディアドコス（フォティケの）（Diadoque de Photicé）　305
ディオクレティアヌス（Dioclétien）　67, 82, 108, 128, 160
ディオスコロス（Dioscore）　112-113
ディオドロス（タルソスの）（Diodore de Tarse）　149
ディオニュシオス（アレクサンドリアの）（Denys d'Alexandrie）　135, 312, 368, 369, 508
ディオニュシオス・アレオパギテース（Denys l'Aréopagite）　305, 418
ディドロ（Diderot）　400
ディドロン（Didron）　454
ティリダテス四世（Tiridate IV）　176
ティンダル，ウィリアム（William Tyndale）　342
デヴァリエール，ジョルジュ（Georges Desvallières）　456
テオーナース（アレクサンドリア主教）（Théonas d'Alexandrie）　108
テオデリンデ（Théodelinde）　202
テオドシウス（Théodose）　5, 81-85, 88-90, 92, 102, 111, 131, 148, 169, 183, 504
テオドシウス二世（Théodose II）　112-113, 127, 169, 177

クレメンス（アレクサンドリアの）（Clément d'Alexandrie）　71, 75, 77, 102, 105
クレメンス（教皇クレメンス一世）（Clément）　53, 119
クレメンス五世（Clément X）　213
クレメンス十三世（Clément XIII）　353
クレメンス十四世（Clément XIV）　353
クロウサー，サミュエル（Samuel Crowther）　386
クローヴィス（Clovis）　185
グロット（グロティウス），フーゴー・デ（Hugo de Groot, Grotius）　410
クロテール二世（Clotaire II）　202
クロムウェル，トマス（Thomas Cromwell）　342
クロワゼ，ジャン（Jean Croiset）　366
ゲーザ（Géza）　206
ケネル，パスキエ（Pasquier Quesnel）　373
ケルソス（Celse）　69, 77, 119
ゲルトルート（ヘルフタの）（Gertrude de Helfta）　363
ゲレルト（Gellert）　207
ゴゲル，モーリス（Maurice Goguel）　435
ゴットシャルク（Gottschalk）　161
コベス，アロイス（Aloïs Kobès）　386
コリダレウス，テオフィロス（Théophile Corydalée）　488
コルネイユ（Corneille）　392
コルネリウス（ローマ司教）（Corneille, évêque de Rome）　66, 121
コルネリウス（百人隊長）（Corneille, centurion）　47
コレンゾウ，ジョン・ウィリアム（John William Colenso）　386
コンスタンス一世（Constant）　83
コンスタンティウス（Constance）　67, 88
コンスタンティウス二世（Constance II）　82-83, 110-111, 180, 182
コンスタンティヌス（Constantin）　5, 26, 29, 68, 81-83, 86-92, 110, 121, 128, 131, 135, 160, 173, 178-180, 210, 505
コンモドゥス（Commode）　65, 76
コンラート（ヴァルトハウゼンの）（Conrad de Waldhausen）　300

サ　行

ザイーツ，ズビニェク（Zbyněk Zajíc）　300
サザナ（Sazana）　180
サドク（Sadoq）　40
ザットラー，ミヒャエル（Michael Sattler）　333
サトルニーロス（Satornile）　105
サハグン，ベルナルディーノ・デ（Bernardino de Sahagún）　380-381
サバティエ，オーギュスト（Auguste Sabatier）　435
ザビエル（Xavier）　379-380
サベリウス（Sabellius）　109-110
サラーフッディーン（サラディン）（Saladin）　235, 506
サル，フランソワ・ド（François de Sales）　297, 322, 332, 365
サルサ（sainte Salsa）　129
サロメ・アレクサンドラ（Salomé Alexandra）　40
サン＝ジル，レーモン・ド（Raimond Saint-Gilles）　233-234
サン＝シラン（Saint-Cyran）　322, 372
サンクトゥス（Sanctus）　64
シース（Sis）　106
シーモア，ウィリアム（William Seymour）　417
シーモア，ジェーン（Jane Seymour）　342-343
シェリング（Schelling）　433
ジェルソン，ジャン（Jean Gerson）　310, 314, 317, 388-389
ジェロー伯（オリヤックの）（comte Géraud d'Aurillac）　198
ジギスムント（Sigismond）　185, 298, 302
シクストゥス三世（Sixte III）　92
シクストゥス四世（Sixte IV）　379
シゲルス（ブラバンの）（Siger de Brabant）　270
シメオン（エルサレム大主教）（Siméon, patriarche de Jérusalem）　232
シメオン（柱頭行者）（Syméon le Stylite）　171
シメオン（新神学者シメオン）（Syméon le Nouveau Théologien）　306-307
シモン（Simon）　39
シモン（魔術師）　101, 510
シモン，リシャール（Richard Simon）　39, 49, 101, 334, 410-411
シャープール一世（Shabuhr I）　106, 175

オットー三世（Otton III）　208, 505
オラフ（Olaf）　205
オリヴェタン（Olivetan）　410
オリゲネス（Origène）　77, 102, 105, 119-120, 146, 153, 170, 304
オリュンピアス（Olympias）　150

カ　行

カーミル，マリク（Malik Kâmil）　236, 258
カールシュタット（Carlstadt）　334, 357, 393
カール四世（Charles IV）　299, 303
カシミール（変革者）（Casimir dit le Rénovateur）　206
カステルノ，ピエール・ド（Pierre de Casternau）　243
カタリナ（シエナの）（Catherine de Sienne）　251, 281, 288, 311-312, 363
カッシアヌス，ヨハネス（Jean Cassien）　142, 199, 304-305, 310
カッシオドルス（Cassiodore）　155
カバシラス，ニコラオス（Nicolas Cabasilas）　309
カランサ，バルトロメ（Bartolomé Carranza）　354
ガリエヌス（Gallien）　67, 127
ガリフェ（Gallifet）　366
ガリレイ（Galilée）　355, 411, 436
カルヴァン（Calvin）　8, 162, 322, 335-340, 343, 349, 354, 358-359, 363, 388-390, 393, 397, 400, 496, 499
カルポクラテース（Carpocrate）　105
カルメ（ドン・オーギュスタン）（Don Calmet）　412
ガレリウス（Galère）　67
カンフィールド，ブノワ・ド（Benoît de Canfeld）　368
ギーゼラ（Gisèle）　207
キャサリン（アラゴンの）（Catherine d'Aragon）　341, 344
ギェイシトル，アレクサンデル（Aleksander Gieysztor）　204
キュプリアヌス（Cyprien）　66-67, 91, 120, 135
キュリロス（Cyrille）　108, 124, 206, 504
キュリロス（アレクサンドリアの）（Cyrille d'Alexandrie）　73, 112
キュロス（Cyrus）　39
ギヨーム（サン・ティエリの）（Guillaume de Saint-Thierry）　222, 310
ギヨーム一世（Guillaume I）　197
キワヌカ，ジョセフ（Joseph Kiwanuka）　386
グスマン，ドミンゴ・デ（Dominique de Guzman）　281
クラウディウス（Claude）　53
クラウトハイマー，リヒャルト（Richard Krautheimer）　93
グラティアヌス（Gratien）　84-85, 111, 505
グラベル，ロドルフス（Raoul le Glabre）　203-204
クララ（Claire）　258
クランマー（Cranmer）　342-344
クリオーネ，チェリオ・セコンド（Celio Secondo Curione）　335
クリヒトーヴェ，ヨッセ（Josse Clichtove）　360
クリマクス，ヨアンネス（Jean Climaque）　308
クリュソストモス，ヨアンネス（Jean Chrysostome）　5, 117, 145, 149-150
グレーベル，コンラッド（Conrad Grebel）　333
グレゴリウス（トゥールの）（Grégoire de Tours）　127, 286, 385, 508
グレゴリウス（大グレゴリウス，大教皇グレゴリウス一世）（Grégoire le Grand, Grégoire I）　6, 134, 185, 193, 195, 198-203, 217, 237, 250, 252-253, 286, 310, 313, 504
グレゴリウス五世（Grégoire V）　197
グレゴリウス七世（Grégoire VII）　212
グレゴリウス九世（Grégoire IX）　243, 258-260
グレゴリウス十六世（Grégoire XVI）　385
グレゴリオス（ナジアンゾスの）（Grégoire de Nazianze）　5, 136, 145-149, 177
グレゴリオス（ニュッサの）（Grégoire de Nysse）　136, 146
グレゴリオス（啓蒙者）（Grégoire l'Illuminateur）　176, 178
グレゴリオス・パラマス（Grégoire Palamas）　308-309
クレスケンス（Crescens）　74

イブン・ムンキズ，ウサーマ（Usâma ibn Munqidh）　235
インノケンティウス二世（Innocent II）　221
インノケンティウス三世（Innocent III）　212-213, 242, 252, 257, 267, 291
ヴァーツラフ〔ヴェンツェル〕四世（Venceslas IV）　299, 301, 418, 420
ヴァイク＝エティエンヌ（聖エティエンヌ）（イシュトヴァーン一世）（Vaïk-Étienne）　205
ヴァシーリー三世（Vasilij III）　422-423
ヴァッラ，ロレンツォ（Lorenzo Valla）　210
ヴァラッツェ，ヤコポ・ダ（Jacques de Voragine）　282
ヴァリニャーノ（Valignano）　381
ヴァルデス（Vaudès）　239
ウァレリアヌス（Valérien）　66-67
ウァレンス（Valence）　82, 84, 111, 183
ウァレンティニアヌス（Valentinien）　84
ウァレンティニアヌス二世（Valentinien II）　88
ヴァロン，アンリ（Henri Wallon）　133
ヴァン・ミューレン（モラヌス）（Van Meulen, Molanus）　394
ヴィアンネー，ジャン・マリ＝バティスト（Jean-Marie Baptiste Vianney）　9, 437-439, 441
ウィクトル（Victor）　134
ウィクリフ（Wyclif）　300-301, 303, 342
ヴィットーリオ・エマヌエーレ二世（Victor-Emmanuel II）　464
ヴィトリ，ジャック・ド（Jacques de Vitry）　234, 266
ウィリアム（マームズベリの）（Guillaume de Malmesbury）　286
ウィンスロップ，ジョン（John Winthrop）　496-497
ウェーバー，マックス（Max Weber）　336, 338, 340
ウェスレー（Wesley）　415-416, 498
ウェルス，ルキウス（Lucius Verus）　122
ヴェルハウゼン，ユリウス（Julius Wellhausen）　434
ヴェンセラス（ボヘミア公）（Venceslas）　206
ヴォルテール（Voltaire）　375
ヴォルテッラ，ダニエレ・デ（Daniele de Volterra）　394
ウゴリーノ（Hugolin）　258-259
ウラディミール大公（prince Vladimir）　205, 422
ヴルガリス，エウゲニオス（Eugénios Voulgaris）　488
ウルバヌス二世（Urbain II）　197, 232
ウルバヌス四世（Urbain IV）　296
ウルフィラ（Ulfila）　110, 182-183
エイレナイオス（Irénée）　100, 102-104
エヴァグリオス・ポンティコス（Évagre le Pontique）　304
エウケリウス（リヨンの）（Eucher de Lyon）　141
エウセビオス（カイサリアの）（Eusèbe）　73, 81-83, 86-87, 99, 121, 146, 169, 504
エウテュケス（Eutychès）　112-113
エウドクシア（Eudoxie）　150
エウラリオス（Eulalios）　148
エープナー，マルグリット（Marguerite Ebner）　364
エカチェリーナ二世（Catherine II）　424
エゲリア（Égérie）　129
エザナ（Ezana）　179-180
エゼキエル（Ézéchiel）　200, 247
エセルバート（Ethelbert）　202-203
エックハルト（Eckhart）　313
エドワーズ，ジョナサン（Jonathan Edwards）　497
エドワード六世（Édouard VI）　8, 343-344
エノク（Hénoch）　43, 247, 249
エピファニオス（サラミスの）（Épiphane de Salamine）　75, 102, 105, 108
エピファネス，アンティオコス四世（Épiphane, Antiochus IV）　39
エフライム（Ephrem）　309
エラスムス（Érasme）　8, 321-322, 327-334, 341, 388, 390
エリアス（コルトナの）（Élie de Cortone）　259
エリザベス（Elisabeth）　8, 345
エリヤ（Élie）　249
エレウテリウス（パフラゴニアの）（Éleuthère de Paphlagonie）　306
エンリケ（Don Henique）　383
オクタビアヌス（Octavius）　77
オットー一世（Otton I）　205, 207, 210

人名索引

＊本文（目次，原注・訳注を含む）に登場する主要人物を対象とした（但し頻出するイエスは除く）。

ア 行

ア・ケンピス（トマス）　318
アヴァクーム（Avvakum）　425-426
アヴェロエス（Averroès）　270, 507
アウグスティヌス（Augustin）　5, 12, 29, 73, 89, 91, 108, 135-137, 141, 151, 153, 156-165, 170-172, 203, 248-249, 276, 292, 296, 300, 328, 336, 363, 372, 405, 411, 477
アカリー夫人（Acarie）　368, 370
アキラス（Aquilas）　56-57
アギルルフ（Agilulf）　201-202
アクアヴィーヴァ（Aquaviva）　381
アコスタ，ホセ・デ（José de Acosta）　381
アスクレピオドトス（Asclépiodote）　169
アゾ（モンティエラン＝デルの）（Adson de Montier-en-Der）　249
アタナシオス（Athanase）　73, 83, 111, 138, 180
アタナリク（Athanaric）　183
アダルベルト（Adalbert）　207-208
アダロアルド（Adaloald）　202
アッタロス（Attale）　64
アテナゴラス（Athénagore）　74-75
アナクレトゥス二世（Anaclet II）　221
アベラルドゥス（Abélard）　221
アモーリー（Amaury）　235, 506
アモス（Amos）　247
アラコック，マルグリット＝マリー（Marguerite-Marie Araco）　365-366
アリエス，フィリップ（Philippe Ariès）　452
アリステイデス（Aristide）　4, 73
アリストテレス（Aristote）　133, 162, 269-271, 327, 339, 488, 507
アリストブロス一世（Aristobule I）　39
アリストブロス二世（Aristobule II）　40
アルカディウス（Arcadius）　150
アルノー，アンジェリック（Angélique Arnauld）　372
アルノビウス（Arnobe）　171
アルパド公（duc Arpad）　205
アルファンデリ，ポール（Paul Alphandéry）　233
アルボガスト（Arbogast）　182
アレイオス（Arius）　82-83, 91, 103, 109-111, 182-185, 201-202, 514
アレクサンデル三世（Alexandre III）　212
アレクサンデル六世（Alexandre VI）　321, 379
アンシエタ（Anchieta）　380
アンジェラ（フォリーニョの）（Angèle de Foligno）　262
アンセルムス（Anselme）　277, 286
アンティパトロス（Antipater）　40
アンティモス（テュアナの）（Anthime de Tyane）　148
アントニウス（Antonin）　64
アントニオス（Antoine）　138-139, 141, 283, 292, 507
アントニヌス・ピウス（Antonin le Pieux）　74, 122
アンドレ（André）　178
アンブロシウス（Ambroise）　88-89, 134, 136, 203, 225
アンリ四世（Henri IV）　351
イヴァン三世（Ivan III）　422
イヴァン雷帝（Ivan le Terrible）　422-424
イグナティオス（アンティオキアの）（聖イグナティオス）（Ignace d'Antioche）　101, 118, 368, 396
イサベル（Isabelle）　354
イザヤ（Isaïe）　234, 247, 249, 411
イシドルス（Isidore）　105, 202, 505

ピエール・マラヴァル（Pierre Maraval）
宗教史。パリ第四（ソルボンヌ）大学名誉教授。

ダニエル・マルグラ（Daniel Marguerat）
新約聖書学。ローザンヌ大学神学・宗教学部教授（スイス）。

オリヴィエ・マラン（Olivier Marin）
中世史。パリ第十三（北）大学准教授。

アニック・マルタン（Annick Martin）
古代史。レンヌ第二（オート・ブルターニュ）大学名誉教授。

ベルナデット・マルタン゠イサール（Bernadette Martin-Hisard）
中世史。パリ第一（パンテオン・ソルボンヌ）大学准教授。

ジャン゠ピエール・マソー（Jean-Pierre Massaut）
近代史。リエージュ大学名誉教授。

ジャン゠マリー・マイユール（Jean-Marie Mayeur）
現代史。パリ第四（ソルボンヌ）大学名誉教授。

シモン・C・ミムニ（Simon C. Mimouni）
高等研究院教授（宗教学部門）。

ミシェル・パリス（Michel Parisse）
中世史。パリ第一（パンテオン・ソルボンヌ）大学名誉教授。

ミシェル゠イヴ・ペラン（Michel-Yves Perrin）
ローマ史。ルーアン大学教授。

ベルナール・プードロン（Bernard Pouderon）
古代ギリシャ語。トゥール（フランソワ・ラブレー）大学教授。

クロード・プリュドム（Claude Prudhomme）
現代史。リヨン第二（ルイ・リュミエール）大学教授。

ルネ・レモン（René Rémond）
アカデミー・フランセーズ会員。現代史。パリ第十（ナンテール）大学名誉教授。国立政治学財団理事長。

ジャン゠マリー・サラミト（Jean-Marie Salamito）
古代キリスト教史。パリ第四（ソルボンヌ）大学教授。

クロード・サヴァール（Claude Savart）
現代史。パリ第十二（ヴァル・ド・マルヌ）大学名誉教授。

マドレーヌ・スコペッロ（Madeleine Scopello）
国立科学研究センター研究員。パリ第四（ソルボンヌ）大学。

アラン・タロン（Alain Tallon）
近代史。パリ第四（ソルボンヌ）大学教授。

アンドレ・ヴォーシェ（André Vauchez）
中世史。パリ第十（ナンテール）大学名誉教授。ローマ・フランス学院元院長。フランス学士院会員。

マルク・ヴナール（Marc Venard）
近代史。パリ第十（ナンテール）大学名誉教授。

ブリュノ・デュメジル（Bruno Dumézil）
中世史。パリ第十（ナンテール）大学准教授。

イヴ=マリー・デュヴァル（Yves-Marie Duval）
後期ラテン語・ラテン文学。パリ第十（ナンテール）大学名誉教授。

セバスティアン・ファト（Sébastien Fath）
国立科学研究センター研究員。高等研究院非常勤講師（宗教学部門）。

エティエンヌ・フイユー（Étienne Fouilloux）
現代史。リヨン第二（ルイ・リュミエール）大学名誉教授。

ブノワ・ガン（Benoît Gain）
ラテン語・ラテン文学。グルノーブル第三（スタンダール）大学教授。

ピエール・ゴノー（Pierre Gonneau）
ロシア史、ロシア文明。パリ第四（ソルボンヌ）大学教授。スラヴ研究センター長（国立科学研究センター、パリ第四大学）、高等研究院教授（歴史学・文献学部門）。

ジャン・ギュイヨン（Jean Guyon）
国立科学研究センター主任研究員（カミーユ・ジュリアン研究センター、地中海人間科学館、エクス・アン・プロヴァンス）。

ミレイユ・アダス=ルベル（Mireille Hadas-Lebel）
宗教史。パリ第四（ソルボンヌ）大学教授。

マリー=エリザベート・エノー（Marie-Élisabeth Henneau）
宗教史。リエージュ大学准教授。

リュディ・インバック（Ruedi Imbach）
中世哲学。パリ第四（ソルボンヌ）大学教授。

ドミニック・イオニャ=プラ（Dominique Iogna-Prat）
国立科学研究センター主任研究員。

ブリュノ・ジュディク（Bruno Judic）
中世史。トゥール（フランソワ・ラブレー）大学教授。

クロード・ラングロワ（Claude Langlois）
高等研究院名誉教授（宗教学部門）。

フランソワ・ラプランシュ（François Laplanche）
国立科学研究センター名誉主任研究員。

ダニエル・ル・ブレヴェク（Daniel Le Blévec）
中世史。モンプリエ第三（ポール・ヴァレリー）大学教授。

アラン・ル・ブーリュエク（Alain Le Boulluec）
高等研究院教授（宗教学部門）。

ジャン=マリー・ル・ガル（Jean-Marie Le Gall）
近代史。パリ第一（パンテオン・ソルボンヌ）大学准教授。

フィリップ・レクリヴァン（Phillipe Lécrivain）
イエズス会士。教会史。パリ・イエズス会大学教授。

クロード・ルペレ（Claude Lepelley）
古代史。パリ第十（ナンテール）大学名誉教授。

フィリップ・ルヴィラン（Phillipe Levillain）
現代史。パリ第十（ナンテール）大学教授、フランス大学研究所。

著者紹介（アルファベット順）

編　者（編集協力）

ニコル・ルメートル（Nicole Lemaitre）
近代史。パリ第一（パンテオン・ソルボンヌ）大学教授。

フランソワーズ・トラモン（Françoise Thelamon）
古代史。ルーアン大学名誉教授。

カトリーヌ・ヴァンサン（Catherine Vincent）
中世史。パリ第十（ナンテール）大学教授。

寄稿者

アステリオス・アルギリウ（Astérios Argyriou）
近代ギリシャ文学。ストラスブール第二（マルク・ブロック）大学名誉教授。

シルヴィ・バルネ（Sylvie Barnay）
キリスト教史、宗教史。メッス大学准教授。

マリー＝フランソワーズ・バスレ（Marie-Françoise Baslez）
古代史。パリ第十二（ヴァル・ド・マルヌ）大学教授。

ギイ・ブドエル（Guy Bedouelle）
ドミニコ会士。教会史。フライブルク大学教授（スイス）。

ジャン＝ルイ・ビジェ（Jean-Louis Biget）
中世史。リヨン高等師範学校名誉教授。

ニール・ブルー（Neal Blough）
教会史。パリ・メノー派センター長（ヴォー・シュル・セーヌ福音神学自由大学教授）。

フィリップ・ブートリ（Philippe Boutry）
現代史。パリ第一（パンテオン・ソルボンヌ）大学教授。社会科学高等研究院教授（ヨーロッパ宗教人類学センター）。

アンリ・ブレスク（Henri Bresc）
中世史。パリ第十（ナンテール）大学教授。

イザベル・ブリアン（Isabelle Brian）
近代史。パリ第一（パンテオン・ソルボンヌ）大学准教授。

ジル・カンタグレル（Gilles Cantagrel）
音楽学。フランス学士院通信会員。

マリアンヌ・カルボニエ＝ブルカルド（Marianne Carbonnier-Burkard）
近代キリスト教史。パリ・プロテスタント神学大学准教授。

ベアトリス・カゾー（Béatrice Caseau）
ビザンツ史。パリ第四（ソルボンヌ）大学准教授。

フィリップ・ドニ（Philippe Denis）
キリスト教史。クワズルナタル大学教授（南アフリカ）。

著者紹介

アラン・コルバン（Alain CORBIN）

1936年、フランスのオルヌ県に生れる。カーン大学卒業後、歴史学の教授資格取得（1959年）。リモージュのリセで教えた後、トゥール（フランソワ・ラブレー）大学教授として現代史を担当（1972–1986）。1987年よりパリ第一（パンテオン・ソルボンヌ）大学教授として、モーリス・アギュロンの跡を継いで19世紀史の講座を担当。現在、パリ第一大学名誉教授。本書のほかに『娼婦』『においの歴史』『浜辺の誕生』『時間・欲望・恐怖』『人喰いの村』『感性の歴史』（フェーヴル、デュビィ共著）『音の風景』『記録を残さなかった男の歴史』『感性の歴史家　アラン・コルバン』『風景と人間』（いずれも藤原書店刊）『身体の歴史』（全3巻、編著、藤原書店刊行中）がある。

監訳者紹介

浜名優美（はまな・まさみ）

1947年生まれ。1977年、早稲田大学大学院文学研究科フランス文学専攻博士課程満期退学。南山大学総合政策学部教授・南山学園常務理事。専攻は現代文明論・フランス思想。著書『ブローデル『地中海』入門』（藤原書店、2000年）。訳書にブローデル『地中海』Ⅰ—Ⅴ（藤原書店、1991–95年）など多数。

訳者紹介

藤本拓也（ふじもと・たくや）

1980年生まれ。現在、東京大学大学院人文社会系研究科（宗教学・宗教史学専門分野）博士課程在籍中。主要論文に「ガブリエル・マルセルにおける霊媒体験と相互主体性」など。

渡辺　優（わたなべ・ゆう）

1981年生まれ。現在、東京大学大学院人文社会系研究科（宗教学・宗教史学専門分野）博士課程在籍中。主要論文に「ジャン・ド・レリー（1534-1613）における自己／他者のイメージ」など。

キリスト教《きょう》の歴史《れきし》——現代《げんだい》をよりよく理解《りかい》するために

2010年5月30日　初版第1刷発行 ©

監訳者　浜　名　優　美

発行者　藤　原　良　雄

発行所　株式会社　藤　原　書　店

〒162–0041　東京都新宿区早稲田鶴巻町523

電　話　03（5272）0301

FAX　03（5272）0450

振　替　00160 - 4 - 17013

info@fujiwara-shoten.co.jp

印刷・製本　中央精版印刷

Printed in Japan

ISBN978–4–89434–742–7